Marion Solomon & Stan Tatkin
**Liebe und Krieg in Paarbeziehungen**
Verbundenheit, Unverbundenheit und wechselseitige Regulation in der Paartherapie

Ausführliche Informationen zu jedem unserer lieferbaren und geplanten Bücher finden Sie im Internet unter ↗ http://www.junfermann.de. Dort können Sie unseren Newsletter abonnieren und sicherstellen, dass Sie alles Wissenswerte über das Junfermann-Programm regelmäßig und aktuell erfahren. – Und wenn Sie an Geschichten aus dem Verlagsalltag und rund um unser Buch-Programm interessiert sind, besuchen Sie auch unseren Blog: ↗ http://blogweise.junfermann.de.

MARION SOLOMON & STAN TATKIN

# LIEBE UND KRIEG IN PAARBEZIEHUNGEN

## VERBUNDENHEIT, UNVERBUNDENHEIT UND WECHSELSEITIGE REGULATION IN DER PAARTHERAPIE

Mit einem Vorwort von Daniel J. Siegel

Aus dem Amerikanischen von Christoph Trunk

Junfermann Verlag
Paderborn
2013

| | |
|---|---|
| Copyright | © der deutschen Ausgabe: Junfermann Verlag, Paderborn 2013 |
| | © der Originalausgabe: Marion Solomon & Stan Tatkin, 2011 |
| | © des Vorworts der Originalausgabe: W. W. Norton & Company, Inc., 2011 |
| | Die Originalausgabe ist 2011 unter dem Titel *Love and war in intimate relationships: connection, disconnection, and mutual regulation in couple therapy* bei W. W. Norton & Company erschienen. |
| Übersetzung | Christoph Trunk |
| Coverbild | gsteve – istockPhoto.com |
| Covergestaltung / Reihenentwurf | Christian Tschepp |
| Satz | JUNFERMANN Druck & Service, Paderborn |

| | |
|---|---|
| Bibliografische Information der Deutschen Bibliothek | Die Deutsche Bibliothek verzeichnet diese Publikation in der Deutschen Nationalbibliografie; detaillierte bibliografische Daten sind im Internet über http://dnb.ddb.de abrufbar. |

ISBN 978-3-87387-847-1

*Dieses Buch erscheint parallel als E-Book (ISBN 978-3-87387-931-7).*

# Inhalt

# Vorwort zur amerikanischen Ausgabe

## von *Daniel J. Siegel*

In diesem Buch erwartet Sie eine faszinierende Darstellung grundlegender Prinzipien, die Ihre Vorstellungen von Paartherapie und Ihre praktische Herangehensweise in tief greifender Weise verändern können. In *Liebe und Krieg in der Paarbeziehung* erleben wir zwei Koryphäen der Paartherapie im kreativen Gedankenaustausch. Sie machen uns mit ihrer innovativen Sichtweise vertraut, die sich auf zwei wichtige Wissensfelder stützt: Bindungsforschung und Neurowissenschaft. Das Buch ist Teil einer Buchreihe des Verlags W. W. Norton zur interpersonellen Neurobiologie, die von Allan Schore und mir herausgegeben wird. Allan Schore hat wegweisende Beiträge zum Verständnis von Bindungsprozessen und der Entwicklung der Selbstregulation in der dyadischen Kommunikation geleistet. In meinen ersten therapeutischen und theoretischen Veröffentlichungen habe ich mich vor allem mit der Dynamik des Erwachsenen-Bindungs-Interviews und mit der Neurobiologie der Entwicklung beschäftigt und psychische Prozesse und psychische Gesundheit aus dieser Perspektive zu erhellen versucht. Marion Solomon und Stan Tatkin haben diese zwei Denkansätze zu Regulation und Narration nun in einer höchst anregenden Weise miteinander verknüpft, die uns neue Einsichten eröffnet, wie wir Paaren helfen können, massive und bislang rätselhafte Beziehungshindernisse aus dem Weg zu räumen.

Dreh- und Angelpunkt der interpersonellen Neurobiologie ist das Konzept der Integration, also des Zusammenführens verschiedenartiger Teile. Sie werden beim Lesen dieses begeisternden Buches feststellen, dass die Stimmen von Autorin und Autor klar unterscheidbar bleiben. Die aufschlussreichen Fallbeispiele, mit denen sie ihre Konzepte veranschaulichen, stammen natürlich jeweils aus ihrer eigenen Praxis. Doch an der engen Verbindung zwischen den zentralen Begriffen Bindung und Regulation wird deutlich, dass es zwischen ihren unabhängig voneinander entwickelten Auffassungen weitreichende Überschneidungen gibt. Das Buch bietet Ihnen fundierte und praxisnahe Hinweise dazu, wie Sie eine modifizierte Variante des Erwachsenen-Bindungs-Interviews, eines von Mary Main, Eric Hesse und Kollegen entwickelten bedeutsamen Forschungsinstruments, in der Arbeit mit Paaren verwenden können. Außerdem werden Sie sehen, was es bedeutet, als „psychobiologisch orientierter" Therapeut sein Vorgehen auf die subtilen nonverbalen Signale und Interaktionen im sich von Moment zu Moment entfaltenden Erleben des Paares abzustimmen und so nicht nur die eigene Sichtweise zu verändern, sondern auch zu neuen Interventionsstrategien zu finden.

Dieses Buch ist nichts für schwache Nerven, denn es kommt ohne Umschweife zur Sache, nämlich zu den neuronalen Fundamenten zwischenmenschlicher Beziehungen. Als Säugetiere haben wir ein Nervensystem, dessen Regulationsschaltkreise sich in der frühen Kindheit nur dann herausbilden können, wenn die Abstimmung auf unsere Bezugspersonen glückt. Durch diese frühen Bindungserfahrungen lernen wir, unsere Körperfunktionen, unsere mentalen Prozesse und unsere Beziehungen zu anderen Menschen zu regulieren. Im späteren Leben wirken die synaptischen Schatten der frühen Bindungserfahrungen großteils in einer Form weiter, die dem Radar des Bewusstseins entgeht. Diese subtilen – und manchmal auch weniger subtilen – Echos aus der Vergangenheit können uns in eine Falle locken: Weil wir auf scheinbar vertrautem Terrain gefangen sind, reißen wir bei uns selbst und bei anderen alte Wunden wieder auf.

Bei uns Menschen kommt zu diesen grundlegenden physiologischen Regulationsmustern noch ein weitreichender kortikaler Strukturierungsprozess hinzu, die Narration. Wie wir die Geschichte unseres Lebens ordnen, hängt direkt mit unseren frühen Bindungserfahrungen zusammen. Die synaptischen Schatten, die sie hierbei werfen, sind feiner ausdifferenziert als auf der rein physiologischen Ebene und beeinflussen unser Selbsterleben und den Stellenwert, den wir den Beziehungen in unserem Leben zuschreiben. Narrative Prozesse prägen auch das Bild, das wir uns von der Zukunft machen. Die beste Prognose der Art von Bindung, die ein Kind zu einem Elternteil aufbaut, leitet sich laut der Bindungsforschung aus dem Grad der Kohärenz ab, den die Äußerungen des Elternteils im Erwachsenen-Bindungs-Interview erkennen lassen: Inwieweit kann er die Einflüsse frühkindlicher Erfahrungen auf die eigene Lebensgeschichte so einordnen, dass sich ein sinnvolles Gesamtbild ergibt?

In der interpersonellen Neurobiologie untersuchen wir also diese beiden Pole unseres menschlichen Erbes: Als Säugetiere haben wir ein Bedürfnis nach Regulation, dessen Ausformung in der Interaktion mit anderen erfolgt, während wir als *Homo narrans* – die erzählende Spezies – mittels der Geschichten, die wir uns selbst und anderen erzählen, der Welt Sinnstrukturen zuschreiben und auf diese Weise unser Leben ausgestalten.

Was folgt für uns daraus, dass sowohl unsere grundlegenden Regulationsprozesse als auch unsere narrativen Strukturen von unserer Vergangenheit geprägt sind? Sind wir deshalb dazu verdammt, Grundmuster unseres Lebens unweigerlich zu reproduzieren? Wie können wir Strategien erlernen, um die Gefühlsstürme, die in uns toben, zu bändigen, uns von unserem Partner bei dieser Regulation unterstützen zu lassen und uns selbst und unsere Entwicklungsmöglichkeiten neu zu definieren? Unser Schlüssel zur Veränderung heißt Neuroplastizität. Dank ihr kann das Gehirn das ganze Leben hindurch auf Erfahrungen reagieren, indem es sich umbaut. Wenn wir herausfinden, wie wir dem unsicher gebundenen Individuum mit seinem schwach integrierten Nervensystem neue Erfahrungen anbieten können, die bei ihm Integrationsprozesse begünstigen, ebnen wir ihm damit den Weg zu wirkungsvoller Regulation von Prozessen in sich selbst und in anderen und eröffnen ihm die Möglichkeit, ein Narrativ zu entwickeln, das seinem Leben eine Sinnstruktur verleiht – eine Erzählung, die in sich kohärent und Bestandteil eines erarbeiteten Gefühls der Sicherheit ist. Wir können als Therapeuten, mit anderen Worten, unseren Klienten dabei helfen, neue Erfahrungen zu machen, die sie dazu anregen, in ihrem Gehirn Energie- und Informationsströme in Gang zu bringen, durch die es sich in hilfreicher und nachhaltiger Weise verändert. Doch welche Impulse lassen sich setzen, um diesen neuroplastische Wandel anzustoßen?

Dazu braucht es einen kundigen Therapeuten. Wenn Sie sich mit der hier vorgestellten neuen Sichtweise und den mit ihr verknüpften hilfreichen und kreativen Strategien vertraut gemacht haben, verfügen Sie über ein wirkungsvolles Instrumentarium, mit dem Sie über die rein verbale Ebene hinauskommen können, um selbst bei Paaren, die eine große Herausforderung für Sie bedeuten, Transformationsprozesse in Gang zu setzen. Für die Wirksamkeit von Therapie ist es wesentlich, dass wir Strategien kennen, die innerhalb des therapeutischen Settings Veränderungsprozesse im Gehirn anstoßen. Die Fallgeschichten dieses Buchs zeigen einen neuen Weg für viele Paare auf, bei denen therapeutische Bemühungen bislang wenig gefruchtet haben. Lesen Sie, saugen Sie die vorgestellten Ideen auf, probieren Sie sie aus und lassen Sie uns wissen, wie es Ihnen damit ergangen ist!

# Einführung

## Der Kontext

In den letzten zehn Jahren haben sich unsere Vorstellungen von psychobiologischen Prozessen und der Wechselwirkung, die in der frühen Kindheit zwischen Interaktion mit anderen Menschen und der Gehirnentwicklung besteht, enorm erweitert. Die heutige Psychotherapie hat der Bindungstheorie und den neurowissenschaftlichen Erkenntnissen zur emotionalen Verbundenheit viel zu verdanken. Die Synthese der beiden Modelle in der psychobiologischen Paartherapie leitet einen Paradigmenwechsel ein, denn sie wirft ein neues Licht auf die relationalen Verkettungen, die zu den Problemen in Paarbeziehungen führen, und eröffnet Möglichkeiten, verändernd darin einzugreifen.

In der Theorie der Paarbeziehung kamen Prozesse, durch die Gehirn und Geist auf die Bindungsdynamik einwirken, zunächst nicht vor. Man wusste noch wenig darüber, wie die früheste Bindungsdynamik, also die zwischen Säugling und Bezugsperson, in späteren Beziehungen wiederbelebt wird. Bis zur Mitte des vergangenen Jahrhunderts gingen Behavioristen davon aus, dass ein Baby die Nähe der Mutter nicht aus dem Bedürfnis nach Zuneigung oder Bindung sucht, sondern weil die Mutter es füttert und ihm positive Verstärkung bietet. Psychoanalytiker nahmen an, dass Fehlentwicklungen weniger von realen Beziehungen zwischen Menschen als vielmehr von innerpsychischen Phantasien herrühren.

Zwei originelle Denker stellten diese einengenden Vorannahmen infrage. Harry Harlow (Harlow & Woolsey, 1958) beobachtete, dass Affenbabys, wenn sie sich zwischen Nahrungsaufnahme und dem wohltuenden taktilen Kontakt zu einer mit weichem Tuch überzogenen Puppe aus Drahtgeflecht (einem *Mutter*-Symbol) entscheiden mussten, die Puppe vorzogen, und schloss daraus, dass das tröstliche Erleben von Verbundenheit für die Entwicklung des Individuums eine wesentliche Rolle spielt. John Bowlby (1979a, 1982) sah den Drang schutzloser menschlicher Säuglinge, nah bei ihren Pflegepersonen zu bleiben, als eine der Umweltanpassung dienliche Reaktion auf reale oder wahrgenommene Stressfaktoren oder Gefahren und vertrat die Auffassung, dass eine sichere Mutter-Kind-Bindung die Grundvoraussetzung für ein lebenslang wirksames Gefühl der Sicherheit bildet.

Bowlby stellte auch die These auf, dass das Kind im Zuge sich von Tag zu Tag wiederholender Interaktionen mit Bezugspersonen *innere Arbeitsmodelle* (1969) von der eigenen Person und von anderen entwickelt, aus denen sich Erwartungen an künftige Begegnungen ableiten und die auch in späteren Beziehungen Kognition und Verhalten lenken (Main & Solomon, 1990). Außerdem postulierte er „eine enge kausale Beziehung zwischen den Erfahrungen eines Individuums mit seinen Eltern und seiner späteren Fähigkeit, affektive Bindungen zu entwickeln" (Bowlby, 1979b, S. 135; dt. 1982, S. 167) und insbesondere Liebesbeziehungen einzugehen.

Bowlbys Konzept der Bindung führte zu einer weitreichenden Revision unserer Vorstellungen davon, wie Menschen lernen, in Beziehungen zu anderen zu treten. Der Fokus verlagerte sich von der inneren Phantasiewelt des Kindes auf die Auswirkungen realer Erfahrungen mit wichtigen primären Bezugspersonen. Außerdem löste die wachsende Anerkennung, die Bowlbys Werk zuteilwurde, eine tief greifende Umwälzung unserer Vorstellungen von der Entwicklung zum reifen Individuum aus. An die Stelle der früheren Annahme, dass die individuelle Reife sich an der Fähigkeit zu Separation und Individuation misst (Mahler et al., 1975), trat die Erkenntnis, dass es in Beziehungen zu anderen Menschen vor allem auf die Fähigkeit zur Verbundenheit ankommt (Schore, 1994, 2001c; Siegel, 1999, 2010a, 2010b). Diese neue Sichtweise wurde mehr und mehr zur Grundlage der therapeutischen Arbeit mit Paaren.

Während Studien den wesentlichen Einfluss früher Arbeitsmodelle auf spätere Liebesbeziehungen bestätigten, verlagerte sich zugleich der Fokus der Aufmerksamkeit vom Individuum auf das Paar als eine Einheit (z. B. Berlin, Cassidy & Shaver, 1999; Cowan & McHale, 1996; Hazan & Shaver, 1987). Neuere Strömungen in der Paartherapie stützen sich auf diesen Forschungszweig und analysieren und behandeln Beziehungsprobleme ausgehend von der Annahme, dass das Suchen und Aufrechterhalten des emotionalen Kontakts zu bedeutsamen anderen ein angeborenes, das ganze Leben hindurch wirksames Motivationsprinzip ist (Bader & Pearson, 2000; Gottman, 1999; Johnson, 2004).

Wir wissen heute, wie wichtig Bindungssicherheit für persönliche Reifung, Selbstvertrauen und Eigenständigkeit ist (Feeney, 2007), wie eine unsichere Bindungsorientierung entsteht und sich auswirkt und wie wichtig beide Aspekte für Paarbeziehungen sind. Wir wissen auch, dass ein Fehlen sicherer Bindungen in der frühen Kindheit nicht bedeutet, dass jemand für sein ganzes Leben zu unglücklichen Beziehungen verdammt ist (Byng-Hall, 1999); es ist möglich, als Erwachsener in neuen, korrektiv wirkenden Beziehungen im Lauf der Zeit *Bindungssicherheit zu erwerben* (Main, 2003).

Das in diesem Buch beschriebene psychobiologische Modell der Paartherapie legt den Schwerpunkt nicht auf den Bindungsstil des Einzelnen, sondern auf die Qualität der Bindung im Paarsystem. Es gründet auf Forschungsergebnissen der affektiven und interpersonellen Neurowissenschaft (Damasio, 1994; LeDoux, 1998; Panksepp, 2005; Porges, 2003), die Allan Schore (1994, 1997, 2000, 2001a, 2001b, 2001c, 2002a,

2002b, 2002c, 2002d) und Daniel Siegel (1999, 2006, 2009) in meisterhafter Weise zu einem Gesamtmodell integriert haben, und beschreibt den Einfluss bestimmter neurobiologischer Systeme auf das Bindungsverhalten von Partnern sowie die sich wechselseitig verstärkenden Zusammenhänge zwischen Bindungsunsicherheit und Fehlregulation von Arousalzuständen. In der Therapie werden Reinszenierungen angestoßen, welche die Partner unter Stress setzen, um auf diese Weise Schwierigkeiten aufzudecken und zu beheben, die sie dabei behindern, als ein Co-Regulations-Team positive Erfahrungen wechselseitig zu verstärken und negative Erfahrungen wechselseitig abzumildern.

## Überblick

Das von Stan Tatkin entwickelte psychobiologische Modell lässt sich in seiner Entstehung auf eine Beobachtung zurückverfolgen, die Marion Solomon in ihrem Buch *Lean on Me: The Power of Positive Dependence in Intimate Relationships* (1994; Verlass dich auf mich: Die Kraft der positiven Abhängigkeit in Liebesbeziehungen) formuliert hat: In einer primären Bindungsbeziehung zwischen Erwachsenen müssen beide Partner lernen, dem anderen eine *sichere Basis* zu sein (s. a. Solomon, 1989).

Teil I dieses Buchs handelt von der Dynamik zwischenmenschlicher Bindungen und der Bedeutung der sogenannten Mindsight (Innere Sicht; Siegel, 2010a) für die Integration von Erfahrungen. An der über einen Zeitraum von drei Jahren nachgezeichneten Geschichte eines Paares wird deutlich, wie durch unsichere Bindungsmuster, die sich auch im Glanz der gerade beginnenden Beziehung schon zu erkennen geben, Liebe in Krieg umschlagen kann. Schlüsselmomente, in denen die emotionale Verbindung zwischen den Partnern gekappt wird, setzen Teufelskreise in Gang, die Verhalten und Kommunikation der Partner mehr und mehr bestimmen.

Teil II gibt einen ersten Überblick über den psychobiologischen Therapieansatz. Eine längere Fallstudie veranschaulicht den Einsatz von Techniken, mit denen man auf den Ebenen von Diagnostik, Intervention und Regulation sowohl Bindungs- als auch Arousalaspekte ansprechen kann; beschrieben werden außerdem ein Interviewprotokoll und Bewegungsübungen.

Teil III beleuchtet den theoretischen Hintergrund, umreißt das vermeidende und das wütend-abweisende[1] (*angry-resistant*) Profil des unsicheren Bindungsstils und geht

---

1 Die bei Solomon und Tatkin aufgeführte Bezeichnung „wütend-abweisender Bindungsstil" (*angry-resistant attachment style*) hat sich in der deutschsprachigen Literatur nicht etabliert. Die Autoren benutzen ihn als Beschreibung eines unsicheren Bindungsstils, der auf eine Stufe mit dem unsicher-vermeidenden gestellt werden kann [Anm. d. Redaktion].

näher auf die Dynamik der Regulation und Fehlregulation von Arousalzuständen ein.

Teil IV zeigt die Umsetzung der Theorie in die Praxis. Vier Fallbeispiele, bei denen der Therapeut als teilnehmender Beobachter agiert, veranschaulichen die Wirksamkeit von Enactment und Interdependenz in der Therapie. Eine abschließende Fallstudie macht deutlich, wie beide Partner Kraft daraus ziehen, wenn sie füreinander Sorge tragen.

In einem Epilog übertragen wir das Grundprinzip, dem wir im ganzen Buch folgen, auf den Therapeuten selbst an und betrachten eine Reihe von Möglichkeiten, die es ihm erleichtern können, gut für sich selbst zu sorgen.

Anhang A soll als ein systemisches Glossar die Querverbindungen zwischen den wissenschaftlichen Grundideen der psychobiologisch orientierten Paartherapie aufzeigen und bietet außerdem Arbeitsdefinitionen der zentralen Begriffe.

Anhang B bietet einen kurzen Abriss des Erwachsenen-Bindungs-Interviews und verweist auf Studien, in denen dieses Instrument zur Untersuchung von Paarbeziehungen verwendet wurde.

## Persönliche Anmerkungen der Autorin und des Autors

### Marion Solomon

In den 1960er- und 1970er-Jahren suchte ich, als junge Ehefrau und Mutter und als angehende Psychotherapeutin, nach Antworten auf die Frage, was eine gute Ehe ausmacht. Ich erhielt den Auftrag, für die Fernstudienabteilung der University of California eine Serie von Konferenzen zur psychischen Gesundheit zu koordinieren, die Therapeutinnen und Therapeuten die neuesten Erkenntnisse zu diesem Thema nahebringen sollten. Zu den prominenten Referenten der ersten Jahre zählten Erik Erikson, Virginia Satir, Otto Kernberg, James Masterson, John Bowlby und Heinz Kohut. Wir setzten uns eingehend mit dem auseinander, was sie uns ausgehend vom jeweiligen klinischen Kontext ihrer Arbeit zum Geschehen zwischen Patient und Therapeut zu sagen hatten. Wir beschäftigten uns mit den Ursprüngen psychopathologischer Störungen und mit entsprechenden Behandlungsverfahren. Psychodynamisch orientierte Referenten gingen nicht weiter darauf ein, wie ein Patient andere wichtige Beziehungen in seinem Leben gestaltete. Für Familientherapeuten ging es vor allem um Möglichkeiten, Kinder vor einer oft schon seit mehreren Generationen bestehenden dysfunktionalen Familiendynamik zu schützen.

Im Lehrplan der meisten psychotherapeutischen Ausbildungsinstitute in den USA kamen die Themen Ehe und Paarbeziehung nicht vor. Es gab so gut wie keine Fachliteratur über Liebesbeziehungen. (Das einzige Buch, das ich zum Thema finden konnte, war *Getting the Love You Want* von Harville Hendrix [1986; dt. *So viel Liebe, wie du brauchst*, 2009]. Es richtete sich allerdings an einen allgemeinen Leserkreis.) In Heinz Kohuts Selbstpsychologie aber fand ich immerhin Ansatzpunkte zu einem Modell der Paartherapie. Er sprach von den wechselseitigen Selbstobjekt-Funktionen, die Partner in einer gelingenden Ehe füreinander ausüben. „In einer guten Ehe", sagte er, „stellen sich beide Partner der Herausforderung, die Selbstobjekt-Funktionen auszuüben, die das zeitweise beeinträchtigte Selbst des anderen im jeweiligen Moment braucht." Denn „wer könnte mit präziserer empathischer Resonanz reagieren als ein Ehepartner?" (persönliche Mitteilung, 1980).[2] „Und umgekehrt, wer kann [...] einen Menschen mehr traumatisieren als eine Ehefrau oder ein Ehemann, die bzw. der wie das traumatisierende elterliche Selbstobjekt der Kindheit mit unzulänglichem Verständnis reagiert oder sich überlastet fühlt und daher jede Reaktion verweigert?" (Kohut, 1984, S. 220; dt. 1987, S. 316 [Anmerkung zu S. 120])

Kohuts Überlegungen zur Behandlung von Patienten mit narzisstischen Störungen oder Selbststörungen (1971, 1977) enthielten für mich einige wichtige Hinweise darauf, warum Liebesbeziehungen oft scheitern und was für ihr Gelingen notwendig ist. Ich machte mir diese Einsichten für die Arbeit mit Paaren zunutze. Sie flossen auch in mein Buch *Narcissism and Intimacy* (1989) ein, in dem es um die Behandlung von Paaren mit verschiedenen Problemen geht.

Bis Ende der 1980er-Jahre gab es kaum Ansätze, die Zusammenhänge zwischen Beziehungen im Erwachsenenleben und unverarbeitet gebliebenen Situationen der Kindheit herstellten. Da ich aber bereits seit zwei Jahrzehnten mit Paaren arbeitete, war mir klar, dass ihre Probleme oft Wiederholungen von Kindheitsthemen waren. In England gab es eine Forschungsrichtung, die sich mit dem Einfluss früher Objektbeziehungen auf das Erleben von Erwachsenen befasste (Balint, 1956, 1964; Guntrip, 1961; Klein, 1955; Winnicott, 1965, 1969). Dieser Spur ging ich nach. Was ich in der Weiterbildung bei Dr. John Bowlby über Bindung, Trennung und Verlust in der frühen Kindheit lernte, veränderte mein Denken von Grund auf. Wichtig für mich war, dass sich diese neuen Einsichten mit Kohuts Vorstellung vereinbaren ließen, dass Menschen ihr ganzes Leben lang in Belastungsphasen Selbstobjekte brauchen.

Mir wurde klar, dass Partner die Tendenz haben, in der Paarbeziehung alte Bindungsmuster in Szene zu setzen, im Bestreben, eine Lösung für das zu finden, was

---

2   Was er damals bei der Planung zu unserer Konferenz 1980 an der University of California in Los Angeles sagte, ist ausführlicher nachzulesen in der im Folgenden zitierten Endnote in Kohuts Buch *Wie heilt die Psychoanalyse?*.

einst so schmerzlich oder traumatisch war. Deshalb stellen sie die Paarbeziehung fortwährend auf die Probe: „Wenn ich mich dir so zeige, wie ich wirklich bin, kann ich dann sicher sein, dass du mich nicht demütigst, angreifst oder verlässt?" Partner müssen füreinander das tun, was „hinreichend gute' Eltern" (Winnicott, 1993; dt. 1994, S. 136) für ihre Kinder tun. Wenn sie so füreinander sorgen, können alte Wunden heilen (Solomon, 1994).

Ich wollte herausfinden, wie ich Partnern helfen kann, die Art und Weise zu verändern, in der sie zueinander in Beziehung treten, und schaute mir deshalb Videoaufzeichnungen von Kurzzeittherapeuten an, die sich auf Prozesse konzentrieren, die beim Einsetzen von emotionalen Reaktionen im Körper ablaufen (Fosha, 2000; Kay, 2003; McCullough, 1997; Neborsky, 2001). Danach beschäftigte ich mich mit der sensomotorischen Psychotherapie, die bei der Behandlung von Traumata und Entwicklungsstörungen sprachzentrierte mit körperzentrierten Interventionen kombiniert und Patient und Therapeut so in die Lage versetzt, Kernemotionen am Schnittpunkt von Körper und Geist zu erfassen. Der Ansatz der sensomotorischen Psychotherapie und die Haltung der Achtsamkeit sind mir eine Hilfe, Paaren auf behutsame und respektvolle Weise Beziehungsprozesse bewusst zu machen. Sie lassen sich leicht mit anderen Techniken verbinden, etwa mit dem achtsamen Verfolgen von Mikrobewegungen. Wenn wir die Aufmerksamkeit auf veränderliche Körperempfindungen und ihre Verknüpfung mit Emotionen richten, ist dies eine ganz eigene Form der Konzentration auf die sich von Moment zu Moment entfaltende Interaktion zwischen den Partnern und eine hilfreiche Alternative dazu, nur auf die in der Sitzung explizit geäußerten Probleme einzugehen.

In den 1990er-Jahren lud Daniel Siegel mich ein, mich einer kleinen Studiengruppe zum Thema Hirnforschung anzuschließen, und so erhielt ich einen unmittelbaren Eindruck von den rasanten Erkenntnisfortschritten in den Neurowissenschaften. Was ich hierbei erfuhr, untermauerte Bowlbys Grundthese, dass Beziehungsmuster, die in den ersten Lebensjahren durch Bindungs-, Trennungs- und Verlusterfahrungen entstehen, fixiert werden und alle künftigen Beziehungen prägen. Ich sah auch bestätigt, dass die Erzählungen von Paaren (das heißt ihre manifesten Probleme) folgerichtige Ergebnisse der ständigen Aufholjagd des Kortex sind, der dem emotionsbestimmten Teil des Gehirns, dem fast ohne Zeitverzögerung reagierenden limbischen System, ständig hinterherhinkt. Dies stützt die Vorstellung, dass wir uns in der Paartherapie nicht auf die expliziten Inhalte des Partnerkonflikts konzentrieren sollten, sondern auf die dahinterstehende Kerndynamik.

In diesem Punkt überschneiden sich Stan Tatkins und meine Vorstellungen vom therapeutischen Vorgehen. Unsere Stile sind unterschiedlich, weil wir unseren eigenen, ganz individuellen Erfahrungshintergrund ins Behandlungszimmer mitbringen. So wie Mary Mains linguistische Ausbildung eine Voraussetzung dafür war, dass sie eine neue Sichtweise auf die Bindungstheorie zu entwickeln vermochte, so haben Stan Tatkins Vorbildung in Musik und Psychodrama und sein außerordentlich kreativer Gebrauch der Videotechnik ihn darauf vorbereitet, der Arbeit mit Paaren eine neue Dimension hinzuzufügen – wobei natürlich auch seine intensive Beschäftigung mit der Neurobiologie unter Anleitung seines Mentors Allan Schore eine wichtige Rolle spielte. Seine umfassenden Kenntnisse über dieses innovative Forschungsfeld macht er in seinem psychobiologischen Modell nutzbar, um zu einem vertieften Verständnis der Bindungstheorie und der Mechanismen der Arousalregulation zu gelangen, und lässt sie zudem in seinen erfindungsreichen Umgang mit therapeutischen Enactments einfließen. Neben unserer großen Neugier, wie sich das in Mary Mains Erwachsenen-Bindungs-Interview gewonnene Material in der Paartherapie verwenden lässt, verbindet Stan und mich auch eine grundlegende gemeinsame Vorstellung von Partnerschaft und eine Bereitschaft, uns in unserer Arbeit mit aller Kraft dafür einzusetzen, dass Veränderung möglich wird.

Ideen sind niemals von Grund auf neu oder eine völlig eigenständige Leistung. Wir lernen von unseren Mentoren; wir lernen im Dialog mit Kollegen; wir lernen von den Menschen, mit denen wir zusammenleben. Mein Bestreben, nicht zwei Individuen zu behandeln, die zusammen ein Paar bilden, sondern das Paar als den Patienten aufzufassen, geht auf die bahnbrechenden Überlegungen von Harville Hendrix zurück. Ich danke Harville für seine tiefen Einsichten und für die beharrliche Unterstützung, die ich von ihm erfahren durfte, als ich zu ergründen versuchte, wie Vergangenheit und Gegenwart ineinander verwoben sind und wie wir in einer aktuellen Liebesbeziehung durch heilsam wirkende Schritte von Beziehungswunden genesen können.

Als ich vor 25 Jahren begann, mein Wissen über die Anwendung der psychodynamischen Paartherapie als Dozentin weiterzugeben, lernte ich einen verwandten Geist kennen, Dr. Walter Brackelmanns, der dabei war, sein eigenes integratives Modell der Paartherapie zu entwickeln. Ich danke ihm für die Unterstützung, die ich bei ihm mit meiner Idee fand, dass im Mittelpunkt der Arbeit die Beziehung und nicht die individuelle Weiterentwicklung der beiden Partner stehen sollte.

Ich danke Mary Main, die mich als Mentorin in das Erwachsenen-Bindungs-Interview (Adult Attachment Interview, AAI) einführte. Durch zahlreiche Gespräche, die im Verlauf der Organisation einer Reihe von Intensivkursen mit Mary Main und Erik Hesse stattfanden, wurde mir nicht nur klar, wie valide und aussagekräftig das AAI ist, sondern ich begann auch das Modell besser zu verstehen, das die Weitergabe von Charakterzügen von einer Generation an die nächste beschreibt.

Daniel Siegel gehört seit Langem zur ersten Garde der Neurowissenschaften, und ich bin stolz, ihn einen Freund und Kollegen nennen zu dürfen. Seine Einladung, gemeinsam mit renommierten Kollegen wie Allan Schore und Louis Cozolino die neuesten Trends dieses Forschungsgebiets zu sichten, war für mich der Schlüssel zu neuen Einsichten, die diesem Buch sehr zugute gekommen sind. Für mich war schlicht und einfach richtungweisend, welch großen Wert Siegel auf den Aspekt der Integration legt.

Ich habe das große Glück, dass ich seit 1990 mit Dr. Judith Anderson zusammenarbeiten kann. Wir koordinieren gemeinsam eine Serie von Konferenzen zur „Anatomie der Intimität" an der University of California in Irvine. Die Mitorganisation dieser Konferenzen bot mir Gelegenheit zum Dialog mit vielen der führenden Paartherapeuten des 21. Jahrhunderts, so mit Dr. John Gottman, der mir dankenswerterweise beigebracht hat, wie sich einem auf Band aufgenommenen Paarinterview Hinweise darauf entnehmen lassen, ob die Paarbeziehung vermutlich gelingen oder scheitern wird.

Ich möchte auch der Psychotherapeutin und Forscherin Dr. Susan Johnson danken, die Prinzipien der Bindungstherapie (auch Festhaltetherapie genannt) in meisterhafter Weise auf die Arbeit mit Paaren übertragen hat. Ihre Ideen dazu, wie sich für Beziehungen in der Krise neue Wege aufzeigen lassen, und der Austausch über unsere Erfahrungen sind für mich sehr hilfreich.

Ich möchte all denen danken, die mir ihre Zeit und Aufmerksamkeit geschenkt haben, um mich bei diesem Projekt zu unterstützen. Kolleginnen und Kollegen, denen ich freundschaftlich verbunden bin – Harold Delchamps, Fanya Carter, Pearl Brown, Robin Kay, William Bower und Judy Miller –, haben viele Stunden geopfert, um frühere Versionen des Buchs zu lesen und mit mir darüber zu diskutieren, wie psychodynamische Selbstpsychologie und Bindungstheorie mit dem im Entstehen begriffenen psychobiologischen Ansatz der Paartherapie von Stan Tatkin unter einen Hut zu bringen waren.

Ein solches Buch könnte nicht ohne die Hilfe eines Verlagslektorats entstehen. Ich möchte insbesondere Deborah Malmud und Vani Kannan vom Verlag W. W. Norton danken, die bei dem gemeinsamen Bemühen darum, die vielen Ideen in diesem Buch in schlüssiger Weise miteinander zu verbinden, weit mehr Einsatz gezeigt haben, als man dies üblicherweise erwarten darf.

Die Lektorinnen Jessica Ruvinsky und Cindy Hyden leisteten unschätzbare Hilfe dabei, zu einem Ganzen zusammenzufügen, was in manchen Momenten wie zwei separate Bücher wirkte. Ein besonderer Dank geht an Bonnie Mark-Goldstein, meine Tochter und Kollegin, die noch weit mehr für mich ist. Wir haben viele aufschlussreiche Gespräche über die Verbindungslinien geführt, die sich zwischen ihrer Arbeit als Kinderpsychologin und der meinen als Paartherapeutin ziehen lassen, und über die Effekte, die bei Kindern und Familien zu beobachten sind, wenn in einer Ehe Heilungsprozesse ablaufen. Mein besonderer Dank gilt auch den Männern in meinem Leben, meinem Sohn Glenn, der mit mir offen über die einzigartigen Freuden und Dilemmata spricht, die eine moderne Ehe mit sich bringt, und meinem Mann Matthew. Jedes Mal, wenn ich mich an ein neues Buch oder ein anderes Projekt mache, zeigt Matthew mir, was tätige Liebe bedeutet. Ich schätze sein Feedback, wenn ich seinen klugen Rat suche und ihm neue Ideen vortrage. Er hilft mir, Ruhe zu bewahren, wenn ein Abgabetermin näher rückt. Mit ihm sind die für beide Seiten heilsam wirkenden Bindungserfahrungen möglich, über die ich schreibe.

## Stan Tatkin

Neue Ideen gibt es nicht – nur neue Wege, sie zu interpretieren und zu integrieren. Als ich an der Universität weiterführende Seminare zur Entwicklung im Säuglings-, Kindes- und Erwachsenenalter gab, sprach mich vor allem das Bindungsmodell von Bowlby und Ainsworth an. Mir wurde klar, dass es möglicherweise sinnvoller war, Mutter-Kind-Paare präventiv zu behandeln, anstatt rekonstruktive Therapie bei Erwachsenen zu betreiben.

Ich war, als objektbeziehungstheoretisch geschulter Therapeut, noch auf die Behandlung von Selbststörungen ausgerichtet, als ich meine ersten Vorträge hielt, in denen ich das Modell des Bindungsaufbaus beim Säugling mit Aspekten der Affektregulation und mit neurowissenschaftlichen Erkenntnissen zu integrieren versuchte. Die Vorträge hatten zur Folge, dass immer mehr Paare in meine Praxis kamen. Die Ähnlichkeiten der Bindung zwischen Säugling und Pflegeperson mit Liebesbeziehungen von Erwachsenen erschienen mir immer unabweislicher – ebenso wie die Annahme, dass die Regulation von Arousalzuständen von wesentlicher Bedeutung für die Zufriedenheit mit einer Ehe und für ihre Erfolgsaussichten ist.

Ich fuhr fort, zur frühpräventiven Arbeit mit der Mutter-Kind-Dyade zu publizieren und Vorträge zum Thema zu halten, und begann zugleich, dieselben Theoriebausteine auf primäre Bindungen zwischen Erwachsenen zu übertragen. In einem Aufsatz mit dem Titel „Ehe und die Mutter-Kind-Dyade: Die Auswirkungen von Beziehungstraumata auf Gelingen und Scheitern von beiden" (2003b) verlagerte ich den Fokus dann noch weiter in Richtung der Bindung zwischen Erwachsenen. Meine erste Darstellung einer psychobiologischen Herangehensweise an die Paartherapie erschien unter dem Titel „Paartherapie und die Psychobiologie von Hinwendung und Abwendung" (2003a). Als das Konzept so weit ausgearbeitet war, dass es die vier

Komponenten umfasste, durch die es heute definiert ist – Bindung, Arousal, Neurowissenschaften und therapeutisches Enactment –, wurde der Psychobiologische Ansatz der Paartherapie® als urheberrechtlich geschütztes Konzept aus der Taufe gehoben, und zwar online und in gedruckter Form (Tatkin, 2006a).

Die Arbeit der Paartherapie setzt ein, lange nachdem die Natur für die Paarbildung gesorgt hat. Die Phase des Werbens um einen Partner ist ein rigoroser Aussonderungsprozess. Im psychobiologischen Ansatz liegt der Schwerpunkt nicht darauf, Persönlichkeitsstruktur oder Bindungsorganisation der Individuen zu verändern. Vielmehr geht es darum, in einer primären Bindungsbeziehung von Erwachsenen für beide das Gefühl der Sicherheit zu erhöhen, indem wir direkt an den neurobiologischen Vorbereitungs- und Reaktionssystemen ansetzen und mit ihnen arbeiten, um die Kernelemente von Sicherheit und Geborgenheit zu festigen und zu optimieren; alles andere ist optional. Die primäre Bindungsbeziehung zwischen Erwachsenen definiert sich also dadurch, dass die Partner aufeinander angewiesen sind (Solomon, 1994), und nicht etwa über ihre erotischen oder sexuellen Aspekte. Die Grundkonstante ist, dass primäre Bindungsbeziehungen zwischen Erwachsenen der Regelfall sind. Die Variable ist der Grad an Sicherheit und Geborgenheit, den die Partner in der Beziehung erleben. Um diese Variable dreht sich der Behandlungsansatz, den wir Ihnen in diesem Buch vorstellen. Ich hoffe, Sie bekommen einen Eindruck davon, wie wirkungsvoll und sogar kurzweilig dieser vielschichtige Ansatz sowohl für den Therapeuten als auch für das Paar sein kann.

Meine Identität als Psychotherapeut wurde zunächst am Southern California Counseling Center geprägt, wo ich die erste Phase meiner Ausbildung durchlief. Das dort vertretene strukturelle und strategische familiensystemische Modell ist auch heute noch unverzichtbarer Bestandteils meiner Vorgehensweise. Nachhaltigen Einfluss auf meine Arbeit haben auch: die Psychodrama-Instrumente, die mir im Lauf der Jahre Dorothy Baldwin Satten und Mort Satten, Kip Flock und John Bradshaw vermittelten, die exotischen Zen-artigen Welten von Morita und Naikan, zwei großartigen japanischen Psychotherapieformen, sowie die Vipassana-Meditation (Achtsamkeitsübungen), in die mich David Reynold und Stephen Young (auch bekannt als Shinzen Young) einführten.

Ein wesentlicher Einfluss am Anfang meiner beruflichen Laufbahn war für mich James Mastersons entwicklungs- und objektbeziehungstheoretisch fundierte Behandlung von Selbststörungen. John Gottman und Paul Ekman haben mir und vielen anderen klargemacht, wie wichtig bei der Paarbildung die biologische Ebene ist. Durch Elisabeth Muir und ihre Arbeit im *Watch, Wait, and Wonder Program* in Toronto öffneten sich viele Türen für mich, und ich lernte viele weitere wichtige Vertreter der Bindungstheorie und der Neurowissenschaften kennen, unter anderem

Beatrice Beebe, Mary Main, Alan Sroufe, Jaak Panksepp, Stephen Porges und Allan Schore, meinen Mentor und Freund.

Marion Solomons paartherapeutische Arbeit habe ich viele Jahre lang aus der Ferne bewundert. Als wir uns kennenlernten und uns über unsere Ideen auszutauschen begannen, erkannte ich eine Geistesverwandte in ihr: Es macht ihr große Freude, immer wieder Neues zu lernen, und sie interessiert sich brennend für die Dynamik von Paarbeziehungen. Marion regte mich zum Nachdenken an, indem sie mir eine nicht endende Reihe von Dilemmata präsentierte, für die sie sich eine Lösung von mir wünschte. Sie ließ nicht locker, wenn meine Ideen nicht zu Ende gedacht waren und keinen Sinn ergaben.

Was uns zusammenführte, ist die gemeinsame Überzeugung, dass Bindungssicherheit und das wechselseitige Aufeinanderangewiesensein von entscheidender Bedeutung sind. Die Unterschiede in beruflichem Werdegang und der Vorgehensweise in der Paartherapie treten in den Hintergrund, weil die Themen von Partnerschaft und Bindungsfähigkeit in der modernen Welt uns beiden sehr am Herzen liegen.

Als Marion *Lean on Me* schrieb, waren wir in den USA noch ganz auf Selbstbestimmung und auf Abgrenzung und Bewahrung des Selbst fixiert. Marion war also ihrer Zeit voraus. Wir hoffen beide, dass die Menschen mittlerweile bereit für ein Modell von Partnerschaft und Verbindlichkeit sind, das durchdachter und zielgerichteter ist und weniger einsam macht.

Mein intellektueller Wegweiser ist nach wie vor Allan Schore. Ohne ihn hätte ich meinen psychobiologischen Ansatz der Paartherapie nicht entwickeln können. Durch ihn habe ich gelernt, auf die äußerst verwickelten Zusammenhänge zwischen Persönlichkeit, Bindung und neurowissenschaftlichen Erkenntnissen zu Entwicklungsprozessen und Affekten zu achten.

Die Darstellung der psychobiologisch orientierten Paartherapie in Buchform wäre mir nicht gelungen ohne die Unterstützung und Ermutigung durch Kolleginnen und Kollegen und durch Freundinnen und Freunde (ich nenne sie in alphabetischer Reihenfolge): Ellyn Bader und Peter Pearson, Jude Berman, Malcolm Cunningham, Karen Dean Fritts und John Schwope, Leslie und Bob Godwin, Cindy Hyden, Edward Kassman, Bonnie Mark-Goldstein, Pat Ogden, Jessica Ruvinsky, Judith Schore, Janet Smith, Paula Thomson und Maurice Godin. Danken möchte ich auch meinen Studentinnen und Studenten sowie meinen Leserinnen und Lesern.

Alle zurückliegenden und aktuellen Projekte konnte und kann ich nur bewältigen, weil mich die unerschütterliche Liebe meiner Tochter Joanna und meiner Frau Tracey trägt. Mit Tracey kann ich über alles sprechen. Das eigentliche Fundament meiner Vorstellungen von Bindung und Bezogensein sind die beständige Liebe und die

Achtung, die meine verstorbenen Eltern einander erwiesen – und Tracey, die mir jeden Tag all das vor Augen führt, was an einer sicheren primären Bindungsbeziehung richtig und gut ist. Sie ist meine Heldin und meine Inspiration und wird es immer sein.

# Teil I

## Wie aus Liebe Krieg wird

# 1. Verbundenheit und Unverbundenheit

Wenn sich bei dem Menschen, den wir uns unter all denen, die infrage gekommen wären, ausgesucht haben, um ihn zum Mittelpunkt unserer Welt zu machen, irgendwann eine unheimlich anmutende Ähnlichkeit zu einem Menschen zeigt, der uns einst großgezogen hat, ist das kein Zufall. In der Paarbeziehung reproduzieren wir Interaktionsmuster, die durch die – guten oder schwierigen – Beziehungen zu den primären Bezugspersonen unserer Kindheit vorgegeben sind. Sobald diese Grundmuster einmal in unser Gehirn eingeschrieben sind, haben wir unser ganzes Leben lang die Tendenz, sie in jeder späteren engen Beziehung wiederzubeleben. Wie oft haben wir schon mitbekommen, dass sich jemand scheiden lässt, nur um eine Person zu heiraten, die dem verlassenen Partner sehr ähnlich ist?

Die gute Nachricht ist, dass Partner, deren frühkindliche Bindungsbeziehungen problematisch waren, durch ihr Engagement Wunden der Vergangenheit schließen und das Paarsystem so umgestalten können, dass sie sich darin sicher und geborgen fühlen. Neuere Erkenntnisse der Bindungsforschung und der affektiven Neurowissenschaft zeigen, wie Beziehungsmuster sowohl die Gehirne der einzelnen Partner als auch ihr gemeinsames Nervensystem (s. a. Abschnitt 8.3, S. 132) modifizieren und umgekehrt auch fortwährend von diesen verändert werden. Das aus dieser Sichtweise abgeleitete Transformationsmodell nutzt die Dynamik der Paarbeziehung, um die Bindung der Partner aneinander zu festigen und positive Veränderungen in Gang zu setzen.

Wir alle sind psychobiologisch darauf programmiert, uns an einen anderen Menschen zu binden. In ihrer positivsten Form ist die Bindung an einen Menschen ein sicherer Hafen, eine Zuflucht vor den kleinen und großen Stürmen draußen in der Welt. In der Kindheit führt das Bedürfnis nach Bindung zum Aufbau der primären engen Beziehung zwischen Baby und Pflegeperson. Im Erwachsenenalter erleben wir es am intensivsten in einer Paarbeziehung (Dicks, 1967; Shaver et al., 2000).

Aus der Beziehung zu unserem primären Gegenüber ziehen wir die Energie, die wir brauchen, um uns der Welt da draußen mit ihren fremden Menschen und fremden Dingen stellen zu können. Wir sind darauf angewiesen, dass dieser Mensch uns wieder Leben einhaucht, wenn wir gekränkt oder erschöpft sind oder angesichts der Geschehnisse um uns herum verzagen. Wenn wir uns zusammen mit ihm auf unbekanntes Terrain begeben, halten wir uns an den Händen und geben einander Rückhalt. Wie gut wir uns behaupten und wie wohl wir uns fühlen, hängt direkt davon ab, wie gut wir diese primäre Beziehung zu gestalten wissen. Christopher Lasch hat die „Vorstellung von der Familie als einem Ort der Geborgenheit in einer herzlosen Welt" aus historischer Sicht untersucht (1977, S. 3; dt. 1981, S. 24).

In einer primären Bindungsbeziehung zwischen Erwachsenen hat jeder der Partner eine Art „Amt" inne, das der Position entspricht, die einst der frühesten Pflegeperson des anderen zukam, und übt Selbstobjekt-Funktionen im Sinne Kohuts (1971) aus (bei denen wir vom anderen als Teil des eigenen Selbst wahrgenommen werden). Diese Aufgabe aktiviert bestimmte neurale Netzwerke im Gehirn, die sich in den ersten Jahren nach der Geburt entwickeln und dabei von unseren frühen Bindungsbeziehungen geprägt werden.

Die neurowissenschaftliche Forschung der letzten zwei Jahrzehnte (z. B. Schore, 2000, 2001c; Siegel, 1999, 2010a, 2010b; Trevarthen, 2001) hat bestätigt, dass in unseren prägenden ersten Jahren Bindungs-, Trennungs- und Verlusterfahrungen Beziehungsmuster entstehen lassen, die dann unser ganzes Leben lang weiterwirken und sich dementsprechend in der strukturellen und funktionellen Entwicklung des Gehirns, des gesamten Nervensystems und des neuroendokrinen Systems niederschlagen (mehr zu diesem Thema in Teil III). Die betreffenden Verschaltungen führen dazu, dass bestimmte Bahnen neuraler Netzwerke in besonderem Maße beansprucht werden und auf Auslösereize ansprechen, die uns unterschwellig an Kindheitserfahrungen erinnern – an unsere einstigen Verletzungen, Triumphe und Sehnsüchte.

In der Intimität der Paarbeziehung werden dieselben Bedürfnisse, Sehnsüchte, Enttäuschungen und Schutzmechanismen lebendig, die in den primären Bindungsbeziehungen des Säuglings- und Kindesalters bestimmend waren. Deshalb hat im Erwachsenenalter der primäre Bindungspartner eine einzigartige Macht, den anderen zu verletzen oder zu heilen und ihn in seinen Möglichkeiten zu schwächen oder zu fördern. Sobald wir sozusagen aufgehört haben, uns beim anderen um die Rolle seines primären Partners zu bewerben, und zum Schluss gekommen sind, dass der andere ein „hinreichend guter" Partner für uns ist (s. Winnicott, 1993; dt. 1994, S. 136), befinden wir uns beide in einer optimalen Ausgangslage, um uns der frühkindlichen Verletzungen des anderen anzunehmen. Wir haben in dieser Position mehr Einflussmöglichkeiten als alle anderen Menschen – Therapeuten eingeschlossen.

Als psychodynamisch orientierte Paartherapeutin hatte ich im Lauf der Jahre des Öfteren Gelegenheit, frisch verliebte Paare vor ihrer Heirat zu beraten. Ich habe auch mit Paaren gearbeitet, die seit vielen Jahren verheiratet waren und über Enttäuschungen und Vertrauensbrüche klagten, mit Paaren, bei denen Resignation und das Gefühl des Ungeliebtseins im Vordergrund standen, sowie mit Paaren, bei denen die Partner mit allen Mitteln zu versuchen schienen, einander zugrunde zu richten. Mich treibt seit Langem die Frage um: Wie werden aus zwei Menschen, die im

Gefühl des Verschmolzenseins schwelgen und begeistert sind, dass sie zueinander gefunden haben, zwei Menschen, die von rasender Wut aufeinander erfüllt sind?

Das verliebte Gehirn beschert uns ein wundervolles Empfinden der Zeitlosigkeit und Euphorie, das mit wenig Reflexion, aber hoher emotionaler Intensität verbunden ist. Dabei werden unzählige neurale Netzwerke aktiviert, und die Gehirnzentren, die für Emotionen, Sexualität und das Identitätserleben zuständig sind, werden gestärkt und organisieren sich neu (Bartels & Zeki, 2000; Fisher, 2004). Das Verliebtsein sendet Salven der Neurotransmitter Dopamin und Norepinephrin durchs Gehirn und aktiviert das Belohnungssystem in ähnlicher Weise wie bei einer Sucht (Fisher, 2004). Frischverliebte führen endlose Gespräche, suchen ständig Körperkontakt zueinander (was bei den Menschen um sie herum oft Unbehagen auslöst), geben einander Kosenamen – und sind felsenfest davon überzeugt, dass dieser Zustand niemals aufhören wird. Wenn sich zwei Menschen ineinander verlieben, sind aber ihre späteren Konflikte im Keim schon vorhanden. Beiden ist ihre Lebensgeschichte ins Gehirn eingeschrieben. Die betreffenden neuralen Netzwerke warten nur darauf, durch Anklänge an frühe Bindungsenttäuschungen aktiviert zu werden.

Die folgende Fallgeschichte von Richard und Christine zeigt ein Paar, das im Verlauf von drei Jahren sowohl die liebevolle als auch die kriegerische Seite einer Paarbeziehung durchlebte. Die theoretischen Überlegungen zu diesem Fall und das praktische Vorgehen führen beispielhaft eine psychodynamisch orientierte Form der Therapie vor, die neuere Erkenntnisse der interpersonellen Neurobiologie einbezieht. Der integrative Ansatz, der hier die Themen der achtsamen Bewusstheit und der wechselseitigen Abstimmung der Partner aufeinander in den Vordergrund rückt, schlägt eine Brücke zu Tatkins psychobiologischem Ansatz, der dann in späteren Fallbeispielen vorgestellt wird, in denen der Akzent eher auf Problemen der wechselseitigen Regulation und auf Interventionen im Sinne des therapeutischen Enactment liegt.

Richard und Christine fragten bei mir (M. S.) wegen einer Beratung zur Ehevorbereitung an. Beide sahen im anderen den perfekten Partner, den Lohn einer lebenslangen Suche nach einer sicheren Bindung an einen Menschen, auf den Verlass ist. Als wir uns dann zweieinhalb Jahre später noch einmal trafen, hielten beide den anderen für „das Problem". Den anderen ändern zu wollen bringt eine Beziehung aber nicht ins Lot. Sobald die Partner eine innige Verbundenheit aufgebaut haben, beginnen sie alten Bindungsmustern zu folgen und reagieren dabei auf fest einprogrammierte Erwartungen an eine primäre Bezugsperson, die sich einst in der Kindheit bei ihnen eingespielt haben.

Die Aufgabe der Paartherapie besteht darin,

1. beiden Partnern verstehen zu helfen, warum sie ein Verhalten an den Tag legen, das offenbar zu Problemen führt, und mit ihnen zu klären, wie das Geschehen im Hier und Jetzt durch eine Wiederbelebung der Vergangenheit entsteht, sowie
2. die Partner dabei zu unterstützen, mittels der Haltung der „Mindsight" die Emotionen des anderen aufmerksam zu registrieren und sich auf sie abzustimmen, und sie auf diese Weise dazu anzuspornen, neue Wege zu erkunden, wie sie Angst und Schmerz wahrnehmen lernen und sodann lindern können (Siegel, 2010a).

Wenn wir in der Paartherapie auf diese Weise vorgehen, kann sie nicht nur in der Gegenwart eine heilende Wirkung entfalten, sondern trägt auch dazu bei, hinderliche Überzeugungen aus der Vergangenheit umzustrukturieren und im Gehirn neue neuronale Verbindungen aufzubauen.

## Christine und Richard

Christine und Richard betreten händchenhaltend das Behandlungszimmer und steuern geradewegs auf das Zweiersofa (engl. *love seat*) zu, ohne wie viele andere Paare erst zu fragen, wo sie sich hinsetzen sollen. Ihre Verliebtheit ist daran, wie ihre Körper wortlos miteinander kommunizieren, deutlich zu erkennen. Sie wollen, auf Richards Initiative hin, bei mir drei Sitzungen im Abstand von je einer Woche machen. Wie er berichtet, haben Freunde ihnen vorgeschlagen, zur Vorbereitung auf ihre Hochzeit einander diese Sitzungen zu schenken.

„Wir kennen uns selbst recht gut", sagt Richard, „und wir haben keine wirklichen Probleme. Aber wir haben beide in unserer ersten Ehe schlechte Erfahrungen gemacht. Es hörte sich also nach einer vernünftigen Idee an, uns zu vergewissern, dass es keine Alarmsignale gibt, die wir übersehen haben könnten. Ich möchte auf alle Probleme gefasst sein, die auftreten könnten, und mir die Instrumente aneignen, mit denen sie dann zu bewältigen sind. So gehe ich bei der Arbeit vor, und diese Beziehung ist schließlich wichtiger als jeder Geschäftsvorgang."

*Bei Richards Ausführungen frage ich mich sogleich, ob er wohl ein starkes Bedürfnis hat, Situationen unter Kontrolle zu halten. Als er spricht, richtet er sich ein wenig auf und hebt das Kinn an. Der Ton ist selbstbewusst und bestimmt. Vor allem bei Menschen, die in der Kindheit Bindungsenttäuschungen erlebt haben, kann eine Paartherapie Ängste wecken. Sie fürchten oft, der Partner oder der Therapeut werde sie bloßstellen und/oder ihnen Vorwürfe machen. Für Richard hat es sich für die*

*Bewältigung schwieriger Situationen möglicherweise als eine verlässliche Strategie erwiesen, die Kontrolle an sich zu ziehen. Es könnte auch eine Methode sein, das Aufbrechen alter Ängste zu unterbinden.*

An diesem Punkt entscheide ich mich dafür, nur auf den positiven Aspekt des Bedürfnisses nach Kontrolle einzugehen, und nehme mir vor, das Thema im weiteren Verlauf der Sitzung im Blick zu behalten. „Das hört sich für mich nach einer sehr klugen Entscheidung an", antworte ich. „Aber warum haben Sie sich auf drei Sitzungen festgelegt?"

„Ich bin Anlagestratege", antwortet er und klingt so selbstsicher und entschieden wie zuvor. „Ich habe mir gedacht, wenn wir nur begrenzte Zeit zur Verfügung haben, kommen wir direkt auf die wichtigen Punkte. Und ich will es mir nicht wie einige meiner Freunde zur Gewohnheit machen, zur Therapie zu gehen. Ich möchte selbst dahinterkommen, was los ist, und meine Probleme selbst gelöst bekommen."

## Genogramme und Bindungsinterviews: Sich einen ersten Überblick verschaffen

Wir beginnen diese lange erste Sitzung mit kurzen Genogrammen (McGoldrick, 1995). Die Methode hilft dabei, Muster in einer Familie zu erkennen. Man listet über mehrere Generationen hinweg Eheschließungen und Scheidungen, Geburten und Todesfälle sowie längere Trennungen und ihre Ursachen auf. In Christines und Richards Familiengeschichten fallen mir gemeinsame Muster auf. Ich erfahre, dass beide das älteste Kind geschiedener Eltern sind. Bei beiden sind die Mutter und zwei jüngere Geschwister derzeit weitgehend auf ihre finanzielle Unterstützung angewiesen.

Ich achte insbesondere auf Indizien für traumatische Bindungs-, Trennungs- und Verlusterfahrungen, damit ich dann im nächsten Schritt in den Bindungsinterviews gegebenenfalls gezielter auf diese Themen eingehen kann. Ich möchte mir ein Bild von Christines und Richards frühesten Bindungserfahrungen machen und von ihren jetzigen Handlungstendenzen, in denen sich jene Beziehungen widerspiegeln. Der Art und Weise, wie sie in Körperhaltung, Mimik und Bewegungen aufeinander reagieren, vor allem wenn sie unter Stress stehen, kann ich vielfältige relevante Informationen entnehmen. Den Fragen zu ihren Erinnerungen an die Beziehung zu Mutter und Vater und zu anderen wichtigen Personen ihrer Kindheit schicke ich die Erklärung voraus, dass die Erinnerungen mir helfen werden zu verstehen, wie das Gehirn beider in der frühen Kindheit für zwischenmenschliche Beziehungen strukturiert worden ist. Die Fragen sind aus dem Erwachsenen-Bindungs-Interview

(Adult Attachment Interview, AAI) abgeleitet, das Carol George, Nancy Kaplan und Mary Main (George, Kaplan & Main, 1984, 1985, 1996; Main, 2000) im Rahmen ihrer Forschung zum Zusammenhang zwischen Bindungsmustern im Erwachsenen- und Kindesalter entwickelt haben.

Daniel Siegel hat in *Wie wir werden, die wir sind* (1999; dt. 2006) erste Überlegungen zu neurobiologischen Aspekten des AAI vorgelegt.

*Jeder Mensch entwickelt ein komplexes Netzwerk von Erinnerungen, Emotionen und Überzeugungen, die sein gegenwärtiges und künftiges Bindungsverhalten prägen. Mit den Fragen und Nachfragen aus dem AAI versuche ich die inneren Modelle der Partner herauszuarbeiten, die bestimmen, wie sie die Welt und sich selbst in der Interaktion mit anderen Menschen erleben und welche Reaktionen auf sich selbst sie von anderen erwarten. Sowohl der Inhalt ihrer Antworten als auch die Art und Weise, wie sie antworten, geben viel Aufschluss darüber, wie ihr Gehirn verschaltet ist, wie sicher oder unsicher ihr Bindungsstil ist und wie sie über belastende Themen kommunizieren.*

Ich gebe Christine und Richard folgende Erläuterung: „Wir suchen uns meist Partner aus, die eine gewisse Ähnlichkeit zu einstigen Bezugspersonen in unserem Leben haben, und hoffen, auf diese Weise wichtige emotionale Bedürfnisse stillen zu können. Ich möchte gern verstehen, in welchen Punkten Sie gut zusammenpassen und mit welchen Merkmalen Sie sich, ohne dass Ihnen das bewusst wird, gegenseitig signalisieren, dass Sie *der Richtige* und *die Richtige* sind."

Während sie von ihren Eltern sprechen, achte ich auch auf ihre körperlichen Reaktionen, weil sich ihre frühen Beziehungen in diesen impliziten prozeduralen Tendenzen deutlicher abbilden als in ihren Worten. Sitzen sie aufrecht oder in sich zusammengesunken da? Wann ist die Atmung angespannt und gepresst, wann entspannt und tief?

Ich beginne bei Richard und stelle ihm die Fragen aus dem Erwachsenen-Bindungs-Interview[3]: „Bitte nennen Sie mir fünf Adjektive, die Ihre Beziehung zu Ihrem Vater bis zum Alter von zwölf Jahren beschreiben." Richard antwortet: *„Unbeteiligt, beschäftigt, abwesend ...",* und sagt dann, dass ihm nichts mehr einfällt. Ich bitte ihn, für jedes der Adjektive Beispiele zu nennen: „Beschreiben Sie eine Situation, in der Sie Ihren Vater als unbeteiligt empfanden."

---

3   Das Interviewverfahren wurde zwar ausschließlich zu Forschungszwecken entwickelt, lässt sich aber, wie wir zeigen werden, auch in der Paartherapie als Anamneseinstrument und Intervention einsetzen.

„Er wirkte immer gereizt, wenn Mutter nicht dafür sorgte, dass wir leise waren, damit er in Ruhe seine Zeitung lesen konnte." Bei den Adjektiven „beschäftigt" und „abwesend" bringen Richards Worte und seine nonverbalen Reaktionen Traurigkeit und Wut darüber zum Ausdruck, dass der Vater ganz von seiner Arbeit in Beschlag genommen war oder sich in seine Zeitung vertiefte und den Kindern und seiner Frau gegenüber Desinteresse demonstrierte.

„Noch etwas?"

„Nein, nichts", sagt er betont sachlich, so als wolle er keine Emotionen zeigen.

Ich bitte ihn nun um „fünf Adjektive, die die Beziehung zu Ihrer Mutter in der Zeit bis zu Ihrem zwölften Lebensjahr beschreiben".

„*Liebevoll ... fürsorglich ... unterstützend ... bejahend ... stark*", erwidert er. Das Gesicht hellt sich auf, der Atem geht tiefer. Der gesamte Körper scheint sich, als die Sprache auf die Mutter kommt, zu beleben.

„Geben Sie mir nun für jedes der Adjektive ein Beispiel. Erzählen Sie von einer Situation, in der Ihre Mutter liebevoll war." Wir gehen auf diese Weise jedes der Adjektive durch, mit denen er die Beziehung zur Mutter beschrieben hat. Seine Erinnerungen beziehen sich alle auf Interaktionen, die er vor dem Alter von sechs Jahren erlebt hat.

Danach stelle ich ihm eine Reihe weiterer Fragen, die dem AAI entnommen sind.

Bei den Fragen „Als Sie noch ganz klein waren, zu wem sind Sie da gerannt, wenn Sie sich wehgetan hatten?" und „Wenn Sie als Kind krank waren, wer hat sich da um Sie gekümmert?" nennt er mit Nachdruck die Mutter.

„Erzählen Sie mir davon, wie Sie einmal krank waren und die Mutter sich um Sie gekümmert hat."

„Ich war fünf und hatte die Windpocken. Mutter ging nicht zur Arbeit und brachte mir Suppe. Ich konnte nichts schlucken. Sie saß am Bett und legte mir die Hand auf den Kopf. Ich weiß noch, wie sie mir vorlas."

In den Situationen aus der frühen Kindheit, an die er sich erinnert, wandte er sich, wenn er Trost und Zuwendung brauchte, jedes Mal an seine Mutter. Sie habe für ihre Kinder alles getan und für sich selbst nur sehr wenig.

Ich erfahre, dass der Vater die Familie verließ, als Richard sechs war, und dass die Mutter sehr hart arbeitete, um ihre drei Kinder durchzubringen. „Manchmal war nicht genug Geld da, um für uns alle Essen zu kaufen. Sie sagte dann, sie hätte keinen Hunger. Deshalb schicke ich ihr heute Geld und Geschenke. Letztes Jahr habe ihr eine Reise nach Hawaii bezahlt, dieses Jahr eine nach Europa. Und ich habe ihr gerade eine Eigentumswohnung gekauft, in der sie ein angenehmes Leben haben kann. Sie verdient es, weil sie damals uns zuliebe auf so vieles verzichtet hat."

Ich achte insbesondere auf den Grad an Kohärenz, den die Erinnerungen an die Bindungsbeziehungen seiner Kindheit aufweisen. Ich registriere, dass die Beschreibung der Beziehung zur Mutter weniger enthusiastisch ausfällt, als er auf Episoden aus späteren Jahren zu sprechen kommt. Der Körper wirkt schlaffer, die Stimme wird leiser.

Als ich einige Minuten später frage: „Gab es etwas, das Sie sich von Ihrer Mutter oder Ihrem Vater gewünscht hätten, aber nicht bekommen haben?", sehe ich, wie sich die Muskeln in Richards Gesicht anspannen und er seine Tränen zu unterdrücken versucht. Er scheint den Atem anzuhalten.

„Anscheinend kommt da etwas hoch, das Ihnen wirklich sehr zu schaffen macht", sage ich leise.

Die Tränen, erklärt er flüsternd, haben nichts mit dem zu tun, was er sich von seinem Vater gewünscht hätte, „der für mich von Anfang an nur ein Schatten war – sondern mit dem, was mir bei meiner Mutter fehlte".

Nachdem ihr Mann die Familie verlassen hatte, war Richard für die Mutter der „Mann im Haus". Sie nannte ihn „mein kleiner Mann". Mit 13 begann er für ein Lebensmittelgeschäft Waren auszuliefern und gab der Mutter seinen ganzen Verdienst, um ihr schmales Einkommen als Schneidergehilfin zu ergänzen. Ihm wurde klar, dass seine Mutter nicht gut mit Geld umgehen konnte. Er veranschaulicht das an einem Beispiel: Als er 15 war, bekamen seine Schwestern neue Schuhe, doch es war kein Geld übrig, um auch für ihn welche zu kaufen.

Als Teenager (also in einer Lebensphase, in der wir uns als eigenständige Individuen zu behaupten beginnen) übernahm Richard immer mehr Verantwortung für seine Schwestern und die Mutter, damit die Familie finanziell über die Runden kam. Die innige Nähe zur Mutter, die er als kleiner Junge erlebt hatte, schien sich jedoch zu verflüchtigen. Er verstand nicht, woran das lag.

Als er ein Basketball-Stipendium zugesprochen bekam, mit dem er an einem renommierten, aber 3000 Meilen entfernten College studieren konnte, zögerte er, ob er zusagen sollte, weil er sich Sorgen machte, wie es den anderen wohl ohne ihn erginge. Bei Richard hatte sich mittlerweile, ohne dass ihm dies bewusst war, die Vorstellung entwickelt, dass ihm eine gewisse Machtposition in der Familie zustand, wenn er ihren Unterhalt sicherte. Er war überrascht und aufgeregt, als die Mutter ihn ermutigte, aufs College zu gehen, und ihm versicherte, sie und die Mädchen würden schon zurechtkommen. Enttäuscht registrierte er, dass er offenbar nicht mehr gebraucht wurde – oder vielleicht auch gar nicht mehr erwünscht war.

An den Beispielen, die Richard im Bindungsinterview erzählt, wird deutlich, dass die Bestätigung, die er als Kind von der Mutter erfuhr, später ausblieb und sich die emotionale Verbindung zu ihr im Lauf der Zeit abschwächte. Er berichtet, dass sie vor Kurzem ein Bündel mit Karten fand, die er ihr im Lauf der Jahre geschrieben hatte – Geburtstagskarten, Weihnachtskarten, Postkarten von seinen Reisen. „Sie dachte, ich würde mich freuen, dass sie die Karten alle aufgehoben hat. Aber es ist leider so, dass sie nie etwas gesagt hat, wenn sie Post von mir bekam. Nie kam ein Dankeschön dafür, dass ich an sie gedacht hatte." Je mehr er ihr zu helfen versuchte, desto weiter fühlte er sich von ihr entfernt. Während er davon spricht, sind Hilflosigkeit und Wut an seiner Stimme und seiner körperlichen Anspannung deutlich abzulesen. Es scheint Richard nie in den Sinn gekommen zu sein, dass die Mutter die Art und Weise, wie er ihr Unterstützung und Rat in finanziellen Dingen anbietet, als kontrollierend empfinden könnte.

Ich stelle eine letzte Frage: „Gibt es etwas Bestimmtes, von dem Sie annehmen, dass Sie es durch die Erfahrungen Ihrer Kindheit gelernt haben? Ich denke dabei an etwas Positives, das Sie vielleicht aus der Art von Kindheit, die Sie hatten, für sich mitnehmen konnten."

*Diese aus dem Erwachsenen-Bindungs-Interview übernommene Frage regt zur Reflexion über die Gegenwart vor dem Hintergrund früherer Erfahrungen an. Das Knüpfen von Verbindungen zwischen Vergangenheit, Gegenwart und Zukunft rückt oft früh gebildete Vorstellungen über die Interaktion zwischen dem Selbst und anderen ins Bewusstsein und macht deutlich, welche Rolle diese Vorstellungen in aktuellen Interaktionen spielen. Manche Fragen aus dem Erwachsenen-Bindungs-Interview rufen explizite Erinnerungen wach und legen Bindungsmuster offen, die bislang aus dem Bewusstsein verbannt waren. Mitunter setzen die Fragen und Nachfragen schmerzliche Prozesse in Gang. Aus therapeutischen Gründen ist es sinnvoll, zwischen den AAI-Fragen andere Fragen einzuschieben, die positive Antworten erlauben, wie zum Beispiel: „Ich möchte Sie nach den Hoffnungen fragen, die Sie für Ihr Kind haben. Was wird es aus seinen Erfahrungen mit Ihnen als Eltern lernen können?" (George, Kaplan & Main, 1996) Danach kann man dann eingehender erkunden, wie sich die individuelle Bindungsgeschichte in der Gegenwart niederschlägt.*

Richard sagt mit hörbarem Stolz: „Das alles hat mich stärker gemacht. Ich arbeite, seit ich 13 war, und habe bei jedem Job Neues dazugelernt. Ich habe gelernt, durch sehr harte Arbeit erfolgreich zu sein. Ich glaube, was ich mitgenommen habe, war die Gewissheit, dass ich fähig bin, für mich und meine Familie zu sorgen." Nach einer kurzen Pause fügt er hinzu: „Ich habe auch gelernt, nicht das zu machen, was mein Vater uns angetan hat. Ich weiß, dass ich meine Familie nie im Stich lassen werde, was auch immer geschieht. Das ist für die, die zurückbleiben, einfach zu schrecklich."

„Und welchen Effekt haben Ihre Kindheitserfahrungen auf Sie gerade jetzt, in diesem Moment?" Ich habe bemerkt, dass Richards Hände sich beim Sprechen zur Faust ballten.

„Ich bin angespannt. Ich werde unruhig, wenn ich zu verstehen versuche, was da mit meiner Mutter ist. Aber es macht mir auch wieder klar, dass ich stark bin und für mich selbst sorgen kann."

*Als Richard über die Doppelbotschaften spricht, die er von seiner Mutter empfängt, wird deutlich, dass er für das Übernehmen der fürsorglichen Rolle einen hohen Preis gezahlt hat – den „Verlust" seiner Mutter, wie sie sie einst kannte, und ihre Distanzierung von der innigen früheren Verbundenheit. Als er klein war, vergötterte sie ihn, sah ihn als einen, der es im Leben zu etwas bringen wird, und schien darauf angewiesen zu sein, dass ihm dies auch gelang. Doch als sie über den Schock, dass ihr Mann sie verlassen hatte, allmählich hinwegkam und es schaffte, sich mit ihren drei kleinen Kindern allein durchzuschlagen, gewann sie mit der Zeit ihre Stärke zurück und war deshalb auch in der Lage, Richard zu ermutigen, er solle das Stipendium für das weit entfernte College doch ruhig annehmen.*

*Richards frühe Erfahrungen mit der Mutter ließen bei ihm die Vorstellung entstehen, dass Frauen schwach sind und er selbst stark sein muss, um für die Menschen, die er liebt, sorgen zu können. Diese Überzeugung machte ihn blind dafür, dass seine Mutter sich immer mehr zutraute, ihr Leben selbst zu meistern. Er sieht in ihr nach wie vor die verletzliche Frau seiner Kindheit und kann nicht verstehen, warum sie seine Hilfsangebote derart kühl aufnimmt. Dasselbe Verhaltensmuster dürfte sich in der Zukunft in erheblichem Maße auf die Beziehung zu Christine auswirken. Wenn er für die Frauen sorgt, die er liebt, leugnet er dabei die eigenen Bedürfnisse, versorgt und behütet zu werden. In seinem Kopf und seinem Körper liegen also zwei Tendenzen im Widerstreit miteinander.*

Ich stelle nun Christine dieselben Fragen aus dem Bindungsinterview. „Nennen Sie mir fünf Adjektive, die die Beziehung zu Ihrer Mutter in Ihrer Kindheit beschreiben."

*„Da, ohne da zu sein",* erwidert sie recht bedrückt, mit einem tiefen Seufzer, und fährt dann fort: *„traurig ... niedergeschlagen ... bedürftig ... fordernd."*

„Geben Sie mir ein Beispiel für ‚da, ohne da zu sein‘.“

„Ich war nicht die Einzige, die es nicht schaffte, ihre Aufmerksamkeit zu bekommen. Das schaffte niemand. Sie war meistens high, von irgendwelchem Zeug. Manchmal hörte sie auf mit den Drogen, hielt das aber nie durch. So war das zumindest nach meiner Erinnerung, bevor ich mit meinem Onkel wegging.“ Christines Stimme klingt traurig, nicht wütend, und kindlich. Ihr Körper scheint kleiner zu werden und ins Sofa einzusinken.

Ich erfahre, dass Christine ab dem Alter von acht Jahren bei ihrem Onkel Ted aufwuchs, dem Bruder ihres Vaters, einem Künstleragenten, der die Vormundschaft für sie übernahm. Mit vier Jahren hatte sie sich als musikalisches Wunderkind entpuppt, als sie im Kindergarten zum Klavier ging und wiederholte, was die Erzieherin gerade gespielt hatte. Onkel Ted vermittelte ihr zunächst Gesangsrollen in Ensembles, die mit großen Shows durchs Land tourten. Später spielte sie am Broadway eine Kinderrolle in einem erfolgreichen Musical. Sie komponierte auch selbst Songs, und er half ihr, einen Vertrag für Studioaufnahmen zu bekommen.

Die Beziehung zum Vater beschreibt Christine mit den Wörtern *desinteressiert, nicht da, manchmal spielerisch, traurig, unzuverlässig*. Als ich sie nach einem Beispiel für *desinteressiert* frage, sagt sie: „Ich spielte sehr gern Klavier. Papa beschwerte sich, dass ich Krach machte, wenn er schlafen wollte – um vier am Nachmittag!“ Jetzt klingt sie aufgebracht, das Kinn ist trotzig angehoben.

Christines Erinnerungen an die frühe Beziehung zu Mutter und Vater sind überwiegend diffus. „Sie waren Hippies und meistens ziemlich weggetreten. Es gab jede Menge Drogen. In unserem Haus tauchten seltsame Leute auf, die dann tage- oder wochenlang blieben. Mama war wie ein Schatten im Hintergrund. Papa war ‚der kleine Mann, der nicht da ist‘.“

Sie weiß nicht genau, was die Eltern für Vereinbarungen trafen, als sie sie ihrem Onkel anvertrauten – vielleicht floss dabei etwas Geld, vielleicht waren sie auch nur froh, dass sie ein Kind weniger durchfüttern mussten –, aber sie erinnert sich, dass sie ihn mochte und dass sie die Eltern nicht sonderlich vermisste. In besonders lebendiger Erinnerung ist ihr, wie sie sich neben ihm auf die Couch kuschelte und er ihr von seinen ganzen Reisen erzählte und von den berühmten Leuten, die er durch seine Arbeit kannte. Als Christine von ihrem Onkel spricht, verändert sich etwas an ihr: Die Augen leuchten, der Körper wirkt weicher – Hinweise darauf, dass sie sich bei ihm geborgen fühlte.

Eine Zeit lang war Christine recht erfolgreich. Drei Titel von ihr schafften es in die Popmusik-Charts. Als sie 16 war, brachte der Onkel sie zurück zu ihrer Mutter (die Eltern lebten wieder getrennt) und ließ sie „für eine Weile“ dort zurück. Er fühle sich nicht gut, sagte er, und werde sie holen kommen, wenn es ihm wieder besser gehe. Er kam aber nicht wieder, sondern starb zwei Monate darauf. Als sie dies erzählt, geht das Kinn nach unten, die Schultern senken sich. Die Reaktion ist allerdings nicht ganz so markant, wie man erwarten könnte, wenn sie vom Verlust ihrer einzigen verlässlichen Bindungsperson spricht.

Er fehlte ihr eine Zeit lang sehr, und manchmal hatte sie die Phantasie, er wäre noch am Leben, wenn sie bei ihm geblieben wäre. Bei ihrer Mutter und ihrem Vater, der nach der Rückkehr Christines wieder bei der Mutter einzog, war sie nicht glücklich. „Es war mehr mit ihnen anzufangen als vorher", erinnert sie sich, „aber es war immer noch viel Marihuana im Spiel, und sie waren nach wie vor desorganisiert." Sie hatten beide keine feste Arbeit. Doch da war immer das eine oder andere Familienmitglied, das ihnen mit Geld aushalf.

Der gedankenlose Umgang mit Geld hatte, wie Christine bald klar wurde, im Lauf der Jahre sowohl die Mutter wie auch den Vater wiederholt in ernste Schwierigkeiten gebracht und war einer der Gründe dafür, dass sie sich immer wieder trennten und dann doch wieder zusammenlebten. Sie hatten keine Vorstellung davon, was Haushalten bedeutet. Wenn sie durch eine Zuwendung an etwas Geld kamen (zum Beispiel durch ein Geschenk einer Großmutter und durch zwei kleine Erbschaften), war es im Nu aufgebraucht.

Kurz nachdem Christine wieder zu ihren Eltern gezogen war, begannen sie über ihre Ausgaben zu sprechen und forderten sie auf, zum Unterhalt der Familie beizutragen. Onkel Ted hatte die meisten Einkünfte Christines für sie angelegt, sodass sie mit 16 recht wohlhabend war. Sie geriet also in eine ähnliche Position wie Richard, insofern sie einen großen Beitrag zum Familienunterhalt leistete. Onkel Ted hatte die treuhänderische Verwaltung von Christines Geld aber so eingerichtet, dass sie bis zum Alter von 21 Jahren nur begrenzten Zugriff darauf hatte. Sie unterstützte die Eltern in dem Maße, wie die entsprechenden Bestimmungen es zuließen.

Als ich Fragen zum Zusammenhalt in der Familie stelle, blickt Christine mich etwas verständnislos an. Ein Gefühl von Familie hatte sie nur, als sie mit ihrem Onkel durchs Land reiste und in Hotels, kurzzeitig gemieteten Wohnungen und schließlich in einem Apartment in New York City lebte. Das Einzige, was ihre Eltern mit ihren Ursprungsfamilien verband, war Geld: Nicht Liebe, sondern Geld hatte stets die Interaktion bestimmt. Christine folgte demselben Muster: Mit Geld erkaufte sie sich die Anerkennung der Eltern und verhinderte, dass sie böse auf sie waren.

Mit 18 Jahren hatte sie zum ersten Mal geheiratet. Die kurze und unglückliche Ehe endete, als ihr Mann Geld von einem ihrer Konten stahl. Sie kannte sich in Geldangelegenheiten nicht aus, lernte aber, ihr Eigentum zu schützen. Sie fand einen

Steuerberater, der ihr half, ihre Finanzen in Ordnung zu halten, sie bei Entscheidungen über Geld beriet und ihr erklärte, was sie sich leisten konnte und was nicht. Das Haus, in dem sie und Richard nun wohnen, hat sie mit 21 gekauft.

Christine sieht sowohl ihre Mutter als auch ihren Vater oft. Mit der Mutter telefoniert sie mehrmals in der Woche, sagt aber, dass ihr das eigentlich gar nicht recht sei, weil die Mutter wie ein Kind sei und immer etwas brauche. Christine gibt der Mutter und auch einer ihrer Schwestern alles, wonach sie fragen – um Streitereien aus dem Weg zu gehen, sagt sie.

Ich stelle ihr eine letzte Frage zu ihren Bindungserfahrungen: „Gibt es etwas Bestimmtes, von dem Sie annehmen, dass Sie das aus Ihren Kindheitserfahrungen gelernt haben? Einen Gewinn, den Sie vielleicht aus der Art von Kindheit, die Sie hatten, ziehen konnten?"

Christine antwortet: „Ich habe gelernt, ein braves Kind zu sein und zu tun, was andere von mir wollen. Aber jetzt erkenne ich, dass mir das nicht guttut. Ich muss herausfinden, wer ich eigentlich bin und was meine eigenen Wünsche sind. Richard ist wunderbar. Er steht mir bei – wenn meine Mutter und meine Schwester mir zu sehr zusetzen, hilft er mir, die Dinge klar zu sehen. Ich habe so ein Glück, dass Richard nun zu meinem Leben gehört."

## Bestandsaufnahme

Frisch verliebt zu sein ist die pure Magie: Beide Partner haben die Phantasie, dass der andere nun alles für sie sein wird, was ihnen bislang fehlte. Christine und Richard überlegen nicht wie manche Paare, ob sie heiraten sollen, sondern wollen sicherstellen, dass ihre Beziehung gelingen wird. In den zwei verbleibenden Sitzungen sprechen wir über ihre Wohnsituation, ihre Pläne zur Familiengründung, finanzielle Fragen und Zukunftspläne. Wir sprechen auch über Strategien im Umgang mit möglichen Problemen. Ich frage nach, welche Probleme bei ihnen vielleicht schon aufgekommen sind: „Gibt es irgendwelche schwierigen Themen, die noch nicht besprochen worden sind und die wir uns jetzt gemeinsam anschauen könnten?"

„Der einzige strittige Punkt", sagt Richard, „hat mit Religion zu tun. Christine hatte mir zunächst versprochen, zu konvertieren und unsere Kinder katholisch zu erziehen. Als sie es sich anders überlegt hat, war das eine Enttäuschung für mich."

„Wie haben Sie versucht, die Frage zu klären?", frage ich.

„Na ja, keiner von uns beiden ist besonders religiös", antwortet Richard. „Aber ich wünsche mir wirklich, dass meine Kinder getauft und katholisch erzogen werden.

Ich verstehe nicht, warum sie ihre Meinung geändert hat. Ich frage mich, ob sie überhaupt weiß, warum sie jetzt ihr Wort bricht." Richard dreht sich zu Christine hin: „Wenn das so ist, woher soll ich dann wissen, dass ich dir trauen kann, wenn du mir andere Dinge versprichst?" Unter der Oberfläche zeigt sich der Junge, der sich von der Mutter verraten fühlte, weil sie ihn nicht länger vergötterte. Sein wachsender Ärger löst bei Christine eine spezifische Reaktion aus.

Sie sinkt tiefer in die Couch ein, und ihr Körper scheint zu schrumpfen. Es wirkt, als werde sie von Augenblick zu Augenblick kleiner. Ich kommentiere diese Veränderung im äußeren Erscheinungsbild und frage Richard, ob auch er sie bemerkt. „Das sehe ich oft bei ihr. Wenn ich versuche, mit ihr über ernste Dinge zu reden, scheint Christine sich innerlich an einen anderen Ort zu versetzen."

Ich bitte Christine, sich für eine Weile auf ihren Körper zu konzentrieren und zu beobachten, ob irgendwelche Sinnesempfindungen, Bilder oder Erinnerungen in ihr aufsteigen. Ich möchte an die frühen Erfahrungen herankommen, die sich momentan in der Beziehung zu Richard abbilden.

Sie erinnert sich gerade, sagt Christine, an ihren Onkel und an die Angst, die sie hatte, wenn er böse auf sie war.

„Geben Sie mir ein Beispiel", sage ich.

„Mein Magen krampfte sich zusammen, wenn er sich aufregte, weil ich spielen oder irgendetwas anderes tun wollte, anstatt zu üben." Als sie zu erzählen beginnt, wird eine weitere Erinnerung wach, und sie erstarrt. Angesichts der einstigen Wut des Onkels (und der jetzigen ihres Verlobten) schnellt Christines Arousal in die Höhe, und sie gerät außerhalb ihres „Toleranzfensters".

*Das Toleranzfenster (Siegel, 1999) ist der Arousalbereich, innerhalb dessen wir ohne Weiteres zurechtkommen. Wir können darin gleichzeitig fühlen und denken ( der „das Toleranzfenster so [...] verbreitern, dass uns die Elemente unserer Innenwelt bewusst bleiben" (Siegel, 2010a, S. 138; dt. 2010, S. 213). Wenn wir uns außerhalb des Fensters befinden und neue Erfahrungen neurale Netzwerke reaktivieren, die in der Kindheit geknüpft wurden, kann es geschehen, dass intensive Emotionen die „höheren" kognitiven Funktionen lahmlegen. Wir verhalten uns in der aktuellen Beziehung dann so wie damals. Rationales Denken wird unmöglich, und die Integrationsfunktionen sind beeinträchtigt.*

Christines Toleranzfenster ist schmal. Ihre Stärke liegt allerdings in ihrer inneren Beobachterinstanz, die manchmal aktiv wird und sie befähigt, einen unverstellten Blick auf sich selbst zu werfen, zu bemerken, dass sie „abdriftet", und diese Informationen zu nutzen, um ihren Kurs zu ändern. Diese Selbstbewusstheit ist ein positives Indiz dafür, dass das Paar sich vermutlich Strategien aneignen kann, um sich in Problemsituationen neu aufeinander einzustellen und gemeinsam neue Lösungswege zu finden.

Nach einigen Minuten ist Christine wieder fähig, gleichzeitig über das, was sie gerade erlebt, nachzudenken und ihre Emotionen zu verarbeiten. Sie geht nun auf Richards Frage zur Religion ein und kann ihre Position hellsichtig und klar formulieren.

„Früher habe ich immer brav gemacht, was die anderen wollten – mein Onkel, meine Eltern, mein erster Mann. Ich bin nie zur Schule gegangen und habe nie eine richtige Ausbildung durchlaufen. Ich hatte immer Angst, ich wäre dafür nicht intelligent genug. Daran muss ich etwas ändern. Ich muss unterscheiden lernen, was ich selbst will und was andere von mir wollen. Richard, mir ist es wichtig, dass du das verstehst."

Während Christine fortfährt, klingt die Stimme zunehmend selbstbewusst, und der Körper wirkt weniger kindlich. „Es ist nicht so, dass ich ein Versprechen breche. Ich bin dabei, mich zu entwickeln. Wir können die Kinder so erziehen, wie du das willst. Das ist für mich in Ordnung. Ich will aber den Glauben meiner Großeltern und Urgroßeltern nicht aufgeben. Es fällt mir auch so schon schwer genug, meine Identität zu bewahren und zu wissen, wer ich bin."

Richard scheint das zu akzeptieren und dreht sich zu ihr hin. „Ich will, dass du dich weiterentwickeln kannst. Ich werde dir helfen. Und ich bin froh, zu hören, dass du nichts dagegen hast, unsere Kinder katholisch zu erziehen. Du weißt, wie wichtig mir das ist."

Die Religion kann wie Geld, Sexualität und Kindererziehung zum Schlachtfeld werden, auf dem sich ein Paar bekriegt. Richard und Christine haben gerade einen Weg gefunden, sich einen Konflikt zu ersparen. Beide haben das Gefühl, dass beim anderen etwas angekommen ist, das ihnen am Herzen liegt, und dass er es akzeptiert und darauf reagiert hat.

Was habe ich über Richard und Christine herausgefunden, über ihre Lebensgeschichten und Bindungsmuster, ihre Bedürfnisse, Sehnsüchte und Verteidigungsstrategien? Beide wurden von Menschen, die für sie sorgten, als außergewöhnlich begabt wahrgenommen und waren so erfolgreich, wie man das von ihnen erwartete, doch beiden ist es bislang nicht gelungen, Leistung und Wohlstand mit einer stabilen Liebesbeziehung zu verbinden. Die Eltern beider waren emotional unzugänglich, und beide fühlen sich von wichtigen Menschen in ihrem Leben benutzt. Sie sehnen sich nach Verbundenheit, haben sich aber an unsicher gebundene Interaktionsmuster angepasst.

Ihre Liebesbeziehung ist noch ganz frisch. Christine und Richard schwelgen in der Gewissheit, einen Menschen gefunden zu haben, den sie lieben können und der ihre Liebe erwidert, und in der unausgesprochenen Zuversicht, dass ihre individuellen Vorgeschichten damit überwunden sind. Doch bringen sie, wie wir alle, alte Beziehungsmuster in die Partnerschaft mit. Die Verbundenheit stellt sich unbewusst über das Gefühl der Zusammengehörigkeit her, das daraus entsteht, dass Richard ein fürsorglicher Partner ist und Christine noch in einer Abhängigkeitsposition verharrt und seinen Wünschen zu entsprechen versucht, während sie gleichzeitig den Drang verspürt, sich weiterzuentwickeln.

Richard nimmt die Rolle des Fürsorglichen ein und erlebt dabei an Christine als seiner Stellvertreterin das Umsorgtwerden mit, nach dem er selbst sich sehnt und das er einst mit der Mutter erlebte. Weil er sich geliebt und geschätzt fühlt, setzt er sich mit aller Kraft dafür ein, dass Christine weiterhin glücklich und ihm nahe ist. Solange er die Kontrolle behält, hat er das Gefühl, dass er seine Sache sehr gut macht.

Christine will von Richard lernen, so wie einst von ihrem Onkel. Wenn er sie hin und wieder auf ihre Fehler hinweist und ihr eine bestimmte Sichtweise nahezubringen versucht, zeigt sie sich aufgeschlossen, weil sie möchte, dass er ihr hilft, sich weiterzuentwickeln und eigenständiger zu werden. Im Prozess ihrer Selbstverwirlichung sieht sie derzeit Richard als einen Verbündeten.

Ihre unausgesprochene Vereinbarung funktioniert für die beiden – zum jetzigen Zeitpunkt. Ich fasse meine Sicht auf ihre Beziehung zusammen: „Sie sind beide fähig, den anderen in seinen Stärken zu fördern. Um Ihre Beziehung zu vertiefen, müssen Sie, Richard, es zulassen, dass Christine dazulernt, sich weiterentwickelt und selbstständiger wird. Sie, Christine, müssen Richard auch jenseits der Stärke, die er nach außen zeigt, kennenlernen und sich klarmachen, dass in ihm ein im Stich gelassener kleiner Junge steckt, der ebenso verletzlich ist wie das im Stich gelassene kleine Mädchen in Ihnen. Wenn Sie aufmerksam verfolgen, was im anderen vor sich geht, und einander dabei unterstützen, Ihre Träume umzusetzen, wird es Ihnen gelingen, in einer Partnerschaft, die von Vertrauen und Geborgenheit getragen ist, gemeinsam vorwärtszugehen."

Einige Wochen nach unseren drei Sitzungen heiraten Richard und Christine. Ich weiß, dass die wechselseitige Abstimmung zwischen ihnen manchmal fehlschlagen wird und sie dann vor drängenden Fragen stehen werden: „Wird er da sein, wenn ich ihn brauche? Wird sie mich schätzen, auch wenn sie weiß, wie schwach ich bin? Muss ich mein wahres Selbst verbergen, um geliebt zu werden?" Ich frage mich, ob sie einen Weg finden werden, einander von den Verletzungen, die ihre Bindungserfahrungen hinterlassen haben, zu heilen, ohne weitere Hilfe von außen in Anspruch nehmen zu müssen. Wird sich die Paarbeziehung so entwickeln, dass ihnen die wechselseitige

Abstimmung auf den inneren Zustand des anderen immer wieder gelingt und sie in der Lage sind, auf seine Bedürfnisse und Wünsche einzugehen – oder werden sie in einen Teufelskreis von ungestillten Bedürfnissen, Wut, Abwehrmanövern, Vermeidung und Unverbundenheit geraten? Zweieinhalb Jahre später habe ich die Gelegenheit, diese Fragen noch einmal aufzugreifen, als Christine und Richard wieder zu mir kommen, um eine Therapie zu machen.

# 2. | Auf dem „Schlachtfeld"

Glück kann sehr unbeständig sein. Ein halbes Jahr, nachdem die beiden mir eine Karte mit einem Foto ihrer neugeborenen Tochter geschickt haben, ruft Christine an, um einen Termin zu vereinbaren. Als sie und Richard hereinkommen, nehmen sie an verschiedenen Orten Platz, was bereits auf eine Veränderung in ihrer Beziehung schließen lässt. Richard steuert geradewegs auf das Zweiersofa zu, Christine setzt sich schräg gegenüber auf einen der Stühle mit Rollen. Sie holt Bilder der Tochter Emily hervor, an der beide offensichtlich große Freude haben. Als ich sie frage, was sich seit Emilys Geburt geändert habe, erwidert Richard, er arbeite noch härter, um sicherzustellen, dass die Familie gut versorgt sei, was immer auch geschehe. Seine Stimme klingt leicht vorwurfsvoll, der Körper wirkt steif. Christine sagt: „Richard versucht mir beizubringen, wie ich mit Geld umgehen soll. Ich habe viel von ihm gelernt, aber manchmal kriegen wir uns auch in die Haare."

*Wenn euphorische Verliebtheit in eine verbindliche Partnerschaft übergeht, treten allmählich Interaktionsmuster zutage, die die Partner von ihren ersten Bindungsfiguren gelernt haben. Bei Menschen, die einst sichere Bindungen erlebt haben, fallen kleinere Störungen der wechselseitigen Abstimmung im intersubjektiven Feld vielleicht gar nicht weiter auf, oder es gelingt ihnen, sie rasch zu beheben. Wenn sich konkrete Probleme ergeben, bleiben die Partner miteinander verbunden, gehen die Schwierigkeiten gemeinsam an und sprechen sie durch. Dagegen beginnen Menschen, die unsichere Bindungen erlebt haben, einander auf die Probe zu stellen, insbesondere wenn sie unter Stress stehen. Sie sind dafür prädisponiert, sich lieber darauf gefasst zu machen, dass auch diese Beziehung sie enttäuschen wird, und mit Kritik, Verachtung, Blockademanövern und verschiedenen anderen Abwehrstrategien zu reagieren (Gottman, 1999). Solche eingespielten Verhaltensweisen provozieren beim Gegenüber dann wahrscheinlich entsprechende negative Reaktionen, sodass sich zwischen den Partnern bestimmte Interaktionsmuster verfestigen.*

Richard erläutert, worin seiner Ansicht nach das Problem besteht: „Chrissie hatte immer ihr eigenes Geld, das sie mit der Musik verdiente. Wir halten unser Geld getrennt, das wollten wir beide so, und wir haben ein gemeinsames Haushaltskonto. Einige ihrer Ausgaben verstehe ich aber einfach nicht. Sie zahlt ihrem Steuerberater jedes Jahr Tausende, aber ich finde nicht, dass er das Richtige für sie tut. Wenn sie ihn in der Zeit vor unserer Ehe fragte, ob sie sich ein neues Auto oder ein neues Haus leisten konnte, versicherte er ihr immer, es sei reichlich Geld da, und wenn sie mehr brauche, müsse sie einfach nur wieder arbeiten. Sie hat also so viel ausgegeben, wie sie wollte. Sie beschäftigte sogar dreimal in der Woche eine Frau, die die Hunde ausführte. Wenn ich Christine aber jetzt darauf hinweise, dass sie ja zu Hause bei Emily bleibt und daher eigentlich Zeit hat, die Hunde selbst auszuführen, sagt sie mir, dass sie vielleicht wieder arbeiten gehen sollte." Er spricht direkt zu mir, wie über ein widerspenstiges Kind.

Christine berichtet von einem Angebot, bei einem Musical mitzumachen, das in einigen Monaten starten soll, und klingt aufgeregt, will sich aber offenbar auch rechtfertigen. Ebenso wie Richard richtet sie ihre Worte nur an mich.

„Ich habe keine Aufträge angenommen, seit Emily zur Welt kam, und jetzt habe ich das Gefühl, ich bin so weit, dass ich wieder arbeiten möchte. Außerdem will ich mir sicher sein, dass ich mir die Dinge leisten kann, an denen mir etwas liegt", sagt sie mit einer Mischung aus Bestimmtheit und Verzagtheit in der Stimme. Sie ist es offenkundig nicht gewohnt, die eigenen Interessen geltend zu machen, und hätte gern Rückendeckung von mir.

Ich schaue Richard an und sage, ich wisse, wie wichtig es Christine sei, wichtige Entscheidungen selbst treffen zu können, verstünde andererseits aber auch, dass er sie zu finanzieller Vorsicht anhalten wolle.

Richard nimmt diesen Impuls auf und geht in den Beratermodus über. Er weist darauf hin, wie schlimm es für eine Familie wäre, wenn sie nicht genug Geld für Essen hätte, und schaltet auf Autopilot: Sein Blick ist ganz darauf verengt, dass die Familie vor dem finanziellen Ruin bewahrt werden muss.

„Ich versuche einfach zu verstehen, warum du nicht auf meine Vorschläge zum Sparen hörst", sagt Richard. „Die Leute zahlen mir Tausende von Dollar für solche Ratschläge."

„Ich will gern mit dir reden", sagt Christine und weicht dabei ein wenig zurück. „Aber wenn ich überlege, was ich mit dem Haus machen will oder wie ich für Emily sorgen kann, fängst du immer an, darüber zu reden, wie viel das kosten wird. Wenn du sagst, du verstehst mich nicht, meinst du damit eigentlich, *dass ich es lassen soll*. Es gibt Dinge, die ich tun möchte und die ich mir auch leisten kann."

„Das mag ja sein", unterbricht Richard sie. „Aber ich bitte dich immer wieder, dass wir einmal zusammen die Finanzen durchgehen, aber wir scheinen dafür nie Zeit zu finden. Erklär mir, warum wir eine Hundeausführerin brauchen."

Christine blickt auf das Bücherregal hinter uns und antwortet nicht.

„Und erklär mir, warum wir eine Vollzeit-Haushälterin brauchen plus fünf Tage die Woche eine Kinderfrau.“

Christine sitzt völlig regungs- und ausdruckslos, sie wirkt wie erstarrt.

Richard wird nun richtig wütend. „Ich versuche jetzt gerade, mit dir zu reden, und es ist, als … als wärst du nicht mehr da. Ich versuche zu verstehen, aber es ergibt keinen Sinn für mich.“

Richard schaut sie an und wendet dann den Blick von ihr ab. Ich beschreibe, was ich sehe, und frage, ob ihnen klar ist, was ihre Körper einander mitteilen. Das scheint sie zu verwirren. Ich versuche klarzumachen, was ich meine: „Ich frage mich, ob Sie mitbekommen, was Sie auf der nonverbalen Ebene zueinander sagen.“ Richard erwidert: „Na ja, wenn sie kein Interesse hat, gibt es eben nichts zu reden.“ Ich sage: „Vielleicht nicht mit Worten, aber es laufen hier sehr viele andere Kommunikationsprozesse zwischen Ihnen ab. Für den Anfang wäre es vielleicht gut, wenn Sie sich klarmachen, dass Sie bei Christine nach irgendeinem Zeichen von Verbundenheit suchen, während sie aussieht wie ein Reh, das von den Autoscheinwerfern erfasst wird und sich nicht mehr rühren kann.“

Ich möchte die Aufmerksamkeit nicht auf die Beschreibung dessen richten, was schiefgeht, sondern auf die darunterliegenden Schichten, auf die unerfüllten Bedürfnisse, die eine emotionale und somatische Reaktion auslösen. Der erste Schritt besteht darin, dafür zu sorgen, dass diese Reaktion zunächst einmal überhaupt registriert wird – wenn nicht von ihnen, dann zumindest von mir. Manchmal kann man Klienten in einer nicht wertenden Weise vorführen, wie die somatischen Reaktionen des Gegenübers zu entziffern sind, und sie so dazu anleiten, aufmerksam auf die unausgesprochenen wesentlichen Botschaften des anderen zu achten.

„Christine“, sage ich, „ich sehe, wie Sie wegdriften. Passiert das auch zu Hause?“

Sie nickt und antwortet leise: „Irgendetwas geschieht in mir, wenn er wütend wird. Er geht auf mich los, und ich kann ihn nicht bremsen. Also gehe ich weg.“

„Im Moment gehen Sie nicht buchstäblich weg. Sie sitzen hier, nahe bei Richard, und doch sind Sie nicht da. Vielleicht kann ich Ihnen helfen, sich einfach anzuschauen, was denn da Beängstigendes in Ihnen vor sich geht. Zusammen können wir dann die Worte finden, um Richard wissen zu lassen, was da los ist.“

Nach einer kurzen Weile beginnt Christine leise zu sprechen: Sie weiß nicht, wie sie ausdrücken soll, was sie empfindet. Ich fordere sie auf, Richard anzuschauen, und bitte ihn: „Sagen Sie jetzt nichts. Versuchen Sie einfach hinzuhören.“

Christine hebt das Kinn an und sagt: „Für dich geht es immer nur ums Geld. Das ist der Grund, warum ich mit dir nicht über diese Dinge rede. Wir haben zwei große Hunde. Sie brauchen jemanden, der mit ihnen rausgeht. Außerdem verbindet mich etwas mit Margie, die die Hunde seit fünf Jahren ausführt. Sie braucht den Job, und die Hunde brauchen Auslauf. Ich will das nicht wegkürzen. Das ist nicht notwendig."

Manifeste Probleme, die zum Beispiel, wie drei Jahre zuvor, mit Religion oder, wie jetzt, mit Geld und Arbeit zu tun haben, sind im Allgemeinen nur die Spitze des Eisbergs, unter der viele weitere Schichten verborgen sind. Sie lassen sich auch mit Matroschkas vergleichen, den russischen Schachtelpuppen (Neborsky & Solomon, 2001; Solomon, 1994): Die äußere Puppe stellt das Ausgangsproblem dar, und jede weitere Puppe, die zum Vorschein kommt, steht für eine nächste, tiefere Schicht von Sehnsüchten und Ängsten.

*So sehen die Vorboten des Kriegszustands aus – sie bestehen aus ganz alltäglichen Fragen: Welche Ausgaben sind sinnvoll und welche nicht? Wer verdient das Geld? Wer führt den Hund Gassi? Wenn die Partner es nicht schaffen, die dahinterstehenden Probleme zu erkennen und zu klären, werden sie sich immer wieder über dieselben Dinge streiten, und womöglich verwandelt sich ihre ursprünglich innige und liebevolle Beziehung dann in ein Schlachtfeld.*

*Wenn die Partner einander nur auf dieser oberflächlichen Ebene zuhören, wird es ihnen nicht gelingen, die zentralen Bedürfnisse und Gefühle des anderen zu erfassen und sich auf sie einzulassen, um so den Weg zu beschreiten, der zu einer gemeinsam erarbeiteten sicheren Bindung hinführt (Main, 2002). Im Alltag werden alte, eingespielte neurale Netzwerke aktiviert, die die Gefahr heraufbeschwören, dass alte Wunden wieder aufbrechen, aber auch die Chance bieten, dass Heilungsprozesse in Gang kommen. Die Interventionen der Therapeutin zielen darauf, den Partnern einen Weg zu vermehrter Bindungssicherheit aufzuzeigen, ohne bei ihnen Scham oder Schuldgefühle zu erzeugen.*

## Im Augenblick präsent sein

Ich frage Richard und Christine, ob sie bereit seien, eine Übung auszuprobieren, die ihnen helfen könne, die Aufmerksamkeit so umzulenken, dass sie nicht mehr auf ihre gewohnten Kommunikationsmuster gerichtet sei, sondern auf eine einfühlsame Abstimmung auf das, was in ihnen selbst und im anderen vor sich gehe. Ich erkläre ihnen, dass sie durch das einfache bewusste Wahrnehmen der Sinnesempfindungen, Emotionen und Gedanken, die tiefes Atmen bei ihnen im Hier und Jetzt aufsteigen lässt, zu einem Gefühl von Sicherheit gelangen werden, von dem ausgehend wir uns dann den Aspekten nähern können, die vielleicht hinter ihren bislang erkennbaren Problemen stecken.

Sie erklären sich einverstanden, und ich bitte sie, sich auf dem Zweiersofa nebeneinanderzusetzen. „Ich werde Sie nun bitten, die Aufmerksamkeit einfach auf Ihre Atmung zu richten. Sie können die Augen zu Beginn offen lassen oder schließen. Atmen Sie tief, spüren Sie, wie die Luft durch die Nase einströmt und durch den Hals hinunter in den Brustraum und vielleicht noch tiefer in den Bauch fließt. Beobachten Sie das Einatmen und Ausatmen und schauen Sie, ob irgendetwas in Ihnen aufsteigt ... irgendein Bild, ein Gefühl, ein Gedanke, eine Sinnesempfindung ... registrieren Sie das, und kehren Sie dann mit der Aufmerksamkeit wieder zu Ihrem Atem zurück. Es gibt keine Notwendigkeit, zu bewerten, zu analysieren oder zu durchschauen, was da in Ihnen geschieht, und es gibt bei dieser Übung kein Richtig und kein Falsch. Lassen Sie einfach zu, dass Sie das Atmen bewusst wahrnehmen, die Luft, die in die Nasenlöcher hinein- und aus ihnen herausströmt ... in den Brustraum und aus ihm heraus ... in den Bauch und aus ihm heraus. Wenn die Aufmerksamkeit zu Gedanken, Erinnerungen oder irgendetwas anderem abschweift, lenken Sie sie sanft auf den Atem zurück. Wenn Sie damit Schwierigkeiten haben, ist das in Ordnung. Nehmen Sie es einfach nur wahr. Das Üben der Aufmerksamkeit ist wie das Trainieren von Muskeln. Wir spannen an und lassen los, richten die Aufmerksamkeit aus und justieren sie, wenn sie abschweift, wieder von Neuem, und wir kehren mit unserer Achtsamkeit immer wieder zum Atem zurück."

*Das aufmerksame Registrieren von Bewusstseinsvorgängen und Intentionen ist ein zentrales Element einer therapeutischen Praxis der Achtsamkeit. Es kann ein hilfreiches Instrument sein, um das Gespräch auf die Integration von Erfahrungen und ein neues Erleben der Verbundenheit zu konzentrieren. Mindsight ist die Fähigkeit, auf dem inneren Meer des eigenen Geistes zu navigieren (Siegel, 2010a) – ein bewusstes, nicht wertendes Wahrnehmen dessen, was in einem selbst vor sich geht. Sie eröffnet einen Raum, in dem wir die Dinge anders wahrzunehmen vermögen, und erweitert das Toleranzfenster, innerhalb dessen psychotherapeutische Arbeit möglich ist. Indem wir das Spektrum der Emotionen, die unsere Klienten nicht ins Chaos stürzen oder erstarren lassen, immer weiter ausdehnen, fördern wir ihre Fähigkeit, Heilungsprozesse in Gang zu setzen (Siegel, 2010b).*

Ich leite sie nun zu einem Body Scan, das heißt zum geistigen Abtasten des ganzen Körpers an (Siegel, 2010a, 2010b; Stahl & Goldstein, 2010), und zwar in einer für Paare modifizierten Form. „Sitzen Sie Seite an Seite, aber nur so nah beieinander, wie sich das für Sie natürlich und angenehm anfühlt. Nehmen Sie wahr, wie nah Sie beim anderen sind und wie sich das in Ihrem Körper anfühlt. Bevor wir weitergehen, korrigieren Sie bitte Ihre Position, falls Ihnen irgendwie unwohl dabei ist." Als beide zu erkennen geben, dass es für sie so in Ordnung ist, fahre ich fort: „Machen Sie einige tiefe Atemzüge und lassen Sie dabei die Spannung aus dem Körper entweichen. Spüren Sie, wie der Rücken hinten an der Couch anliegt und das Gesäß auf der Sitzfläche ruht. Verlagern Sie nun behutsam die Aufmerksamkeit auf die Fußsohlen, die auf dem Boden oder nahe am Boden sind. Spüren Sie, was da ist: Ferse, Fußballen, Fußsohle. Nehmen Sie jetzt die Zehen wahr, nun die Oberseite der Füße, und gehen Sie mit der Aufmerksamkeit langsam zu den Fußknöcheln hoch.

Lassen Sie die Aufmerksamkeit langsam zu den Waden und den Schienbeinen wandern und weiter hoch zum Übergang zu den Knien.

Während Sie mit der Aufmerksamkeit zu den Oberschenkeln hochgehen und dann weiter zu den Hüften, bleiben Sie präsent und achtsam. Nehmen Sie in den Füßen, den Beinen, den Oberschenkeln und den Hüften jede Stelle wahr, die angespannt ist. Registrieren Sie, während Sie auf diese Weise den unteren Teil des Körpers im Geiste durchgehen, ob es da ein Gefühl von Entspannung gibt. Atmen Sie dabei gleichmäßig weiter."

Ich fahre in langsamem Tempo fort, die Aufmerksamkeit der beiden nacheinander auf jeden Teil des Körpers zu lenken: Beckenregion; Ausscheidungs- und Fortpflanzungsorgane; Unter- und Oberbauch, unterer, mittlerer und oberer Rücken; Brustkorb, Herz und Lungen, Rippen und Brüste; Fingerkuppen, Finger, Handflächen, Handrücken, Handgelenke; Unterarme, Ellbogen, Oberarme, Schultern, Achseln, Nacken und Hals; Kiefer, Zähne, Zunge, Mund und Lippen, Wangen und Nebenhöhlen; Augen, Augenlider und Muskeln um die Augen herum; Stirn und Schläfen; Scheitel und Hinterkopf; Ohren und Gehörgänge; Gehirn.

Wir lassen uns Zeit und gehen langsam vor. Die Übung dauert 15 bis 30 Minuten, je nachdem, was im Körper der Klienten geschieht. Ich halte Christine und Richard in jeder Phase dazu an, die jeweilige Körperregion achtsam wahrzunehmen, sich der dort feststellbaren Sinnesempfindungen bewusst zu werden und jede Anspannung zu registrieren.

„Registrieren Sie alle Sinnesempfindungen, die in Ihrem Körper gerade vorhanden sind. Weiten Sie den Blick auf den ganzen Körper aus: vom Kopf bis zu den Zehen, den Händen und den Fingerkuppen. Nehmen Sie den Körper in seiner Ganzheit wahr, mit allen seinen Sinnesempfindungen, Gedanken und Emotionen. Betrachten Sie diese Ganzheit, ohne den Blick auf irgendeinen Teil zu verengen. Atmen Sie ein und spüren Sie, wie der ganze Körper sich hebt. Spüren Sie nun, was beim Ausatmen geschieht.

Machen Sie einige Atemzüge lang so weiter, und nehmen Sie achtsam wahr, was in Ihnen vorgeht. Wenn Sie merken, dass Sie zu Gedanken oder Erinnerungen abschweifen, machen Sie sich klar, dass wir später Zeit haben werden, darüber zu sprechen. Achten Sie jetzt einfach nur auf den Atem und bleiben Sie ganz in der Gegenwart, fernab von Erinnerungen, Gedanken oder Wünschen."

Die Partner dazu anzuleiten, sich ganz auf das Hier und Jetzt einzulassen – anstatt an den Streit letzte Woche, letzte Nacht oder auf dem Weg zur Sitzung zu denken –, ist oft der schnellste Weg, auf dem wir von der verbalen Ebene der berichteten Inhalte direkt zu dem vorstoßen können, was uns der Körper über die darunterliegenden Emotionen sagt.

*Achtsamkeit trainiert einen Teil des Gehirns, der direkt hinter der Stirn liegt, den präfrontalen Kortex, der Verknüpfungen herstellt zwischen den ansonsten getrennt operierenden Gehirnregionen, in denen Denk- und Gefühlsprozesse ablaufen und die mit dem übrigen Körper verbunden sind. Die Integration dieser Regionen durch Konzentration auf das gegenwärtige Geschehen schafft die Voraussetzungen für wechselseitig abgestimmte Kommunikation, emotionale Ausgleichsprozesse, Empathie und Einsicht (Siegel, 2010a, 2010b).*

Nach einigen Minuten der Stille sage ich leise: „Können Sie sich bitte zueinander hindrehen und darüber sprechen, was in Ihnen gerade vor sich geht?"

Richard sagt: „Zunächst habe ich im Bauch viele verkrampfte Stellen gespürt, dann Verspannungen im Rücken und im Nacken. Das fühlte sich sehr bekannt an. Als ich aber mit den tiefen Atemzügen anfing, wurde ich allmählich lockerer."

Christine hält den Blick gesenkt und macht nervös an ihren Fingern herum, ohne etwas zu sagen.

„Ich sehe da viel Emotion", sage ich, „aber ich glaube, das Reden ist gerade schwierig, ja?"

Ihr steigen die Tränen in die Augen. Ich warte. Richard blickt mich an, nicht sie.

Dann beginnt Christine zu weinen. Richard wendet sich zu ihr hin und fragt: „Was ist mit dir?"

„Ich weiß es nicht", sagt Christine. „Ich bin einfach nur traurig."

„Und das macht dann mich traurig", entgegnet er. „Ich weiß nicht, was ich tun soll, wenn das bei dir passiert."

Ich helfe ihm, von seiner gewohnten Tendenz, vor allem nach Problemlösungen zu suchen, jetzt abzulassen, und lenke ihn wieder in Richtung eines achtsamen Bemühens um wechselseitige Abstimmung. „Vielleicht kommen Sie weiter, wenn Sie sich einfach nur auf Christines Gefühle einstellen", sage ich. „Sie brauchen nichts zu tun, als bei ihr zu sein. Versuchen Sie, ohne Worte Kontakt zu ihr aufzunehmen." Richard nimmt ihre Hand. Er wirkt nicht entspannt, und Christine ebenso wenig.

Nach einer weiteren Schweigepause sagt Christine: „Ich gebe mir solche Mühe, dich zufriedenzustellen, und dann sagst du mir, dass ich es falsch mache. Mein ganzes Leben lang haben Leute mir gesagt, was ich tun soll, wo ich wohnen soll, wie ich mich anziehen soll, wann ich üben soll. Seit mein Onkel gestorben ist, bin ich viel reifer geworden, und ich habe meine Finanzen geregelt und treffe Entscheidungen über meine Karriere. Ich gebe mir solche Mühe, gut auf mich aufzupassen. Du scheinst mir aber nicht zuzutrauen, dass ich fähig bin, gute Entscheidungen zu treffen."

Richard sieht aus, als ob er sich unbehaglich fühlt, und schüttelt den Kopf, als könne er sie nicht verstehen: „Ich wollte aber doch immer, dass du den Freiraum dafür hast, reifer zu werden. Ich habe dir immer zu helfen versucht, die verantwortungsvolle Erwachsene zu sein, die du sein willst."

„Ich brauche deinen Rat, Richard. Du bist der klügste Mensch, den ich kenne", sagt Christine. „Ich bin so froh, dass ich mit dir zusammen bin. Du bist witzig, du hast zu allem etwas gelesen, du willst das Beste für uns und für Emily. Ich finde deinen Drang, zu helfen, ganz wunderbar. Aber ich will, dass du mich wirklich als eine Frau siehst, die ihre eigenen Entscheidungen treffen kann. Ich möchte sehr gern hören, was du dazu denkst – solange ich nicht das Gefühl habe, dass ich genau das tun muss, was du sagst."

„Wir stehen das gemeinsam durch", sagt Richard, „und wenn es das ist, was du brauchst, können wir darüber reden, und dann kannst du so entscheiden und es so machen, wie du willst."

Mit Christines Körper geht eine sichtliche Veränderung vor sich. Sie holt tief Luft, nimmt Richards Hände in die ihren und sagt: „Ach, das wäre schön." Sie sitzen einen Moment lang schweigend beieinander, und Christine fügt hinzu: „Ich liebe dich so sehr." Richard legt die Arme um sie und zieht sie an sich. Sein Körper scheint sich zu entspannen.

In diesem Moment machen beide die Erfahrung, sich vom anderen „gefühlt zu fühlen". Sie wissen, dass Geist und Körper des anderen sie zutreffend wahrnehmen, und können sich aus der Deckung wagen.

Unsere Zeit ist nun fast um, und so kündige ich an, dass wir in der folgenden Woche an dieser Stelle weitermachen werden.

Es wäre großartig, wenn derartige Erfahrungen von wechselseitiger Abstimmung und das Erkennen von Interaktionsmustern sogleich zu einer Veränderung der grundlegenden Dynamik führten, doch das ist oft nicht der Fall. Meist sind wiederholte kleine heilsame Erfahrungen notwendig, bei denen sich die Partner verstanden, geborgen und getröstet fühlen, bis sich an der Beziehungsstruktur etwas zu verändern beginnt.

Christine eröffnet die folgende Sitzung mit der Feststellung: „Wir haben die Woche über versucht, miteinander zu reden, sind dabei aber nicht sehr weit gekommen. Können wir jetzt hier darüber reden?" Sie schaut Richard direkt an. Seine körperliche Anspannung wächst, und er sagt zögernd: „Natürlich."

„Also gut, reden wir darüber, ob ich diese angebotene Rolle in dem Musical annehmen soll. Du kannst zu Hause bei Emily sein, wenn ich abends arbeite."

Richard und Christine sind wieder bei ihrem manifesten Problem angelangt, beim Thema Geld und Arbeit. In dieser neuen Runde kommt ein Punkt hinzu, der Richard schon lange beschäftigt hat.

„Du hättest auch zwei Matinées, und du wärst an den Sonntagen nicht zu Hause, die wir als Familie doch zusammen verbringen sollten." Aus dem Nachdruck, mit dem Richard dies vorbringt, höre ich Frustration und Ärger heraus. In seiner Körpersprache treten sowohl seine Gereiztheit als auch seine Bedürftigkeit zutage – die Brust sinkt ganz leicht in sich zusammen, aber die Stimme bebt vor Zorn. Ich weiß noch nicht alle Einzelheiten, erkenne bei ihm aber eine verzweifelte Sehnsucht nach stärkerer familiärer Verbundenheit und mehr Bindungssicherheit. Da er hier aber auf Christines Bedürfnis nach Autonomie reagiert, nimmt sein Verlangen nach Verbundenheit die Form einer Klage an.

Christine erwidert: „Ich weiß. Das wird auch für mich schwer. Ich finde es schrecklich, nicht bei Emily zu sein. Sie wird mich zu sehr vermissen."

Ihre Reaktion ändert nichts an seinem Gefühl, vergessen zu werden, und geht auch nicht auf seinen zugrunde liegenden Wunsch ein, ihre positive Aufmerksamkeit zu bekommen. Sie ist darauf konzentriert, eigenständige Entscheidungen darüber zu treffen, wie sie ihre Zeit und ihr Geld entsprechend den eigenen Bedürfnissen einsetzen kann. Beide sprechen in einem Code, den das Gegenüber nicht versteht.

Richard setzt dieses Aneinandervorbeireden fort, indem er nicht sagt, was er fühlt, sondern eine Frage stellt: „Dann hilf mir zu verstehen: Warum überlegst du dir, diesen Job anzunehmen? Du hast jede Menge Geld. Ich gebe von deinem Kapital nichts aus. Ich achte sehr darauf, dass ich von meinem Verdienst etwas zurücklege. Warum musst du arbeiten gehen?"

Christine blickt zu Boden. Ich registriere ihr Zögern und erkenne ein Muster wieder: Richard stellt Fragen, auf die er keine Antworten erwartet. Es handelt sich nicht um echte Fragen, sondern eher um Ermahnungen. Was Richard von Christine will, hat nichts damit zu tun, wie sie ihr Geld verdient oder ausgibt. Es steckt mehr dahinter. Hinter dem Drang, alles unter Kontrolle zu halten, verbirgt sich die Sehnsucht, umsorgt zu werden. Als seine Mutter arbeiten gehen musste, fühlte er sich alleingelassen, und als er ihr später zu helfen versuchte, wurden seine Anstrengungen nicht gewürdigt. Was Christine angeht, so ist ihr Ringen um eine eigenständige Identität ein Versuch, sich von der co-abhängigen[4] Bereitwilligkeit zu lösen, mit der sie bislang den Ansprüchen anderer nachkam. Ihre Angst ist: Wenn sie zulässt, dass sie wirklich auf Richards Hilfe angewiesen ist, wird sie wieder in einem alten Muster gefangen sein, das sich in den Jahren mit ihrem Onkel entwickelte.

Ich versuche im Gedächtnis zu behalten, dass sowohl Richard als auch Christine sich so verhalten, als sei er der Starke und als sei sie nur bedingt lebenstüchtig. Dieses Märchen – das durch Christines beruflichen Erfolg eigentlich widerlegt ist – scheint ihre Beziehung insgeheim zu bestimmen. Christine empfindet es als großen Mangel, dass sie nie eine Schule besucht hat. Richard lässt sich immer noch von der Vorstellung seiner Kinderjahre leiten, dass die Mutter ohne seine Unterstützung nicht zurechtkommen wird.

Ich versuche mir ein genaueres Bild von der Sackgasse zu machen, in der die beiden stecken, und den Punkt zu finden, wo ich ansetzen kann. Beide haben sich Strategien angeeignet, mit denen sie sich vor dem Schmerz emotionaler Unverbundenheit schützen. Richards Schutzmechanismus ist, die Kontrolle über das Geschehen an sich zu ziehen. Solange er das Sagen hat, kann er sicherstellen, dass für alle gut gesorgt ist – außer für den verletzlichen Anteil seiner selbst, den er unterdrückt. Ihn quält eine tief verwurzelte Angst, die er vor allen und auch vor sich selbst verbirgt: Falls er nicht das Kommando hat, wird alles auseinanderbrechen, so wie er das als Kind miterlebt hat. Christine war zunächst froh, dass er so viel Verantwortung übernahm, weil der kindliche Anteil in ihr sich danach sehnte, dass jemand ihr den Weg zeigte. Jetzt aber hat sie das Gefühl, dass Richard ihr jede Entscheidungsfreiheit zu nehmen versucht und sie in ihrer Fähigkeit zu eigenständigem Handeln einengt. Anstatt seinen Drang nach Kontrolle als etwas wahrzunehmen, bei dem es für ihn in

---

4  Der Unterschied zwischen Co-Abhängigkeit und positiver Abhängigkeit liegt darin, wer oder was dabei unterstützt wird. Co-abhängige Menschen unterstützen dadurch, dass sie in einer Beziehung bleiben, einen Partner, der alkohol- oder drogenabhängig ist oder Familienmitglieder missbraucht. Bei glücklichen Paaren dagegen unterstützen sich die aufeinander angewiesenen Partner in ihren positiven Aspekten.

erster Linie um das Gefühl von Sicherheit geht, erkennt sie darin nur das Verlangen, sie zu gängeln.

Christines Schutzmechanismus besteht darin, sich dem Kontakt zu entziehen, wie sie das schon als Kind tat. Richard nimmt Christines Rückzug nicht als eine Strategie wahr, mit ihrer durch Entwicklungstraumata entstandenen Bindungsunsicherheit zurechtzukommen, sondern fühlt sich von ihr ignoriert und abgewiesen, vermutlich weil er die emotionale Distanzierung seiner Mutter von ihm nach wie vor als einen ungeheuren Verlust erlebt. Das heißt, die Schutzmechanismen beider reißen beim Partner alte Wunden auf.

Für Richard und Christine ist entscheidend, dass sie auf einer emotionalen Ebene eine wechselseitige Abstimmung erreichen und fähig werden, mit dem inneren Erleben des anderen mitzuschwingen. Ich frage sie, ob sie bereit sind, eine weitere Übung auszuprobieren, bei der sie eine etwas andere Perspektive einnehmen werden. Als sie zustimmen, bitte ich sie, aufzustehen und auf die andere Seite des Raums zu gehen, wo zwei Rundsessel auf Rollen stehen. „Bei dieser Übung", erkläre ich, „setzen Sie sich einfach nur auf diese Sessel und drehen sie zueinander hin. Dann schauen Sie einander in die Augen und sitzen einige Minuten schweigend da."[5]

Nach einer kurzen Pause fahre ich fort und spreche dabei betont langsam. „Stellen Sie sich bitte beide vor, dass Sie durch die Pupillen tief in den anderen hinein, in sein Innerstes schauen können. Stellen Sie sich vor, dass Sie die Augen malen wollen. Worauf würden Sie achten? Betrachten Sie die verschiedenen Teile des Auges. Das Weiße, die Pupille, die Iris. Sind Linien darin zu erkennen? Registrieren Sie die Farbe jedes Auges und Unterschiede zwischen beiden Augen, im Farbton, in der Dunkelheit der Pupille. Können Sie erfassen, was in diesem Moment hinter den Augen vorgeht? Beginnen Sie, die Augen in Ihrer Vorstellung zu malen."

*Der Blickkontakt gehört mit dem Hautkontakt zu unseren elementarsten Mitteln, Verbundenheit miteinander herzustellen. Fehlt diese Art von Kontakt in irgendeiner Lebensphase, hat dies negative Auswirkungen auf Geist und Körper. Bei seinen bahnbrechenden Untersuchungen zu Bindungsprozessen beobachtete Bowlby (1969) unter anderem Kinder im Krankenhaus, die von ihren Eltern getrennt waren. Ihre Reaktionen ließen sich in die Phasen Protest, Rückzug und Loslösung unterteilen. Erwachsene, die sich als Kinder nicht aufgefangen und geborgen fühlten oder in ihrem gegenwärtigen Leben einen Mangel an Verbundenheit erleben, durchlaufen*

---

5    Manchmal bitte ich die Partner, nur ins linke Auge des anderen zu blicken. Das Ziel ist, einen direkten Zugang zur rechten Gehirnhälfte des anderen zu finden (Kawashima et al., 1999; Nicholls et al., 1999).

*eine ähnliche Sequenz von Protest, Rückzug und Loslösung, wobei die Emotionen der Protestphase manchmal sehr deutlich zu erkennen sind.*

„Wenn Sie damit fertig sind, die Augen in Ihrer Vorstellung zu malen", sage ich, „können Sie nun zum anderen wesentlichen Bedürfnis jedes Menschen weitergehen, nämlich von einem liebevollen anderen sanft gestreichelt zu werden. Sie sind immer noch in der Rolle der Künstlerin und des Künstlers, und diesmal malen Sie das ganze Gesicht des anderen, mit Zeigefinger und Mittelfinger als Pinsel. Wir machen das einer nach dem anderen. Wer möchte anfangen?" Christine meldet sich als Erste.

„Ziehen Sie mit den Fingerspitzen sanft die Umrisse des Gesichts nach. Beziehen Sie den Hals mit ein. Streichen Sie behutsam über die Augen. Malen Sie nun die Augen, die Augenbrauen, die Nase, die Wangen, die Umrisse des Mundes. Malen Sie die Lippen, das Kinn, die Ohren, und wenn Sie möchten, können Sie auch hoch zum Scheitel gehen und dann wieder zurück zum Gesicht. Tun Sie dies schweigend. Fragen Sie ihn nun, ob er gern irgendetwas anders hätte – festere Berührungen, leichtere Berührungen, mit mehr als zwei Fingern –, und versuchen Sie dann, das Gesicht noch einmal zu malen."

Als Christine fertig ist, sage ich: „Achten Sie nun, ohne darüber zu sprechen, auf die Gefühle, die mit diesem Berühren und Berührtwerden verbunden sind. Bleiben Sie für den Moment einfach bei diesen Gefühlen. Schauen Sie, wo im Körper sie sich befinden. Lassen Sie sich dafür so viel Zeit, wie Sie brauchen. Tauschen Sie nun die Rollen, sodass Richard der Künstler ist."

Ich wiederhole die Instruktionen zum Malen des Gesichts und achte bei beiden auf körperliche Anzeichen von Entspannung oder Anspannung.

Nach einigen weiteren Minuten beende ich die Übung und bitte sie, sich erneut darauf zu konzentrieren, wie sie sich im Augenblick fühlen. Die Übung kann ganz unterschiedlich verlaufen. Manchmal wird viel gelacht, und es geht recht spielerisch zu; sie kann auch größtes Unbehagen hervorrufen oder aber ein Verlangen nach mehr, das oft mit Traurigkeit vermischt ist.

*Sanfter Hautkontakt löst in uns oft starke Reaktionen aus. Er erinnert uns an die ursprünglichste Form des Kontakts zwischen Menschen, an den zwischen Kind und Bezugsperson, und weckt oft intensive Emotionen.*

Im Vordergrund von Richards und Christines Reaktionen steht die Sehnsucht nach fürsorglichem Kontakt, der Geborgenheit bietet. Richard äußert sich als Erster und sagt, wie schön er es findet, sich mit Christine verbunden zu fühlen. „Ich habe gespürt, dass sie mich wirklich sieht." Dann erstarrt er plötzlich. „Das kommt so selten vor."

Richard dreht sich mit sehnsüchtigem Blick zu Christine hin und sagt in klagendem Ton: „Ich versuche so oft, mit dir zu reden, aber es ist dann, als ob das Licht in dir ausgeht. Du bist fort. Ich verstehe nicht, wo du hingehst, und ich habe dann Angst, dass du tagelang fortbleibst ... Und manchmal ist das auch so."

„Was passiert in Ihnen, wenn Christine sich zu verschließen scheint?", frage ich.

„Ich werde unruhig und bin enttäuscht ... Ich gebe mir Mühe, nicht wütend zu werden, weil ich weiß, dass sie das nur noch weiter wegtreibt."

„Erinnert Sie das an irgendeine andere Zeit in Ihrem Leben, in der es Ihnen ähnlich ging?"

Richard spricht über seine Erinnerungen an den abwesenden Vater und die distanzierte Mutter und darüber, wie es für ihn war, sich alleingelassen zu fühlen und zu glauben, er müsse sich sowohl um seine Mutter als auch um seine Schwestern kümmern. Ich sehe, dass ihm die Tränen kommen und er sie zurückzuhalten versucht. Er hustet, räuspert sich und verstummt.

„Es tut weh, ja?", sage ich leise.

Mit tiefer Traurigkeit und einer inneren Stille, die sich in diesem Moment auf mich zu übertragen scheint, sagt Richard: „Ich war wirklich völlig allein." Nach kurzem Schweigen fährt er fort: „Mein Vater war nicht einmal richtig da, als er noch bei uns wohnte. Als er uns aber verlassen hatte, war auch Mutter nicht mehr da, die immer auf eine ganze besondere Weise mit mir umgegangen war. Sie musste arbeiten gehen, um uns durchzubringen, und hatte manchmal zwei Jobs. Wenn sie aber zu Hause war, verbrachte sie die Zeit mit meinen Schwestern und kümmerte sich um den Haushalt. Ich war schrecklich einsam."

Ich empfinde eine starke Verbundenheit mit dem kleinen Jungen, der im Raum präsent ist, und sage: „Sie haben sich große Mühe gegeben, dieses Gefühl des Alleinseins zu bannen, das Sie immer wieder daran erinnert, dass Sie sich um alles selbst kümmern müssen, wenn niemand sonst dafür da ist." Er nickt nur und bringt offenbar gerade kein Wort heraus. Ich zeige auf meinen Hals: „Alle Gefühle stauen sich genau da."

Christine blickt Richard direkt an und sagt: „Als ich letzte Woche sah, wie sich deine Mutter dir gegenüber verhielt, wurde mir sehr klar, was du durchgemacht hast. Sie lässt einfach nicht zu, dass du ein inniges Verhältnis zu ihr hast."

„Können Sie mir kurz erklären, was da war?", frage ich.

Richard erzählt, dass er vor einem halben Jahr den Umzug seiner Mutter von der Ostküste in eine Eigentumswohnung in Kalifornien arrangiert hat, die nicht weit entfernt vom Haus des Paars liegt.

„Meine Schwestern kamen zu Besuch in die Stadt. Sie [seine Schwestern und ihre Ehemänner] kamen alle in der Eigentumswohnung zusammen, die ich für Mama gekauft habe. Aber mich haben sie nicht eingeladen." Es ist deutlich zu spüren, wie enttäuscht und frustriert er ist und dass er sich missachtet fühlt.

„Ihre Wohnung liegt am Meer. Ich wollte dafür sorgen, dass sie ein wirklich gutes Leben ohne Sorgen hat. Sie hat aber nicht einmal Danke gesagt. Ich verstehe das einfach nicht. Ich weiß, sie liebt mich, aber ich verstehe nicht, warum sie so distanziert ist. Früher war das nicht so."

Richard hört sich jetzt wie ein Kind an, und auch sein Gesicht und seine Körperhaltung wirken jünger. Ich sage ihm, dass ich sehen kann, wie weh es ihm tut, wenn er von dieser tiefen Sehnsucht spricht, die Liebe seiner Mutter wiederzugewinnen. Ich bitte ihn, für den Moment bei diesen Gefühlen zu verweilen und zu schauen, wo in seinem Körper er sie spürt. Er deutet auf Brust und Hals. Ich sehe seine Augen feucht werden. Christine nimmt seine Hand und drückt sie.

„Was geht gerade in Ihnen vor?" Meine Frage ist an beide gerichtet. Sie gibt Christine Gelegenheit, Kontakt zu dem Kernaffekt aufzunehmen, der sich in ihren in der Beziehung zu Richard hervortretenden Gefühlen äußert. Richard kann die Frage dazu anregen, auf jene Erinnerungen an frühe prägende Erfahrungen und auf die entsprechenden im Gehirn gespeicherten neuralen Strukturen zuzugreifen, die auf seine Beziehung zu Christine einwirken.

Beide sitzen eine Minute lang schweigend da. Christine hört aufmerksam zu, als Richard eine Erinnerung zu schildern beginnt. „Ich sehe vor mir, wie Mama bei mir saß und mir vorlas, als ich Windpocken hatte. Sie war sehr geduldig."

Ich knüpfe an dieses innere Bild einer Situation an, in der seine Mutter ihm vorlas.

„Bleiben Sie bei diesem Bild." Ich spreche wie zu einem Kind, mit ruhiger Stimme. „Können Sie den kleinen Jungen sehen, Richard? Können Sie die ganze Szene in sich wachrufen, das Zimmer, die Farbe der Wände ... die Möbel, wie ihre Stimme klang, wie sie aussah ... irgendwelche Empfindungen, die Sie da hatten?"

Einen Augenblick lang spricht Richard, als sei er tatsächlich wieder dort in der Vergangenheit, bei seiner Mutter.

„Es ist schön, sie bei mir zu haben. Sie ist so liebevoll. Und ich mag es sehr, wenn sie einfach nur nahe bei mir sitzt und mir vorliest."

„Können Sie einfach bei diesem kleinen Jungen bleiben und ihn anschauen, mit all dem, was er fühlt?"

„Ja", flüstert er, verstummt dann, und die Tränen rinnen ihm über die Wangen.

„Ich weiß nicht, was mit ihr passiert ist. Es ist, als hätte ich sie verloren. Was ich auch tue – es ist, als ob sie nicht mehr an mich denkt und mich vergisst."

Ich drehe mich zu Christine hin, doch was ich sage, ist an beide gerichtet: „Ich glaube, wir haben jetzt eine Vorstellung davon, was Richard in der Beziehung mit Ihnen sucht: eine Erfahrung, die etwas wieder ins Lot bringt. Was auch immer damals schiefgelaufen ist zwischen ihm und seiner Mutter – er hat die Verbindung zu einem sehr wichtigen Menschen verloren. Die Beziehung zu Ihnen, seiner Frau, kommt für ihn der Beziehung zu seiner Mutter am nächsten. Als Erwachsener wünscht er sich nun, dass Sie die Entsprechung zu jener liebevollen, fürsorglichen, zugewandten Gestalt sind, die ihn vergöttert und ihm vorliest. Er will Ihre Liebe spüren, wenn er bekümmert ist oder unter Stress steht. Sie selbst wollen, dass das Kind in Ihnen heranreift und wirklich erwachsen wird, und er will, dass Sie als Erwachsene das Kind in ihm lieben."

Christine legt die Hand auf sein Knie und sagt zu ihm: „Die ganzen Klagen über deine Mutter waren für mich schwer nachzuvollziehen, weil sie so nett zu mir war. Als ich aber jetzt mitbekam, wie sie sich dir gegenüber verhielt, fand ich das schrecklich. Sie meidet wirklich jeden engen Kontakt zu dir. Es ist kein Wunder, dass dich das so mitnimmt. Ich werde dafür sorgen, dass das nicht mehr geschieht. Ich weiß einfach, dass sie nicht so mit dir umgehen darf."

Christine fühlt sich an diesem Punkt stark genug, um sich nicht nur in Richard einzufühlen, sondern ihn auch zu unterstützen. Sie kann die erwachsene Frau sein, die tröstet und sich kümmert. Dies gibt Richard nicht nur das Gefühl der Verbundenheit, das er ersehnt, sondern hilft Christine auch, das Empfinden zu überwinden, das sie zeitlebens begleitet hat, von einer mächtigen Vaterfigur abhängig zu sein und ihr gehorchen zu müssen.

„Deine Mutter und ich haben vor, uns einmal zum Mittagessen zu treffen und darüber zu sprechen, wie sie uns mit Emily helfen könnte, falls ich mich dafür entscheide, die Rolle in dem Musical anzunehmen. Wie wäre es, wenn du zum Lunch mitkommst, Richard? Deine Mutter liebt dich, das weiß ich. Sie sagt mir immer, wie stolz sie auf dich ist. Ich bekomme aber auch mit, dass sie dir oft aus dem Weg geht. Wir müssen herauskriegen, was da in ihr vorgeht." Richard zögert, aber daran, wie sein Körper sich zu beleben scheint, kann Christine ablesen, dass er gern eingeladen werden möchte. Sie wiederholt: „Bitte komm mit dazu, Richard."

Er greift nach ihrer Hand und rückt näher zu ihr hin.

„Ja, ich glaube, das wäre eine gute Gelegenheit für mich, mit ihr zu reden", erwidert er und fügt hinzu: „Ich weiß eigentlich nicht, warum ich das vor mir hergeschoben habe. Danke, dass du das vorschlägst." Er weiß offensichtlich zu schätzen, dass Christine sich in ihn einfühlt.

Richard und Christine erleben hier zusammen erneut einen der seltenen Momente, in denen der eine Partner sich vom anderen „gefühlt fühlt". Die Anspannung in Richards Gesicht löst sich, und Christines Blick wird ein wenig weicher, so als habe sie gerade etwas Wichtiges entdeckt, das ihr bislang verborgen war. Im Moment sind beide Partner im Kontakt mit ihren innersten Empfindungen und durch Berührung, Lächeln und Blickkontakt eng miteinander verbunden. Die Resonanz zwischen ihnen ist deutlich zu spüren.

*Die Resonanzschaltkreise des Gehirns (Siegel, 2010a, dt. 2010, S. 104; 2010b) umfassen jene Nervenbahnen, die durch achtsame Bewusstheit dazu angeregt werden, Denken, Fühlen und Körperempfindungen zu integrieren. Der Prozess der wechselseitigen Abstimmung kann beiden Partnern helfen, ausgeglichener zu werden und das eigene Arousal besser zu regulieren.*

Christine und Richard vollziehen das innere Erleben des Partners nach und begegnen ihm mit Respekt. Sie fühlen sich somit von einem Menschen akzeptiert, der sie sehr gut kennt. Beide spüren, wie der andere jenseits der Worte auf ihre Bedürfnisse reagiert. Sie beginnen die Grundmuster dessen zu verstehen, was sich im anderen abspielt, und erkennen auch, was sie tun können, damit der andere sich sicherer und geborgener fühlt.

In gut funktionierenden Paarbeziehungen sind die Partner fähig, die Schwachstellen des anderen aufzufangen und ihnen in der wohlwollenden und liebevollen Weise zu begegnen, nach der er sich sehnt. Sobald die Partner fähig werden, den Prozess miteinander durchzustehen, in dem Kernaffekte aufgedeckt und freigesetzt werden, und auf das hinzuhören, was der andere ihnen mitteilen möchte, können die unausweichlichen Probleme des Zusammenlebens in der Familie verhandelt und angegangen werden. Das schrittweise Bearbeiten und Klären von Problemen wird dann zu einem Prozess, in dem die Partner ihre Bindungsbeziehung immer weiter vertiefen können.

# 3. | Wunden heilen

*Regeneration braucht Zeit. Die Schutzwälle, die errichtet worden sind, um das Aufbrechen alter Wunden zu verhindern, werden Schicht um Schicht abgetragen. Durch frühe Bindungsenttäuschungen sind die Partner dafür prädisponiert, neuerliche Enttäuschungen zu erwarten, sobald sie sich bedroht fühlen, auch wenn der andere es gar nicht darauf abgesehen hat, ihnen wehzutun. Das Heilen der alten Wunden setzt voraus, dass die Partner sich im Klaren darüber sind, an welchen Punkten der andere verletzlich ist, und auf tiefere emotionale Schichten eingehen, wenn er sich dort getroffen fühlt.*

In der Beziehung von Christine und Richard brachen alte Wunden erneut auf, als Richard mit einer Atemwegsinfektion von einer Geschäftsreise zurückkehrte. Christine vereinbarte für Richard einen ersten Termin bei seinem Internisten. Als sein Hausarzt an einem Samstagmorgen anrief, um weitere Tests vorzuschlagen, fragte Richard, wann er diese machen lassen solle. Der Arzt erwiderte: „Warum nicht gleich heute?" Richard machte sich nun größere Sorgen als bis dahin und sagte zu Christine, er wolle in die Notaufnahme, um die Tests dort machen zu lassen.

In der Sitzung gibt er verärgert wieder, wie sie reagierte. „Du hast gesagt: ‚Heute Nachmittag kommen Freunde mit ihrer Tochter vorbei. Können die Tests nicht bis Montag warten?' Ich hatte das Gefühl, es ist dir egal. Deine Freunde waren wichtiger als meine Gesundheit."

„Mir war nicht klar, warum du wegen solcher Tests in die Notaufnahme wolltest. Ich dachte, es wäre besser, bis Montag zu warten."

„Der Arzt riet mir, sie noch am selben Tag machen zu lassen." Jetzt klingt er noch ungehaltener. „Er muss wohl gedacht haben, dass es wichtig war – im Gegensatz zu dir."

„Ich habe mich geirrt", sagt sie zerknirscht, aber sein Ärger lässt nicht nach.

„Ich war sieben Stunden im Krankenhaus. Ich war allein. Du warst zu Hause mit deinem Besuch. Du hast mich vergessen. Das gibt mir nicht das Gefühl, dass ich dir besonders wichtig bin."

„Ich habe dich anzurufen versucht, aber du bist nicht an dein Handy gegangen. Ich dachte, du wärst böse auf mich und würdest deshalb nicht rangehen. Oder es würden gerade Tests gemacht, und du wärst zu wütend, um zurückzurufen." Christine hatte offenbar nicht geahnt, wie tief die Wunde war, die bei Richard aufbrach, als sie ihn nicht ins Krankenhaus begleitete.

„In den Labors im Keller gab es keinen Empfang. Wenn du mit mir reden wolltest, warum bist du dann nicht ins Krankenhaus gekommen?"

„Ich dachte, du bist böse, und war deshalb durcheinander."

Richard steht von der Couch auf, weil er nicht mehr neben Christine sitzen will, und geht zu dem Rundsessel auf der anderen Seite des Raums. Mit seiner Körpersprache macht er unmissverständlich klar, dass er vor Wut kocht.

„Sehen Sie, so ist das jedes Mal", sagt Christine. „Wochenlang ist alles gut. Ich fange an zu denken, wir haben das Schlimmste hinter uns, und dann mache ich eine einzige Sache falsch, und Richard hasst mich. So ist das jedes Mal." Verzweifelt und hilflos hebt sie die Hände.

„Es geht hier nicht um *jedes Mal*", erwidert Richard scharf. „Ich war verdammt noch mal im Krankenhaus. Und du warst nicht da."

„Ich musste mich um Emily kümmern."

„Du hättest einen Weg finden sollen, damit du bei mir sein kannst."

„Du bist wegen Tests dorthin gegangen. Wenn du krank gewesen wärst, hätte ich jemanden angerufen, damit der auf Emily aufpasst, und wäre sofort ins Krankenhaus gefahren." Christine versucht, ganz offen zu sein, denn ihr liegt daran, dass er sie versteht. Doch seine Emotionen sind übermächtig – er kann nicht hören, was sie ihm sagen will.

„Aha, wenn ich also im Sterben läge, würdest du vielleicht versuchen, rechtzeitig hinzukommen, bevor es mit mir zu Ende geht. Ich war dort in der Notaufnahme, ganz allein, und wusste nicht einmal, warum mein Arzt mir gesagt hatte, ich soll die Tests gleich machen lassen."

„Es tut mir leid. Wenn mir das klar gewesen wäre, dann wäre ich dort gewesen."

„Das ist die Situation, vor der ich Angst habe: Etwas stimmt nicht mit mir, du denkst, es ist nichts Ernstes, und ich sterbe ganz allein."

„Ich schaffe es nicht." Christine sagt das weder zu mir noch zu Richard. „Ich weiß, es gibt Dinge, die du von mir brauchst. Wir haben darüber gesprochen, und ich versuche, für dich da zu sein. Aber es ist nie genug. Ich bekomme ein einziges Mal etwas nicht mit und mache es falsch, und wir sind wieder am Nullpunkt. Ich habe versagt." Christine sitzt reglos da, sie scheint die Hoffnung aufzugeben.

„Ja, du magst es nicht, wenn ich mich aufrege", räumt Richard ein, „aber selbst als ich es dir neulich erklärt habe, ohne wütend zu werden, bist du auf Abstand gegangen."

„Ich habe gemerkt, dass du eben doch wütend warst."

„Dann weiß ich nicht mehr weiter. Egal was ich tue – bei dir kommt nicht an, wie wichtig das für mich ist. Du bist mit dir selbst beschäftigt."

„Du weißt ja gar nicht, wie oft ich Dinge dir zuliebe tue. Ob es nun darum geht, was du gern isst oder was wir beim Sex machen – ich versuche für dich so da zu sein, wie du das willst."

„Klar doch, es ist wie eine Checkliste: Abendessen – Häkchen dran. Sex – noch ein Häkchen." Richard führt das Abhaken pantomimisch vor. „Ich will eine Frau, die mit mir zusammen sein will, der es nicht egal ist, ob ich krank bin, und die Dinge nicht tut, damit sie sie abhaken kann."

„Ich habe mich um dich gekümmert, als du den Infekt hattest. Ich habe den Arzt angerufen, um einen Termin zu vereinbaren."

„Du bist nicht mit mir zum Arzt gegangen." Richard zählt Beispiele von Freunden auf, die krank waren und deren Frauen dann für sie sorgten, zu jedem Arzttermin mitgingen und darauf achteten, dass sie ihre Medikamente nahmen.

Christine weint, als er diese Litanei vorträgt. Ich sage zu ihr: „Vielleicht irre ich mich, aber wenn ich Sie jetzt so sehe, kommt es mir vor, als würden Sie sich fragen: ‚Warum soll ich in dieser Beziehung ausharren, in der ich unweigerlich immer wieder versagen werde?'"

„Ja", antwortet sie, „ich halte seine ganze Wut nicht aus."

„Die Situation ist für Sie beide jetzt sehr quälend. Richard, als der Arzt Ihnen nahelegte, die Tests gleich machen zu lassen, bekamen Sie Angst, was Ihnen denn fehlen könnte. Sie fühlten sich sehr allein."

„So fühle ich mich immer noch", erwidert er.

„Christine, so wie Sie jetzt die Arme um sich geschlungen haben, sehen Sie aus, als hätten Sie gerade einen Schlag in die Magengrube bekommen. Ich kann sehen, dass Ihnen das alles sehr wehtut. Aber ich sehe auch, dass Sie sich Ihren Gefühlen aussetzen, anstatt in Benommenheit zu versinken. Das ist ein wichtiger Schritt für Sie." Ich warte kurz und frage sie dann: „Können Sie über das sprechen, was in Ihnen gerade vor sich geht?" Ich versuche Christine auf diese Weise dazu anzuregen, sich anzuschauen, wie sich gerade in ihrer Reaktion auf Richard ihre Kindheitssituation wiederholt. Steigen in ihr irgendwelche Bilder oder Erinnerungen, irgendwelche Emotionen oder Gedanken auf?

„Als ich noch klein war, vielleicht acht oder neun, hatte ich einmal keine Lust, meinen Liedtext zu lernen, sondern wollte lieber spielen. Mein Onkel wurde sehr böse und gab mir eine Ohrfeige. Er sagte, ich würde alles kaputtmachen. Ich sei ein schrecklich undankbares Kind, nach all dem, was er für mich getan habe. Ich wollte weglaufen, aber ich wusste nicht, wohin. Also verkroch ich mich in mich selbst. Danach hörte ich ihm dann wirklich zu, wenn er mir etwas vorsagte, und er war netter zu mir."

„Sie hören auch Richard zu, aber es funktioniert nicht so wie beim Lernen eines Liedtextes. Sie kommen nicht immer dahinter, was er von Ihnen möchte. Dann bekommen Sie Angst, dass er wütend auf Sie wird, wenn Sie nicht herausbekommen, was er möchte, und wollen am liebsten weg. Das Problem ist, Richard will, dass Sie bei ihm sind, weil Sie das selbst wollen, und nicht, weil er sich das wünscht oder weil Sie sich gezwungen sehen."

Richard sagt in sarkastischem Ton: „Eigentlich könnte der Gedanke für sie ja durchaus naheliegend sein, dass sie bei ihrem Mann sein sollte, wenn er in der Notaufnahme ist."

„Das war eine schreckliche Situation für Sie, Richard. Vielleicht hat sie ja eine Ihrer schlimmsten Ängste angesprochen, und darüber sollten wir dann reden. Es ist wichtig, dass Christine hört und versteht, was Sie durchgemacht haben – doch Ihre Wut scheint dazu zu führen, dass sie sich gegen ein Anliegen verschließt, das für Sie von zentraler Bedeutung ist."

Nachdem ich Christine und Richard auf diese Weise signalisiert habe, dass ich nachempfinden kann, was da in einer Schicht, die sich nicht in Worte fassen lässt, zwischen ihnen geschieht, bitte ich sie, an den Emotionen dranzubleiben, die sie im Körper spüren können.

Die Stille scheint kein Ende zu nehmen. Ich verspüre den Impuls, sie zu durchbrechen und eine Frage zu stellen, weiß aber, dass ich damit mein Unbehagen ausagieren würde.

Schließlich beginnt Richard zu schluchzen und schnappt immer wieder keuchend nach Luft, die ihm beim Weinen wegbleibt.

„Mein Vater ist ganz allein gestorben … Meine Mutter bekam einen Anruf von seiner Freundin, dass sie ihn ins Krankenhaus gebracht hatte … Ich bin hingegangen, sobald ich davon erfuhr, aber als ich hinkam, war er schon gestorben. Seine Freundin hatte ihn dort zurückgelassen, und ich war nicht rechtzeitig da. Er war erst 45, und er starb allein. Ich frage mich, wie das für ihn gewesen sein muss. Wie das gewesen sein muss, im Sterben zu liegen und ganz allein zu sein. Ich will nicht, dass es mir so ergeht. Aber ich habe Angst, es wird so kommen."

Christine, die nun mit ihm weint, sagt immer wieder: „Wie furchtbar!" und „Das war mir nicht klar". Aufgrund der Plastizität des Gehirns kann eine Reihe korrektiv wirkender Erfahrungen, bei denen wir uns verstanden fühlen, eine Veränderung früher Prägungen einleiten. Sowohl Christine als auch Richard machen gerade eine solche Erfahrung, und es kommt eine Umstrukturierung in Gang.

„Können Sie sehen, wie Christine auf das reagiert, was Sie fühlen?", frage ich Richard, um ihm diese Umstrukturierung bewusst zu machen.

Richard blickt auf, noch immer wütend, zugleich aber eng mit Christine verbunden, und sagt zu ihr: „Mein Vater ist mit 45 gestorben. Wie lange ich noch zu leben habe, weiß ich nicht. Ich versuche so zu leben, wie ich mir das vorstelle, und dich, Emily, meine Familie zu schützen. Ich träume aber manchmal vom Sterben. Ich träume, dass ich versuche, es dir zu sagen, aber du hörst mich nicht, und ich liege im Sterben und bin ganz allein, so wie damals mein Vater. Du bist bei deinen Eltern oder bei deiner Schwester oder bei deinen Freunden ... Und hinterher wirst du bereuen, dass du nicht gemerkt hast, dass ich wirklich im Sterben lag."

„Diese Angst", sage ich zu Richard, „und die Schuldgefühle, weil Sie nicht bei Ihrem Vater waren, als er einsam starb, lasten schwer auf Ihnen, Richard. Sie sprachen einmal davon, wie wütend Sie auf Ihren Vater waren, weil er die Familie verließ, und Sie sagten, dass Sie selbst Ihre Familie niemals verlassen würden, was auch kommen mag. Was Sie heute sagen, macht für mich aber deutlich, dass da neben der Wut auf ihn noch viel mehr ist."

„Ich habe ihn nie wirklich kennengelernt", sagt Richard. „Nachdem er Mutter und uns verlassen hatte, habe ich ihn lange nicht gesehen. Als ich aber ins Basketballspielen einstieg, fing er an, zu meinen Spielen zu kommen. Wir hatten wirklich einige gute Gespräche – warum er ausgezogen war, was ihm wichtig war, was ich mit meinem Leben vorhatte. Wir hatten aber nur wenig Zeit, bis sein Herzinfarkt kam ... Ich wollte einfach nur eine Familie, einen Vater und eine Mutter. Ich fühlte mich schrecklich allein, als er starb."

Während er unter vielen Tränen weiterspricht, scheint Christine immer klarer zu werden, dass all seine Wut von tiefen alten Wunden herrührt und mit ihr eigentlich nicht viel zu tun hat. Als die beiden gehen, streckt sie ihm den Arm entgegen, und er umschließt ihn fest mit der Hand.

„Können wir Ende der Woche noch einmal kommen?", fragt er mich.

Bei der nächsten Sitzung einige Tage später ist eine deutliche Veränderung spürbar. Die Umstrukturierung von Gehirn, Körper und Denken, die in der letzten Sitzung begann, scheint nun auf einem guten Weg zu sein. Beim Hereinkommen wirken die beiden entspannter und sitzen danach nahe beieinander.

Christine macht den Anfang. „Letztes Mal, als wir hinausgingen, hat Richard mich in die Arme genommen. Ich war überrascht, weil er doch die ganze Stunde in Ihrer Praxis so wütend war."

„Ich hatte dir gesagt, was in mir vorging, und damit war es gut", sagt Richard. Er war in der Sitzung zu einem Kernaffekt vorgestoßen, und Christine hatte sich, anders als bis dahin, nicht zurückgezogen. Ihre Tränen galten seinem Leid, und am Ende der Sitzung schien er ihre Präsenz anders wahrzunehmen. Für beide war mit Händen zu greifen, dass hier Dinge in Ordnung gebracht wurden, so wie sie das in ihrer Kindheit ersehnt, aber oft nicht erlebt hatten.

*Das Problem, mit dem sie in den letzten zwei Jahren gekämpft hatten, bestand darin, dass sie über keine Mittel verfügten, einander wissen zu lassen, was tief in ihrem Inneren vor sich ging. Jedes Mal, wenn sich einer der Partner mit seinen Ängsten, Sorgen und zentralen Verletzungen – die er sich selbst kaum eingestand – mitteilen wollte, traf er dabei beim anderen einen wunden Punkt. Sie verschlossen sich immer wieder voreinander, sodass unter der Oberfläche stets Verletztheit, Wut und Benommenheit lauerten und die Überzeugung sich verfestigte, der andere sei Ursache des Problems.*

*Beide sehnen sich danach, dass der andere hinhört, versteht und etwas tut, das ihr Leid lindern kann. Als Christine Richards Hand in die ihre nahm, während er von seinem Schmerz überwältigt wurde, und als Richard sie nach der schwierigen Sitzung in die Arme schloss, erlebten sie den Partner anders als sonst, zumindest für einen Moment. Hier begann sich eine Verbundenheit in der zentralen Sphäre des emotionalen Arousals zu entwickeln, gegen die beide sich immer gewehrt hatten, und es bahnte sich eine Umstrukturierung an, die für sie einen großen Schritt in Richtung Bindungssicherheit bedeutete.*

„Es ist von großer Bedeutung, dass Sie einen Weg gefunden haben, eine massive Störung rasch zu beheben, anstatt das Ganze lange Zeit gären zu lassen. Wie Richard immer wieder gesagt hat, will er sich sicher sein, dass Sie ihn lieben und mit ihm zusammen sein wollen und dass Sie fähig sind, sich in einer Notlage um ihn zu kümmern. Christines Anliegen ist zu zeigen, dass sie sich um Dinge, die ihr wichtig sind, auch wirklich kümmert."

„Also, ich wusste gleich, als ich dich kennenlernte, dass du gut für dich selbst sorgen kannst", sagt Richard. „Schau dir doch nur an, was du in einem Alter, in dem die meisten noch nicht einmal mit der Highschool fertig sind, schon alles erreicht hattest. Niemand hat sich je dafür interessiert, ob du zur Schule gegangen bist, und außerdem hast du mehr Bücher als irgendjemand sonst gelesen, jedenfalls mehr als ich. Ich hatte nie Zweifel, dass du deinen Weg machst. Manchmal hatte ich Sorge, wie lange es dauert, bis dein Weg dich aus dieser Ehe herausführt."

„Vielleicht ist das der Grund dafür, dass du nicht wolltest, dass ich irgendwelche Jobangebote annehme."

„Ich wollte der sein, der dich unterstützt."

Ich sage mit Nachdruck: „Es gibt viele Arten, jemanden zu unterstützen."

Gegen Ende der Sitzung bitte ich beide, sich wieder anzuschauen und abwechselnd Sätze zu sagen, die mit *Ich will* beginnen. „Schauen wir, was sich ergibt."

| Christine: | Ich will mehr von deinem Ich sehen, das Bedürfnisse und Gefühle hat und nicht nur wütend ist. |
|---|---|
| Richard: | Ich will, dass du mir versprichst, bei mir zu sein und dich nicht abzukoppeln, wenn mir etwas zu schaffen macht. |
| Christine: | Ich will meine eigenen Entscheidungen treffen können. |
| Richard: | Ich will, dass du weißt, wie sehr ich dich liebe und respektiere. |
| Christine: | Ich will für dich da sein. |
| Richard: | Ich will, dass du mir hilfst, mit meiner Mutter zu reden. Auf dich hört sie. |
| Christine: | Ich will, dass wir noch ein Kind bekommen. |
| Richard: | Ich will, dass wir zusammen eine glückliche Familie sind. |

*Das Gespräch wird nun spielerisch und bekommt eine erotische Note, da die Körpersprache wesentlich mehr Offenheit für den anderen signalisiert. Der Kampf ist fürs Erste vorbei. Gehirn, Körper und Psyche der beiden kreisen nicht mehr um die Wunden der Vergangenheit. Stattdessen haben sich beide durch die Arbeit an ihrem in tiefe Schichten reichenden Konflikt weiterentwickelt und verändert. Es wird weitere Rangeleien und Scharmützel geben, doch sie wissen, dass keiner auf der Strecke bleiben wird. Richard und Christine lernen zu überleben, ohne sich auf automatisch einrastende Schutzmechanismen zu stützen. Sie lernen, dass es jemanden gibt, der ihre Emotionen wahrnimmt und bezeugen kann, der sie so akzeptiert, wie sie sind, der für sie da ist und daran interessiert ist, ihre geheimen wunden Punkte zu kennen. Sie lernen, dass eine tiefe Freundschaft zwischen ihnen möglich ist.*

*Sie haben einander mit bestimmten Erwartungen geheiratet und wurden dann enttäuscht. Sie bekamen nicht alles, was sie sich wünschten. Eine Zeit lang dachten sie, sie hätten den falschen Partner gewählt. Das war aber ein Irrtum. Sie haben den richtigen Partner, um das zu bekommen, was sie brauchen, einen Menschen, der ihnen auf einer unbewussten gemeinsamen Ebene begegnen und ihnen helfen kann, über die Bindungsenttäuschungen der Vergangenheit hinwegzukommen.*

*Der Fokus der Therapie lag hier darauf, die Reziprozität in der Erfüllung der Kernbedürfnisse des anderen zu fördern (Solomon, 1994). Ein wesentliches Element bestand darin, die Partner dazu anzuhalten, während angespannter Interaktionen die Aufmerksamkeit auf ihre körperlichen Empfindungen zu richten und bei den Emotionen zu verweilen, die dabei in ihnen aufstiegen, anstatt sich in Vorwürfen und Schuldzuweisungen zu verlieren.*

*Richard und Christine konnten ihr Verhalten nach und nach verändern, weil sie die Bindungsenttäuschungen zu verstehen begannen, die ihrer Beziehung überlagert hatten, und weil sie erkennen lernten, wann ihre automatischen Reaktionen einsetzten und woher sie rührten.*

*In den nächsten Kapiteln werden Sie weitere Möglichkeiten kennenlernen, nicht bewusste Muster von Paaren herauszuarbeiten und direkt zu beeinflussen. Die zentralen Elemente von Stan Tatkins psychobiologischem Ansatz – gezieltes Evozieren von Erfahrungen, Körperposen, Bewegungsübungen und therapeutisches Enactment – helfen dabei, neue automatisch ablaufende Reaktionen zu bahnen, die die Partner dabei unterstützen, füreinander zu den wichtigsten Verbündeten und Anlaufstellen zu werden.*

# Teil II

## Der psychobiologische Ansatz

# 4. | Psychobiologische Grundregeln

Die neurobiologische Forschung liefert viele Belege dafür, dass unsere frühesten Erfahrungen von Sicherheit und Geborgenheit in Gehirnregionen archiviert werden, die für implizite Funktionen zuständig sind, und eine Art von „Körperwissen" erzeugen, die sich vom Denken unterscheidet (Cohen & Shaver, 2004; Henry, 1997; Nelson & Panksepp, 1998; Schore, 2002a, 2002b, 2002c). Zu den frühkindlichen Erfahrungen gehören auch die prägenden Bindungsstrategien, aus denen sowohl unsere inneren Arbeitsmodelle (Bowlby, 1969) als auch die Grundlagen unserer Reaktionen auf Impulse und Toleranzschwellen des Annäherungs- und Vermeidungsverhaltens hervorgehen. Die sich wiederholenden Begegnungen des Kindes mit primären Bindungsfiguren schlagen sich – ähnlich wie die Handlungssequenzen, die für das Radfahren oder Autofahren zu erlernen sind – in gespeicherten prozeduralen Erinnerungen nieder. Diese Erinnerungen steuern die automatischen psychobiologischen Bewegungsreflexe, die uns zu einer primären Bindungsfigur hin- oder von ihr wegstreben lassen. Noch ehe wir „wissen", was geschehen ist, haben autonome Arousal-Prozesse uns schon zum Handeln und Reagieren bereit gemacht.

Traditionelle Psychotherapien setzen vor allem auf Einsicht oder auf die Entwicklung einer bewussten Haltung, die das Ändern eines Verhaltensmusters fördert, während der in diesem Buch dargestellte psychobiologische Ansatz den Primat impliziter Mechanismen respektiert – das heißt sich nichtsprachliche, nicht bewusste, prozedurale und somatische Prozesse zunutze macht, wie sie im autonomen Nervensystem, im limbischen Systen und in der rechten Gehirnhälfte ablaufen. Nicht etwa kognitive Prozesse, sondern diese schnell greifenden impliziten Mechanismen sind die treibende Kraft, die hinter dem Handeln und Reagieren von Menschen steckt, wenn sie sich bedroht fühlen – und sie bestimmen auch das Geschehen in primären Bindungsbeziehungen.

Wie sich die Teile unseres Nervensystems entwickeln, die über die Notwendigkeit entscheiden, aktiv zu werden, hängt davon ab, inwieweit wir in den sensibelsten Phasen der frühen Kindheit Vertrauen, Sicherheit und Geborgenheit erfahren. Zu diesen Bestandteilen des Nervensystems gehören das neuroendokrine und das autonome Nervensystem, die uns zum Handeln bereit machen, und das somatische Nervensystem, das die Handlungsimpulse dann umsetzt. In unserem Handeln in der Gegenwart und gegenüber realen Personen spiegelt sich, in den Mustern der Arousal-Regulation, unsere frühe Lebensgeschichte wider.

Erfolg, Sicherheit und Stabilität einer Partnerschaft hängen davon ab, inwieweit die Partner, jeder für sich und beide gemeinsam, verschiedene körperliche, emotionale und mentale Zustände fortlaufend regulieren können. Anders als viele Therapeuten, die den Blick auf explizit geäußerte Inhalte richten, um Konfliktfelder bestimmen zu können, achtet der psychobiologisch orientierte Therapeut daher vor allem auf nonverbale Signale, um individuellen und gemeinsamen Defiziten in der sozial-emotionalen Fähigkeit des Paars zur interaktiven Regulation auf die Spur zu kommen. In der paarorientierten Arbeit an sozial-emotionalen Defiziten, die auch Probleme der Selbstregulation einschließen, bahnt der Therapeut für beide Partner einen Weg, auf dem sie in ihrer Entwicklung vorankommen können.

## 4.1 Behandlung der Zweiheit

In diesem Buch liegt der Aufmerksamkeitsfokus nicht auf dem Individuum, sondern auf dem Paar. Eine Paarbeziehung bildet ein abgeschirmtes dyadisches System, eine in sich geschlossene Entität, die mit der Außenwelt interagieren, sie aber auch ausschließen kann. Das gemeinsame „Zuhause" ist dann nicht nur ein konkreter Ort, sondern repräsentiert auch das Paarsystem selbst: einen innigen Bund, in dem sich beide gemeinsam weiterentwickeln und reifen.

In diesem Modell löst das Zwei-Personen-System die Individualpsychologien ab, welche die theoretischen Entwürfe von Freuds intrapsychischer Analyse bis hin zu Maslows Glorifizierung der Selbstverwirklichung beherrschten. Ein aus zwei Personen bestehendes psychisches System trianguliert Eigeninteressen und gemeinsame Interessen in einer Weise, die neuartige, gemeinsam entfaltete und wechselseitig bereichernde Ergebnisse wie Mut, Selbstachtung, Heilungsprozesse, intellektuelle Weiterentwicklung, beruflichen Erfolg und Kreativität hervorbringt. Mit anderen Worten, individuelle Stärken werden zu gemeinsamen Stärken erweitert, die den einzelnen Individuen nicht zugänglich wären. In einem solchen Zwei-Personen-System erwächst das Wohlergehen jedes Partners aus dem Einsatz für das Wohlergehen des anderen. Das heißt, wer sich in der Position einer „primären Bindungsperson" befindet, hat ein genuines Interesse daran, jederzeit das Wohlbefinden, die Sicherheit und die Geborgenheit seines Gegenparts sicherzustellen.

Sicher gebundene Partner kennen und verstehen die verwundbaren Stellen des anderen, die im Zuge der frühen Bindungsentwicklung im impliziten Gedächtnis enkodiert und im weiteren Verlauf der Kindheit durch Trauma- oder Verlusterfahrungen vertieft wurden. Diese Schwachstellen bieten sich oft als Angriffspunkte, aber auch als Ansatzpunkte für Heilungsprozesse an, und beide sicher gebundenen Partner wissen, wie und wann äußere Ereignisse diese Schwachstellen mobilisieren und welche rasch greifenden und wirksamen regulierenden Maßnahmen dann in der Öffentlichkeit oder in der Privatsphäre zu ergreifen sind. Ähnlich wie in einer sicheren Mutter-Kind-Bindung sind in einer sicheren Paarbindung die Partner in der Lage, positive Momente durch gemeinsame Erweiterung zu maximieren und negative Momente zu entschärfen, indem sie schmerzliche Affekte gemeinsam abmildern.

Dagegen sind Partner, die sich im AAI als unsicher gebunden erweisen, überrascht und ratlos, wenn jene verletzlichen Bereiche unversehens angesprochen werden oder wenn Versuche fehlschlagen, den anderen zufriedenzustellen oder zu trösten. Solche Paare können jahrelang zusammen sein, ohne einander wirklich zu kennen. Für sie ist es wichtig, Gebrauchsanweisungen für den anderen zu erarbeiten, damit sie eine Orientierung bekommen, was funktioniert und was nicht funktioniert. Diese Aufgabe zeigt dem Paar einen Weg auf, der zu einer sicheren Bindung und einer gelingenden interaktiven Regulation führt, denn sie legt den Akzent auf echte Einfühlung und gegenseitigen Schutz innerhalb eines aus zwei Personen bestehenden psychischen Systems.

In jeder Paarbeziehung treffen die Partner Handlungsentscheidungen, die der Beziehung dienlich sind, und andere, die nicht im Sinne der Beziehung sind. Beziehungsförderliche Entscheidungen werden meist als liebevoll erlebt (und steigern somit das Gefühl der Sicherheit), wohingegen Entscheidungen, die nicht im Sinne der Beziehung getroffen werden, in der Regel als lieblos empfunden werden (und somit das Gefühl der Sicherheit schwächen). Wie eine als beziehungsförderlich intendierte Verhaltensweise beim Partner ankommt, hängt nicht von der Intention, sondern von der Wahrnehmung des Gegenübers ab. Dies ist eine sehr wichtige Unterscheidung. Ausschlaggebend ist demnach nicht, ob wir betonen, wie wichtig uns die Beziehung ist und dass sie für uns an erster Stelle steht, sondern wie der Partner unsere entsprechenden Anstrengungen erlebt. Vielleicht kennen Sie das erkenntnistheoretische Dilemma, das oft in die Frage gekleidet wird: „Entsteht ein Geräusch, wenn im Wald ein Baum umstürzt und niemand da ist, der das hören könnte?" Ebenso können wir fragen: Ist eine Handlung liebevoll, wenn die Zielperson sie gar nicht so erlebt? Was Paarbeziehungen angeht, ist die Antwort eindeutig Nein.

In einem Wertesystem, das die Paarbeziehung in den Mittelpunkt stellt, steht die Sicherheit der Bindung an oberster Stelle. Das bedeutet nicht, dass eine Werteskala, die beziehungsförderlichen Faktoren Vorrang einräumt, besser wäre als eine Werteskala, die andere Prioritäten setzt. In einer primären Bindungsbeziehung aber entscheiden diese Faktoren über Stabilität und Zufriedenheit. Eine primäre Bindungsbeziehung unterliegt völlig anderen Regeln als jede andere Form von Beziehung. In Lebensbereichen, in denen wir bis zu einem gewissen Grad unsere eigenen Interessen verfolgen müssen, um Erfolg zu haben oder zumindest nicht unterzugehen, kann es durchaus unangemessen sein, beziehungsförderlichem Handeln den Vorrang zu geben. In einer primären Bindungsbeziehung aber ist es ganz im eigenen Interesse beider Partner, dass sie aufeinander angewiesen sind und alles füreinander zu tun bereit sind. Von dieser Art echter Gegenseitigkeit hängt es ab, ob die Beziehung Bestand hat und sich entfalten kann.

Echte Gegenseitigkeit bedeutet, dass jeder Partner für den anderen die zentrale Ansprechperson ist und in die Rollen des Zeugen, des Seelsorgers, des begeisterten Anhängers und des Förderers schlüpft, um ihn auf der Reise seines Lebens zu begleiten. Wir kommen viel besser zurecht, wenn wir uns von einem Menschen getragen wissen, der uns zugetan ist, dem unser Wohlergehen am Herzen liegt und der die Dinge gemeinsam mit uns angehen will. Unter den Bedingungen einer sicheren Bindungsbeziehung sind innere Prozesse wie mentale oder emotionale Zustände leichter steuerbar. Vom Beginn unseres Lebens an nehmen wir uns fortwährend in Beziehung zu anderen wahr. Uns selbst lernen wir über den engen Kontakt zu Bezugspersonen kennen. Der derzeitige Forschungsstand zum Thema Bindungssicherheit legt nahe, dass wir eine tiefe Sehnsucht danach haben, uns mit den wichtigen Menschen in unserem Leben verbunden zu fühlen, ob wir nun auf Wolken schweben oder uns in der Hölle wähnen, ob wir hochgestimmt oder niedergeschlagen sind, und dabei keine Angst davor haben zu müssen, dass wir abgelehnt, im Stich gelassen oder bestraft werden (Bowlby, 1988).

## 4.2 Konzentration auf implizite Prozesse statt auf Inhalte

In der psychobiologisch orientierten Paartherapie gehen wir zügig die folgenden Aufgaben an: den Partnern helfen, ihre zentralen Bedürfnisse, Verhaltensmuster und Abwehrstrategien zu erkennen; ihnen aufzeigen, wie sie aus ihrer Vergangenheit herrührende Schwierigkeiten überwinden können, die sie in ihrer Fähigkeit einschränken, auf die Bedürfnisse des anderen einzugehen; ihnen an Beispielsituationen neue Möglichkeiten vorführen, wie sie gemeinsam daran arbeiten können, einander Sicherheit und Geborgenheit zu geben. Der Therapeut arbeitet ausschließlich mit dem Paar, weil er von der Prämisse ausgeht, dass inneres Wachstum und Veränderung nicht aus der Interaktion zwischen Klient und Therapeut, sondern aus dem dyadischen Geschehen zwischen den Partnern entstehen. Wenn man in der Einzeltherapie versucht, die primäre Bindungsbeziehung zu rekonstruieren, kann es geschehen, dass sie in Konkurrenz mit der aktuellen primären Bindungsbeziehung des Patienten tritt oder sich vor sie drängt. Ob eine gleichzeitig mit der Paartherapie erfolgende Einzeltherapie sinnvoll ist, sollte sorgfältig geprüft werden, vor allem wenn sie als Ergänzung zur Paartherapie gedacht ist. Einzeltherapeuten, die sich über das Wesen von primären Bindungsbeziehungen im Klaren sind, werden bestehenden primären Beziehungen in respektvoller und unterstützender Haltung begegnet. Wirklich gefährlich wird es, wenn der Einzeltherapeut in die Vorstellungswelt des Patienten eintaucht und dabei nicht merkt, dass er Strategien eines unsicheren Bindungsstils unterstützt, die der Treue zur bestehenden Paarbeziehung zuwiderlaufen. Das heißt, eine Einzeltherapie ist mit einer parallel verlaufenden Paartherapie vereinbar, solange sie nicht zur Paarbeziehung in Konkurrenz tritt oder die Treue zu ihr untergräbt.

Hinzu kommt, dass aus psychobiologischer Sicht die Partner dafür verantwortlich sind, sich umeinander zu kümmern, und Experten darin sein müssen, wie man für den anderen sorgt und ihn behandelt. Sie sollen Zeuge der geistigen und emotionalen Erfahrungen sein, die der andere in der Paartherapie macht. Dieses Prinzip lässt sich mit Erkenntnissen aus der Kindertherapie begründen: Man erzielt mit einer Intervention mehr Wirkung, wenn man einen Elternteil oder beide Eltern einbezieht – denn das Kind lebt mit seinen Eltern zusammen, nicht mit seinem Therapeuten. Ähnliches gilt für Paarbeziehungen.

Wir legen den Schwerpunkt auf das kollektive Nervensystem des Paars, weil wir davon ausgehen, dass das Kernproblem sich nicht an Inhalten festmachen lässt, das heißt an dem, was das Paar erzählt. Denn die Paarbeziehung ist mit Themen frühkindlicher Bindungserfahrungen durchsetzt. Die Erzählungen des Paars wirken zwar oft stringent, sind aber meist irreführend und können den Paartherapeuten auf eine falsche Spur locken, die vom eigentlichen Thema weg und letztlich ins Leere führt. Man kann es auch so sagen: Unser Interesse gilt vor allem der Musik des Lieds, nicht dem Text. Eine psychobiologische Herangehensweise lenkt die Aufmerksamkeit der Partner weg von Inhalten auf implizite Prozesse und hält sie dazu an, fortwährend auf Mimik, Stimme, Gestik und andere Signale des Gegenübers zu achten. Narrative Inhalte lassen sich allerdings als Hinweise auf Verhaltensmuster verwerten, in denen auf der nicht inhaltsbezogenen Ebene eine unzureichende Abstimmung der beiden Nervensysteme zutage tritt. Falls die rasche Fehlerkorrektur einer solchen Fehlabstimmung gestört ist, ist dies letztlich der Grund dafür, dass ein Paar auf ein falsches Gleis gerät und sich in wechselseitigen Fehleinschätzungen, Dysregulationen, physiologisch begründeten Gefahrreaktionen und systemischem Vermeidungsverhalten verstrickt, bis sich das Sicherheit und Geborgenheit bietende System schließlich auflöst.

Laut dem psychobiologischen Modell fällt in einer Liebesbeziehung jedem Partner die Aufgabe zu, für den anderen die Position einer primären Bindungsfigur einzunehmen. Die Übertragung frühkindlicher Bindungsbeziehungen auf die Partnerschaft ist zu erwarten und nicht etwa als pathologische Entwicklung zu betrachten. In unserer Kultur hat sich die Vorstellung herausgebildet, Partner dürften aus früheren Bindungsbeziehungen stammende Verletzungen nicht auf den anderen pro-jizieren und nicht von ihm erwarten, dass er dafür Verantwortung übernimmt. In Wirklichkeit aber projizieren in einer primären Bindungsbeziehung zwischen Er-wachsenen die Partner unweigerlich aus der Vergangenheit stammende Bedürfnisse und Verletzungen aufeinander, und die gegenwärtige primäre Bezugsperson verfügt als einzige über die Mittel, mit denen die alten Wunden zu heilen sind.

Der alte Song „I Want a Girl Just Like the Girl Who Married Dear Old Dad" (The American Quartet, 1911; „Ich will ein Mädchen, das genauso ist wie das Mädchen, das meinen Papa geheiratet hat")[6] beschreibt Übertragung in ihrer positiven Form. Ein Kind, das mit einer sicheren Bindung an beide Eltern aufwächst, wird das, was funktioniert hat, reproduzieren wollen. Umgekehrt wird ein Kind, das unsicher ge-bunden aufwächst, wahrscheinlich einen Partner finden, mit dem sich die alte Dy-namik im Bestreben, das in Ordnung zu bringen, was einst nicht funktioniert hat, erneut durchspielen lässt. Die Therapie sollte die Partner mit der Vorstellung ver-traut machen, dass beide dazu neigen, dem anderen solche „Altlasten" aufzubürden. Wenn sie versuchen, genau aufzuschlüsseln, wer wann was gesagt hat, um so die Pro-jektion einstiger Bindungsmuster aufeinander zu durchbrechen, verschlimmert das eine problematische Situation unter Umständen nur noch weiter. Die Partner sollten besser eine Bereitschaft kultivieren, für den anderen da zu sein, selbst wenn sie (was wahrscheinlich ist) seine ursprünglichen Verletzungen nicht mit verursacht haben.

Der Therapeut muss fähig sein, mit dem Paar sowohl an Bindungsthemen als auch an Arousalmustern zu arbeiten. Die zwei Bereiche beeinflussen einander, und die klinischen Typologien überschneiden sich: Sicher gebundene Paare zeigen bei der interaktiven Regulation großes Geschick, wohingegen unsicher gebundene Paare *Regulationsdefizite* erkennen lassen. Die Sensibilisierung für Verschiebungen des Arousalzustands ist der „Königsweg" zum bewussten Wahrnehmen impliziter, also nichtkognitiver und nichtsprachlicher Systeme, die Liebe rasch in Krieg umschlagen lassen können. Deshalb muss ein psychobiologisch orientierter Therapeut mit diesen Systemen arbeiten, um Probleme, die in der aktuellen Interaktion zutage treten, auf der Stelle ausräumen zu können. Weil implizite Systeme in extrem schnell ablau-fenden, auf das Überleben ausgerichteten und nichtsprachlichen biologischen Me-chanismen gründen, konzentriert sich die psychobiologische Paartherapie darauf, mithilfe von therapeutischen Provokationen und Konfliktinszenierungen, sozialen Signalreizen, Bewegungsübungen und anderen psychodramatischen Techniken *Er-fahrungsprozesse* anzustoßen. Der Therapeut ist auf die aktuelle Interaktion fokus-siert, um eine Reinszenierung der interpersonellen Stressbedingungen in Gang zu

---

6    Siehe Klaus Theweleit (Hg.), *absolute(ly) Sigmund Freud: Songbook*, Freiburg i. Br.: orange-press, 2006,
     S. 210. A. d. Ü.

setzen, die beim Paar zur Dysregulation führen. Zum Beispiel gibt er, um Bindungs- und Regulationsprobleme im aktuellen Geschehen aufzudecken, den Partnern die Anweisung, einander direkt gegenüberzusitzen, während sie über für sie wichtige Themen oder über Konflikte diskutieren, oder er fordert sie auf, sich im Raum umherzubewegen, um so Reaktionen des Nervensystems auf Nähe, Kontakt und Annäherung auszulösen. Es muss genügend Zeit zur Verfügung stehen, damit die Partner in der Therapiesituation nach denselben Mustern wie in ihrem Alltag Zyklen verschiedener Arousalzustände durchlaufen können. Das psychobiologische Modell sieht deshalb lange Sitzungen (zwei- bis vierstündig oder sogar noch länger) vor, damit sich ohne Zeitdruck dysregulierend wirkende Interaktionen in Szene setzen lassen, die man dann in Ordnung bringen kann. Der Therapeut muss die Arousal- und Affektverschiebungen des Paars ständig im Blick behalten und dem Bewusstmachen dieser Verschiebungen oberste Priorität einräumen.

In der Anfangsphase der Therapie übernimmt er oft die Aufgabe einer externen Regulationsinstanz für beide Partner, um Bedingungen herzustellen, unter denen sie sich sicher und geborgen fühlen. Das heißt, er muss sie dabei unterstützen, sich auf der Arousalskala nach oben oder unten zu bewegen, also je nach Bedarf in Richtung eines Sympathikus-Arousals (Kampf-Flucht-Erstarrung) oder eines Parasympathikus-Arousals (Rückzug). Der Therapeut muss ihnen möglicherweise auch helfen, einen bislang unregulierten Zustand lange genug im Bewusstsein „festzuhalten", um ihn ertragen zu lernen. Zum Ende der Therapie ist seine Rolle eher die eines „Coachs", der rasch interveniert und den Partnern Anregungen gibt, wenn sie in problematische Zustände geraten. Derartige Interventionen zielen darauf, rasche Zustandswechsel einzuleiten, damit neuartige und situationskontingente (anstelle von erstarrten) Interaktionen möglich werden, die dann oft eine heilsame Wirkung entfalten. Kurzum, der psychobiologisch orientierte Therapeut konzentriert sich auf im Wandel begriffene Erfahrungsprozesse und hilft manchmal nach, damit eine neuartige Erfahrung möglich wird.

## 4.3 Die Werkzeuge des psychobiologisch orientierten Therapeuten

Die psychobiologischen Werkzeuge lassen sich in Top-down-, Bottom-up-, Links-rechts- und Rechts-links-Interventionen unterteilen und können allesamt höchst provokante und evokative Effekte haben. Sie können uns helfen, die psychobiologischen Hintergründe des Verhaltens im Alltag rascher zu erfassen und zu durchschauen. Die Begriffe Top-down, Bottom-up, Links-rechts und Rechts-links sind Kurzformeln für die Richtung von Informationsflüssen in Gehirn und Körper.

*Top-down*-Verarbeitung beginnt in den oberen Regionen der linken und rechten Gehirnhälfte und setzt sich dann nach unten zum Körper hin fort. Oft ist damit eine primär kognitive mentale Verarbeitungsweise (oder Psychotherapiestrategie) gemeint, in Abgrenzung von anderen Methoden, bei denen man als Ansatzpunkt Körperempfindungen oder Kernaffekte wählt. Wenn jemand, der mir sehr nahesteht, beispielsweise meine Mutter, schwerkrank in eine Klinik eingeliefert wird, ist es wahrscheinlich, dass ich das in meiner nächsten Therapiesitzung ansprechen werde. Mein Therapeut fragt nach, was das in mir auslöst, dass sie im Krankenhaus ist. Ich antworte, dass es ihr wahrscheinlich bald wieder besser gehen wird, sofern ich es schaffe, den Überblick über die Maßnahmen der behandelnden Ärzte zu behalten. Meine erste Reaktion ist also ein Top-down-Gedanke dazu, wie ich die Situation am besten anpacke, und ich gestatte mir zunächst nicht, mich den ganzen Emotionen zu stellen, die sich unter der Oberfläche wahrscheinlich in mir regen. Der Therapeut äußert die Deutung, dass ich anscheinend denke, ich könne, wenn ich alles im Griff habe, die Überlebenschancen meiner Mutter steuern. Er hilft mir dann, mich auf meine Körperwahrnehmung und meine tiefer gehenden Gefühle zu konzentrieren, während wir über meine Mutter im Krankenhaus sprechen.

*Links-rechts*-Verarbeitung beginnt in der vorwiegend explizit, sprachlich und linear operierenden linken Gehirnhälfte und wechselt dann über das Corpus callosum in die eher implizit, nichtsprachlich und nichtlinear arbeitende rechte Hemisphäre. Die Prozessrichtung geht von links (explizit / Sprache) nach rechts (implizit / Erleben).

Mein Therapeut fragt mich zum Beispiel, welche Gefühle die Krankheit meiner Mutter in mir auslöst. Ich antworte, dass es mir nicht besonders gut geht, sehe niedergeschlagen aus und fühle mich auch so. Der Therapeut fragt mich daraufhin: „Was meinen Sie damit, dass es Ihnen nicht besonders gut geht?" Die erste Frage spricht meinen Gefühlszustand auf einer sprachlichen, deklarativen Ebene an (linkshemisphärisch) und lässt in mir ein Bild von meiner gebrechlich aussehenden Mutter aufsteigen (rechtshemisphärisch). Die zweite Frage setzt an der deklarativen Bedeutung von „es geht mir nicht besonders gut" an (linkshemisphärisch), um von da aus zu dem vorzustoßen, was der Satz vor dem Hintergrund meiner Lebenssituation bedeutet (rechtshemisphärisch).

*Rechts-links*-Verarbeitung beginnt bei den für implizite, nichtlineare und nichtsprachliche Prozesse zuständigen Regionen der rechten Gehirnhälfte und geht dann zu den eher explizit, linear und verbal strukturierten Abläufen der linken Hemisphäre über. Der Therapeut fragt mich beispielsweise, ob ich meiner Mutter, als ich sie das letzte Mal im Krankenhaus besuchte, die Schmerzen „ansah". Dieser Impuls aktiviert in mir eine lebhafte Erinnerung an die emotional bedeutsame Situation, sodass mein Bericht darüber entsprechend gefühlsbetont ausfällt.

*Bottom-up*-Verarbeitung setzt bei körperbasierten Erinnerungen und Sinnesempfindungen an, die zum Gehirn „aufsteigen" und emotionale Erfahrungs-, Bewusstwerdungs- und Integrationsprozesse und unter Umständen auch deutende Kognitionen anregen. Mein Therapeut weist mich zum Beispiel darauf hin, dass ich den Atem anhalte, dass meine Augen glasig werden und dass ich plötzlich verstummt bin. Daraufhin hole ich tief Luft, lege die Hand auf den Brustkorb, registriere dort ein Gefühl der Beengung und merke, dass die Hand klamm ist. Ich richte die Aufmerksamkeit auf diese Empfindungen und versuche sie einzuordnen, indem ich sage, dass ich aus irgendeinem Grund sehr angespannt bin. Jetzt „fällt mir ein", dass ich nach der Sitzung ja meine Mutter im Krankenhaus besuchen will. Mir wird klar, wie sehr mich dieser bevorstehende Besuch doch innerlich beschäftigt.

In den folgenden zwei Kapiteln stelle ich (S. T.) anhand einer Fallstudie einige der Instrumente vor, die ich für die psychobiologische Therapie nutze, vor allem das Erwachsenen-Bindungs-Interview. Es wurde ursprünglich nicht als Therapie-, sondern als Forschungsinstrument entwickelt (George, Kaplan & Main, 1985; Main, 2000). Das Erwachsenen-Bindungs-Interview „überrascht das Unbewusste" (George et al., 1985) und bringt Menschen in relativ kurzer Zeit in Kontakt zu Kernaffekten (s. Siegel, 1999, 2010a, 2010b). Die dabei ablaufenden Prozesse lassen sich zum Teil als Top-down- und Links-rechts-Verarbeitung und, im Rahmen einer therapeutischen Intervention, auch als Rechts-links- und sogar Bottom-up-Verarbeitung beschreiben.

Kapitel 6 handelt von Bewegungsübungen und Körperposen, die oft um kurze, emotional relevante Erläuterungen und Anweisungen erweitert werden. Diese Bottom-up-Instrumente (vom Körper zum Gehirn) setzen auf der nichtkognitiven Ebene an und nehmen das unmittelbare Erleben zum Ausgangspunkt. Sie geben Einblicke in Prozesse der Bindungsorganisation, die in impliziten Systemen des Körpers beginnen. Diese Bindungsmuster schließen oft Berührungsempfindungen ein und können starke regulierende und dysregulierende Effekte ausüben, die sich, wenn sie in der Sitzung zutage treten, sogleich aufgreifen und bearbeiten lassen. Wir können die innerhalb von Sekundenbruchteilen erfolgenden Reaktionen der Partner auf körperliche Nähe direkt beobachten, ob sie sich nun aufeinander zu oder voneinander weg bewegen oder (wie Statuen) an einem Ort verharren. Ihre Makro- und Mikroreaktionen auf diese Bewegungen oder Posen können die Partner nicht verbergen, weil sie reflexhaft ablaufen. Die Reaktionen sind replizierbar und somit stabile Indikatoren von Strategien der Bindungsabwehr und anderen Merkmalen. Zum Beispiel sind bei den drei folgenden Übungen die Nahsinne beteiligt (Berühren, Schmecken, Riechen, Sehen): Die Partner halten bei geringem räumlichem Abstand längere Zeit Blickkontakt; der eine holt tief Luft und atmet dem anderen ins Gesicht; sie bleiben mehrere Sekunden lang in einer Umarmung. Jede dieser Übungen kann Bindungsmuster deutlich machen, indem sie prozedurale, im Körper gespeicherte Erinnerungen weckt und antizipatorische neurobiologische Systeme aktiviert. Die äußeren Anzeichen dafür sind mit bloßem Auge zu erfassen und treten in einer Video-Einzelbildanalyse klar hervor.

Jedes der genannten Instrumente wirkt auf drei Ebenen: Es stellt eine Intervention dar, die Bewusstseins- und Veränderungsprozesse anstößt; es dient der Diagnose, indem es Informationen erschließt, die entweder für oder gegen die Hypothesen des Therapeuten sprechen, die er sich über Bindungsstil, Arousal-Regulation oder sozial-emotionale Defizite eines Paars gebildet hat; und es hat einen regulierenden Effekt, weil es, ob beabsichtigt oder unbeabsichtigt, entweder eine Steigerung oder eine Minderung des Arousals herbeiführt.

# 5. | Das Partnerinterview

In diesem Kapitel geht es um Strategien für den Einsatz des Erwachsenen-Bindungs-Interviews (Adult Attachment Interview, AAI) in der Paartherapie. Das Interview wurde in Mary Mains Labor an der University of California in Berkeley entwickelt und besteht aus einem Interviewprotokoll (George, Kaplan & Main, 1984, 1985, 1996) und einem dazugehörigen Auswertungs- und Klassifikationssystem (z.B. Main & Goldwyn, 1985; Main, Goldwyn & Hesse, 2003). Die in der Forschung verwendete Version besteht aus 20 Fragen und vorgegebenen Nachfragen. Für die Durchführung ist gewöhnlich etwa eine Stunde erforderlich. Oft wird ein Transkript erstellt, auf das geschulte Kodierer dann das Auswertungs- und Klassifikationssystem anwenden (s. Hesse & Main, 2000; Main, 2000; Main, Hesse & Goldwyn, 2008; Steele & Steele, 2008a, geben einen Überblick über einige der im Kontext des Interviews ermittelten Sprechweisen).

Main und ihre Kollegen gehen bei der Analyse der Interviewdaten von einem kognitiv-linguistischen Modell der Befragung aus, dem zufolge Sprecher, deren Antworten relativ kohärent sind und erkennen lassen, dass sie im Interview kooperativ und engagiert sind, als „sicher-autonom gebunden" gelten können. Wenn sie im Interview frühe Interaktionen mit den Eltern und ihre Auswirkungen beschreiben, kann man nicht davon ausgehen, dass sie diese Interaktionen zutreffend wiedergeben. Der Leser oder Kodierer achtet stattdessen darauf, wie hoch der Grad der Konsistenz zwischen den berichteten Erinnerungen, den übrigen Äußerungen und dem Verhalten im Interview ist. Die Sprechweise einer Person im Interview korreliert damit, wie sie mit ihren eigenen Kindern interagiert – ein Befund, der in Studien auf der ganzen Welt vielfach bestätigt wurde. Das AAI findet auch im psychotherapeutischen Kontext Verwendung (siehe das Buch zu diesem Thema von Steele & Steele, 2008a). In diesem Kapitel möchte ich (S.T.) davon berichten, wie ich einige der Interviewfragen in der Paartherapie einsetze.

Oft erleben Partner einander unbewusst als Verkörperungen ihrer primären Bezugspersonen in der Kindheit. Diesen Umstand versuche ich schon früh ins Bewusstsein der Partner zu rücken. Die Durchführung des AAI in Anwesenheit beider Partner gestattet Einblicke in ihre Bindungsbiografien. Der Therapeut kann sich ein Bild davon machen, wo beide im Spektrum der Bindungsstile einzuordnen sind, und im Übrigen auch ein Bündnis mit dem Partner eingehen, der weniger offen und mitteilsam ist. Außerdem lenkt das AAI die Aufmerksamkeit auf die (möglicherweise verschütteten) frühkindlichen Erfahrungen jedes Partners. Es kann helfen, sich ein Bild davon zu machen, wie ihre traumatischen Bindungserfahrungen zur Entstehung der für die Affektregulation maßgeblichen enkodierten Verhaltensmuster beigetragen haben. Das AAI lässt sich in der Paartherapie als Anamnese-Instrument, als Intervention und als Gedächtnis-Stresstest verwenden. Anhang B gibt einen Überblick über das AAI und über einige Erkenntnisse zu Paarinteraktionen, die sich seinem Einsatz in der Forschung verdanken.

## 5.1 Das AAI als bindungszentriertes Anamnese-Instrument

Im Unterschied zu herkömmlichen Anamnese-Verfahren zielt das AAI darauf ab, spezifische Informationen zu frühkindlichen Bindungserfahrungen zu erheben. Der Therapeut erschließt aus den Antworten Zusammenhänge zwischen den Beziehungen zu primären Bindungsfiguren in der Kindheit und der aktuellen primären Bindungsbeziehung. Weil beide Partner in derselben Sitzung interviewt werden, zeichnen sich Wechselbeziehungen zwischen Vergangenheit und Gegenwart, Hier und Nicht-Hier oder buchstäblicher und mythischer Bedeutung ab. Der Therapeut sucht in den Lebensgeschichten der Partner nach fraktalen Mustern und Ähnlichkeiten. Es ist gleichermaßen wichtig, *was gesagt wird* und *wie es gesagt wird*.

Die Antworten beider Partner bilden zusammen das Material, aus dem der Therapeut ein kohärentes gemeinsames Narrativ ableiten kann. Das Resultat dieses „dokudramatischen" Prozesses wird in der Regel die Prämisse des Therapeuten stützen, dass zwischen den Partnern mehr Ähnlichkeiten als Unähnlichkeiten zu finden sind und ihr Zusammensein einen lebensgeschichtlichen Sinn ergibt und im Einklang mit der Vorstellung steht, dass Menschen sich auf eine Paarbeziehung einlassen, um Heilung für alte Wunden zu finden und wichtige Bindungsbedürfnisse stillen zu können. Der Therapeut kommt im Verlauf der Behandlung immer wieder auf die AAI-Daten zurück, um den Partnern zum einen zu erläutern, was sich im Paarsystem gerade ereignet, und zum anderen um deutlich zu machen, wie damit umzugehen ist. Das AAI ist, was den Aspekt der Bindung angeht, für den psychobiologisch arbeitenden Therapeuten ein unentbehrlicher Kompass.

Das AAI fördert unter Umständen viele bislang unbemerkte Ähnlichkeiten zwischen den Partnern zutage. Zwar drängt das Paarsystem die Partner oft dazu, auf der Verhaltensebene entgegengesetzte Positionen im Spektrum der unsicheren Bindungsstile einzunehmen, doch wir haben festgestellt, dass unabhängig davon, wie sich die Partner zu Behandlungsbeginn innerhalb des Paarsystems präsentieren, Paare mit zwei vermeidend oder mit zwei wütend-abweisend gebundenen Partnern häufiger sind als solche mit unterschiedlichen Bindungsstilen. Der Therapeut wird also manchmal zu seiner Überraschung entdecken, dass Partner einander in struktureller Hinsicht ähnlicher sind, als es zunächst aussah.

## 5.2 Das AAI als Gedächtnis-Stresstest

Das AAI verlangt den Befragten einiges ab, wenn sie autobiografische Erinnerungen abrufen und integrieren und dazu zwischen episodischen und semantischen Formen des deklarativen oder expliziten Gedächtnisses hin- und herwechseln sollen. Episodische Erinnerungen werden zunächst in autoassoziativen neuralen Netzwerken gespeichert und später (so nimmt man derzeit an) ins semantische Gedächtnis überführt (Schacter, 2000; Tulving, 2001, 2005). Das semantische Gedächtnis ist in der linken Gehirnhälfte angesiedelt, das episodische und implizite dagegen in beiden Hemisphären (Daselaar et al., 2007). Manchmal besteht eine tiefe Kluft zwischen der Erinnerung in Form einer mentalen Vorstellung und der eigentlichen Erinnerung an die Erfahrung. (An der Erinnerung an die eigentliche Erfahrung sind sowohl explizite wie auch implizite Formen des Wissens beteiligt: Die „Reminiszenz", dass ich einst auf Mutters Schoß saß, rührt vielleicht von einem Foto her, ohne dass ich mich tatsächlich an die Erfahrung selbst erinnern kann.)

Die Fragen des AAI zielen auf frühe Bindungserfahrungen (etwa bis zum Alter von zwölf Jahren) mit primären Bezugspersonen. Wenn der Therapeut das Interview einsetzt, folgt er einem strengen Schema und spricht zunächst, indem er nach Beziehungsereignissen in der Kindheit fragt, die Ebene des autobiografisch-semantischen Gedächtnisses an („Zu wem sind Sie als Kind hingerannt, wenn Sie sich wehgetan hatten?" – „Zu meiner Mutter"), um dann nach bestätigenden autobiografisch-episodischen Erinnerungen zu fragen, in denen das eigentliche damalige Erleben gespeichert ist („Beschreiben Sie bitte eine Situation, in der Sie sich als Kind wehgetan hatten und dann zu Ihrer Mutter gerannt sind"). Oft passt die geschilderte Begebenheit nicht zu der allgemeinen Aussage, die sie belegen soll („Ich lief zu einer Nachbarin"), weist Verzerrungen auf ( „Mein Freund hat meiner Mutter gesagt, dass ich mir wehgetan habe"), bleibt im Vagen („Ich bin immer zu ihr gelaufen"), enthält wenige oder keine Details („Sie fuhr mit mir zum Arzt") oder fehlt ganz („Mir fällt keine Situation ein").

Wenn die Antworten ungenau sind oder nicht über allgemeine Aussagen hinausgehen, hakt der interviewende Therapeut nach, und zwar auch dann, wenn er Partner mit *vermeidendem* und *wütend-abweisendem* Bindungsstil (s. Kap. 7) wie Tim und Caroline im folgenden Fallbeispiel vor sich hat.

Die von Menschen mit vermeidendem Bindungsstil berichteten Erinnerungen an Kindheit und Ursprungsfamilie sind in der Regel oberflächlich und meistens idealisiert und kreisen um *Vorstellungen*, die sie von sich selbst und ihren Bezugspersonen haben, anstatt um reale Erfahrungen. Ihren autobiografischen Angaben mangelt es zumeist an Detailreichtum, Lebendigkeit und Komplexität. Ihre Antworten fallen im Allgemeinen sehr knapp aus und haben wenig emotionale Ausdruckskraft. „Ich weiß nicht mehr" ist ein ständig wiederkehrender Satz. In der Regel fällt es ihnen schwer, Zusammenhänge zwischen aktuellen Problemen in ihrer Paarbeziehung und ihren frühen Bindungserfahrungen zu sehen.

Wütend-abweisend gebundene Personen sind oft redselig, äußern sich allzu gefühlsbetont und neigen im Gespräch zu Abschweifungen. Der induktive Denkstil, mit dem sie an die Beantwortung der Interviewfragen herangehen, strapaziert manchmal die Geduld des Zuhörenden, weil sie „den Faden verlieren", sodass seine Aufmerksamkeit erlahmt. Ihre Äußerungen sind oft durchsetzt mit Wutausbrüchen, die gegen ihren Partner, ihre Kinder und andere Familienmitglieder gerichtet sind und sich sowohl auf vergangene wie auch aktuelle Ereignisse beziehen.

## 5.3 Das AAI als therapeutische Intervention

Der Einsatz des Interviews zu Beginn der Behandlung kann dem Partner, der stärker zu einem vermeidenden Bindungsstil neigt als der andere oder der sich eher gegen die Therapie sträubt, Impulse geben, sich auf die gemeinsame Arbeit einzulassen. Manchmal bewirkt diese Intervention, dass die bislang als ich-synton erlebten Distanzierungs- oder Verweigerungsmanöver ich-dyston werden. Allgemein gesprochen ist das Interview insbesondere bei unsicher gebundenen Personen von Nutzen, deren Abwehrstrategien ihnen wirksamen Schutz davor bieten, Kummer und Sorge zu spüren.

## 5.4 Caroline und Tim

In der ersten Sitzung erklärt Tim mir (S. T.), bei Caroline, mit der er seit zwölf Jahren verheiratet ist, würden „die Hormone verrücktspielen", und es sei an der Zeit, dass ihr Arzt oder ein Psychiater ihre Gefühlsausbrüche medizinisch behandle. Caroline hat darauf bestanden, dass er mit ihr zur Paartherapie geht. Sie leidet zunehmend darunter, dass die Arbeit und seine Golfkameraden in seinem Leben sehr viel Raum einnehmen und er ansonsten ein starkes Bedürfnis nach Alleinsein hat. Es ärgert sie außerdem, dass er sein Verhalten herunterspielt und behauptet, es habe mit ihrem Kummer nichts zu tun. Er klagt, sie sei immer wütend und weise ihn ab, wenn er Lust auf Sex habe.

Bei der Anamnese beschreiben sowohl Tim als auch Caroline seine Kindheit als „perfekt" und die ihre als „gestört". Wegen dieses markanten Kontrasts in der Beschreibung der Kindheit beschließe ich, ein Erwachsenen-Bindungs-Interview durchzuführen. Es folgt eine verkürzte Darstellung eines Prozesses, der in der Regel mindestens zwei Stunden in Anspruch nimmt: Der Therapeut interviewt nacheinander beide Partner in derselben Sitzung und beginnt mit der Person, bei der die Vermeidung ausgeprägter zu sein scheint.

## Tim

„Ich werde Ihnen einige Fragen stellen, die man Ihnen wahrscheinlich noch nie gestellt hat", sage ich zu Tim. „Vielleicht ergibt das alles für Sie zunächst keinen Sinn, aber ich werde Ihnen beiden alles erklären, wenn ich damit fertig bin." Caroline sitzt dicht bei Tim, hört aufmerksam zu und hält seine Hand. „Es ist sehr wichtig, dass Sie, Caroline, keinerlei Versuche machen, ihm bei diesem Interview zu helfen. Wenn wir so weit sind, stelle ich Ihnen dann dieselben Fragen, in Ordnung?"

„In Ordnung", sagt Caroline.

„Tim, wenn Sie sich als Kind wehgetan oder sich verletzt haben, zu wem sind Sie dann hingerannt?" Tim antwortet sogleich: „Zu meiner Mutter."

„Erzählen Sie von einer solchen Situation, als Sie sich wehgetan hatten und zu Ihrer Mutter gelaufen sind." Tim überlegt kurz und sagt dann: „Ich weiß nicht, mir fällt eigentlich gar keine Situation ein, in der ich mir wehgetan habe."

„Aber Sie haben gesagt, dass Sie zu Ihrer Mutter gelaufen sind, wenn Sie sich wehgetan haben, nicht wahr?"

„Stimmt ... Ich habe einfach angenommen, dass sie es war, zu der ich dann hinwollte. Ich war nicht darauf gefasst, dass Sie Einzelheiten wissen wollen", sagt er mit einem Schmunzeln.

„Gut. Das leuchtet mir ein. Aber Sie sagen, dass Sie keine Erinnerung daran haben, wie Sie sich als Kind einmal wehgetan haben, ja?"

„Keine klare Erinnerung, nein."

„Na ja, Kinder tun sich ständig irgendwie weh, ob sie sich nun die Knie aufschürfen, mit dem Fahrrad stürzen, stolpern – solche Dinge eben."

„Stimmt", erwidert Tim. „Das weiß ich, aber aus irgendeinem Grund fällt mir da nichts dazu ein."

„Gut", fahre ich fort. „Wenn Sie als Kind krank waren, wer hat sich dann um Sie gekümmert?" Tim überlegt wieder kurz und sagt dann: „Ich denke, meine Mutter."

„Sie *denken*?", frage ich nach.

Tim lacht nervös auf: „Na ja, sie hat sich eben immer um uns gekümmert, wenn wir krank waren."

„Gut, aber wie war das bei Ihnen selbst? Wenn Sie krank waren, hat sie sich dann um Sie gekümmert?"

„Ja doch", sagt Tim, „es war so, das weiß ich einfach. Sie hat uns dann Suppe gebracht und Fieber gemessen."

Ich unterbreche ihn: „Ja, aber denken Sie daran, dass es jetzt nur um *Sie* geht, nicht um Ihre Geschwister."

„Gut. Sie brachte mir dann Suppe", sagt Tim. „Ich kann mich nicht erinnern, dass ich mal sehr krank gewesen wäre. Ich war immer unterwegs, mit meinen Freunden spielen, oder in meinem Zimmer mit Modellbau beschäftigt."

„Wie war das also", hake ich nach, „wenn Sie als Kind krank waren? Ihre Mutter hat Ihnen Suppe gebracht und Fieber gemessen."

„Genau, ich erinnere mich, wie sie bei mir Fieber maß und mir Suppe brachte."

„Was für eine Suppe?", frage ich.

Tim blickt zu Caroline, die mit den Schultern zuckt: „Ich kann's dir nicht sagen, ich war nicht dort."

„Hmm ... Hühnersuppe mit Nudeln!", ruft Tim und lächelt.

„Welche Marke?", will ich wissen.

„Mannomann! Ich weiß es nicht", sagt er ungeduldig. „Wieso ist das verdammt noch mal wichtig? Suppe ist Suppe, oder? Das war eine Brühe mit Nudeln drin und vermutlich auch Hühnchen."

Caroline lächelt, stützt das Kinn auf die Hände und sagt kopfschüttelnd zu Tim: „Selbst ich weiß noch, welche Suppe meine Mutter für mich zubereitet hat – und sie hat fast nie für uns Essen gemacht."

„Warten Sie, Caroline." Ich wende mich an Tim, um meine Vorgehensweise zu erklären. „Ich stelle diese Fragen, weil ich herausfinden will, ob die Fürsorge Ihrer Mutter eine wichtige Erfahrung für Sie war, wenn Sie krank waren. Als Sie sagten, dass sie

Ihnen Suppe brachte, bin ich davon ausgegangen, dass diese Situation wohl von besonderer Bedeutung für Sie war."

„Ach Mann, ich weiß es nicht. Es war bloß eine Suppe. Was soll ich denn sagen?"

Details: *Wir erinnern uns an Dinge, ob gute oder schlechte, die nur für uns bestimmt waren. Eindrückliche liebevolle oder nicht liebevolle Interaktionen zwischen uns und unseren wichtigsten Bezugspersonen werden im autobiografischen Langzeitgedächtnis enkodiert und zusammen mit Einzelheiten jener Situationen gespeichert. Berichtet eine Person, dass ihr in der Kindheit vorgelesen oder vorgesungen wurde oder dass sie mit Essen gepäppelt wurde, wenn sie krank war, empfiehlt es sich, nach Details zu fragen. Falls es sich um eine Erinnerung an eine bedeutsame Bindungserfahrung handelt – das heißt an etwas, das nur für die Person selbst bestimmt war –, ist zu erwarten, dass sie sich an das Buch, das Lied oder das Essen erinnern kann.*

„Wenn Sie krank waren", fahre ich fort, „hat Ihre Mutter dann Zeit mit Ihnen verbracht? Hat sie sich also zu Ihnen gelegt, Ihnen den Kopf gestreichelt, den Rücken massiert oder Ihnen etwas vorgelesen?"

Tim überlegt. „Nein, an so etwas kann ich mich nicht erinnern – ich weiß nur noch, dass ich allein im Bett lag und Fernsehen geschaut habe, und sie kam ab und zu herein, um nach mir zu sehen." Nach einer kurzen Pause fügt er hinzu: „Sie war immer da, meine Mutter, sie war immer da."

„Ihre Mutter war Hausfrau und nicht berufstätig?"

„Ja."

„Als Sie klein waren, hat Sie da jemand in den Arm genommen, Sie festgehalten, Ihnen einen Kuss gegeben oder Sie im Arm gewiegt?"

„Meine Eltern waren warmherzige, liebevolle Menschen."

„Erzählen Sie mir von einer Situation, in der Ihre Mutter oder Ihr Vater Sie umarmt, festgehalten oder im Arm gewiegt hat."

Nach langem Schweigen sagt Tim: „Ich bin sicher, dass sie das gemacht haben. Mir fällt nur keine konkrete Situation ein."

„Geben Sie mir nur ein einziges Beispiel."

Tims Augen werden feucht.

„Ist alles in Ordnung?", frage ich.

„Ja, doch", sagt Tim. „Ich verstehe einfach nicht, warum ich mich da an nichts erinnern kann."

„Das ist in Ordnung so", sage ich, „dieses Interview ist anstrengend. Ich kündige noch einmal an, dass ich hinterher erklären werde, warum ich so vorgehe."

„Als Sie ein Kind waren", fahre ich fort, „wer hat Sie dann abends ins Bett gebracht?"[7]

Es stellt sich heraus, dass Tim abends allein zu Bett ging. Er kann sich an kein Gutenachtritual mit seinen Eltern erinnern. Niemand las ihm vor, sang ein Lied für ihn oder ließ zusammen mit ihm den Tag noch einmal vorbeiziehen. Wenn er Albträume hatte, rief er niemanden herbei und schlüpfte auch nicht ins Bett der Eltern, um sich trösten zu lassen.

> *Gutenachtrituale: Das Schlafengehen ist für jedes Kind ein wichtiger Zeitpunkt. Es ist eine Phase des Übergangs vom Zustand des Wachseins und der Aktivität in den Zustand der Unbewusstheit und Inaktivität. Manche Kinder haben das Glück, dass eine Bezugsperson ihnen zuhört und zusammen mit ihnen die Ereignisse des Tages noch einmal durchgeht, sodass der Kopf frei werden kann, ehe sie in Schlaf fallen. Entweder liest die Bezugsperson dem Kind vor oder singt ihm ein Schlaflied, oder das Kind liest umgekehrt ihr etwas vor. Bei vielen Menschen, die als Kinder keine gute Schlafhygiene erlebt haben, wird im Erwachsenenalter das Zubettgehen mit dem Partner zu einer problematischen Phase.*

„Wenn Sie als Kind durcheinander oder aufgebracht waren, was ist dann passiert?", frage ich.

„Ich weiß noch, dass ich Wutanfälle hatte", antwortet Tim.

„Und was ist dann passiert?"

„Nichts", sagt er und zuckt die Schultern. „Mir fällt nichts ein, was da passiert wäre. Ich weiß nur, dass ich Wutanfälle bekam."

„Ich verstehe das so, dass niemand Sie gebremst hat, wenn Sie als Kind einen Wutanfall bekamen. Hat niemand gesagt ‚Lass das jetzt sein' oder ‚Hör sofort auf damit'?"

„Nein, niemand."

---

7    Stan Tatkin hat das Interview mit dieser Frage ergänzt, weil sie einen raschen Einstieg in die Themen von frühen Übergangsritualen und Eltern-Kind-Interaktionen ermöglicht.

„Wie haben Sie sich dann wieder beruhigt?"

„Ich weiß es nicht, ich kann mich nicht erinnern. Ich glaube, ich habe mich einfach von allein wieder gefangen."

„Wie war das, wenn Sie als Kind traurig waren und weinten? Ist dann jemand zu Ihnen gekommen, um Sie zu trösten?"

„Meine Mutter."

Ich hake nach: „Wenn auf einer Skala von 1 bis 10 die *1* ‚sehr schlecht' und die *10* ‚großartig' bedeutet, wie gut war dann Ihre Mutter darin, Sie zu trösten?"

„Ich würde sagen, so um die *8* herum."

„Erzählen Sie mir ein Beispiel aus Ihrer Kindheit, das diese *8* für Ihre Mutter deutlich macht."

Nach einer Pause sagt Tim: „Mir fällt keines ein."

„Woher wissen Sie dann, dass die *8* angemessen ist?"

„Ich schätze, dass sie weit darunter lag."

Ich schaue ihm direkt in die Augen: „Als Sie ein Kind waren, hat Sie da jemand mit leuchtenden Augen angesehen, die sagten: ‚Ach, ich habe dich so lieb!' oder ‚Was bist du doch für ein toller Junge!' oder irgendetwas in der Art?"

Tim sagt: „Nein."

Er ist nun wirklich den Tränen nahe und scheint sich in die Enge getrieben zu fühlen. „Ich will jetzt aber nicht, dass Sie den falschen Eindruck bekommen. Meine Eltern waren gute Eltern. Ich denke, dass Caroline mir da wohl zustimmt." Er schaut zu Caroline hinüber, die den Blick nicht erwidert. Sie presst die Lippen aufeinander und wiegt den Kopf leicht hin und her, so als wolle sie sagen: „Irgendwie schon."

Tim gerät noch mehr in die Defensive und lässt sich darüber aus, wie beliebt seine Eltern in der Nachbarschaft waren und wie gut sie mit anderen Kindern umgingen. Dennoch ist er nicht in der Lage, konkrete Erinnerungen an liebevolles elterliches Verhalten zu nennen, das ihm galt.

„Bitte nennen Sie mir fünf Adjektive, die auf die Beziehung zu Ihrer Mutter in Ihrer Kindheit zutreffen", fordere ich Tim auf.

„Fünf Adjektive", murmelt er, während er mit den Fingern der rechten Hand auf sein Kinn klopft. „Fünf Adjektive ... Sie war *schön, intelligent, beliebt* ..."

Auch nachdem ich die Frage mehrmals wiederholt habe, versteht Tim sie immer noch falsch. Er will die Mutter und nicht *seine Beziehung* zu ihr beschreiben. Schließlich gelingt es mir, ihn auf die richtige Spur zu setzen.

„Fünf Adjektive, die unsere Beziehung beschreiben: *liebevoll* ... äh ... *großzügig* ... *hilfsbereit* ... *liebevoll* ...“

„*Liebevoll* haben Sie schon genannt.“

„Ja, stimmt. Das ist wirklich schwer. Aber warum ist das so schwer?“, fragt Tim sich selbst. „Mehr fällt mir nicht ein.“

Obwohl ich noch mehrfach nachhake, will ihm kein weiteres Adjektiv in den Sinn kommen. Ich beginne nun beim ersten Wort und versuche Tim eine Erinnerung zu entlocken, die das Wort veranschaulicht.

„Gut, erzählen Sie mir von einer Situation, die zu dem Wort *liebevoll* passt und deutlich macht, dass Ihre Beziehung *liebevoll* war.“

„Sie gab immer Partys für die ganze Sackgasse, in der wir wohnten, und machte Muffins für meine ganzen Freunde.“

„Aber was ist mit der liebevollen Beziehung nur zwischen Ihnen und ihr?“

„Sie fuhr immer mit mir und meinem Bruder zur Eisdiele. Zählt das?“

Während Tim sich nacheinander an den einzelnen Adjektiven abmüht, steigt sein Arousalniveau an, und sein Unbehagen wächst. Er ist außerstande, irgendwelche konkreten Situationen anzugeben, die als Bestätigung für die Wörter taugen, mit denen er die Beziehung zu seiner Mutter beschrieben hat. Er schiebt das auf sein schlechtes Gedächtnis.

„Gehen wir weiter“, sage ich. „Können Sie sich an ein bestimmtes Ereignis in Ihrer Kindheit erinnern, an dem deutlich wird, dass es in der Beziehung zu Ihrer Mutter *großzügig* zuging?“

Tim stützt den Kopf in die Hände, sein Gesicht rötet sich. Caroline sieht das und beginnt, ihm mit der Hand über den Rücken zu streichen. Als sie ihm auf diese Weise zeigt, dass sie mitbekommt, wie bekümmert er ist, bricht der Damm, und er beginnt zu schluchzen. Es vergehen mehrere Minuten, in denen er still weint und kein Wort herausbringt. Schließlich fängt er sich und sagt: „Wie war noch mal Ihre Frage?“

Er bricht in Gelächter aus, und Caroline stimmt ein. „Was ist da gerade passiert?“, frage ich.

„Ich weiß es nicht", gesteht er. „Das setzt mir wirklich zu, dass ich mich an nichts Konkretes erinnern kann. Ich weiß, ich sollte dazu in der Lage sein, aber es geht einfach nicht. Ich kann mich an liebevolle Dinge erinnern, die sie für die Nachbarkinder getan hat, aber an nichts Konkretes, das mit mir zu tun hatte. Wenn ich nachher hier rausgehe, fällt es mir wahrscheinlich ein, und dann ärgere ich mich, dass ich jetzt nicht draufgekommen bin."

„Es tut mir wirklich leid, dass ich Ihnen das zumute, aber ..."

Tim unterbricht mich: „Schon gut ... schon gut. Ich komme zurecht."

„Was wir hier tun, ist wirklich wichtig, und ich hatte ja versprochen, dass ich es Ihnen erklären werde. Es hat mit dem zu tun, was zwischen Ihnen und Caroline vor sich geht, und vielleicht tröstet es Sie, dass ich mit ihr gleich dasselbe machen werde."

„Schon gut", wiederholt Tim und versucht, sich wieder zu fangen. „Machen wir weiter. Mir geht's prima."

„Fällt Ihnen eine Situation ein, die zu dem Wort *großzügig* passt?", frage ich.

„Nein", antwortet Tim.

Ich bemühe mich noch eine Weile vergeblich, ihm Erinnerungen zu entlocken, die seine Adjektive veranschaulichen würden. Tim starrt ins Gebüsch vor dem Fenster, schüttelt Mal um Mal den Kopf und sagt schließlich: „Ich kann mich gerade an keine einzige konkrete Situation erinnern."

„Das ist in Ordnung. Gehen wir weiter. Nennen Sie mir fünf Adjektive, die die Beziehung zu Ihrem Vater in Ihrer Kindheit beschreiben."

Tim bekommt nur drei Adjektive zusammen, die alle positiv sind und sich fast genau mit denen decken, die er für die Beziehung zur Mutter nannte. Erneut ist er außerstande, die Adjektive mit Erinnerungen zu belegen.

„Als Sie ein Kind waren, wie haben Sie da die Ehe Ihrer Eltern gesehen? Hatten Sie als Kind den Eindruck, dass sie zärtlich und liebevoll miteinander umgingen?"

„Nicht so richtig, nein. Sie sind viel zusammen ausgegangen. Sie waren definitiv ein Paar. Sie haben viel gestritten ... meine Mutter hat mit meinem Vater oft wegen Geld gestritten."

Eltern als Regulatoren: *Diese Frage ist wichtig, weil die Antwort Aufschluss darüber gibt, wie die Eltern sich gegenseitig regulierten oder nicht regulierten. Die Vorstellung, die ein Kind von Liebesbeziehungen hat, speist sich vor allem aus den Interaktionen, die es bei seinen Eltern mitbekommt. Sein Gefühl der Sicherheit ist am stärksten, wenn die Eltern einander gut zu regulieren vermögen.*

„Wer hat gewonnen, wenn Ihre Eltern Streit hatten?"

„Eindeutig meine Mutter."

„Haben Sie jemals erlebt, dass sie sich versöhnt haben oder dass der eine den anderen um Verzeihung gebeten hat?"

„Nein. Ich habe nur gesehen, dass sie eben zusammengehörten. Ich kann mich aber nicht erinnern, dass ich je gehört hätte, wie der eine den anderen bat, ihm zu verzeihen."

„Hat Ihre Mutter oder Ihr Vater Sie in Ihrer Kindheit einmal um Verzeihung gebeten?"

„Nein, definitiv nicht. Das war nicht so ihre Art ... um Verzeihung zu bitten. Mein Vater musste immer recht behalten, und meine Mutter konnte es nicht ertragen, wenn ich wegen irgendetwas böse auf sie war. Das heißt, ich glaube, auch sie musste unbedingt recht behalten."

> Kränkung und Wiedergutmachung: *Bezugspersonen, die dem Kind Sicherheit vermitteln, haben ein Gespür für Verletzungen und Kränkungen, die sich im Feld der intersubjektiven Beziehung ereignen, und bemühen sich auch meist, so rasch wie möglich Abhilfe zu schaffen. Unsichere oder wenig einfühlsame Bezugspersonen dagegen blenden Verletzungen oft aus, ignorieren oder übersehen sie völlig oder schaffen es nicht, für Abhilfe zu sorgen, falls sie sie bemerken.*

„Sie sagten, dass Ihre Mutter oft wütend auf Ihren Vater war. Wie lange dauerte es dann, bis sie darüber hinweg war?"

Tim überlegt kurz. „Ich weiß nicht – vielleicht ein oder zwei Tage?"

„Ein oder zwei Tage?", frage ich erstaunt. „Das ist eine lange Zeit. Ihre Mutter hat so lange gebraucht, bis ihre Wut verraucht war?"

Aus dem Augenwinkel sehe ich Caroline zustimmend nicken. „Caroline scheint das auch so zu sehen, dass Ihre Mutter dafür recht lange brauchte."

Sie blicken einander amüsiert an. Tim sagt: „Ja, das ist bei ihr eigentlich immer noch so."

„Das kann man wohl sagen!", sagt Caroline und nickt bekräftigend, mit weit aufgerissenen Augen.

„War Ihre Mutter oft wütend auf Sie?", frage ich.

„Ja, sie konnte ganz schön böse auf mich werden. Sie hat mich dann mit stundenlangem Schweigen gestraft. Ich musste dann zu ihr hingehen und ‚machen, dass es wieder gut ist‘.“

„Wie war das bei Ihrem Vater? Wie lang dauerte es bei ihm, bis er sich beruhigt hatte?“

„Mein Vater ging an die Decke – er wurde wirklich fuchsteufelswild –, aber damit war es auch erledigt. Er war nicht nachtragend.“

Sich wieder fangen: *Wie lange Eltern brauchen, um „sich wieder einzukriegen“, ist ein wichtiger Punkt. Wenn sie häufig von starken Affekten wie Wut beherrscht sind, die in ihrer Intensität lange anhalten, kann das bei ihren Kindern Beziehungstraumata hervorrufen.*

„Eine letzte Frage, ehe ich zu Caroline weitergehe. Gab es in Ihrer Kindheit etwas, das Ihnen besonders große Angst gemacht hat?“

Tim überlegt einen Moment. „Nein.“

## Caroline

„So, jetzt sind Sie an der Reihe, Caroline.“ Sie lächelt und gibt mir mit einem Nicken zu verstehen, dass ich fortfahren kann.

„Wenn Sie sich als Kind wehgetan haben, zu wem sind Sie dann hingerannt?“

„Zu meiner Mutter, ganz klar.“

„Gut, erzählen Sie mir, wie Sie sich als Kind einmal wehgetan haben und zu Ihrer Mutter gelaufen sind.“

„Ich fuhr mit meinem Fahrrad im Park herum. Ich weiß das noch, weil da meine Tante Ethel war, und meine Mutter und Ethel waren wirklich sehr mit sich beschäftigt. Ich war böse auf meine Mama, weil ich wollte, dass sie mich beachtete und mir zusah, wie ich auf meinem Fahrrad fuhr. Ich schrie immer wieder, dass sie aufhören sollte zu reden und zu mir herschauen sollte. Sie schaute eine Weile her, und dann redeten sie und Ethel weiter. Ich weiß nicht mehr, ob ich irgendwo gegengefahren bin ... Wahrscheinlich bin ich mit dem Reifen in einer dieser Ritzen hängen geblieben und kam nicht mehr heraus. Ich stürzte hin und kreischte. Meine Mutter kam zu mir gerannt, und ich erinnere mich, dass sie als Erstes sagte: ‚Was hast du denn bloß gemacht?‘ Ethel sagte: ‚Sei doch nicht so streng‘, und dann beruhigte sich meine

Mutter wieder. Tante Ethel war immer netter als meine Mutter. Manchmal wünschte ich mir, dass doch Ethel meine Mutter wäre. Ich weiß noch, dass ich auf meine Cousins eifersüchtig war, weil sie eine bessere Mutter hatten als ich. Sie haben immer ...'"

„Ich möchte Sie hier gern unterbrechen. Bitte konzentrieren Sie sich darauf, dass Sie sich da wehgetan hatten."

„Stimmt, ja, tut mir leid, ja." Caroline denkt kurz nach und sagt dann: „Ich glaube, das war alles ... also was ich Ihnen gerade erzählt habe."

„An dem Tag, an dem Sie mit dem Fahrrad gestürzt sind, hat Ihre Mutter Sie da in den Arm genommen, im Arm gehalten oder Ihnen einen Kuss gegeben? Wissen Sie noch, ob sie irgendetwas getan hat, um Sie zu trösten?"

„Oh ja, meine Mutter ging wirklich sehr zärtlich mit mir um. Wir waren sehr zärtlich miteinander. Wir herzten uns und küssten uns die ganze Zeit, eigentlich war das ganz schön schlimm."

„Das heißt, als Sie vom Rad gefallen waren, hat sie Sie beruhigt und getröstet?"

„Ja, sie hat mich im Arm gehalten und mich gewiegt ... und wahrscheinlich etwas gesagt wie ‚Nächstes Mal passt du aber auf, wo du hinfährst'."

„Sie war also herzlich und hat sie getröstet, aber sie war auch streng, stimmt das so?"

„Ja, das stimmt."

„Wenn Sie als Kind krank waren, wer kümmerte sich dann um Sie?"

„Meine Mutter."

„Gut, erzählen Sie mir, wie Sie einmal krank waren und wie sie für Sie gesorgt hat."

„Na ja, ich blieb oft zu Hause, weil ich krank war. Manchmal war ich wirklich krank, aber manchmal wollte ich auch einfach zu Hause bleiben und tat nur so. Meine Mutter schien nichts dagegen zu haben. Manchmal, wenn sie von der Arbeit kam, lag sie einfach nur auf dem Sofa und sah fern. Ich war sehr gern bei ihr, also blieb ich zu Hause, nur um bei ihr zu sein." Caroline zuckt, in einer kindlich wirkenden Geste, mit den Schultern. „Ich denke, eigentlich wusste sie, dass ich oft gar nicht krank war, aber anscheinend hatte auch sie den Wunsch, dass ich dablieb."

„Warum war es ihr nach Ihrer Meinung lieber, dass Sie nicht zur Schule gingen, um bei ihr zu sein?"

„Hm, ich weiß nicht recht. Sie war oft traurig, und manchmal sah ich sie weinen und tröstete sie. Als ich klein war, haben sie und Papa sich oft gestritten. Ich erinnere mich, dass sie sich manchmal nach einem Streit zu mir ins Bett legte."

„War das eine häufige Situation für Sie ... Ihre Mutter trösten?"

„Doch, ja, ich war ihr kleines Kind und auch ihre kleine Mami. Manchmal lief das wirklich aus dem Ruder, vor allem später, als ich so in der siebten oder achten Klasse war. Sie erzählte mir alle möglichen Dinge über Papa, die ich wirklich nicht hören wollte."

Rollenverkehrung: *Caroline beschreibt eine typische Verkehrung der Rollen zwischen ihr und der Mutter, die ihre Tochter offenbar für die Regulierung der eigenen Emotionen brauchte. Rollenverkehrungen beginnen im Allgemeinen, wenn ein Kind um die 14 Jahre alt ist, manchmal aber auch wesentlich früher, und sind ein Indikator für den präokkupiert-verstrickten elterlichen Stil, der zur Entstehung des ambivalenten Bindungsprofils führt, das wir als wütend-abweisend bezeichnen.*

Eines der Merkmale, die mir an Caroline auffallen, ist ihre Tendenz zu Abschweifungen. Sie kommt sehr leicht vom Thema ab, anstatt auf eine Sache konzentriert zu bleiben. Sie spricht viel von Dingen in ihrer Ursprungsfamilie, über die sie sich einst ärgerte und noch immer ärgert. Diese Fixierung auf ihre primären Bindungsfiguren und ihre Wut auf sie geben mir einige Anhaltspunkte dafür, wie ihr inneres Arbeitsmodell aussieht.

Im Verlauf des Interviews erfahre ich, dass Caroline als Kind viel Zeit mit ihrer Mutter verbrachte: Sie spielten zusammen und beschäftigten sich mit gemeinsamen Projekten und anderen vergnüglichen Dingen. Caroline klagt, dass die Mutter manchmal sehr präsent in ihrem Leben und zu anderen Zeiten völlig von den Konflikten mit ihrem Mann und von der Wut auf ihn in Beschlag genommen war. Ich frage Caroline, was geschah, wenn sie als Kind durcheinander oder beunruhigt war. Sie antwortet, dass die Mutter manchmal weinte und sie sich dann um sie kümmern musste.

Ihr Verhältnis zum Vater war schlecht. In ihren Augen war er schuld am Unglück und der Besorgtheit der Mutter. Sie beschreibt ihn also recht negativ, erzählt aber auch, wie er sie liebevoll zudeckte, wenn sie zu Bett ging, und ihr vorlas. Besonders gefallen habe ihr das Bilderbuch *Wo die wilden Kerle wohnen*. Bei ihrer Mutter hatte sie das Gefühl, dass sie nicht böse auf sie sein durfte, weil sie sonst schmollte und sich zurückzog, wohingegen der Vater es zulassen konnte, wenn Caroline wütend auf ihn war (obwohl er die eigene Wut nicht gut im Griff hatte).

Ich bitte Caroline, ihre Beziehung zur Mutter mit fünf Adjektiven zu beschreiben. Ihr fallen folgende ein: *liebevoll, unreif, witzig, vergnügt* und *frustrierend*. Sie kann jedes der Wörter mit einer konkreten Erinnerung veranschaulichen, wobei ich freilich wieder ihren Redefluss zügeln muss, wenn sie vom Thema abkommt und mich mit Material überflutet.

Als ich sie auffordere, fünf Adjektive für die Beziehung zum Vater zu nennen, findet sie nur vier, die alle negativ sind: *wütend, unheimlich, egoistisch* und *unzugänglich*. Unklar bleibt, ob die dazugehörigen Erinnerungen ihre eigenen oder von der Mutter übernommen sind.

Die Beziehung der Eltern beschreibt sie als „zerstritten" und „wackelig". Nach ihrer Schilderung geriet die Mutter leicht in Rage und „redete wie ein Wasserfall", während sie dem Vater von einem Zimmer ins andere nachlief. Caroline erlebte mehrmals mit, wie die Eltern sich versöhnten, wobei die Mutter länger brauchte, um sich zu beruhigen. Weder Mutter noch Vater, berichtet Caroline, hätten damals ihr gegenüber zugegeben, dass sie im Unrecht waren, und sie auch nie um Verzeihung gebeten.

## Interpretation

Am Ende des Interviews erkläre ich, worum es mir dabei ging, und betone, dass die Beziehung zwischen Caroline und Tim anders ist als jede andere in ihrem Leben – abgesehen vielleicht von ihren frühesten Bindungsbeziehungen. „Das ist wichtig: Viele von den Schwierigkeiten, an denen Sie sich jetzt abmühen, haben schon existiert, bevor Sie sich kennengelernt haben, und sind durch Ihre Lebensgeschichten gewissermaßen vorprogrammiert. Es ist ganz normal, dass Bindungsunsicherheiten zum Vorschein kommen, wenn die Beziehung zwischen zwei Menschen enger wird. Das ist unausweichlich und kann gar nicht anders sein."

Ich wende mich an Caroline, während ich Tim im Auge behalte, und rekapituliere Tims Probleme, sich an Ereignisse in seiner Kindheit zu erinnern: Offenbar unterscheiden sich seine Vorstellungen davon, wie die Beziehung zu Mutter und Vater damals war, deutlich von seinen realen Erfahrungen, und er scheint viel allein gewesen zu sein; das Interview hat ihn aufgewühlt, weil ihm klar wurde, dass es seinerzeit nur wenig bedeutsame, vertraute Interaktionen mit den Eltern gab. Dass ich meine Erläuterungen an Caroline richte, hat vor allem zwei Gründe: 1) Tim ist in *ihrer* Obhut, also betrifft sie das ganz direkt; 2) wenn ich meine Kommentare an sie richte, ist die Gefahr geringer, dass Tim sich angegriffen fühlt. Falls er mit dem, was ich sage, nicht einverstanden ist, werde ich das vermutlich an sprachlichen und nonverbalen Signalen merken und kann meine Ausführungen dann entsprechend anpassen.

„Einer der Gründe dafür, dass Tim so selbstgenügsam wirkt und sich dagegen sträubt, irgendetwas von Ihnen zu brauchen, ist nach meinem Eindruck, dass er sehr früh gelernt hat, sich von niemandem abhängig zu machen. Von anderen etwas zu brauchen ist für ihn einfach mit Scham verbunden, weil es zu bedeuten scheint, dass mit ihm etwas nicht stimmt. Seine Unabhängigkeit ist in Wirklichkeit gar keine Unabhängigkeit, sondern eine Strategie, mit der er sich an die Nichtbeachtung durch seine Eltern anpasste. Er hat zu viel Zeit allein verbracht und sich selbst Anregung und Trost gegeben, weil für die wichtigsten Menschen in seinem Leben nicht Bindung und Beziehung, sondern andere Dinge im Vordergrund standen. Das heißt nicht, dass er nicht geliebt wurde. Er wurde geliebt, aber nicht auf eine Weise, die ein Miteinander kultiviert hätte. Haben Sie das von ihm gewusst?"

„Nein", antwortet Caroline. „Er verhält sich immer, als würde er nichts brauchen, als sei er normal und ich sei krank. Aber jetzt, wo Sie das sagen ..." Sie dreht sich zu Tim hin. „Jetzt verstehe ich, warum du deine Eltern nie besuchen willst und warum du immer so viel allein sein willst."

Ich führe diesen Punkt weiter aus: „Er will allein sein, weil es für ihn schwierig ist, mit anderen zusammen zu sein, insbesondere mit Menschen wie Ihnen, auf die er angewiesen ist. Er will auch allein sein, weil er genau das immer gemacht hat, um gut für sich zu sorgen. Wenn er allein ist, fühlt er sich sicherer, und die meiste Zeit merkt er nicht einmal, dass er sich zurückzieht. Er geht ganz selbstverständlich in diesen mentalen Zustand über, weil das für ihn der Normalzustand ist. Vermutlich bellt er Sie an, wenn er in diesem Zustand ist und Sie sich ihm nähern."

Sie schauen einander an und lachen. Tim gesteht, den Blick weiterhin auf Caroline gerichtet: „Sie beklagt sich immer, dass ich lieber allein bin als bei ihr, und ich fühle mich dann schrecklich, denn wenn ich arbeite oder Zeitung lese, werde ich tatsächlich ärgerlich, wenn sie mich unterbricht. Ich weiß nicht, warum das so ist. Denn ich finde es doch schön, dass wir zusammen sind." Ich gebe Tim mit einer Geste zu verstehen, dass er Caroline direkt ansprechen soll. „Ich finde es wirklich schön, dass wir zusammen sind. Aber dann ist da bei mir diese andere Sache ..."

Ich sage zu beiden: „Das kommt daher, dass Sie darauf programmiert sind, sich selbst zu regulieren. Sie haben sich schon ganz früh daran gewöhnt, sich selbst Anregung und Trost zu geben. Diese Selbstversorgung läuft automatisch ab, ohne dass Sie darüber nachdenken. Wenn Caroline Ihre Nähe sucht, durchkreuzt sie Ihre Sorge für sich selbst, die im Allgemeinen stressfrei verläuft. Die Einmischung schreckt Sie auf, so als würden Sie aus dem Schlaf gerissen, und treibt Ihren Stresspegel hoch. Außerdem haben Sie nach meinem Eindruck auf einer körperlichen Ebene das Gefühl, dass sie etwas von Ihnen will oder braucht und Ihnen keine Wahl bleibt, als ihrem Verlangen nachzukommen."

„Genau!", erwidert Tim.

„Ja, so fühlt es sich auch für mich an", bestätigt Caroline.

„Gut", sage ich. „Tim, jetzt erzähle ich Ihnen, wie das bei Caroline ist. Sie hat ganz andere Erfahrungen hinter sich als Sie. Sie hat von liebevolleren Interaktionen berichtet, vor allem mit der Mutter. Sie hat ihre Mutter auch als recht zudringlich und zuweilen kindlich beschrieben. Außerdem sprach sie von Momenten, in denen sich die Rollen verkehrten und ihre Mutter zum Kind wurde und die Tochter zur Erwachsenen machte. In den Beschreibungen der Eltern geht es um das Thema Ambivalenz und um das Sich-Abarbeiten an einem als unberechenbar erlebten Gegenüber: Die Mutter war oft für sie da, manchmal aber auch unaufmerksam und abweisend. Die Adjektive, mit denen Caroline die Beziehung zum Vater beschrieben hat, sind allesamt negativ, doch andererseits hat sie eingeräumt, dass er sich ihr gegenüber oft liebevoll verhalten hat. Außerdem scheint sie nie miterlebt zu haben, dass ihre Eltern einander mit großem Geschick ‚gemanagt' haben. Ihr Vater schien nicht zu wissen, wie er die Mutter am besten managen sollte, und umgekehrt."

Aus dem Augenwinkel sehe ich Caroline zustimmend nicken.

*Das Elternpaar als Vorbild für die Co-Regulation: Woher wissen Kinder, wie sie die Beziehungen zu Mutter und Vater am besten ‚managen' sollen? Sie lernen das, indem sie den einen Elternteil mit den Augen des anderen sehen. Das heißt, sie lernen, die Beziehung zum Vater zu gestalten, indem sie beobachten, wie die Mutter das macht, und die Beziehung zur Mutter zu gestalten, indem sie beobachten, wie der Vater das macht. Diesen sozial-emotionalen Lernmodus, bei dem wir uns an einer uns bekannten Person orientieren, um uns ein Bild von einer uns weniger bekannten Person zu machen, bezeichnet man als soziale Bezugnahme. Er wird zum Beispiel aktiviert, wenn ein Fremder auf das Kind zukommt und es zur Mutter hinblickt, um zu erfahren, ob er aus ihrer Sicht gefährlich oder nicht gefährlich ist.*

*Es kann zum Beispiel vorkommen, dass ein Kind seine Mutter, die das Leben recht locker nimmt, meidet oder schlechtmacht, weil der Vater nicht weiß, wie er sie am besten managen kann. Umgekehrt hat ein Kind möglicherweise keinerlei Probleme damit, seiner Mutter, mit der viele nicht gut auskommen, nahe zu sein, falls der Vater sie sehr gut zu managen weiß. Mit managen meine ich hier, dass der eine Partner regulierend auf das autonome Nervensystem des anderen einwirkt.*

*Sicher gebundene Partner wissen das Nervensystem des anderen höchst geschickt zu co-regulieren. Ein Elternteam mit guter Co-Regulation mitzuerleben dürfte für ein Kind ebenso wichtig sein wie seine Beziehung zu jedem der beiden Elternteile – wenn nicht noch wichtiger. Idealerweise führt das Elternpaar eine sichere Bindung vor, die von echter Gegenseitigkeit geprägt ist – also von vielen wechselseitig verstärkten positiven Erfahrungen, von wenigen gemeinsam abgemilderten negativen Erfahrungen und von klar erkennbaren Bemühungen, entstandene Schäden wieder in Ordnung zu bringen.*

„Ich denke, auch Sie beide wissen nicht so recht, wie Sie einander am besten managen sollen. Tim, würden Sie sagen, dass Sie ein Experte in Sachen Caroline sind?"

„Nein."

„Würden Sie sagen, Caroline, dass Sie in Sachen Tim eine Expertin sind?"

„Nein."

Bedienungsanleitung: *Die Partner sollten über das erforderliche Wissen darüber verfügen, auf welche Strategien der andere anspricht und auf welche nicht – mit anderen Worten, sie sollten eine Art Bedienungsanleitung für den Partner im Kopf haben. Was sind die drei oder vier Dinge, die man dem anderen sagen muss oder in denen er Bestätigung braucht, damit er sich wohlfühlt? Auf welche drei oder vier Dinge reagiert er seit seiner Kindheit verletzlich? Wie kann ich ihn am schnellsten beruhigen? Wie kann ich ihn am schnellsten aufmuntern oder aktivieren? Welche todsicheren Methoden bringen ihn zum Weinen? Welche todsicheren Methoden zaubern ein Lächeln auf sein Gesicht? In sicheren Bindungsbeziehungen verfügen die Partner über dieses Wissen und kommen einander rasch mit Mitteln zu Hilfe, die anderen Menschen nicht zu Gebote stehen.*

Ich fahre fort, den beiden Informationen zurückzumelden, die sich in den Interviews ergeben haben. Es kommen aktuelle Probleme zur Sprache: Caroline klagt, Tim sei gleichgültig, verschlossen und zurückgezogen; Tim klagt, Caroline sei wütend, anklagend und abweisend, insbesondere was den Sex angeht. Ich beschließe, dass ich beim nächsten Mal mehr Informationen über ihre Bindungsorientierungen zusammentragen will, aber mit einer gänzlich anderen Herangehensweise.

## Fazit

Das AAI ist nur eine von vielen Methoden, mit denen wir Informationen über die Bindungsdynamik eines Paars gewinnen können. Es ist ein Erkundungsinstrument, bei dem man vorwiegend auf den Vektoren Top-down (von Kortexarealen höherer Ordnung zu subkortikalen Strukturen) und Links-rechts (von explizit nach implizit) operiert. (Mit *Top-down* bezeichnet man Kommunikationsprozesse, die von höheren Ebenen des Gehirns zum Körper hin verlaufen. *Links-rechts*-Prozesse verlaufen von der linken Gehirnhälfte, die auf Sprachverarbeitung und -produktion spezialisiert ist, zur rechten Hemisphäre hin, die auf nonverbale Aspekte spezialisiert ist.) Das AAI ist für uns ein nützliches Werkzeug, um Diskrepanzen zwischen Vorstellungen, die jemand von seinen frühen Bindungsbeziehungen hat, und seinen realen Erfahrungen auf die Spur zu kommen. Die Entdeckungen, die er dabei macht, können vor allem für einen unsicher gebundenen Menschen sehr belastend sein, falls er seine Abhängigkeitsbedürfnisse bislang verleugnet hat. Wenn es dem Paartherapeuten gelingt, die Einsichten auf geschickte Weise in einer kohärenten Erzählung über das Paar zusammenzufassen, lässt sich die Verunsicherung durch das AAI nutzen, um die Partner dabei zu unterstützen, sich auf den therapeutischen Prozess einzulassen, und um ein therapeutisches Bündnis mit ihnen aufzubauen.

Für Tim und Caroline erbrachte die erste Sitzung völlig neue Informationen und Einsichten – über sich selbst und über andere. Das Interview veränderte den narrativen Rahmen, in den sie ihre Beziehungsprobleme einordneten, indem es diese in einen größeren Bedeutungskontext stellte, der Erklärungen dafür bot, warum sie ein Paar geworden waren, warum sie zusammenblieben – und warum sie auch in Zukunft zusammenbleiben sollten. Wenn das AAI in angemessener Weise eingesetzt wird, erweitert es die Perspektive des Paars auf Kontinuitäten, Entwicklungslinien und mögliche Zielpunkte seiner Geschichte und auf Bindungserfahrungen als Phänomene, die zu der Beziehung hingeführt haben. Bei Tim löste das AAI eine einschneidende Veränderung der Vorstellungen aus, die er von seinen frühkindlichen Beziehungen und seinem bisherigen Verhalten in engen Beziehungen hatte. Es legte auch nahe, dass die Zukunft für das Paar wenig rosig aussah, falls Tim die aufgedeckten Probleme nicht angehen würde. Aus der Interpretation des AAI ergab sich ein kohärentes Bild der gemeinsamen Geschichte des Paars mit seinen aus früheren Bindungsbeziehungen herrührenden Verletzungen, Ängsten und Einengungen.

# 6. Bewegung als wesentlicher Faktor der Therapie

Wie bedeutsam die Themen von Annäherung und Vermeidung, von Trennung und Sichwiederfinden in allen primären Bindungsbeziehungen sind, kann gar nicht genug betont werden. *Bewegung* ist ein wirkungsvolles Instrument, mit dem wir bestimmte Indizien für diese Themen wahrnehmbar machen können. Gemeint sind somatoaffektive Informationen, die kognitiven Vorgängen vorausgehen oder ganz ohne sie ablaufen. Bewegung sollte, wo immer das möglich ist, in das Behandlungssetting einbezogen werden. Für den Therapeuten und das Paar sollten Stühle auf Rollen bereitstehen, die sich auf viele verschiedene Arten justieren und anpassen lassen. Der Therapeut kann die Partner zum Beispiel auffordern, sich aufeinander zu und voneinander weg zu bewegen, ob sie nun auf solchen Stühlen, auf einem großen Sofa oder auf einem Zweiersofa sitzen oder ob sie stehen. Wenn genügend Raum vorhanden ist, können Bewegungsabläufe, Übungen und Interventionen, bei denen die Partner sich einander annähern und sich voneinander entfernen, starke Effekte auf die Fern- und Nahsinne ausüben. Bewegungsübungen provozieren psychobiologische Prozesse. Sie zielen darauf, schnelle rechtshemisphärische Prozesse auszulösen, die sich als unerwartete, in einem fort ablaufende Verschiebungen in Bewegungs-, Mimik-, Blick und Atemmustern äußern. Diesen Verschiebungen lassen sich reichhaltige Informationen über Bindungsorganisation und die frühkindliche Verankerung von Annäherungs- und Vermeidungsverhalten entnehmen. Die in diesem Kapitel vorgestellte Übung „Auf den anderen zu und von ihm weg" eignet sich dazu, Annäherungs- und Rückzugsreaktionen zu aktivieren. In diesen Verhaltensmustern, die sich auf der körperlichen, psychischen und/oder emotionalen Ebene abspielen, geben sich die zentralen Merkmale von Bindungssicherheit und -unsicherheit in der Kindheit und über die gesamte Lebensspanne hinweg zu erkennen.

Den einfachen Akt des Weggehens oder Ausweichens fassen wir gewöhnlich nicht als eine „Trennungserfahrung" auf, doch psychobiologisch gesehen besteht hier eine Äquivalenz. Wenn einer der Partner sich in einer irgendwie wahrnehmbaren Form *vom anderen weg* bewegt, ist das im unmittelbaren Erleben ein Verlassen, Verlassenwerden, Verlieren, Fortgehen, Auseinanderstreben, Sichablösen oder Verschwinden; wenn umgekehrt einer der Partner sich in wahrnehmbarer Form *auf den anderen zu* bewegt, empfinden wir das als Annäherung, Heranrücken, Zusammenkommen, Zurückkommen, Aufgesuchtwerden oder Wiederherstellung der Verbindung. Auf einer nicht bewussten psychobiologischen Ebene registrieren wir selbst die feinsten Verlagerungen zu jemandem hin oder von jemandem weg. In subkortikalen Prozessen ist für die Wahrnehmung eines *Hin zu* oder *Weg von* nicht einmal Differenzierung zwischen „sich bewegenden" Objekten notwendig. Wir können das Gefühl haben, in einem fahrenden Zug zu sitzen, auch wenn sich herausstellt, dass er steht und stattdessen der Zug auf dem Gleis daneben vorbeirollt und bei uns die Wahrnehmung der Eigenbewegung erzeugt. Ebenso kann es geschehen, dass wir eine Bewegung zu einer primären Bezugsperson hin oder von ihr weg registrieren, ohne dass uns klar ist, wer von uns beiden sich denn eigentlich bewegt. Zum Beispiel kann ein Partner sich vom anderen entfernen, die entstehende Distanz aber so erleben, als habe der andere sie erzeugt. Nach einer Scheidung fühlt sich manchmal der Partner, der sie initiiert hat, vom anderen im Stich gelassen und ist sich nicht mehr im Klaren, wer denn nun wen verlassen hat.

Probleme mit Trennung und Wiedervereinigung treten in allen unsicheren Bindungsbeziehungen zutage und lassen sich sowohl in der Liebesbeziehung zwischen Erwachsenen beobachten und analysieren (Gottman, 1999; Shaver et al., 2000; Waters et al., 2000) als auch in der Dyade von Kind und Pflegeperson (Ainsworth, 1978; Sroufe, 1985). Die Übung „Auf den anderen zu und von ihm weg" dient dazu, entsprechende Trennungen und Wiedervereinigungen (im Sinne der „Fremden Situation" nach Ainsworth) zu inszenieren. In der Therapie mit Tim und Caroline entschloss ich mich dazu, die Übung einzusetzen, um Informationen über die Bindungsorientierungen der beiden zu gewinnen.

## Auf den anderen zu und von ihm weg

„Bitte stehen Sie beide auf. Tim, bitte stellen Sie sich auf die eine Seite des Raums, und Sie, Caroline, auf die andere Seite, mit dem Gesicht zu Tim. Ich möchte, dass Sie die ganze Zeit miteinander Blickkontakt halten, auch wenn ich zu Ihnen spreche. Ich bitte Sie, während dieser Übung nicht zu sprechen. Sie können aber so viel lachen, wie Sie wollen, solange Sie nur Blickkontakt halten und Hände und Arme an der Seite lassen." (Ich muss die beiden immer wieder daran erinnern, dass sie Blickkontakt halten sollen, denn wenn ich spreche, regt sich meist bei einem oder bei beiden die Tendenz, den Blick vom anderen abzuwenden. Ich möchte, dass Hände und Arme frei schwingen können, damit ich feine Veränderungen am Körper ebenso erfassen kann wie Mikrobewegungen im Gesicht. Dies entspricht in etwa der Vorgehensweise von Pat Ogden [Ogden & Minton, 2000] bei ihrer Arbeit mit Traumaopfern.)

„Tim, Ihre Aufgabe ist, einfach nur dazustehen. Caroline, Sie gehen jetzt, während Sie den Blick auf Tim gerichtet halten, langsam auf ihn zu." (Der Partner, der sich dem anderen nähert, soll sich dabei sehr langsam bewegen. Ich führe dies vor, um zu zeigen, was die richtige Geschwindigkeit ist.)

„Bleiben Sie an dem Punkt stehen, wo es Ihnen richtig vorkommt." (Diese Instruktion ist mit Absicht vage formuliert.) „Wo und warum Sie stehen bleiben, liegt ganz bei Ihnen, je nachdem, was Sie in Ihrem Körper spüren und was Sie in Tims Gesicht und Augen wahrnehmen. Okay? Gehen Sie los."

*Wo der sich annähernde Partner stehen bleiben wird, will ich daran ablesen können, was im Gesicht des stehenden Partners vor sich geht. Ich behalte Tim im Auge und habe meine Position so gewählt, dass ich drei Viertel des Gesichts und die ganze linke Gesichtshälfte sehen kann.*

*Beim Emotionsausdruck besteht eine Dominanz der rechten Gehirnhälfte. Weil die Gehirnhälften jeweils mit der kontralateralen Körperhälfte verschaltet sind, ist zu erwarten, dass die linke Seite der oberen Gesichtsregion mehr Emotionen zu erkennen gibt als die rechte.*

Caroline hält an, und ich frage sie: „Warum an dieser Stelle?"

„Ich denke, er will nicht, dass ich näher komme als so."

„Woran merken Sie das?"

„Ich weiß nicht. Sein Gesicht sieht einfach irgendwie angespannt aus."

*Bei den meisten Paaren scheinen die Partner an einem bestimmten Punkt anzuhalten, in etwa einem halben bis einem Meter Entfernung vom anderen. Woran liegt das? Im Gehirn scheint bei diesem Abstand ein Wechsel einzutreten, weil bis dahin die Augen noch auf Fernblick eingestellt sind. Aus größerer Entfernung können wir die feine Muskulatur des Gesichts nicht erkennen und achten nicht so stark auf die Augen, weil sie viel zu weit weg sind. Wir erfassen das grobe Gesamtbild des Körpers und treffen Einschätzungen wie: sicher oder gefährlich, attraktiv oder unattraktiv.*

*Wenn beim Gegenüber die feinen Details wahrnehmbar werden, scheint im Gehirn ein radikaler Wandel stattzufinden (Blakemore & Frith, 2004; Siegel & Varley, 2002; von Grünau & Anston, 1995; Wicker et al., 2003). Bei geringerem Abstand sehen wir genau und werden genau gesehen. Viele Partner versuchen dem interpersonellen Stress, der bei einem Abstand von einem halben bis einem Meter aufkommt, zu entgehen, indem sie zu einer Umarmung zusammenfinden, die das Problem des Blickkontakts behebt und direkt auf die Ebene der Berührungen führt, die beruhigend und tröstlich wirken kann.*

Ich frage Tim: „Ist das für Sie die Stelle, an der sie stehen bleiben sollte?"

„Äh ... Ich weiß nicht. Ich denke, das ist in Ordnung so."

„Caroline, ich möchte, dass Sie einen großen Schritt auf ihn zu machen."

Sie bewegt sich auf Tim zu, und sie kichern beide. Tim lehnt sich leicht nach hinten, mit gekrümmtem Hals, verkrampftem Unterkiefer und angehaltenem Atem.

Ich frage ihn: „Wenn sie auf diese Weise näher kommt, ist das besser, gleich oder schlechter?"

„Äh ... schlechter."

„In Ordnung. Caroline, gehen Sie einen Riesenschritt nach hinten. Tim, ist das besser, gleich oder schlechter?"

„Äh ..." Tim braucht zu lange zum Antworten, doch der Körper entspannt sich.

„Caroline, machen Sie noch einen Riesenschritt rückwärts. Tim – besser, gleich oder schlechter?" Tims Körper lässt erneut Anzeichen der Entspannung erkennen.

„Äh ... es ist ... äh ... ich denke ..." Tim lässt ein unbehagliches Lachen hören. „Ich denke, das könnte schlechter sein. Ich weiß es nicht."

*Die Frage „Besser, gleich oder schlechter?" stellt auch der Optiker, der herausfinde wi will, ob Brillenglas Nummer eins oder Nummer zwei geeigneter ist. Sie ist für di meisten unmittelbar verständlich. Warum fällt es Tim derart schwer, darauf zu antworten? Erstarrt er oder verschließt er sich innerlich, weil er Angst hat? Kann er nicht wahrnehmen, was in seinem Körper vor sich geht? Fürchtet er, Caroline zu verletzen, wenn er zugibt, dass es ihm besser geht, wenn sie sich weiter von ihm entfernt?*

„Caroline, ich möchte, dass Sie Tim den Rücken zudrehen." Caroline dreht sich zur Wand hin um. „Tim, ist das besser, gleich oder schlechter?"

Tim ist erneut blockiert. Ich frage: „Machen Sie sich Sorgen, was Caroline denken könnte?"

„Ja", antwortet er ohne Zögern und bricht dann in Lachen aus.

„Das ist in Ordnung", sage ich und frage dann Caroline, die weiterhin mit dem Rücken zu ihm dasteht: „Wussten Sie das von Tim, dass er erleichtert ist und zugleich Schuldgefühle hat, wenn Sie sich von ihm wegbewegen?"

„Ja", sagt sie in verständnisvollem Ton.

„Gut. Also, Tim, sie weiß schon, dass das bei Ihnen so ist." Er lässt wieder ein verlegenes Lachen hören.

„Caroline, ich möchte, dass Sie drei bis vier Sekunden lang aus dem Zimmer gehen. Gehen Sie hinaus, schließen Sie die Tür, und kommen Sie dann wieder herein." Ich beobachte Tim, während ich höre, wie sie den Raum verlässt und die Tür schließt.

„Tim, ist das besser, gleich oder schlechter?"

„Besser", antwortet er, diesmal ohne Zögern und mit einem Gesichtsausdruck, der gelassener wirkt.

Als Caroline wieder hereinkommt, fordere ich sie auf, Tim auf irgendeine Weise näher zu kommen, als ihm lieb ist, und in dieser Haltung dann zu verharren. Sie geht direkt auf Tim zu, bis sie Nase an Nase und Zehen an Zehen mit ihm steht. Ich sehe, dass Carolines Körper und Gesicht entspannt sind und sie auch bei dieser großen körperlichen Nähe weiteratmet. Bei Tim dagegen sind Körper und Gesicht sichtlich angespannt, und er scheint den Atem anzuhalten. Diese Annäherung ist für ihn eine ungeheure Provokation.

*Das Aufdecken stark phobischer psychobiologischer Reaktionen auf körperliche Nähe und Blickkontakt kann besonders für ein Paar, das seit vielen Jahren zusammen ist und Probleme mit der Sexualität hat, erhellend sein. Für manche Menschen kann eine länger anhaltende direkte körperliche Nähe zum primären Partner eine tief greifende negative Wirkung auf die Nahsinne ausüben (auf Riechen, Schmecken, Berühren, Hören und Nahsicht). Wenn diese Art von Reaktivität auftritt, wird Sexualität natürlich problematisch.*

Ich bitte sie, einen Augenblick lang in dieser Position zu bleiben. Tims Blicke schießen hektisch hin und her, als er den Drang zu unterdrücken versucht, die Augen von ihr abzuwenden. Sie lachen und erleben einen miteinander geteilten Moment der Erweiterung positiver Gefühle und Sinnesempfindungen, bis Caroline husten muss und sich kurz abwendet. Als sie den Kopf wegdreht, holt Tim tief Luft, mit Brustatmung, und versucht sich neu zu justieren, ehe Caroline den Blickkontakt wieder aufnimmt. Nicht von ungefähr greift er auf seine Herunterregulierungsstrategie zurück, während Caroline nicht hinschaut.

*Viele Menschen mit unsicherem Bindungsstil fühlen sich im Reich der Sinne (Geruch, Geschmack, Berührung und Nahsicht) unwohl. Das Unbehagen kann teil-*

*weise daher rühren, dass die Bezugspersonen ihrer frühen Kindheit wenig Kontakt zu ihnen aufnahmen. Margaret Mahler (1968) beobachtete beispielsweise Mütter, die sich bei länger anhaltendem Blick- und Hautkontakt mit ihrem Säugling, der sich in der symbiotischen Entwicklungsphase befand, unwohl fühlten. Dies ist eine Phase, in der für das Kind der eigene Körper und die eigene Psyche mit der des Gegenübers zu verschmelzen und ineinanderzufließen scheinen und die theoretisch gesehen eine psychobiologische Basis für spätere Liebesbeziehungen und sexuellen Körperkontakt bildet (Mahler, 1968, 1974). Wenn es in diesem Lebensabschnitt an Blickkontakt mangelt, kann das in der Kindheit zu Aversionen gegen Berührung, körperliche Einengung, Sehen und Gesehenwerden und das Riechen und Schmecken eines anderen Menschen führen. Viele unsicher-vermeidend gebundene Menschen sträuben sich auf der körperlichen Ebene im Grunde dagegen, die Luft mit einem anderen zu teilen. Ihr Unbehagen rührt daher, dass sie den anderen als zudringlich wahrnehmen und umgekehrt eine Scheu davor haben, sich ihm aufzudrängen.*

Tims psychobiologisches Missbehagen erklärt sich daraus, dass er eine Form von interpersonellem Stress erlebt, die in seiner Bindungsorganisation angelegt ist und seine (impliziten) Regeln von Sicherheit und Geborgenheit diktiert. Er kann nicht wirklich er selbst sein – also seine starke Empfindlichkeit gegenüber Übergriffen offen zeigen –, weil sein inneres Arbeitsmodell von Bindung ihm (auf der nicht bewussten Ebene) sagt, dass seine primäre Bindungsfigur seine Impulse, sich zu entziehen oder sie abzuweisen, nicht gutheißen würde, und dass die Sicherheit und Geborgenheit seiner Bindungsbeziehung bestimmt gefährdet wäre, wenn er sich so zeigen würde, wie er ist. Tim muss all diese widersprüchlichen Gefühle und Impulse, die ihn bloßstellen könnten und für ihn undurchschaubar bleiben, für sich behalten.

„Gut", sage ich zu Tim, „korrigieren Sie diese Position, wenn das für Sie notwendig ist oder wenn Sie das wollen. Korrigieren Sie so, dass die Situation für Sie völlig entspannt wird."

Tim macht einen Schritt zur Seite, von Caroline weg, um eine für ihn angenehmere Position einzunehmen. Carolines Gesichtsausdruck wirkt gequält, während Tim, mit einem eingefrorenen Lächeln, weiterhin angespannt aussieht. Er bemerkt die Affektverschiebung bei ihr und krault sie unbeholfen am Bauch. Sie schiebt seine Hand sogleich weg: „Lass das. Du weißt, ich mag das nicht."

„Jetzt sind Sie vollkommen entspannt?", frage ich Tim.

„Ja."

„Ich frage, weil Sie überhaupt nicht so wirken."

Er zuckt die Schultern. Caroline blickt nun niedergeschlagen und verloren drein.

„Ich würde gern sehen, wie Sie sich einen Moment lang in die Arme nehmen. Können Sie sich umarmen und einander halten, so als würden Sie nach einer langen Trennung wieder zueinander finden?"

Caroline dreht sich zu Tim hin und legt die Arme um ihn. Tims linker Arm bleibt einige Sekunden lang gestreckt an der Seite, während der rechte um sie geschlungen ist. Als er auch den linken Arm um sie legt, sind die Augen offen und starren aus dem Fenster. Ich gehe um die beiden herum, damit ich Carolines Gesicht sehe. Es ist an Tims Schulter gekuschelt, die Augen sind geschlossen. Der Körper ist entspannt an den seinen geschmiegt und scheint durch die Umarmung zur Ruhe zu kommen. Tim dagegen macht nicht den Eindruck, als wirke die Umarmung beruhigend oder wohltuend auf ihn. Sein Blick hat etwas Dissoziiertes, und er wirkt allein und scheint außerstande zu sein, aus der Nähe Carolines Trost zu ziehen.

Umarmung auf Anweisung: *Diese Übung hat bei jedem Paar sehr stabile, wiederholbare Effekte, wobei die Verhaltensmuster jeweils erstaunlich idiosynkratisch sind. Bei vielen vermeidend-unsicher gebundenen Partnern, Männern wie Frauen, sind aber zwei markante Aspekte zu beobachten. Der eine ist die Tendenz, vor dem sich nähernden Partner zur Seite hin auszuweichen, kurz bevor oder kurz nachdem sich beide von Angesicht zu Angesicht gegenüberstehen. Der zweite auffallende Aspekt ist der gestreckte Arm am Beginn der Umarmung. (Diese Körperhaltung lässt sich auch bei Babys beobachten, wenn sie der Fremden Situation ausgesetzt waren und danach wieder mit der Mutter zusammenkommen.)*

Ich bitte die Partner nun, die Rollen zu tauschen: Diesmal soll Caroline stehen bleiben, während Tim sich ihr nähert. Er bewegt sich zu rasch, und ich fordere ihn auf, noch einmal von vorn zu beginnen und diesmal langsamer zu gehen. (Es kommt recht häufig vor, dass sich eine Person, die selbst empfindlich auf die Annäherung des Partners reagiert, diesem schnell und in bedrängender Weise nähert.) Beim nächsten Versuch bleibt Tim in erheblich größerem Abstand stehen als zuvor Caroline.

„Warum sind Sie an dieser Stelle stehen geblieben?", frage ich ihn.

„Ich weiß nicht ... irgendetwas in ihren Augen."

„Was haben Sie in ihren Augen gesehen?"

„Sie haben sich ein wenig geweitet."

„Sind die Pupillen größer geworden?", frage ich.

„Kann sein. Ich weiß, die Augen sind größer geworden."

„Caroline, haben Sie irgendeine Vorstellung, was er da gesehen hat?"

Nach kurzem Schweigen erwidert sie: „Ich wollte einfach nur, dass er näher kommt. Ich fand das aufregend."

„Ist es das, was Sie gesehen haben, Tim?"

„Ja", sagt er lächelnd. „Sie bekommt diesen Blick, so als ob sie Lust auf mich hat – das fühlt sich besitzergreifend an."

Ich frage nach, um diesen Punkt klarer herauszuarbeiten: „Also Sie bleiben stehen, weil Sie das Gefühl haben, sie will mehr …?"

„Ja."

„Fast so, als würde sie sich Ihnen nähern, anstatt dass Sie auf sie zugehen?"

„Ja. Das stimmt. So habe ich das noch nie gesehen. Es fühlt sich an, als würde sie zu mir herkommen."

> Geweitete Pupillen: *Die Augen gehören zum Gehirn und sind wie Fenster, durch die wir ins Nervensystem blicken können. Das autonome Nervensystem spielt für Liebe und Erotik eine große Rolle. Weit offene oder sich weitende Pupillen sind Anzeichen eines sympathischen Arousals. Geweitete Pupillen sagen: „Komm her!" Normalerweise fühlen wir uns von geweiteten Pupillen[8] angezogen und gehen zu verengten Pupillen auf Abstand. Diese Anziehungs-Abstoßungs-Reaktion läuft meistens nicht bewusst ab. Ein unsicher gebundener Mensch aber erlebt die einladenden Pupillen seines Partners unter Umständen als bedrohlich. Bei einer wütend-abweisend gebundenen Person kann es manchmal auch geschehen, dass sie auf die geweiteten Pupillen des Partners negativ reagiert.*

Auf Caroline wirkt Tims Annäherung erregend, was sich an ihren Augen zeigt. Tim, der auf Annäherung empfindlich reagiert, nimmt ihr stummes Locken als Bedrohung wahr und bleibt daher stehen.

---

8   Cleopatra kannte sich in puncto Attraktion offenbar gut aus. Sie verwendete atropinhaltigen Belladonna-Saft, um Männer mit ihren Augen zu bezaubern (del Amo & Urtti, 2008). Studien haben ergeben, dass Säuglinge und Kinder sich zu großen Augen und großen Pupillen hingezogen fühlen (Demos et al., 2008; Trevarthen & Aitken, 2001). Als niedlich empfundene Filmfiguren wie *E. T., der Außerirdische* oder *Wall-E* haben riesige Augen. Dagegen haben Schurkenfiguren wie *Jack Frost* oft Knopfaugen. Die bei Teenagern derzeit sehr erfolgreichen japanischen Mangas (Comics) und Animes (Zeichentrick- und Animationsfilme) dürften zum Teil deshalb so beliebt sein, weil Augen und Pupillen in ihnen in extremer Weise ins Bild gesetzt werden.

„Gut, machen wir weiter", sage ich. „Tim, gehen Sie einige Schritte nach vorn … Caroline, ist das besser, gleich oder schlechter?"

„Besser", antwortet sie ohne Zögern.

„Tim, machen Sie einen Riesenschritt vorwärts." Er ist ihr nun sehr nahe, und beide lächeln. „Caroline, besser, gleich oder schlechter?"

„Viel besser!", sagt sie heiter.

Da ich weiß, dass Caroline auf Annäherung weiterhin positiv reagieren wird, gehe ich nun dazu über, die Variante Rückzug zu überprüfen.

„Tim, machen Sie einen Riesenschritt nach hinten." Als er zurückgeht, geht in Carolines Gesicht und Augen eine merkliche Veränderung vor. Die Haut rötet sich, die Mundwinkel gehen nach unten, und die Augen füllen sich mit Tränen. „Besser, gleich oder schlechter?"

„Schlechter", erwidert sie. Die Stimme ist leiser und gedämpfter. Der Kummer in ihrem Gesicht wird bei jedem der folgenden Rückwärtsschritte Tims größer. Ich sehe auch einen Anflug von Angst, der nur Millisekunden dauert.

„Tim, kehren Sie Caroline den Rücken zu." Sie lässt die Augen rasch über Tims Körper wandern, vom Kopf bis zu den Füßen, während sie sich leicht nach vorn lehnt. Ihr Gesicht und ihr Hals zeigen nun ein dunkleres Rot und wirken angespannt und gequält. „Besser, gleich oder schlechter?"

„Eindeutig schlechter."

„Tim, verlassen Sie das Zimmer bitte für einige Sekunden, schließen Sie die Tür, und kommen Sie dann wieder herein." Ich höre, wie sich die Tür hinter mir schließt, und beobachte Carolines Gesicht. Sie dreht sich rasch zu mir hin.

„Wow", sagt sie mit tränenüberströmtem Gesicht. Da Tim nun nicht mehr da und ihr Arousalniveau hoch ist, nimmt sie auf der Suche nach externer Regulation sogleich Kontakt zu mir auf.

Tim kommt wieder herein, und ich fordere ihn auf, Caroline auf irgendeine Weise zu nahe zu treten und in dieser Haltung dann zu verharren. Er nähert sich ihr schnell, macht im letzten Moment einen Schritt zur Seite und drückt die Nase an ihre rechte Wange. Ich sehe, wie eine Mikroexpression, eine flüchtige Miene des Ekels, auf Carolines Gesicht erscheint und wieder verschwindet (Ekman & Friesen, 1984; Ekman & Rosenberg, 2005), um dann einer wütenden Miene Platz zu machen.

Ich sage: „Sie sehen wütend aus."

„Ich mag das nicht, dass er zur Seite geht und mich nicht festhält."

„Caroline, bitte verändern Sie die Position, wenn Ihnen das notwendig erscheint oder wenn Sie den Wunsch danach haben, damit sich das besser für Sie anfühlt." Sie dreht sich zu ihm hin und nimmt ihn in die Arme, wobei ihr Körper sich wieder an den seinen schmiegt, das Gesicht an seine Schulter gekuschelt ist und die Augen geschlossen sind. Gesicht und Körper lassen keine Anspannung erkennen. Die Umarmung scheint sie augenblicklich zu beruhigen. Tim dagegen wirkt steif, während er sie mit erhobenem Kopf in den Armen hält, und der Blick geht wieder zum Fenster hinaus. Es ist offenkundig, dass Caroline die Umarmung für sich nutzen kann, wohingegen Tim erneut wirkt, als würde niemand ihn halten und als sei er allein.

## Zusammenfassung: Bewegung

Die Übung „Auf den anderen zu und von ihm weg" liefert direktes Anschauungsmaterial zu Tims und Carolines Bindungsreflexen und -impulsen. Die reflexartigen Reaktionen der Partner auf Annäherung und Rückzug, Trennung und Wiedervereinigung durchziehen und beeinflussen den Beziehungsalltag jedes Paars. Tatsächlich lassen sich, wie Studien gezeigt haben, die meisten Partnerkonflikte und Fehlregulationen bei Paaren auf anhaltenden Trennungs- und Wiedervereinigungsstress zurückführen (Haley & Stansbury, 2003; Henry, 1997; Kochanska & Koy, 2002; Rosario et al., 2004).

Der Körper vergisst nicht und lügt nicht (Perry et al., 2007; Rothschild, 2003). Während ein Partner sich auf den anderen zu oder von ihm weg bewegt, können wir sehen, wie sie körperlich aufeinander reagieren, wenn die Distanz sehr gering oder groß ist, wenn sie sich verändert oder wenn einer aus dem Blickfeld des anderen verschwindet. Durch genaue Beobachtung in der Situation selbst und die Analyse von Videoaufzeichnungen können wir Bindungsstrategien ermitteln, indem wir Mikrobewegungen von Körper, Gesicht und Augen sowie Veränderungen in Hautton und somatoaffektiven Mustern registrieren, die unmittelbar vor dem Einsetzen von Denkprozessen und Sprachäußerungen hervortreten.

Die Partner können die eigenen Reaktionen im Prozess selbst erkunden und sie sich direkt danach auf Video genauer anschauen. Die Übung liefert verlässliche und stabile Ergebnisse und lässt sich bei skeptischen Paaren auch mehrmals wiederholen. Es gibt noch eine breite Palette weiterer Interventionen, mit denen wir verborgene Aspekte der Bindungsunsicherheit ans Licht bringen und dem Paar demonstrieren können, dass sie in ihrer Beziehung allgegenwärtig sind.

## Die Pose der Liebenden

Das Einnehmen von Körperposen ist eine weitere Bottom-up-Methode, die mittels Aktivierung des autonomen Nervensystems und somatoaffektiver Leitungsbahnen Bindungsunsicherheiten deutlich macht. Der Therapeut lässt die Partner eine Reihe von Körperhaltungen einnehmen, so als würden sie Standbilder oder Statuen nachstellen, und in diesen Positionen verharren, die mit Nähe und Distanz spielen. Zum Beispiel kann man den einen Partner in die Arme des anderen platzieren, so als sei er ein Kind, das von der Mutter gewiegt wird und ständig ihren Blick sucht.

Mit dem Ausdruck *Pose der Liebenden* vermeidet man es, diese evokative Übung, die sich stumm oder im Dialog durchführen lässt, in einen direkten Zusammenhang mit der Mutter-Kind-Beziehung zu bringen, in der es eine übergeordnete und eine untergeordnete Rolle gibt. Im Fall von Tim und Caroline geht es mir darum, ihre Rollen auf der physischen Ebene umzukehren, Einfluss auf die Bindungssysteme und die Neurobiologie beider zu nehmen und eine Erfahrung entstehen zu lassen, die wir erkunden, erweitern und in ihrer Form verändern können. Die Übung soll auch eine heilsame Wirkung entfalten: Ich (S. T.) gebe Caroline bestimmte Formulierungen vor, die bei Tim bekannte Verletzungen ansprechen.

Für diese Übung lasse ich Caroline am einen Ende meines großen Sofas Platz nehmen, mit einem Kissen auf dem Schoß. Ich bitte Tim, sich mit dem Kopf in ihrem Schoß aufs Sofa zu legen und zu Caroline hochzublicken. Ich beobachte bei beiden Partnern, ob ihr Körper Anzeichen dafür erkennen lässt, dass sie sich unwohl fühlen oder angespannt sind, und korrigiere ihre Haltungen, wo mir das erforderlich scheint. Wie bei jeder Körperpose gebe ich zunächst Anweisungen, dass sie Blickkontakt halten sollen, ohne zu sprechen, und alle Verschiebungen und Veränderungen beobachten sollen, die im Gesicht und am Körper des anderen vor sich gehen.

Ich setze mich auf den Boden, von wo ich sowohl Caroline als auch Tim aus nächster Nähe betrachten kann. In dieser Position kann ich leise sprechen, was bei beiden die Konzentration fördert. Von hier aus kann ich auch feine mimische Verschiebungen und Veränderungen beobachten. Außerdem ist bei diesem Arrangement meine Position untergeordnet und die ihre übergeordnet.

„Tim, hat einer von Ihnen beiden schon einmal diese Position eingenommen?", frage ich.

„Nö", sagt er. Beide kichern.

„Das gefällt mir", wirft Caroline ein.

„Schön, aber gewöhn dich nicht dran", sagt Tim in zärtlich-sarkastischem Ton.

Nachdem sie die Pose eingenommen haben und in ihr verharren, erweitere ich die Übung um überraschende bindungsrelevante Sätze, die ich vorgebe. Ich wähle die Formulierungen ausgehend von dem, was ich bislang über Tim und Caroline weiß – aus dem AAI und durch andere Informationen, die ich während der zwei langen Sitzungen gewonnen habe. Ich werde auch Grenzen austesten, indem ich Wörter und Sätze ausprobiere, die möglicherweise außerhalb des Bereichs liegen, der für die beiden relevant sein dürfte. Oft reagiert keiner der Partner auf solche Versuchsballons, aber manchmal sind die Resultate sehr eindrucksvoll.

„Caroline, ich möchte, dass Sie genau die folgenden Worte zu Tim sagen und dabei Blickkontakt zu ihm halten: ‚*Du kannst dich auf mich verlassen.*‘"

„*Du kannst dich auf mich verlassen*", wiederholt sie leise, während sie ihm mit der Hand langsam über den Kopf streicht.

Nach einigen Sekunden registriere ich, dass Tims Hautton sich zu verändern beginnt. Er schluckt, während ihm Tränen in die Augen schießen, und vergräbt das Gesicht rasch in Carolines Bauch. Caroline fährt fort, ihm den Kopf zu streicheln, und blickt zu ihm hinunter. Auch sie hat nun Tränen in den Augen.

Ich fordere Caroline auf, zu sagen: „*Ich werde mich um dich kümmern.*"

„*Ich werde mich um dich kümmern*", sagt sie zu Tim. Sie nimmt ein Papiertaschentuch und tupft ihm sanft die Tränen ab, die ihm über die Wangen laufen.

*Die Verwendung kurzer, emotional bedeutsamer und unerwarteter Aussagen führt ein Überraschungsmoment in die Therapie ein, das unmittelbare somatoaffektive Reaktionen evozieren oder provozieren soll. Das Aussprechen etwa des Satzes „Fordern Sie ihn/sie auf, sich von Ihnen scheiden zu lassen" ist wie das Aufklatschen eines Steins im Wasser, das Kreise zieht. Der Therapeut hält die Situation aufrecht, um die Nachwirkungen zu beobachten – was etwas ganz anderes ist als eine Deutung („Anscheinend macht Ihnen beiden die Idee einer Scheidung Angst") oder eine Nachfrage („Ich frage mich, warum Sie beide dem Thema Scheidung aus dem Weg gehen"). Die beiden letztgenannten Methoden sollen Denkprozesse anstoßen, wohingegen eine überraschende Aussage darauf zielt, durch Umgehung langsamerer, defensiver kortikaler Prozesse höherer Ordnung eine Erfahrung zu evozieren. Der Körper lügt nicht, weil er weder die Zeit hat noch über die Fähigkeit verfügt, zu konfabulieren. Dafür sind kortikale Gehirnregionen höherer Ordnung und die linke Gehirnhälfte zuständig.*

„Caroline, können Sie sehen, was da in Tims Gesicht und Augen vor sich geht?"

„Mhm", murmelt sie leise, während ihr liebevoller Blick weiter auf Tims Augen gerichtet ist.

„Das sind Worte, die zu hören für ihn vermutlich ungewohnt ist, aber zumindest hin und wieder muss er sie hören."

Während ich dies zu Caroline sage, behalte ich Tim im Auge, weil die Interpretationen auch für ihn gedacht sind.

„Das fühlt sich gut an", sagt Tim.

„Ja, für mich fühlt es sich auch gut an", erwidert Caroline.

## Zusammenfassung: Körperposen

Die beschriebene Verwendung von Körperposen ist ein weiteres psychodramatisches Instrument für Diagnostik, Veranschaulichung von Mustern und Intervention. Diese Strategie setzt auf Innehalten und Bewegungslosigkeit anstatt auf Bewegung. Solche Posen können durch das Nebeneinander der Körper intensive somatoaffektive Reaktionen bei den Partnern auslösen. Strukturell gesehen geben sie dem Therapeuten die Möglichkeit, zu prüfen, inwieweit beide Partner in der Lage sind, mimische Signale zu entschlüsseln und weitere regulatorische Funktionen auszuüben, wenn sie in nächster Nähe miteinander interagieren.

Bottom-up-Methoden, zu denen diese Übung zählt, zielen zuerst auf das unmittelbare Erleben und erst dann auf Einsicht oder Veränderung. So wie mit anderen erfahrungsgeleiteten Instrumenten, die direkt auf schnelle, primitive und im Wesentlichen verlässliche sensomotorische subkortikale Operationen zugreifen, kann man auch mit Körperposen langsamere, eher konfabulatorisch arbeitende und unzuverlässige verbal-kognitive Funktionsabläufe umgehen. Weil implizite Systeme fortwährend auf die Verhaltensdetails, aus denen unser Empfinden von Sicherheit und Geborgenheit entsteht, einwirken und sie antreiben, haben ausschließlich sprachliche und kognitive Interventionen keinen nennenswerten Effekt auf die eigentlichen zustandsabhängigen Probleme, die jedes Paar von einem Moment zum anderen zu bewältigen hat.

# Teil III

## Der theoretische Hintergrund

# 7. | Bindung

Studien mit Nagetieren, Primaten, Dickhäutern, Walen und Menschen zeigen, dass Bindung für diese Spezies überlebensnotwendig ist. Seit den 1950er-Jahren haben Forscher hierzu überzeugende empirische Belege erarbeitet, die im Widerspruch zu Sigmund Freuds Triebtheorie und zu John Watsons behavioristischem Paradigma stehen, weil sie zeigen, dass es ein übergeordnetes menschliches Bedürfnis gibt, zu anderen Menschen zu gehören und sich an sie zu binden. Harlow und Woolsey (1958), Harlow und Mears (1979) und Prescott (1975) wiesen nach, dass Rhesusaffen, die aufwuchsen, ohne dass die Eltern sie berührten, im Arm hielten, wiegten und mit ihnen spielten, Gehirnschädigungen davontrugen und im Erwachsenenalter gewalttätig und in ihrem Sozialverhalten beeinträchtigt waren. Bowlby und Ainsworth (1952) führten Studien mit Waisen, Ainsworth (1978) Studien mit Mutter-Kind-Paaren durch. In jüngerer Zeit entdeckte und untersuchte man im baltisch-slawischen Raum Fälle von Gedeihstörungen bei Kindern (Carlson et al., 1995; Chisholm et al., 1995; Gunnar et al., 2001; Haradon et al., 1994; Kaler & Freeman, 1994). Wir sind psychisch und biologisch darauf programmiert, andere Menschen zu brauchen (Hofer, 2005, 2006). Eine Bindungsbeziehung mit einem Menschen, der uns ein dauerhaftes und umfassendes Gefühl der Sicherheit und Geborgenheit vermittelt, gibt uns eine *sichere Basis* (Bowlby, 1988; Clulow, 2001; Gillath et al., 2008; Waters & Cummings, 2000) – einen Raum, der uns vor existenzieller Einsamkeit und Verzweiflung schützt, und eine bioenergetische Startrampe, von der aus wir es mit den Anforderungen der Außenwelt aufnehmen können. Die bereichernde oder aber unzureichende Interaktion mit den Bezugspersonen unserer ersten anderthalb Jahre beeinflusst unser ganzes Leben hindurch die weitere Entwicklung unserer Bindungsfähigkeit in primären Beziehungen (Schore, 2005; Siegel, 2006; Siegel & Hartzell, 2003; Siegel et al., 2006). Deshalb sind Art und Grad der Bindungssicherheit für einen psychobiologischen Ansatz der Paartherapie von zentraler Bedeutung.

## 7.1 Überblick über die Bindungstheorie

Laut John Bowlby (1988) bilden sich bei uns vom Säuglings- bis zum Jugendalter nach und nach Erwartungen an Bindungsfiguren heraus, die auf Erfahrungen mit unseren primären Bezugspersonen gründen. Diese Erwartungen fließen in die inneren Arbeitsmodelle von Bindung ein, die in späteren Beziehungen unsere Wahrnehmungen und Verhaltensweisen lenken. Bowlby (1979a) betonte in seiner Theorie nicht nur die grundlegende Bedeutung früher Bindungsmuster, sondern auch die

Relevanz von Bindungsprinzipien für Beziehungen zwischen Erwachsenen. Es gehört zum Wesen der Bindung eines Säuglings an seine Pflegepersonen, dass er die Nähe der Bindungsfiguren sucht, sich Trennungen widersetzt und dagegen protestiert und, wenn er sich bedroht fühlt, Zuflucht bei den Bindungsfiguren sucht.

Der Aufbau von Bindungsbeziehungen wirkt sich vom Säuglingsalter an das ganze Leben hindurch direkt auf die Entwicklung von Strukturen und Funktionen in Gehirn und Körper aus (Schore, 1997, 2000; Siegel, 1999, 2006). Laut Allan Schore (2002d, 2005) ist fast die gesamte rechte Gehirnhälfte, die sich, so nimmt man an, vor der linken ausdifferenziert, mit bindungsrelevanten Funktionen befasst und für sozial-emotionales Wahrnehmungsvermögen, implizites Gedächtnis, Stressregulation, Intuition und grundlegende menschliche Fähigkeiten wie Einfühlungsvermögen und Moralempfinden zuständig. (Eine weiter gehende Darstellung der neurobiologischen Aspekte des psychobiologischen Ansatzes finden Sie in Anhang A.)

In der zweiten Hälfte des 20. Jahrhunderts fand die Bindungstheorie im Mainstream der Psychologie nur wenig Anklang. In den letzten Jahren aber ist sie in den Fokus des Interesses von Forschern gerückt, die sich mit der Entwicklung von sozial-emotionalen Fähigkeiten, Emotionen und zwischenmenschlichen Bindungen befassen. Technische Fortschritte insbesondere bei den bildgebenden Verfahren, der Elektroenzephalographie (EEG) und der Analyse von Video-Einzelbildern und Tonaufzeichnungen versetzen Wissenschaftler in die Lage, Vorgänge in Geist, Gehirn und Körper von Kindern und Erwachsenen mit größerer Präzision zu erfassen als je zuvor. Durch diese Techniken werden auch neue Methoden für die Untersuchung zwischenmenschlicher Beziehungen möglich.

Zwei technisch gesehen simple Methoden zur Beobachtung und Einschätzung zwischenmenschlicher Beziehungen haben bei Wissenschaftlern wie Therapeuten im Lauf der Jahre zunehmende Anerkennung gefunden. Die erste ist der Fremde-Situations-Test, den Mary Ainsworth (1978) entwickelte, um das Annäherungs- und Vermeidungsverhalten von kleinen Kindern und insbesondere ihre Reaktionen auf Trennung von der Mutter und Wiedervereinigung mit ihr zu untersuchen. Die zweite Methode ist das von Mary Main und Kollegen konzipierte Erwachsenen-Bindungs-Interview (Adult Attachment Interview, AAI; George et al., 1984, 1985, 1996; Hesse, 1999; Main et al., 1985), mit dem man bei Erwachsenen die Organisation der Bindung an die Eltern überprüfen und daraus Prognosen zur Ausprägung der Bindung an ihre eigenen Kinder ableiten kann. (Ein diagnostischer Einsatz in der Paartherapie war dabei nicht vorgesehen.) Phil Shaver (1987) untersuchte, wie sich Bowlbys Bindungstheorie auf Liebesbeziehungen zwischen Erwachsenen anwenden lässt, und konzentrierte sich dabei auf Unterschiede im Bindungsstil, die sich in Abwehr- oder Bewältigungsstrategien und in der Kommunikation eines Paars zeigen. Während das AAI dazu dient, bei einem Erwachsenen, ausgehend von seinen Beziehungen zu den Eltern in der Kindheit, Einblick in die Abwehrstrategien zu gewinnen, die für seine derzeitige psychische Verfassung kennzeichnend sind, zielt Shavers Selbsteinschätzungsfragebogen auf die Gefühle und Verhaltensweisen eines Menschen im Kontext von Liebes- und anderen engen Beziehungen. In allen drei genannten Ansätzen finden sich eindrückliche Analogien und Modellvorstellungen, die dem psychobiologisch orientierten Paartherapeuten bei Anamnese, Fallkonzeption und Interventionsplanung eine große Hilfe sein können.

Anknüpfend an Bowlbys Bindungstheorie entwickelte Ainsworth ein Klassifikationssystem für den Grad der Sicherheit der Mutter-Kind-Bindung (Ainsworth, 1978; Bowlby, 1969, 1979a, 1988) und unterschied zwei wesentliche Organisationsformen der Bindung: sicher und unsicher. Unsichere Bindungsmuster unterteilte sie weiter in *ängstlich-ambivalent* (quengelig, anklammernd, ängstlich, wütend und unruhig) und *ängstlich-vermeidend* (distanziert, apathisch, widerspenstig, ängstlich und manchmal aggressiv). Andere Autoren (Crittenden, 2008; Horowitz et al., 2005; Main & Weston, 1981a) haben für diese Kategorien die Bezeichnungen *wütend-abweisend* und *vermeidend* eingeführt.

Ainsworth verwendete außerdem die Kategorie *desorganisiert-desorientiert*. Bei desorganisiert-desorientiert gebundenen Kindern lässt in der Regel mindestens eine Bindungsfigur selbst ein desorganisiert-desorientiertes Bindungsmuster erkennen, ist mit unverarbeiteten Verlusterfahrungen und/oder Traumata belastet und zeigt einen Erziehungsstil, der sich mit den Begriffen angsterregend, unberechenbar und psychisch unerreichbar beschreiben lässt (Cassidy, 2001; Cassidy & Mohr, 2001; Cassidy & Shaver, 1999; Hesse & Main, 2006; Lyons-Ruth, 2003; Main et al., 1985; Main & Solomon, 1986, 1990; Main & Weston, 1981b; Scaer, 2001; Schore, 2002d; Slade, 2000; Volling et al., 2002; Zimmermann, 1999). Forscher sehen in der Desorientierung kein überdauerndes strukturelles Merkmal, wie es ein sicherer oder unsicherer Bindungsstil darstellt, sondern eher ein Übergangsphänomen, das als eine Art Deckschicht über einem von Sicherheit oder Unsicherheit bestimmten inneren Arbeitsmodell von Bindung liegt.

Bindungssicherheit korreliert, neurologisch gesehen, mit einem hohen Grad an struktureller und funktioneller Integration von rechter Gehirnhälfte[9] und frontolimbischen Schaltkreisen. Von besonderer Bedeutung ist die Modulation der Amygdala durch übergeordnete Kortexareale wie den vorderen Gyrus cinguli, die Insula und den orbitofrontalen Kortex (Bechara, 2000; Morris, 1999; Schoenbaum, 2004). Bei

---

9  Die rasche Orientierung und das Meta-Bewusstsein, die für Regulation und Bindungssicherheit notwendig sind, setzen außerdem die horizontale Integration von linker und rechter Gehirnhälfte voraus.

Menschen mit einer Borderline-Persönlichkeitsstörung (die oft mit extremen Formen des wütend-abweisenden Bindungsstils und mit desorganisiert-desorientierten Zuständen einhergeht) war in Hirnscan-Studien zu erkennen, dass der präfrontale Kortex vor allem im ventromedialen Bereich schwach durchblutet ist, was auf eine unzureichende Top-down-Regulation der Amygdala-Aktivierung schließen lässt (Driessen, 2004; Kunert, 2003; Tebartz, 2003). Auch bei Menschen, die unter einer Aufmerksamkeitsstörung leiden und Probleme mit der Impulskontrolle haben, sind häufig ein unsicherer Bindungsstil und Probleme mit der Aktivierung des präfrontalen Kortex festzustellen (Atkinson et al., 2009; Hill & Braungart-Rieker, 2002; Soloff et al., 2003; Volling et al., 2002).

Die Bindungstheorie bietet uns Psychotherapeuten eine äußerst facettenreiche und multidimensionale Perspektive auf die psychische, neurologische, biologische und soziale Entwicklung von Menschen. Besonders erhellend ist sie, wo es in der Arbeit mit Paaren darum geht, diagnostische und therapeutische Hypothesen zu strukturieren. Dies liegt zum Teil daran, dass die Bindungstheorie – in Verbindung mit der Theorie der Arousal-Regulation – uns hilft, ein Bild von der Paardynamik zu entwerfen, das die Partner nicht pathologisiert.

Im Gegensatz zu Persönlichkeitstheorien, die den Blick vor allem auf innerpsychische oder intraindividuelle Ursache-und-Wirkungs-Faktoren richten, legt die Bindungstheorie den Schwerpunkt auf die gemeinsame Realität, die zwischen verschiedenen, aber aufeinander bezogenen mentalen Systemen entsteht – das heißt zwischen den subjektiven Erfahrungsräumen von zwei oder mehr Individuen. Sie beschreibt die Zusammenhänge, Muster und Wechselbeziehungen von Erfahrungsinhalten nicht unter der Perspektive einer eingleisigen Übermittlung objektiven Wissens, sondern fasst sie im Sinne einer gegenseitigen Verständigung über Reaktionen auf das eigene Erleben auf. Die Bindungstheorie lässt sich also ohne Weiteres in ein nichtlineares intersubjektives Handlungsmodell umsetzen und kann den Blick erweitern, wenn man bei schwierigen Paaren oder bei als persönlichkeitsgestört geltenden Partnern mit anderen theoretischen Ansätzen nicht weiterkommt.

Mittelgradige bis schwere Formen der Bindungsunsicherheit bieten nach außen hin ein recht ähnliches Bild wie Selbststörungen. (Zwischen den betreffenden Theorien gibt es viele Überschneidungen. Sie fassen dieselben Prozesse einfach mit unterschiedlichen psychotherapeutischen Begriffen.) Sowohl Muster der Bindungsunsicherheit als auch Selbststörungen gründen in pathologischen Objektbeziehungen der Kindheit, doch bei Ersteren liegt der Zusammenhang mit einem gestörten Zwei-Personen-System klarer auf der Hand. Bei beiden ist ein Mangel an Komplexität vorhanden, weil das Individuum den immer gleichen starren Regeln der Nähe und Distanz zu einem anderen Menschen folgt. Wenn der Paartherapeut den Blick auf Selbst- oder Persönlichkeitsstörungen richtet, anstatt die Partner als zwei bindungsunsichere Menschen zu sehen, die aus einer engen wechselseitigen Beziehung heilsame Wirkungen ziehen können, kann das kontraproduktiv sein. Das Konzept der Bindungsunsicherheit stellt das Geschehen in einen systemischen Kontext, der geeignete Ansatzpunkte für die paartherapeutische Arbeit bietet.

Sicher gebundene Menschen bewegen sich in einer Welt, die von echter Gegenseitigkeit bestimmt ist, in einem psychischen Zwei-Personen-System, in dem das Wohlergehen beider Partner stets an oberster Stelle steht. Sie suchen die Nähe zueinander, ohne dass Ambivalenz, innere Widerstände oder Wut sie dabei behindern; sie reagieren auf den Partner, der ihre Nähe sucht, nicht mit Wut, Fügsamkeit, Rückzug oder Geringschätzung. Natürlich macht jedes Kind auch frustrierende und enttäuschende Erfahrungen, doch wenn seine frühen Bindungsbeziehungen „hinreichend gut" sind, wächst es in einer Welt gegenseitigen Verständnisses auf, in Systemen von jeweils zwei Personen, die sich wirklich miteinander verbunden fühlen.

Wir wollen hier vor allem zwei unsichere Bindungsstile betrachten, den vermeidenden und den wütend-abweisenden, weil wir diesen in der Paartherapie am häufigsten begegnen. Dies sind zwei pauschale Oberbegriffe für Konstellationen von bestimmten Verhaltensweisen und psychobiologischen Mustern. In der Realität lassen sich Bindungskategorien wie sicher, vermeidend und wütend-abweisend feiner ausdifferenzieren und in Untergruppen gliedern. (Die Bindungsorganisation ist nur ein Bestandteil des psychobiologischen Modells, zu dem noch der weiter unten erörterte Aspekt der Arousal-Regulation und die Entwicklung des Nervensystems hinzukommen.)

## 7.2 Der vermeidende Bindungsstil

Unsicher-vermeidend gebundene Partner nehmen oft eine Haltung ein, die sich mit Sätzen wie „Ich mach das lieber allein" und „Niemand bekommt das besser hin als ich selbst" charakterisieren lässt. Abhängigkeit – die eigene und die der anderen – ist in ihren Beziehungen, insbesondere in ihrer primären Bindungsbeziehung, ein zentrales Thema. Die Erfahrungen ihrer Kindheit haben in ihnen die Überzeugung entstehen lassen, dass Abhängigkeit nur zu Enttäuschung, eklatantem Scheitern der Feinabstimmung aufeinander, Gleichgültigkeit, inneren Qualen und Beschämung führt.

Diese Menschen, deren Eltern oft geringschätzig und abfällig mit ihnen umgegangen sind und sich entweder zu wenig um sie gekümmert oder sich ihnen aufgedrängt haben, messen beziehungsförderlichen Vorstellungen und Verhaltensweisen nur einen geringen Wert bei. Ihre frühen Bezugspersonen mieden bindungsförderliches Verhalten oft oder werteten es ab, und sie hatten vermutlich Mühe, körperliche oder emotionale Nähe zu ertragen und aufrechtzuerhalten. Im Allgemeinen fühlen sich Menschen, die von anderen lieber Abstand halten, zu „Dingen" hingezogen. Auch diese Vorliebe für das Sachliche und die reflexhafte Aversion gegen eine primäre Bindungsfigur sind auf Vernachlässigung durch die Eltern und auf deren Geringschätzung für bindungsförderliche Vorstellungen und Verhaltensweisen zurückzuführen.

Weil unsicher-vermeidend gebundene Menschen nicht darauf angewiesen sein wollen, bei einer primären Bindungsfigur Anregung und Trost zu finden, bewegen sie sich in einem psychischen Ein-Personen-System, das per Definition masturbatorisch ist. Ihren Drang, zu primären Bindungsobjekten auf Abstand zu gehen, beschönigen sie manchmal als ein Bedürfnis, „Zeit für sich" zu haben (Buchholz & Helbraun, 1999; Tatkin, 2009a, 2009c). Diese Zeit für sich lässt sich in verschiedener Weise gestalten, doch der Betreffende greift dabei fast immer auf die *Autoregulation* zurück, um Anregung zu finden und sich zu beruhigen. Man kann hier im übertragenen Sinn von *Sucht* sprechen, weil das Festhalten des vermeidend gebundenen Menschen an der Autoregulation ich-synton ist. Er blendet die Nachteile dieser Art zu leben aus, indem er eine überhöhte Vorstellung von der eigenen Autonomie pflegt, die in Wirklichkeit eine Anpassung an die einstige Vernachlässigung durch die Eltern oder an ihre Unzugänglichkeit ist. Eine echte Autonomie hat sich aufgrund der erheblichen Mangelerfahrungen, die bei diesem Bindungsprofil fast immer zu erkennen sind, nie entwickeln können.

Für den stärker auf Interaktion ausgerichteten Partner ist das Verhalten des vermeidend gebundenen Gegenübers rätselhaft. Er kann nicht verstehen, wie der andere ihn derart ausblenden kann oder warum er mit einem Mal innerlich so weit weg zu sein scheint – im einen Moment ist die Verbindung da, im nächsten gekappt. Es kommt ihm vielleicht so vor, als hätte der andere ihn vergessen. Und genau das ist im Grunde auch geschehen. Man könnte sagen, dass der vermeidende Partner in mancher Hinsicht besser dran ist als der wütend-abweisende. Denn für den vermeidenden Partner bleibt eine pseudo-sichere Bindungsbeziehung bestehen, die in der Phantasie eines stets präsenten anderen gründet.

Nehmen wir als Beispiel ein Paar, bei dem der Bindungsstil des Mannes vermeidend und der der Frau wütend-abweisend ist. Sie sind mit dem Auto unterwegs. Er starrt die ganze Zeit geradeaus, während sie darunter leidet, dass er sich offenbar innerlich von ihr abgekoppelt hat. Er hat keinen Grund, sich unwohl zu fühlen, weil er sich in einem psychischen Ein-Personen-System bewegt, das über Autoregulation funktioniert. Mit anderen Worten, es ist, als wäre er allein in seinem Zimmer und ganz mit seinen Spielsachen beschäftigt, ohne zu registrieren, dass da noch jemand anders ist. Der Frau dagegen ist schmerzlich bewusst, dass sie eigentlich nicht allein ist, sich aber so fühlt, und vielleicht empfindet sie die Distanziertheit des Mannes als etwas, das gegen sie gerichtet ist. Das Ansprechen des Problems kann unter Umständen zu einer heilsamen Neuorientierung führen, so wie im Fall einer Frau mit vermeidendem Bindungsstil, die mitten im Gespräch mit ihrem Mann ohne jede Erklärung ins Zimmer nebenan verschwand und bestürzt war, als ihr klar wurde, dass er das in diesem Moment als eine massive Störung des Bindungssystems erlebte. Die Krise wurde dadurch etwas abgemildert, dass sie sich über ihr eigenes Verhalten überrascht zeigte. In der Paartherapie verstand sie, dass sie sich in einem dissoziativen Zustand der Autoregulation befunden hatte. Dies half ihr, sich bewusst um ein Umschalten auf das Zwei-Personen-System zu bemühen: Als während eines Gesprächs bei ihr wieder der Wunsch aufkam, ihre Gedanken festzuhalten, benutzte sie diesmal gewissermaßen ihren Mann als Notizblock, indem sie ihm erzählte, was ihr durch den Kopf ging.

Für einen vermeidend gebundenen Menschen führt im Verlauf der Paarbeziehung der Weg wie selbstverständlich in Richtung Autoregulation. Wenn der autoregulatorische Zustand von außen durchbrochen wird, ist das für sein Nervensystem jedes Mal ein mehr oder weniger starker Schock. Die dissoziative Komponente der Autoregulation sorgt dafür, dass kleinere „Irritationen" wie etwa Aufforderungen des Partners zu mehr Verbundenheit und Interaktion ausgeblendet werden. Auf diese Weise verhindert der vermeidend Gebundene, dass Störungen im Bindungssystem in sein Bewusstsein dringen. Wenn der andere ihm aber körperlich nahe kommt, löst dies eine Gefahrreaktion aus, und er versucht sich zurückzuziehen oder geht zum Angriff über. Falls die Vernachlässigung durch Bezugspersonen recht früh in der Kindheit erfolgte, kann es sein, dass starke Abwehrreaktionen gegen das Berühren, Riechen und Schmecken des Partners auftreten. Die Stimme (Prosodie) und das Aussehen des Partners können eine negative Wertigkeit annehmen, wobei das Sehen aus unmittelbarer Nähe dann das Empfinden auslöst, er dränge sich auf, und das Sehen aus der Entfernung Ekel und Abneigung hervorruft.

Weil ein Mensch mit vermeidendem Bindungsstil psychisch gesehen in einem Ein-Personen-System lebt, treten beim Kennenlernen und in der Phase des Werbens umeinander möglicherweise noch keine Probleme zutage. Er kann den neuen Partner vielmehr ohne Weiteres in seine Phantasiewelt einbauen, wo alle Ähnlichkeiten zu der einst so schwierigen primären Bindungsbeziehung noch außerhalb des Bewusstseins bleiben. In diesem Punkt bestehen weitgehende Parallelen zum narzisstischen Erleben von Verschmelzung und mentaler Einheit und zu Selbstobjektbeziehungen (Kohut, 1977; Masterson, 1981; Solomon, 1989). Der vermeidend Gebundene folgt einer dissoziativen, aber für Stabilität sorgenden Strategie der Autoregulation, die nur mit einem realitätsfernen Bild vom Partner funktionieren kann. Diese pseudo-sichere

Strategie entspringt seinem Bedürfnis nach beständiger, aber lediglich impliziter Nähe zur primären Bindungsfigur – und ist ein Versuch, das Problem der expliziten Nähe zu umgehen, die als bedrängend und als Störung der Autoregulation erlebt wird. Wenn sich aber im Lauf der Zeit für den vermeidend Gebundenen immer deutlicher abzeichnet, dass die Paarbeziehung von Dauer sein könnte, kommen bei ihm Ängste vor Abhängigkeit, Bedrängtwerden und eigener Unzulänglichkeit auf.

Das Problem für den Menschen mit vermeidendem Bindungsstil liegt in seiner Unfähigkeit, rasch zwischen Zuständen zu wechseln, vor allem wenn er psychisch von einer Ein-Personen- zu einer Zwei-Personen-Orientierung umschalten soll. Wenn der Partner sein Bedürfnis nach Verbundenheit zum Ausdruck bringt, kann das beim vermeidend gebundenen Menschen dazu führen, dass sein Arousal stark ansteigt und er sich mit Vehemenz vom Partner distanzieren muss. Falls ihm aber der Übergang zum Zwei-Personen-System gelingt, kann er die Nähe in der Interaktion einigermaßen gut aushalten. Nachdem er sich aber aus dem Zwei-Personen-System ausgeklinkt und sich erneut in seinem isolierten Zustand eingerichtet hat, fällt es ihm sehr schwer, ihn wieder zu verlassen. Sicher gebundene Menschen lernen dagegen sehr früh im Leben, fließende Übergänge zu vollziehen, ob nun zwischen Ein- und Zwei-Personen-Konstellationen, zwischen Spiel und Nicht-Spiel, zwischen Zuständen des Alleinseins und der Interaktion, zwischen hohem und niedrigem Arousalniveau oder zwischen Wachen und Schlafen.

Der Partner eines Menschen mit vermeidendem Bindungsstil hat durchaus Möglichkeiten, verändernd auf dessen Reaktionsmuster einzuwirken. Er kann die eigene Stimme, Sprechgeschwindigkeit und Ausdrucksweise modifizieren, um der reflexhaften Tendenz des vermeidenden Partners entgegenzuwirken, eine Bitte um Wiederherstellung der Verbundenheit als eine aggressive Forderung fehlzudeuten, dass er seine Autonomie preisgeben soll. Zugleich muss auch der vermeidende Partner selbst gegensteuern, indem er rasche und wirksame korrigierende Schritte unternimmt, wenn er wieder in vermeidendes oder geringschätziges Verhalten verfallen ist. Er muss auch initiativ handeln, indem er immer häufiger bewusst und von sich aus die Nähe des anderen sucht.

Menschen, die andere auf Distanz halten, reagieren hochempfindlich auf die körperliche oder emotionale Annäherung einer wichtigen Bezugsperson. Sie nehmen die Annäherung automatisch als zudringlich wahr, was eine Vielzahl von sichtbaren und verdeckten Abwehrmanövern in Gang setzt, die allesamt auf der psychobiologisch reflexhaften Ebene und nicht bewusst ablaufen. Diese sensible Reaktion auf das Näherkommen eines anderen ist in das Nervensystem und das Muskel-Skelett-System eingeschrieben und geht auf die frühesten Bindungserfahrungen zurück.

Menschen mit vermeidendem Bindungsstil operieren außerhalb eines im eigentlichen Sinne interaktiven dyadischen Systems und stützen sich, wenn sie stimulierende oder beruhigende Impulse brauchen, vor allem auf die Autoregulation. Sie verspüren zwar den Wunsch, sich der Obhut des Liebesobjekts anzuvertrauen, scheuen aber zurück, sobald der andere ihre Bedürfnisse nicht *voll und ganz* erfüllt. Oft klagen sie über das, was der andere alles nicht richtig macht, sodass dieser gekränkt auf Abstand geht. Diese Reaktion bestätigt dann die schlimmsten Befürchtungen von vermeidend gebundenen Menschen, dass es nur schiefgehen kann, wenn sie sich auf den anderen verlassen, und dass sie sich nur sicher fühlen können, wenn sie sich auf Autoregulation stützen.

## 7.3 Der wütend-abweisende Bindungsstil

Der Leitsatz, an dem sich ein wütend-abweisender Mensch in Beziehungen orientiert, lautet: „Ich kann das nicht allein." Diese Einstellung geht einher mit dem Gefühl der Hilflosigkeit und der Wut auf den sich entziehenden Partner. Der wütend-abweisend Gebundene strebt zwar in erster Linie nach Nähe und engem Kontakt, doch es gibt bei ihm auch eine Tendenz zum Zurückscheuen, die oft dann hervortritt, wenn sich eine Aussöhnung anbahnt, denn diese könnte ja am Ende wieder zu einer schmerzlichen Trennung führen. Im impliziten Gedächtnis sind die Erinnerungen an gescheiterte Beziehungen gespeichert, und der Schmerz und die Wut brechen immer wieder auf, sobald der andere sich zu entziehen scheint. Wenn der seltene Fall eintritt, dass wütend-abweisend Gebundene genau das bekommen, was sie sich angeblich wünschen – einen Partner, der versucht, immer für sie da zu sein –, finden sie Gründe, die Beziehung zu beenden (die sie dann oft als „langweilig" empfinden).

Solche Menschen arbeiten häufig auf eine Aussöhnung hin, um dann, wenn es so weit ist, mit einem Mal zu erstarren oder einen Rückzieher zu machen. Dies äußert sich dann körperlich als Zurückweichen oder Zurückstoßen oder in anderen ablehnenden Verhaltensweisen. Ihr Partner hat daher oft das Empfinden, dass sie ihn auf Distanz halten, obwohl sie eigentlich darauf beharren, ihm nahe sein zu wollen. Versuche des Partners, die Dinge in Ordnung zu bringen – durch welche Versöhnungsgesten auch immer –, lösen bei Menschen mit wütend-abweisendem Bindungsstil auf der psychobiologischen Ebene die Erwartung aus, dass er sie demnächst zurückweisen wird, ungeduldig reagiert oder in irgendeiner anderen Weise auf Distanz zu ihnen geht.

Die Merkmale des wütend-abweisenden gehen ebenso wie die des vermeidenden Bindungsstils auf die primäre Beziehung der Kindheit zurück: Das Kind reagierte seinerzeit quengelig und anklammernd, wenn die Pflegeperson präokkupiert oder „verstrickt" wirkte, das heißt, von anderen Dingen in Beschlag genommen schien. Das Quengeln ist die Form, in der sich beim Kind selbst die Verstrickung in unbewältigte Erfahrungen äußert, und entwickelt sich mit der Zeit zu einem fest verwurzelten Interaktionsstil, der das Kind daran hindert, zur Ruhe zu kommen und unbefangen seine Umgebung zu erkunden.

Auf die physische Trennung von der Pflegeperson reagiert das Kind mit demonstrativem Weinen und Verzweiflung, weil es nicht in der Lage ist, eine hinreichend innere Repräsentation der Pflegeperson aufrechtzuerhalten, die hinreichend differenziert und konstant ist, sodass es sich damit selbst beruhigen kann. Entweder kommt es zur Überstimulation, oder das Kind geht in den energieerhaltenden Modus über und zieht sich in sich selbst zurück. Beides führt dazu, dass es die Umgebung nicht erkunden oder mit ihr interagieren kann. Wenn die Pflegeperson zurückkehrt und klar zu erkennen gibt, dass sie auf das Verlangen des Kindes nach Nähe eingehen will, scheint es im ersten Moment widerspenstig zu reagieren – was für die Pflegeperson frustrierend ist. Der Körper des Kindes schmiegt sich nicht vollständig an die Pflegeperson an. Die ambivalente Botschaft ist: „Ich freue mich, dich zu sehen – aber Moment mal, mir fällt gerade ein, dass du nicht da warst, und ich habe kein Vertrauen darauf, dass du stets wiederkommst, also bin ich wütend auf dich!" Aufgrund dieses Widerstrebens können weder Kind noch Pflegeperson wirklich zur Ruhe kommen und sich erholen. Bei der nächsten Trennung wiederholt sich dieser ganze Ablauf und zementiert damit das bekümmerte, unsichere Bindungsmuster.

In primären Bindungsbeziehungen zwischen Erwachsenen reagiert ein wütend-abweisend gebundener Partner oft negativ auf Annäherung, insbesondere wenn beide nach einer Trennung wieder zusammenkommen. Diese Trotzreaktion kann sich als buchstäbliches Wegschubsen oder als eine Distanzierung mit Worten und Gesten äußern und hat meist etwas Feindseliges. Es handelt sich um eine wütende Reaktion auf das vorherige Getrenntsein und auf die Erwartung, dass der Partner einen zurückweisen und sich zurückziehen könnte. Es kann auch sein, dass den wütend-abweisenden Partner Schuldgefühle plagen, weil er das Gefühl hat, für den anderen, den er braucht, eine Last zu sein. Die Trotzreaktion ist fest einprogrammiert, weil sie auf die frühkindliche Bindungsorganisation zurückgeht, und wird das ganze Leben hindurch in allen bedeutsamen Beziehungen immer wieder durchgespielt. Die Dynamik erinnert stark an Fairbairns (1972) Konzept des antilibidinösen Ichs, das sich durch Sabotage positiver Erwartungen gegen Enttäuschungen wappnet.

Oft wirkt der wütend-abweisende Partner, ähnlich wie die primäre Bezugsperson seiner Kindheit, als sei er ganz von anderen Dingen in Anspruch genommen („präokkupiert") und für sein Gegenüber nicht verfügbar. Dieses Verstricktsein in die

Beschäftigung mit sich selbst, mit anderen Familienmitgliedern, mit der Arbeit oder mit der einstigen primären Bindungsbeziehung hat häufig einen wütenden, gereizten Unterton. Die Person fordert vom Partner, dass er ihr bei der Regulierung ihres Arousals hilft, ohne dafür aber eine Gegenleistung anzubieten. Dies setzt den Partner stark unter Druck und löst oft einen Dominoeffekt aus, der zu einer weiteren Distanzierung und noch stärkerer Verärgerung führt. Am Ende verspüren beide Partner eine hilflose Wut, verfallen immer häufiger in gegenseitige Schuldzuweisungen und sind überzeugt, dass der andere ihnen Erleichterung verschaffen könnte, aber nicht dazu bereit ist.

In der Paartherapie kann der andere Partner die Bindungswunde verstehen lernen, der das wütend-abweisende Verhalten entspringt. Der Therapeut kann dem Paar helfen, in dem negativen Verhalten eine psychobiologische Reflexhandlung zu erkennen, die zwar nicht der Kontrolle durch das Bewusstsein unterliegt, aber „gezähmt" werden kann, indem Gefühle „gehalten" und in einem „Behälter" aufgefangen werden. Die Quintessenz für das Paar ist, dass die Aufgabe gemeinsam angegangen werden muss: Der wütend-abweisende Partner kann von seiner Bindungswunde nicht aus eigener Kraft genesen und vermag das negative Verhaltensmuster nur mit Unterstützung des anderen zu verändern.

Mit der Zeit kann die Interaktion mit dem wütend-abweisenden Partner eine andere Form annehmen. Entscheidend ist dabei nicht, was der andere Partner sagt, sondern das, was er tut. Wenn er eine Zurückweisung erlebt, muss er kontraintuitiv handeln und in konstruktiver Weise über sie hinweggehen. Mit diesem Schritt unterläuft er die Erwartung, aus der sich das wütend-abweisende Muster speist, nämlich dass das eigene Verhalten beim Gegenüber Wut und Enttäuschung auslöst und es vertreibt. Diese Erwartung des wütend-abweisend gebundenen Menschen gründet in realen Erfahrungen mit der primären Bezugsperson der Kindheit.

Die kontraintuitive Annäherung trotz Zurückweisung muss oft wiederholt und vielleicht zeitlebens beibehalten werden. Wenn sie gelingt, setzt sie beim anderen eine positive Zustandsverschiebung in Gang, die einen wechselseitig verstärkten positiven Moment der Gemeinsamkeit entstehen lässt, von dem beide Partner profitieren. Außerdem muss der wütend-abweisende Partner sobald wie möglich Verantwortung für sein abweisendes und strafendes Verhalten übernehmen und seinen Teil dafür tun, dass die Dinge mit dem anderen in Ordnung kommen.

# 8. | Regulation von Arousalzuständen

Am Meeresstrand sehen und hören wir, wie die Wellen heranrollen, brechen und auslaufen, um dann zurückzuweichen. Ein erfahrener Surfer weiß, wie er die Wellen zu nehmen hat, und hält geschickt das Gleichgewicht, während er dem Auf und Ab folgt, um sich schließlich von einer auslaufenden Welle an Land tragen zu lassen. Wir können auch sehen und hören, wie Bäume im Wind vor- und zurückschwingen, und spüren, wie der Wind aus der einen oder anderen Richtung auf uns trifft. Ein Drachenflieger lässt sich von der Energie der Luftströmungen nach oben tragen und balanciert sein Gerät geschickt so aus, dass er wie gewünscht emporsteigt oder absinkt.

Meereswellen und Luftströmungen lassen sich mit dem Arousal vergleichen, einer natürlichen Kraft in uns, die anschwillt und abklingt, uns vorantreibt oder innehalten lässt, uns manchmal aber auch umwirft und aus dem Gleichgewicht bringt. Ob wir angenehme oder unangenehme Erfahrungen machen, kann ähnlich wie beim Wellenreiten und Drachenfliegen davon abhängen, ob es uns gelingt, diese natürliche Energie in uns geschickt zu lenken und im Gleichgewicht zu halten. Wenn wir nicht in der Lage sind, die Energie unseres Arousals entspannt und unangestrengt zu regulieren, verlieren wir irgendwann die Kontrolle, bis wir sozusagen eine Bruchlandung hinlegen.

Mit *Arousal* sind bestimmte Zustände von Gehirn, Geist und Körper gemeint, die aus dem Zusammenwirken verschiedener Systeme und Prozesse hervorgehen. Der *Sympathikus*, ein Teil des autonomen Nervensystems (ANS), greift in emotionale Prozesse ein, erzeugt Zustände, in denen wir unsere Kraft und Vitalität spüren, und macht uns zum Handeln bereit. Dabei arbeitet er mit dem neuroendokrinen System zusammen, insbesondere mit der Hypothalamus-Hypophysen-Nebennierenrinden-Achse (HPA-Achse), die den Adrenalinpegel regelt. Der *parasympathische* Zweig des ANS übt ebenfalls Einfluss auf emotionale Prozesse aus, führt Entspannungszustände herbei und erzeugt eine regenerierend wirkende Gegenreaktion zur sympathischen Aktivierung. Er kooperiert dabei mit dem motorischen Vaguskomplex und ebenfalls mit der Hypothalamus-Hypophysen-Nebennierenrinden-Achse, die Corticosteroide (Cortisol) bereitstellt. (Detailliertere Ausführungen hierzu finden Sie in Anhang A.)

Wenn das ANS in optimaler Weise funktioniert, sind wir aufmerksam und reaktionsbereit und zugleich entspannt, ohne dass die Handlungsbereitschaft oder die Erholungsbereitschaft zu ausgeprägt wäre. Ein solches gut eingespieltes System arbeitet ökonomisch: Es wendet nie mehr Energie auf als nötig, sodass wir nicht mehr Erholungsphasen brauchen, als uns das lieb ist. Ein optimales Arousalniveau des ANS moduliert die neuroendokrine Produktion von Adrenalin und Corticosteroiden so, dass wir von diesen Substanzen nicht zu viel verbrauchen. Ein optimal austariertes Arousal des ANS hält auch den Sauerstoffpegel und den Glukose-Stoffwechsel im Gehirn im Gleichgewicht und steuert damit unsere Bereitschaft, Erfahrungen zu verarbeiten und auf sie zu reagieren (Beneli, 1997; Burleson et al., 2003; Eagle et al., 2007; Iacobini et al., 2001).

## 8.1 Das Einmaleins der Arousal-Regulation

*Arousal-Regulation* ist der Prozess, in dem wir unsere Arousalzustände und die Übergänge zwischen ihnen lenken. Das Arousal kann sowohl intern reguliert werden, ob nun automatisch (nicht bewusst) oder willkürlich (bewusst), als auch extern, das heißt durch das Eingreifen bedeutsamer anderer in unserem Umfeld. Alle *automatischen internen Regulationsfunktionen* gehen von subkortikalen Arealen aus. Dies sind die unteren limbischen Strukturen (Amygdala, Hippocampus und Hypothalamus) sowie Mittelhirn, Hirnstamm, Rückenmark und die dorsale motorische Vagusbahn. Das ANS ist für die nicht-bewusste Arousal-Regulation zuständig (z. B. für Ohnmachtsanfälle, Einschlafen, Aufwachen und möglicherweise auch für die Abwendung von beunruhigenden Personen, Situationen oder Geräuschen). *Willkürliche interne Regulationsfunktionen* sind den höheren Cortexarealen zugeordnet, nämlich den frontolimbischen Strukturen: dem ventromedialen präfrontalen Cortex, dem orbitofrontalen Cortex, dem vorderen Gyrus cinguli, der Insula und der ventralen motorischen Vagusbahn. Ohne einen funktionstüchtigen präfrontalen Cortex müssten wir uns entweder auf automatische interne Kontrollmechanismen oder auf die externe Steuerung durch einen anderen Menschen oder durch Medikamente stützen. Bei Kindern und Erwachsenen mit Aufmerksamkeitsstörungen werden häufig Psychostimulanzien wie Methylphenidat (Ritalin) oder Dextroamphetamin (Dexedrin) eingesetzt, um die Frontallappen zu stimulieren und Funktionen der Selbstregulation wiederherzustellen.

Uns stehen viele willentlich einsetzbare Regulationsstrategien zur Verfügung. Zum Beispiel können wir, wenn wir aufgeregt sind, mit einem tiefen Atemzug eine parasympathische Salve an das Herz senden, um durch Absenkung des Pulses und erhöhte Sauerstoffzufuhr zum Gehirn ruhiger zu werden. Wir können uns ablenken oder andere Methoden der Aufmerksamkeitsverlagerung nutzen, um unseren Arousalpegel nach oben oder nach unten anzupassen. Uns stehen auch komplexe Anpassungsstrategien zur Verfügung wie etwa Meditieren, Sport treiben, ins Kino gehen, ein Buch lesen oder einen Freund anrufen. Wenn wir gekränkt, zornig, traurig oder ängstlich sind, können wir uns jemandem anvertrauen und dadurch, dass wir unseren Kummer in Worte fassen, unser Arousal herunterregulieren. Wir können auch auf weniger differenzierte Anpassungsstrategien zurückgreifen und Alkohol, Drogen, Sex, Gewalt und verschiedenste Verhaltensweisen nutzen, um unser Arousal zu justieren.

*Externe Regulationsfunktionen* werden zu Beginn unseres Lebens zunächst von unseren frühesten Bindungsfiguren ausgeübt, über Haut- und Blickkontakt und in vestibularen und prosodischen Interaktionen. Später übernehmen dann auch Freunde, Lehrer, Ärzte, Sexualpartner und andere Menschen externe Regulationsfunktionen. Auch Medikamente und Drogen üben externe Regulationsfunktionen aus, zumindest in dem Sinne, dass sie als Substanzen, die von außen her in den Körper kommen, eine Zustandsveränderung einleiten. In der psychobiologischen Paartherapie gilt die Aufmerksamkeit insbesondere der externen Regulation durch den primären Bindungspartner.

Beim Kind läuft die Regulation zunächst ausschließlich auf einer automatischen, unflexiblen und nicht bewussten Ebene ab und entwickelt sich dann hin zu einem System der absichtsvollen, flexiblen und bewussten *Selbstregulation*. Diese eignet sich besser als eine rein automatische Steuerung dazu, Verbindungen zu anderen Menschen, die auf Fairness und Gegenseitigkeit gegründet sind, aufzubauen und aufrechtzuerhalten. Im Alter von etwa zehn bis zwölf Monaten, wenn unser orbitofrontaler Cortex die Arbeit aufnimmt, beginnen wir elementare Funktionen der Selbstregulation auszubilden (Schore, 1994, 2002c), ein Prozess, der sich die ganze Kindheit hindurch fortsetzt. Impulskontrolle und Frustrationstoleranz sind orbitofrontale Aspekte der Selbstregulation, die erst voll ausgereift sind, wenn die Entwicklung der Frontallappen im frühen Erwachsenenalter ihren Endpunkt erreicht. Wie bereits erwähnt, lernen wir Selbstregulation durch die Unterstützung unserer ersten externen Regulatoren, nämlich der primären Bezugspersonen unserer Kindheit. Unser noch junges Selbstregulationssystem ist ein ausschnitthaftes Abbild ihres Systems. Wir gehen – von konstitutionellen und genetischen Faktoren einmal abgesehen – bei der Regulation unseres Arousals bestenfalls so geschickt vor wie unsere frühesten externen Regulatoren. Doch wenn unsere primären Pflegepersonen die eigene Anspannung, Furcht, Wut und Erregung wirksam modulieren können, werden auch wir entsprechende Fertigkeiten entwickeln.

Wenn ein Kind teilweise oder massiv vernachlässigt wird oder aus anderen Gründen eine gute externe Regulation durch eine Pflegeperson entbehren muss, macht es die Erfahrung, dass bestimmte mentale, emotionale oder körperliche Zustände nicht ernst genommen, missbilligt oder abgewertet werden. Wenn beide Eltern einen bestimmten Arousal- oder Affektzustand durchweg meiden, muss das Kind diese Zustände entweder ebenfalls meiden oder auf eigene Faust regulieren. So entwickelt sich ein unzulänglich gesteuerter Modus des inneren Erlebens, der später im Umgang mit anderen negative Folgen nach sich ziehen kann.

Betrachten wir einen jungen Mann, in dessen Herkunftsfamilie man stets die unteren Bereiche des Arousalspektrums bevorzugte und es vorzog, nur gedämpfte Erwartungen aneinander zu haben und „kein Theater zu machen". Beide Eltern waren bemüht, Erregung jeder Art zu unterbinden. Intensive sympathische Arousalzustände, ob positiv oder negativ getönt, waren im Familienleben unerwünscht. Als Kind und Jugendlicher hielt sich der jetzt erwachsene Mann von lebhafteren Gleichaltrigen fern, hatte aber in der letzten Klasse der Highschool kurz ein recht temperamentvolles Mädchen zur Freundin. Er fand ihre Lebendigkeit anziehend, aber auch einschüchternd. Zu seinem großen Kummer kam er mit ihrer Leidenschaftlichkeit nicht zurecht, vor allem wenn sie ihm galt. Er entzog sich jeder Art von Interaktion, die in Hochstimmung, Begeisterung oder Begehren hätte münden können, und verschloss sich dann lieber rasch. Dieser junge Mann sieht in jeder Form von Erregung und jeder Empfindung, die auch nur in diese Richtung geht, einen *unregulierten* und daher nicht zu bändigenden Zustand. Seine Verlobte ist seiner Highschool-Liebe ähnlich und kämpft am entgegengesetzten Ende der Arousal-Skala im Grunde mit demselben Problem wie er. Mit Zuständen hoher Vitalität kommt sie sehr gut zurecht, meidet aber den Gegenpol des Spektrums: Muße, ruhige Zufriedenheit, Traurigkeit und Niedergeschlagenheit. Zusammen bilden die beiden ein *biphasisches Paar*, das heißt, der eine Partner zieht energiegeladene sympathische Zustände, der andere gedämpfte parasympathische Zustände vor. Die Aufgabe des Paartherapeuten besteht hier darin, den Mann bei der Regulation (und dem Aushalten) dynamischer Zustände und die Frau beim Umgang mit gedämpften Zuständen anzuleiten. Beide befinden sich als primäre Partner eigentlich in der optimalen Position, um dem anderen zu helfen. Beide verfügen aber auch über die denkbar günstigsten Voraussetzungen, um den anderen zu behindern – und genau das geschieht in einer solchen Konstellation auch oft. Ein psychobiologisch orientierter Paartherapeut kann den Partnern Hilfestellung geben, konstruktiv mit der Situation umzugehen.

Aus entwicklungspsychologischer Perspektive betrachtet ist erstrebenswert, dass die Partner sich in Richtung höherer Komplexität bewegen – vom Spielen allein zum Spiel in Interaktion und von der *Autoregulation* zur *interaktiven und wechselseitigen Regulation*. In der Paartherapie achten wir darauf, auf welcher Stufe sich die prosozialen Fähigkeiten jedes Partners befinden. Von ihnen hängt es ab, inwieweit er in der Paarbeziehung zur optimalen Steuerung des eigenen Verhaltens in der Lage ist.

## 8.2 Autoregulation

Die Autoregulation ist die früheste und einfachste Stufe der Arousal-Regulation. Sie ist ein insularer automatischer Prozess, der wenig innere Ressourcen in Anspruch nimmt, weil für ihn keine Interaktion mit anderen notwendig ist. Beispielsweise ist das Abwenden des Blicks eine autoregulatorische Strategie des Babys, mit der es Überstimulation verhindern und zur Ruhe kommen kann. Es nimmt Blickkontakt zur Bezugsperson auf, schaut dann aber bald wieder weg, weil Blickkontakt stark stimulierend wirkt. Wenn die Bezugsperson sich dem Baby dann, wenn es wegschaut, aufzudrängen und seinen Blick zu „erhaschen" versucht, fühlt es sich angesichts der Überstimulation schutzlos und verlegt sich auf andere, massivere Autoregulationsstrategien (duckt sich weg oder überstreckt sich) oder flüchtet in die Dissoziation.

Aus Sicht der psychobiologischen Paartherapie ist Autoregulation eine auf die eigenen Möglichkeiten eingeengte Strategie, zur Ruhe zu kommen und sich Stimulation zu verschaffen. In ihrer primitiven Form läuft sie ganz nach innen gekehrt und ohne Bezug auf einen anderen Menschen ab: Das Baby lutscht am Daumen, um sich zu beruhigen; das Kleinkind trägt eine „Schmusedecke" oder ein anderes Übergangsobjekt mit sich herum, das ihm Trost gibt, oder ist selbstvergessen in die Beschäftigung mit seinen Spielsachen vertieft; der Teenager gibt sich seinen erotischen Phantasien hin. Zur Autoregulation zählen aber auch stärker bewusste, aber mehr oder weniger reflexionsferne Aktivitäten – Fernsehen, Lesen, Essen, Trinken, Drogenkonsum, Tagträumen, Grübeln, Meditieren, Surfen im Internet, Videospiele usw. Autoregulatorische Strategien mit kreativen Anteilen sind zum Beispiel Tanzen, Singen, Musizieren, Schreiben und Malen, solange dabei keine Interaktion mit anderen erfolgt. Mit ihnen können wir unser Stimulationsniveau regeln, ohne dass zwischenmenschliche Stressfaktoren ins Spiel kommen.

Wie wir uns bei der Autoregulation erleben, hängt von unserer Bindungsorientierung ab. Die Interaktion mit einem anderen Menschen nimmt grundsätzlich mehr interne neurobiologische Ressourcen in Anspruch. Für Menschen mit vermeidendem Bindungsstil ist die Autoregulation also vor allem ressourcen- und energieschonend. Wenn sie sich vorwiegend auf Autoregulation stützen, verfestigt sich im Lauf der Zeit ein psychisches Ein-Personen-System, in dem Gegenseitigkeit nicht vorkommt. Der angenehm dissoziative Zustand, der daraus hervorgeht, ermöglicht ein wohliges, gezieltes Ausblenden von Raum und Zeit, das an den Zustand eines allein spielenden Kindes erinnert, in dem Selbststimulation und Selbsttröstung nicht von Angst oder Verunsicherung gestört oder durchbrochen werden können. Bei wütend-abweisend gebundenen Menschen aber geschieht das Gegenteil: Längere Phasen ohne Interaktion mit primären Bindungsfiguren enden in hochgradig dysregulierten Zuständen. Ihnen verlangt die Autoregulation einen hohen Energieaufwand ab, vor allem wenn sie sich von der Regulation mittels Interaktion lösen müssen.

Erwähnt sei hier auch, dass Autoregulation in pseudo-bezogenen Interaktionen mit anderen Menschen eingesetzt werden kann, wie das bei einigen psychiatrischen Krankheitsbildern und Persönlichkeitsstörungen zu beobachten ist. So behandeln narzisstisch gestörte Menschen andere als bloße Erweiterungen des eigenen Selbst und nicht als eigenständige, wirkliche Personen (Kohut, 1977; Lichtenberg, 1991; Winnicott, 1969). Auf den ersten Blick scheinen sie sich mittels der Interaktion mit anderen zu regulieren, befinden sich in Wirklichkeit aber im Modus der Autoregulation und benutzen andere nur als Objekte für die Selbststimulation und Selbsttröstung.

## 8.3 Interaktive Regulation

Bei der *interaktiven Regulation* balancieren zwei oder mehr Individuen das Arousal ihres autonomen Nervensystems in einem fortgesetzten dynamischen Prozess gemeinsam aus. Das Fundament dieses Miteinanders und dieser Gegenseitigkeit ist das interaktive Spiel des Babys mit seinen primären Bezugspersonen. Wenn dieses interaktive Spiel ausbleibt, greift das Kind stattdessen auf die Autoregulation zurück, um sich daran anzupassen, dass es zu wenig Aufmerksamkeit erfährt. Dies fordert einen hohen Tribut, denn das Kind bleibt, wenn es heranwächst, aus der Welt der zwischenmenschlichen Interaktion weitgehend verbannt.

Autoregulation ist im Wesentlichen selbstbezogen, nach innen gerichtet und auf die eigene Person fixiert, während interaktive Regulation grundsätzlich nach außen auf ein Gegenüber orientiert und auf eine Beziehung konzentriert ist. Wenn ein Mensch sich ausschließlich auf Autoregulation (einseitig: Ich helfe mir selbst) oder ausschließlich auf externe Regulation (ebenfalls einseitig: Tu das für mich) stützt, ist er psychisch auf ein Ein-Personen-System ausgerichtet, in dem Gegenseitigkeit nicht vorgesehen ist. Dagegen agiert, wer sich auf interaktive Regulierung stützt (wechselseitig: Wir tun das jeder für den anderen), in einem psychischen Zwei-Personen-System, in dem ein echtes Miteinander existiert.

*Wechselseitige Abstimmung* (attunement) ist das Empfinden, auf derselben Wellenlänge, im Einklang oder im Gleichtakt zu sein. Sie ist im Erwachsenenalter die Initialzündung einer primären Beziehung. Die Abstimmung aufeinander geht mit einem Gefühl der Sicherheit und Geborgenheit sowie mit gegenseitiger Anziehung einher und wird genährt von der Fähigkeit der Partner, in einem Mikromoment nach dem anderen berechenbar und freundlich zu bleiben. (Der Begriff *Mikromoment* bezieht sich auf das subkortikale Tempo, mit dem wir soziale Situationen einschätzen und auf sie reagieren. Wir brauchen dazu nur etwa zwischen 30 und 300 Millisekunden [Khan & Sobel, 2004; Krolak-Salmon et al., 2003; Morris et al., 1998; Shibata et al., 2008].)

Augenblicke, in denen die ansonsten gelingende wechselseitige Abstimmung eines Paars fehlschlägt, sind höchst unangenehm. Die dabei ablaufenden Reaktionen vollziehen sich reflexhaft und blitzschnell und sind nicht vollständig kontrollierbar. Sobald sie erfolgt sind, können sie nicht zurückgenommen, sondern nur eilends korrigiert werden. Gut eingespielte Partner stimmen sich rasch wieder aufeinander ab, ohne im Einzelnen zu registrieren, was sie dabei tun (die Wahrnehmung der Fehlabstimmung klingt noch nach, während die primitiven Operationen längst in Gang gesetzt sind, die das Paar vor Gefahr schützen sollen), doch wenn sie für die Fehlerkorrektur länger als gewöhnlich brauchen, wächst das Unbehagen weiter an. Momente, in denen die Abstimmung versagt, können ein rasches *Ansteigen* oder *Absinken* des Arousals auslösen. Wenn derartige Situationen zu häufig auftreten, ohne dass sie bereinigt oder Fehler zurechtgerückt werden, gewinnen diese negativen Erfahrungen an Gewicht, und das Gefühl der Bedrohung wächst. Geht es also darum, eine Fehlabstimmung zu überwinden und zur gelingenden wechselseitigen Abstimmung zurückzufinden, hat das Paar nicht alle Zeit der Welt. Wenn die rasche Regulation eines rasch ansteigenden oder absinkenden Arousals notwendig ist, tickt die Uhr.

# 9. | Dysregulation

Treten bei einem Paar längere Phasen auf, in denen die wechselseitige Abstimmung fehlschlägt, steigt die Wahrscheinlichkeit extremer Arousalzustände und damit die Wahrscheinlichkeit einer internen wie auch wechselseitigen Fehlsteuerung dieser Zustände. Mit anderen Worten, wenn das Arousal außer Kontrolle gerät, geht das Paar von der Liebe zum Krieg über. *Dysregulation* bezeichnet eine somatoaffektive neurobiologische Konstellation, in der sich in Gehirn, Geist und Körper extrem negative Veränderungsprozesse vollziehen. Salopp ausgedrückt: Es bricht das Chaos aus.

## 9.1 Ursachen einer Dysregulation

Ein kleines Kind ist bei der Regulation seiner inneren Zustände auf die Hilfe seiner Bezugspersonen angewiesen. Die externe Regulation geschieht in einem höchst störungsanfälligen, fein austarierten Wechselspiel zwischen Kind und Gegenüber. Wenn die Bezugsperson sich zu sehr aufdrängt, zu wenig oder zu stark reagiert oder innerlich zu sehr mit anderem beschäftigt ist, um die Beziehung zu einem über- oder unterstimulierten Kind im Gleichgewicht zu halten, kommt es zu Missklängen und Fehlern. Normalerweise greift die Bezugsperson dann sogleich korrigierend und justierend ein. Wenn sie dies aber unterlässt oder nicht dazu in der Lage ist und der Mangel an Abstimmung über einen längeren Zeitraum hinweg nicht behoben wird, kommt es beim Kind zur Dysregulation seines inneren Zustands.

Das bedeutet nicht, dass eine Dysregulation immer von einer Bezugsperson ausgeht. Denn es können ähnliche Probleme auftreten, wenn das Erleben des Säuglings oder Kleinkinds von anhaltenden Schmerzen bestimmt ist (wie zum Beispiel bei Koliken, Säurereflux oder anlagebedingten gesundheitlichen Problemen). Die ständigen intensiven Notfallsignale, die das Kind sendet, münden in eine Dysregulation, weil die Bezugsperson gar keine Möglichkeit hat, das leidgeplagte Kind hinreichend zu beruhigen oder zu trösten. Ein Kind mit akuten oder chronischen Schmerzen stellt das Regulationsgeschick einer jeden Pflegeperson auf eine harte Probe.

Auf der affektiven Ebene kann die Wut einer Bezugsperson zur Dysregulation führen, falls sie zu stark wird und zu lange anhält. Wenn zum Beispiel der Vater zu sich lange hinziehenden Wutanfällen neigt, kann dies das Nervensystem aller Familienmitglieder in Mitleidenschaft ziehen, sodass die Dysregulation von ihm auf alle anderen übergreift. Der Sohn reagiert seinerseits mit einem Wutanfall, die ältere

Tochter flüchtet aus der Wohnung, die Mutter weint und bittet die anderen, doch damit aufzuhören, und bei der jüngeren Tochter, die sich in ihrem Zimmer verkriecht und ihre Puppen zerfetzt, bildet sich im Lauf der Zeit ein Muster heraus: Wenn sie Wut verspürt oder bei anderen erlebt, reagiert sie mit Angst, Desorganisation, Desorientierung und Hyperarousal. Studien haben gezeigt, dass elterliches Verhalten, das beängstigend auf die Kinder wirkt, bei diesen zu Desorganisation und Desorientierung führt (Cassidy & Mohr, 2006; Holmes, 2004; Lyons-Ruth & Spielman, 2004; Main & Hesse, 1990; Main & Solomon, 1990).

Bindungsunsicherheit und Dysregulation hängen eng miteinander zusammen. Je unsicherer ein Partner, desto wahrscheinlicher ist es, dass das Paarsystem immer wieder durch Phasen der psychobiologischen Dysregulation erschüttert wird. Dies gilt umso mehr, wenn der Bindungsstil beider am unsicheren Pol des Bindungsspektrums angesiedelt ist. Viele unsichere Partner tragen unbewältigte Traumata oder Verlusterfahrungen mit sich herum; unter Belastung brechen dann die Residuen der unverarbeiteten schmerzlichen Erfahrungen auf und verschärfen eine bestehende Dysregulation. Weil antizipatorische Systeme wie das ANS und die Hypothalamus-Hypophysen-Nebennierenrinden-Achse (HPA-Achse) am Beziehungserleben beteiligt sind, prägt es nicht nur unsere inneren Haltungen, sondern greift auch auf einer strukturellen und funktionellen Ebene in biologische Gegebenheiten ein. Primäre Bindungsbeziehungen üben, ob sie nun von Einfühlung, Mangel an Einfühlung oder beängstigender Unberechenbarkeit charakterisiert sind, auf der Zellebene massive Effekte auf Gehirn und Körper aus und nehmen sogar Einfluss auf die DNA und die Genexpression (Schore, 2002a, 2002b; Cappas et al., 2005).

Bei Menschen, die unter unverarbeiteten frühen Beziehungstraumata, posttraumatischer Belastungsstörung oder einer chronifizierten neuroendokrinen Reaktion auf das Gefühl der Bedrohung leiden, kann sich leicht eine Hypertrophie der Amygdala und eine Atrophie des Hippocampus entwickeln (McEwen, 2003; Vyas et al., 2002, 2003, 2006; Tebarz et al., 2000). Die Struktur ihrer Innenwelt ist auf Traumata, Angst und Aggression zentriert. Studien belegen, dass starker Stress, dem eine Schwangere ausgesetzt ist, die vorgeburtliche neurobiologische Entwicklung des Kindes beeinflusst (Davidson, 2008; Cottrell, 2009; Pardon, 2008; Oitzl, 2009).

Menschen mit übergroßer Amygdala und geschrumpftem Hippocampus neigen oft zu Paranoia, nehmen also bedrohliche Aspekte einer Situation übertrieben wahr, und sind unzureichend orientiert, insofern sie Schwierigkeiten haben, Ereignisse zeitlich und räumlich richtig einzuordnen (eine Aufgabe, an der der Hippocampus mitwirkt). Der starke chronische Stress, der durch Bindungsunsicherheit entsteht, löst eine Überproduktion von Nebennierenhormonen aus, die in Kindheit und Jugend zu einem allzu weit gehenden Auslichten von Nervenzellen führt und im

Erwachsenenalter neurotoxisch wirkt (Schore, 2005; Teicher et al., 2002; McEwen, 2003, 2001, 2000).

Im Verlauf der frühkindlichen Entwicklung schlägt sich der Grad der Bindungssicherheit auch im parasympathischen Tonus nieder, der die Fähigkeit des Körpers zu Entspannung und Erholung widerspiegelt. Der vom Vagusnerv gesteuerte *parasympathische Tonus* ist der Parameter, über den die Herunterregelung des Herz-Kreislauf-Systems und die Modulation sympathischer Arousalzustände erfolgt. Viele unsicher gebundene Menschen haben ihr Leben lang Probleme mit Impulskontrolle, mit einer Tendenz zur Akzeleration, das heißt zur überschnellen Aktivierung (Disinhibition) des Sympathikus, und mit einer unzureichend entwickelten Vagusbremse (Inhibition).

Wenn die interaktive Regulation völlig zusammenbricht und / oder länger gestört ist, kommt es bei beiden Partnern zur Dysregulation. Diese hängt eng mit den Dimensionen der *Intensität* und *Dauer* eines mit negativen Emotionen verbundenen Arousals zusammen: Intensive negative Erfahrungen, die sich nur über kurze Zeit erstrecken, ziehen ebenso wie länger anhaltende Erfahrungen, die nur einen leichten oder mittelgradigen negativen Charakter haben, kaum Folgen nach sich. Stark negative und lang anhaltende zwischenmenschliche Erfahrungen aber erzeugen einen übermächtigen Stress, der zu Beziehungstraumata und einer Störung des Systems von Sicherheit und Geborgenheit führt. Diese Störung löst eine Gefahrreaktion aus, den Drang, zu dem Objekt, das den Stress zu verursachen scheint, Abstand zu gewinnen.

Unabhängig davon, wo die Partner im Spektrum der Bindungsunsicherheit einzuordnen sind, kann es zu einer Dysregulation ihrer Reaktionen kommen, die sich in unkontrollierbaren Arousalzuständen, intensiven Affekten, unzureichender Regeneration, dissoziativen Phänomenen und starker Beeinträchtigung der Informationsverarbeitung äußern kann. Den Partnern mangelt es an Geschick oder an den nötigen Fertigkeiten, um sich selbst und den anderen im mittleren Bereich des Arousal-Spektrums einzupendeln. Sie sind als Paar nicht in der Lage, ein für prosoziales Handeln taugliches Arousalniveau aufrechtzuerhalten (in dem höhere Kortexareale hinreichend mit Sauerstoff versorgt und für kontingentes Reagieren verfügbar sind) und Extreme zu meiden, das heißt nicht in den Modus Kampf-Flucht-Erstarrung (mit Hyperarousal verbundene Sympathikus-Reaktion) oder den Modus Energieeinsparung / Rückzug (mit Hypoarousal verbundene Parasympathikus-Reaktion) zu verfallen. In extremen Arousalzuständen vollziehen sich in Gehirn und neuroendokrinem System Veränderungen, die der Selbsterhaltung Vorrang vor prosozialen Prinzipien und Verhaltensweisen einräumen. Im Hyper- und Hypoarousal ist die Gehirnaktivität, mit anderen Worten, auf primitivere subkortikale Prozesse eingeengt, die in erster Linie auf das Überleben des Organismus gerichtet sind.

Zur Dysregulation kommt es bei einem Paar, wenn ein Partner oder beide sich nicht mehr in dem mit prosozialem Verhalten zu vereinbarenden Bereich des Arousalspektrums bewegen (Porges, 2001) und außerstande sind, ihr Arousal nach unten oder oben zu korrigieren. Negative Emotionen schaukeln sich hierbei auf. Mit einem Hyperarousal verknüpfte Verhaltensaspekte sind dann in der Regel übermäßig stark ausgeprägt (zum Beispiel manische Zustände, Wutanfälle, Panik, Aggressivität, Selbstüberschätzung), während mit einem Hypoarousal gekoppelte Verhaltensaspekte eher eine sehr einengende Wirkung haben (zum Beispiel Dissoziation, anaklitische Depression, lähmende Scham, Abgestumpftheit).

## 9.2 Paare mit hohem Arousalniveau

Paare mit hohem Arousalniveau neigen zu Reaktionsmustern, die dem intensiven Sympathikus-Bereich des autonomen Nervensystems zuzurechnen sind. Ihr Arousalprofil, das bemerkenswert stabil ist, weist einen sehr hohen Anteil an gemeinsamen *stark positiven* und *stark negativen Erfahrungen* auf. Die stark positiven gemeinsamen Erfahrungen sind auf die beiderseitige Präferenz für Sympathikus-Zustände zurückzuführen, die von vitalen Affekten wie Erregung und Manie, aber auch Wut und Panik bestimmt sind. Die stark negativen gemeinsamen Erfahrungen lassen sich damit erklären, dass beide Partner gedämpfte Parasympathikus-Zustände, die mit Affekten wie Kummer, Traurigkeit, Niedergeschlagenheit und Scham einhergehen, meiden oder schlecht ertragen können. Keiner der beiden verfügt über die Fähigkeiten, die für die interaktive Regulation unangenehmer Affekte notwendig sind. Den Partnern fehlt also ein Funktionsmodus, in dem sie einander beruhigen und trösten können. Bei einem solchen Paar haben im Allgemeinen beide eine wütendabweisende Bindungsorientierung. Trotz ihres hitzigen Beziehungsstils bleiben sie meist zusammen, weil starkes Anklammern für sie ein Schutzmechanismus ist.

Bei Partnern mit hohem Arousalniveau kochen Ärger und Wut außerordentlich rasch hoch, und der Übergang in ein Hyperarousal vollzieht sich bei ihnen meist blitzartig. So wie beim Anzünden eines Feuers führt der sogenannte *Kindling*-Effekt zu einer Aktivierung einer systemischen Verknüpfung oder einer Sequenz, die ein biologisches, emotionales oder psychisches Phänomen wie etwa einen Krampfanfall, einen depressiven Schub, Angst, Panik oder eine Episode einer bipolaren Störung auslöst, und zwar vor allem, wenn dieses Phänomen vorher schon mehrmals aufgetreten ist. Wenn beispielsweise eine Depression unbehandelt bleibt, kann dies die Wahrscheinlichkeit erhöhen, dass die Depression in der Zukunft wieder auftritt (Ferrando & Okuli, 2009; Fries & Pollack, 2007; Scaer, 2001). In der Zeit, die Partner mit hohem Arousalniveau miteinander verbringen, bewegen sie sich möglicherweise einen Großteil der Zeit am oberen Limit des mit prosozialem Verhalten zu vereinbarenden Arousalbereichs. Der Kindling-Effekt ist hier zweischneidig: Sie sind gleichermaßen für erbitterten Streit wie für leidenschaftlichen Sex bereit und können manchmal rasch zwischen beidem hin- und herwechseln. Interessanterweise ist bei vielen Partnern mit hohem Arousalniveau eine Neigung zum Substanzmissbrauch feststellbar, und überdurchschnittlich viele greifen zu Stimulanzien, Alkohol und Marihuana. (Gegen eine kontrollierte psychopharmakologische Behandlung sträuben sie sich allerdings oft.) Der Paartherapeut sollte stets prüfen, ob die Partner legale und illegale Drogen konsumiert haben und konsumieren oder irgendwann ein Schädeltrauma erlitten haben, und die Möglichkeit im Auge behalten, dass die Funktion der Frontallappen beeinträchtigt sein könnte. (Eine fast vollständige Disinhibition der Funktion des Sichzurückhaltens und Abwartens kann unter anderem auf einer Dysfunktion des ventromedialen präfrontalen Kortex beruhen.)

Weil bei Partnern mit hohem Arousalniveau die Impulskontrolle eingeschränkt ist, „vergessen" sie andauernd, sich zurückzuhalten und abzuwarten; ihre Tendenz zur Akzeleration, also zur überschnellen Aktivierung (Disinhibition) des Sympathikus, und die bei ihnen schwach ausgeprägte Funktion der Vagusbremse (Inhibition) machen es dem Therapeuten nicht leicht, ihr Streiten in den Sitzungen in Grenzen zu halten. Wenn diese kampfbereiten Paare einmal mit einem Streit angefangen haben, sind sie nicht aufzuhalten, bis sie damit fertig sind. Der Therapeut muss warten, bis das Arousal der beiden abklingt, um dann wieder in die Interaktion mit ihnen einzusteigen.

Therapeuten, die Wut hoher Intensität schlecht aushalten können, haben bei der Behandlung von Paaren mit hohem Arousalniveau einen schweren Stand. Andere fühlen sich hilflos, sind frustriert, werden ungeduldig oder langweilen sich sogar, denn die sich wiederholenden Tiraden können äußerst öde und entmutigend sein. Auch bei Paaren mit hohem Arousalniveau stellen sich irgendwann positive Veränderungen ein, doch sie machen nur langsam Fortschritte: Eigentlich nimmt die Fähigkeit zur Selbst- und Co-Regulation mit den Jahren und der immer höheren Komplexität von Gehirn, Geist und Körper zu, doch Arousalmuster wie die geschilderten sind dennoch nicht leicht zu verändern (außer vielleicht mit Medikamenten). Mit Blick auf die Bindungsstrukturen besteht das Ziel der Therapie freilich nicht darin, die Arousalmuster der Partner zu modifizieren, sondern darin, ihre primäre Bindungsbeziehung zu einer sicheren zu machen.

## 9.3 Paare mit niedrigem Arousalniveau

Paare mit niedrigem Arousalniveau tendieren zu Reaktionen im unteren parasympathischen Bereich des ANS-Spektrums. Meist haben beide Partner einen vermeidenden Bindungsstil. Das gemeinsame Arousal-Profil ist bestimmt von gemeinsamen positiven und negativen Erfahrungen, die von geringer Intensität sind. Dass die Intensität der gemeinsamen positiven Erfahrungen niedrig ausfällt, liegt hauptsächlich daran, dass die Partner intensive sympathische Zustände (die mit vitalen Affekten wie Freude, Ekstase oder Leidenschaft verbunden sind) zeitlebens gemieden haben oder schwer aushalten können. Deshalb bringt keiner der beiden Strategien zur interaktiven Regulation starker positiver Affekte in die Beziehung mit. Die niedrige Intensität der gemeinsamen negativen Erfahrungen ist nicht mit einer geschickten interaktiven Regulation unangenehmer Affekte zu erklären, sondern damit, dass die Partner geringe Erwartungen an die Interaktion stellen und die Autoregulation bevorzugen. Beim Streit eines Paars mit niedrigem Arousalniveau bleibt die Lautstärke meist gedämpft – so wie alles andere in ihrer Beziehung. Dennoch sind solche Paare von chronischer Anspannung beherrscht. Diese lässt sich auf eine unsicher-vermeidende Bindung in der Kindheit zurückführen. Da die Partner als Babys nicht in angemessener Weise aufgefangen und gehalten wurden, verfügen sie über keine Methode, sich selbst zu beruhigen, vor allem nicht für Phasen der Inaktivität und Erholung, also beim Schlafengehen und am Morgen. Schlafstörungen kommen bei ihnen häufig vor, ebenso wie zwanghafte Tendenzen oder das Horten von Gegenständen.

Paare mit niedrigem Arousalniveau wirken manchmal orientierungslos, so als warteten sie auf elterliche Anweisungen. Sie sind deshalb auch oft sehr auf die Aufgaben ihres Alltags und organisatorische Schwierigkeiten fixiert, die unter Umständen die Aufmerksamkeit des Paartherapeuten binden und ihn vom Wesentlichen ablenken können. Die Vermeidung von interaktiver Regulation, wechselseitiger Abhängigkeit sowie körperlicher und emotionaler Nähe kann den Therapeuten glauben machen, die organisatorischen Probleme des Paars seien von zentraler Bedeutung. Die Partner wirken blockiert und ratlos und schwanken oft zwischen Hilfsbedürftigkeit und dem Zurückweisen von Hilfsangeboten hin und her. Aufgrund ihres vermeidenden Bindungsstils ist ihr Denken individualistisch ausgerichtet, das heißt, sie erwarten von sich selbst und vom anderen oft, dass sie Dinge allein und ohne Unterstützung bewältigen. Doch keiner von beiden bekommt das, was er allein tut, sonderlich gut hin, sodass sie einander Versprechen geben, die sie nicht halten können.

Man kann sich das an einem Bild verdeutlichen: Zwei vermeidend gebundene Partner mit niedrigem Arousalniveau geraten in einen Schneesturm. Da sitzen sie nun, jeder für sich, und erfrieren, weil sie nicht darauf kommen, dass sie gemeinsam genügend Wärme erzeugen könnten, um den Sturm zu überstehen. Sie gehen unter, weil beide nicht erkennen, welch wertvolle Ressource sie „direkt vor der Nase" haben. Sie verharren, so intelligent sie als einzelne auch sein mögen, in ihrem psychischen Ein-Personen-System, in dem es keine Gegenseitigkeit gibt – für immer gefangen in einem Zustand, in dem sie zu wenig Aufmerksamkeit erfahren und isoliert sind. Durch ihren niedrigen Arousalgrad aber halten sie den Stress untereinander gering und können so gemeinsam und zugleich getrennt voneinander existieren.

## 9.4 Biphasische Paare

Bei manchen dysregulierten Paaren ist ein biphasisches Muster erkennbar: Der eine Partner bevorzugt Sympathikus-Zustände hoher Intensität, der andere gedämpfte Parasympathikus-Zustände. Auf der energetischen Ebene dreht sich die Beziehung also um zwei Pole. Weil biphasische Paare vor allem über Interaktionen streiten, bei denen die wechselseitige Abstimmung fehlschlägt, was insbesondere in Wiedervereinigungssituationen geschieht – die mehrmals am Tag eintreten können, selbst wenn die Partner zum Beispiel in der Freizeit getrennte Wege gehen (der eine schaut fern, der andere sitzt am Computer) –, kann es sein, dass der Therapeut mit der Zeit die Geduld verliert und die Hoffnung aufgibt, ihnen helfen zu können.

Unter Umständen kommt es beim Therapeuten auch zu einer Aufspaltung von Gefühlen, sodass er den einen Partner positiv und den anderen negativ erlebt. Vielleicht entwickelt sich bei ihm eine starke Gegenübertragung, die ganz dem Verdacht der Partner entspricht, sie würden einfach nicht zueinander passen. Doch geht es, wie bei jedem Paar, natürlich nicht darum, ob die Partner schlecht zueinander passen, sondern darum, dass sie nicht über die nötigen Mittel verfügen, um mit ihren gegensätzlichen Arousalmustern zurechtzukommen; diese waren in der Phase des Werbens weniger problematisch, weil die Partner ohne Ablenkung von außen viel Zeit miteinander verbringen konnten und sich so vermutlich leichter ein Ausgleich zwischen den Extremen finden ließ.

## 9.5 Dysregulationen erkennen

Der Therapeut kann dysregulierte Zustände bei einem Paar erkennen, indem er bei den Partnern Veränderungen in Stimme, Blick, Bewegungen, Mimik, Atemmuster, Hautfärbung und so weiter beobachtet. Bei einem Hyperarousal kann Folgendes geschehen: Die Stimme wird höher und lauter oder leiser, der Tonfall schärfer, die Haut rötet und strafft sich; die Bewegungen wirken schneller, ruckhafter, arrhythmisch und drohend, der Körper starrer und beengter. Typisch für ein Hypoarousal ist: Die Stimme wird tiefer und leiser, der Tonfall stumpf, die Haut bleich und schlaff; die Bewegungen werden weniger und langsamer; der Körper sinkt in sich zusammen und wirkt zerknautscht; die Haltung strahlt Resignation und Hoffnungslosigkeit, vielleicht auch Überdruss aus.

Der Therapeut sollte auch in der Interaktion des Paars nach Anzeichen der Dysregulation Ausschau halten. Von einem Paar, das nur einen Konflikt austrägt, unterscheidet sich ein Paar, bei dem die Regulation versagt, durch das Fehlen der Fähigkeit zur Co-Regulation auch im Streit. Würden beide Partner in einem Boot stehen, wären sie nicht in der Lage, es im Gleichgewicht zu halten, und würden beide im Wasser landen.

Bei einem gut regulierten Paar sind die Partner fähig, auf Konfrontation zueinander zu gehen und sich wieder daraus zu lösen; sie können zwischen Anspannung und Entspannung wechseln, ohne den anderen jemals in ein Hyper- oder Hypoarousal zu treiben. Ein solches Paar wahrt eine spielerische Haltung, die einem dysregulierten Paar abgeht. Gut regulierte Paare wissen, wie sie an einem Thema dranbleiben und wieder davon ablassen können; dysregulierte Paare können das nicht. Gut regulierte Paare erholen sich rasch, wenn es in ihrem Arousalsystem gelegentlich starke Ausschläge nach oben oder unten gibt; dysregulierten Paaren gelingt dies nicht.

Wenn dysregulierte Partner über ein Thema zu sprechen anfangen, das für sie wichtig ist (also über einen Streitpunkt), driftet die Interaktion in feindseliges Verhalten ab: Sie unterbrechen einander, werfen sich verletzende Wörter und Sätze an den Kopf und wiederholen die immer selben Argumente. Zu den sichersten Anzeichen einer einsetzenden Dysregulation gehört das *inhaltliche Ausufern*, bei dem die Klagen über einen Menschen immer weitere Kreise ziehen. Die länger und länger werdende Litanei der Klagen ist ein Symptom von Traumatisierung oder zwischenmenschlichem Stress, der zu lange anhält, ohne dass Gegenmaßnahmen erfolgen. Der Therapeut kann sich sicher sein, dass das Arousal ansteigt oder sich eine Dysregulation anbahnt, wenn die Partner anfangen, ihre Liste von Klagen zu verlängern, auf längst vergangene Vorfälle zurückkommen oder andere Personen (Kinder, Eltern, Freunde) ins Spiel bringen, um ihre Argumente zu untermauern.

Typisch für dysregulierte Paare ist, dass es den Partnern nicht oder zumindest nicht sehr gut gelingt, sich zurückzunehmen, abzuwarten und die Tendenzen der Expansion und Kontraktion gegeneinander auszubalancieren. Sich zurücknehmen, abwarten und der Expansion Grenzen setzen sind wesentliche selbstregulatorische Exekutivfunktionen des rechten orbitofrontalen Kortex, einer Gehirnregion, die bei Hyper- und Hypoarousal ihre Aktivität einstellt. (In manchen Fällen ist die Unfähigkeit, sich zurückzunehmen und abzuwarten, auch ein Hinweis auf ein genuin neurobiologisches Defizit.) Der Therapeut muss, damit Fortschritte möglich werden, dem dysregulierten Paar helfen, die Fähigkeit zum Sichzurücknehmen und Abwarten wiederzuerlangen und auszubauen. Wirkungsvoll sind Interventionen dann, wenn sie auf das Paarsystem einen regulierenden Einfluss ausüben. Ein Beispiel für eine solche Intervention ist, dass die Partner unter Anleitung des Therapeuten üben, Impulse zurückzuhalten, abzuwarten, bis sie mit Reden an der Reihe sind, und die Länge ihrer Äußerungen zu beschränken, denn wenn diese ausufern, fühlt sich der andere überrollt.

Wenn ein Paar mit den Turbulenzen einer Gefahrreaktion beschäftigt ist, treten hierarchisch übergeordnete Gehirnprozesse, an denen der präfrontale Kortex beteiligt ist, hinter subkortikalen Prozessen zurück, die das pure Überleben sichern. In diesen Phasen der Dysregulation ist die Fähigkeit, zutreffende Repräsentationen von Ereignissen zu bilden und sich ihre Reihenfolge zu merken, stark eingeschränkt. Dasselbe gilt für die Einschätzung von Intentionen. Unsicher gebundene Partner verstricken sich jedoch oft in Auseinandersetzungen darüber, wie sich etwas im Einzelnen wirklich abgespielt habe. Im Behandlungszimmer weichen ihre Darstellungen, was Inhalte, Abfolge der Ereignisse und Intentionen angeht, in eklatanter Weise voneinander ab. Da beide auf ihrer eigenen Version der Realität beharren und sich damit voneinander isolieren, versagt die wechselseitige Abstimmung völlig, und sie haben das Gefühl, dass der andere ihnen Böses will.

Die Sachverhalte zu klären ist für die Partner aus neuropsychologischer Sicht schlicht unmöglich. Das hartnäckige Bemühen darum, ein traumatisierendes Ereignis zu rekonstruieren, führt zur Retraumatisierung. Außerdem hat auch das wiederholte Auftreten einer massiven dyadischen Dysregulation einen traumatisierenden Effekt und führt zu einer auf Gefahrenabwehr ausgerichteten psychobiologischen Reorganisation, die sich in den Partnern und zwischen ihnen vollzieht (Charney, 2004). Im Gedächtnis läuft ein Rekonsolidierungsprozess ab, in dem visuelle und auditive Reaktivierungssignale, die mit früheren Dysregulationsphasen verknüpft sind, „in eine aktuelle Wahrnehmungs- und Affekterfahrung" reintegriert und „Bestandteil einer neuen Erinnerung werden", die in einen von Angst bestimmten Kontext eingefügt und mit inhibitorischen Vermeidungsmechanismen verknüpft ist (Charney, 2004, S. 207). Im Bemühen, Vorfälle in der Vergangenheit zu rekonstruieren, wird dem Paar also keine adäquate Regulation gelingen. Ebenso schlagen Wiedergutmachungsversuche unweigerlich fehl, solange die Partner glauben, eine exakte Erinnerung an derartige Ereignisse sei möglich. Der Therapeut sollte die Aufmerksamkeit stattdessen auf die Dysregulation lenken, die im Hier und Jetzt geschieht.

Bei Paaren mit markanter Dysregulation sollte der Therapeut auch prüfen, ob es Hinweise auf frühere Beziehungstraumata gibt, und insbesondere auf Indizien für

Vernachlässigung achten, denn diese führt in den meisten Fällen zu Alexithymie, fokaler Affektblindheit oder anderen soziokognitiven und sozioaffektiven Einschränkungen und schlägt sich außerdem in einer psychobiologischen Abwehrreaktion gegen engen Körperkontakt nieder, selbst wenn dieser nur von kurzer Dauer ist. (Wenn in dieser Weise traumatisierte Menschen sich in ihrem körperlichen und sexuellen Verhalten dem Partner anpassen, ist ihnen dies nur durch Dissoziation möglich.) Der Therapeut sollte das Tempo der Behandlung an dem Partner ausrichten, der mit Nähe, sowohl was ihren körperlichen Aspekt als auch die Dauer angeht, schlechter zurechtkommt.

Der psychobiologisch orientierte Paartherapeut achtet stets auf Defizite in sozial-emotionalen Funktionsabläufen, denn diese tragen zum akuten oder chronischen Versagen der wechselseitigen Abstimmung und der Fehlerkorrektur bei und stehen somit einer gelingenden interaktiven Regulation im Weg. Manche Defizite erlauben Rückschlüsse auf frühe Bindungsunsicherheit, wohingegen andere organisch bedingt sind, durch Medikamente oder Drogenmissbrauch entstehen oder auf Entwicklungsstörungen oder andere konstitutionelle Faktoren zurückgehen. Bei manchen Menschen besteht auch eine Affektblindheit für bestimmte Emotionen, während es anderen schwerfällt, Details in Gesicht und Augen des Partners wahrzunehmen oder seine Gedanken, Intentionen und Gefühlsregungen intuitiv zu erschließen.

Durch Gehirnverletzungen verursachte neurologische Defizite, Lernstörungen und körperliche Erkrankungen können sich in Problemen mit der Einfühlung in andere Menschen, dem Lesen von Gesichtern, der Wahrnehmung interozeptiver Reize, der Theory of Mind und der Gegenseitigkeit äußern. Diese Defizite können konstitutionell bedingt oder durch Entwicklungsstörungen entstanden sein. Probleme und Einschränkungen, die bei psychiatrischen Störungsbildern der Achse I auftreten, also beispielsweise bei affektiven Störungen, Angststörungen, somatoformen Störungen, Beziehungstraumata und posttraumatischer Belastungsstörung, lassen sich auch unter dem psychobiologischen Blickwinkel betrachten. Zwischenmenschliche Probleme, die mit kulturellen Normen zu tun haben – etwa wenn die Partner aus unterschiedlichen Kulturen stammen –, lassen sich unter dem Aspekt von Kultur und Weltanschauung als Defizite auffassen. Eine Einengung der Vorstellungen davon, wie eine Partnerschaft funktioniert, erscheint dann als ein durch Überzeugungssysteme bedingtes Defizit, das zwischen den Partnern nicht Harmonie, sondern Zwietracht entstehen lässt.

Keiner von uns bekommt alles, was er anpackt, gut hin – es gibt nun einmal kein Gehirn, das nur Stärken hat –, doch meistens finden wir einen Weg, unsere Schwachpunkte geschickt zu umgehen, indem wir zum Beispiel Tätigkeiten, die uns nicht liegen, anderen überlassen. Die meisten unserer Defizite fallen also nie ins Gewicht, solange wir nicht vor eine Aufgabe gestellt sind, die einen unserer Schwachpunkte offenlegt. Ein Paar merkt unter Umständen 20 oder 30 Jahre lang nicht, dass bei mindestens einem der Partner in einem wichtigen Bereich ein Defizit besteht, das die geschickte Co-Regulation behindert. Die Partner beginnen vielleicht sogar zu glauben, dass bestimmte Störungen der wechselseitigen Abstimmung vom anderen so gewollt sind. Die Vorstellungen eines Paars von seinen Schwierigkeiten und davon, wie sie zu beheben sind, können sich grundlegend ändern, wenn die Partner sich solcher Defizite bewusst werden.

Sicher gebundene Paare setzen, ob sie nun unter Stress stehen oder entspannt sind, auf interaktive Regulation – eine prosoziale, symmetrische, reziproke Strategie. Jedem Partner ist klar, dass es ihm selbst im Paarsystem nicht gut gehen kann, wenn er den affektiven Arousalzustand des anderen ignoriert. In der Therapie gehen sie mit einiger Vorsicht und mit Achtsamkeit an konfliktgeladene Themenbereiche heran und wirken modulierend auf den Spannungs- und Anspannungsgrad des Partners ein. Sie sind in der Lage, sich in die Konfrontation mit dem Partner hineinzubegeben und dann auch wieder lockerzulassen, ohne allzu sehr auf Vermeidungs- oder Rückzugsstrategien zurückgreifen zu müssen, und können sich mit heiklen Punkten von Neuem auseinandersetzen, ohne Angst vor Überforderung zu bekommen.

Ihre beiden Nervensysteme stimmen sich fortwährend aufeinander ab, verlieren die Abstimmung zwischendurch wieder und bauen sie erneut auf. Dieser Prozess läuft über sensomotorische Bahnen und co-regulierende Faktoren, vor allem über den Seh- und Hörsinn (die für den Umgang mit Konflikten von zentraler Bedeutung sind), aber auch über das Riechen, Berühren und Schmecken. Sicher gebundene Paare sind geschickt darin, zum einen gemeinsam erlebte positive Gefühle zu erzeugen und zum anderen Phasen von gemeinsam erlebten negativen Gefühlen kurz zu halten und für wirksame Abhilfe zu sorgen. Sie suchen häufig die Nähe zum anderen und lassen den Kontakt zu ihm nicht abreißen.

Bei unsicher gebundenen Paaren läuft es umgekehrt: Sie halten sich in ihren Anstrengungen zurück, gemeinsame positive Erfahrungen zu erzeugen, und lassen es stattdessen häufig zu lang anhaltenden und sich wechselseitig verstärkenden negativen Zuständen kommen. Ihre eingespielten Strategien im Umgang mit Konflikten – vermeidende Distanzierung und aufdringliches, übertriebenes Bemühen um Verbundenheit – beschwören häufige und immer massivere Ausfälle der wechselseitigen Regulation herauf und sind zugleich Ursache und Wirkung ihrer Interaktionsmuster: Ihre Regulationsstrategien sind ausgesprochen asymmetrisch, nicht auf Wechselseitigkeit gerichtet und nicht prosozial. Distanzierungsstrategien wie die Dissoziation fallen in den Bereich der pathologischen Autoregulation, die als primitiver homöostatischer Mechanismus der Selbststimulation und Selbsttröstung per Definition eine massive Abkehr von einem Zwei-Personen-System bedeutet. Mit anklammernden Abwehrstrategien, die mit rachsüchtiger Wut verknüpft sind, versuchen die Partner einander zur Interaktion zu nötigen, doch da es sich um eine eingleisige Strategie zur Regulation des eigenen inneren Zustands handelt, ist sie oft nicht von dem Schritt begleitet, dem Partner zugleich eine Gegenleistung im Sinne der Reziprozität anzubieten.

Partner, die Augen und Gesicht des anderen im Blick behalten, haben damit beste Voraussetzungen, gleichsam im Nervensystem des anderen zu „lesen". Sind sie dazu in der Lage, ohne in die Dissoziation zu flüchten, wird ein Prozess der echten interaktiven Regulation möglich, der per se empathisch ist, weil er sich aus den somatoaffektiven Resonanzen in Gesicht und Augen des Partners speist. Wenn sich die Partner ganz auf diesen fortlaufenden, in schnellem Wandel begriffenen Prozess einlassen, hält sich der Einfluss negativer innerer Repräsentationen in Grenzen, und es kommt nur selten zu Fehleinschätzungen der Intentionen des anderen.

Wenn aber einer der Partner in ein Hyper- oder Hypoarousal verfällt (Kampf, Flucht, Erstarrung oder energiesparender Rückzugszustand), werden sich wahrscheinlich beide dem Interaktionsprozess entziehen und den Blickkontakt abbrechen, was dann zur Dysregulation des Paarsystems führen kann. Bei einem unsicher gebundenen Paar entwickelt sich möglicherweise das Muster, die Konfliktbearbeitung von Angesicht zu Angesicht zu meiden und sich bei der Wahrnehmung einer Bedrohung nicht auf eine interaktive Regulation im eigentlichen Sinne einzulassen. Weil das Paar Intensität und Dauer von negativen Arousalphasen nur schlecht zu steuern vermag, geht von der Dysregulation ein psychobiologischer Schneeballeffekt aus und lässt ein verfestigtes Reaktionsmuster entstehen, das am Ende dazu führt, dass die Partner einander als eine Art bedrohliches Raubtier erleben.

Wenn sich unsicher gebundene Partner in Konfrontationen hineinbegeben und dann wieder lockerlassen sollen, löst das bei ihnen psychobiologische Dysregulationsprozesse aus, die der Therapeut mitverfolgen und ansprechen muss. Die Dysregulation in einem von Unsicherheit bestimmten dyadischen System verschärft sich im Lauf der Zeit. Wenn ein Paar sich erst sehr spät in Therapie begibt, wird eine chronifizierte Dysregulation zur zentralen Herausforderung und ist mit einer schlechten Prognose verbunden.

Das Versagen der Regulation ist allerdings als ein biologischer Vorgang zu betrachten, der nicht weiter verwunderlich ist. Es gibt kein Naturgesetz, das besagen würde, dass zwei Nervensysteme gut miteinander auskommen sollten – auch wenn die Aufgabe des psychobiologisch orientierten Paartherapeuten darin besteht, Partnern genau dabei zu helfen. Während er die wellenförmig verlaufenden Arousalmuster des

Paars beobachtet und verfolgt, muss er immer im Hinterkopf behalten, dass jede primäre Bindungsdyade, da ihre Zusammensetzung einzigartig ist, dementsprechend auch ein einzigartiges *Regulationsteam* bildet. Die Paartherapie führt deshalb dann zum Erfolg, wenn sie den Partnern hilft, sich als ein solches Regulationsteam zu begreifen, und ihre dafür notwendigen Fertigkeiten fördert. Dadurch wächst innerhalb des Paarsystems auch das Gefühl der Sicherheit und Geborgenheit.

Das autonome Nervensystem ist für die Paartherapie von besonderer Bedeutung, weil es tief greifenden Einfluss auf Arousal, Affekte, Verhalten, Stressreaktionen und Regenerationsprozesse hat. Die Arousalprozesse im ANS sind einer der zentralen Ansatzpunkte des psychobiologischen Ansatzes, weil das Arousalsystem wesentlichen Anteil daran hat, wenn die Partner sich (ihren Bindungsmustern folgend) aufeinander zubewegen oder aber voneinander entfernen und sich aus Liebenden in Krieger verwandeln. Die ANS-Regulation ist für eine Bindungsbeziehung von grundlegender Bedeutung, und das Beheben von Störungen der Bindungsbeziehung ist für ein Gelingen der Partnerschaft unerlässlich. Neurale Entwicklung, Bindungsorganisation und Arousalregulation sind dabei untrennbar ineinander verwoben und wirken über zirkuläre Wirkungsketten aufeinander ein.

# Teil IV

## Praktische Umsetzung der Theorie

# 10. | Melody und Mark –
# Geheimnisse und Scham

Der psychobiologisch orientierte Paartherapeut zielt darauf, die Arousal-Dynamik eines Paarsystems umzugestalten, damit es sich in Richtung einer sicher gebundenen Partnerschaft mit stark ausgeprägten positiven Zuständen und schwach ausgeprägten negativen Zuständen entwickeln kann. Der psychobiologische Ansatz gründet nicht auf einem Konfliktmodell, sondern auf einem Defizitmodell. Er geht von der Annahme aus, dass bei jedem Mensch bestimmte Fähigkeiten und Einschränkungen gegeben sind, die darüber entscheiden, wie gut er mit anderen im Allgemeinen und mit primären Bindungsfiguren im Besonderen zurechtkommt. Wenn der Paartherapeut Probleme und Turbulenzen in der Bindungsbeziehung unter dem Aspekt von Fertigkeiten und Defiziten betrachtet, kann ihm das eine große Hilfe dabei sein, Behandlungspläne und Interventionen an dem auszurichten, was ein Paar tatsächlich tut, anstatt an dem, was es sagt. Die drei Fallbeispiele in diesem und den folgenden Kapiteln veranschaulichen, wie sich die psychobiologische Methode in der paartherapeutischen Praxis umsetzen lässt.

## Erstkontakt

Als Melody mich anruft, bekomme ich (S. T.) eine erste Ahnung, worum es bei diesem Paar gehen könnte. Sie berichtet von ihren Problemen in der Beziehung mit Mark. Da sie eine Menge dazu zu sagen hat, ihr Denkstil aber induktiv ist, braucht sie einige Zeit, bis sie auf den Punkt kommt. Das bedeutet nicht, dass es ihr an Intelligenz mangeln würde oder dass sie sich nicht ausdrücken könnte. Vielmehr kommt sie offenbar gar nicht auf den Gedanken, dass ich ihr jetzt womöglich nicht unbegrenzt Zeit widmen kann und der eigentliche Zweck eines solchen Telefonats schlicht darin besteht, sich miteinander bekannt zu machen, Fragen zum Behandlungsansatz zu klären und einen Termin zu vereinbaren.

Ich beginne darüber zu reflektieren, wie sich Menschen mit wütend-abweisendem Bindungsstil oft die Aufmerksamkeit des Zuhörers verscherzen, weil sie zu ausschweifenden Erklärungen ansetzen, ohne ihn zuvor wissen zu lassen, worum es denn in der Hauptsache geht. Ich nehme mir vor, diese Überlegung im Hinterkopf zu behalten. Melody klagt vor allem über Marks Verschlossenheit; sie arbeitet sich permanent an diesem Thema ab. Seine Heimlichtuerei, da sei sie sich immer sicherer, könne eigentlich nur bedeuten, dass er fremdgehe.

Melody vereinbart mit mir eine dreistündige Sitzung zu dritt. Bis dahin meldet sie sich noch viermal bei mir. Jedes Mal äußert sie die Sorge, dass Mark sie betrügt und am Ende gar nicht zur Therapie erscheinen wird.

*Pausenlose Beschäftigung mit einem Problem und häufiger Kontakt zum Therapeuten sind zwei weitere Merkmale von Menschen mit wütend-abweisendem Bindungsmuster, die typischerweise auf Regulierung von außen und sprachlichen Austausch angewiesen sind, um innerlich zur Ruhe kommen zu können. Individuen mit vermeidendem Stil erreichen dies durch Selbstregulierung, tendieren dafür aber zum anderen Extrem, nämlich dass sie mit allem allein fertig zu werden versuchen und sich von niemandem helfen lassen.*

Melody beschreibt Mark als geheimnistuerisch, in sich gekehrt und distanziert. Ich leite hieraus einige vorläufige Annahmen ab und mache mir ein erstes Bild von ihm als einer Person, die zu Vermeidungsverhalten neigt.

*Ein Therapeut muss frühzeitig Hypothesen über ein Paar entwickeln, aber auch stets für Indizien offen bleiben, die den Vorannahmen widersprechen, denn die Dinge sind nie so, wie sie scheinen. Er sollte sich folgende Maxime zu eigen machen und stets beherzigen: Das Motivationssystem des Menschen ist zu komplex und widersprüchlich, als dass es in Worten oder Modellannahmen vollständig zu fassen wäre. Schon die einzelne Psyche ist ein kompliziertes Gebilde, das ständig im Fluss ist und sich fortwährend selbst modifiziert; die Interaktion zweier mentaler Systeme aber ist ein Prozess von überwältigender Komplexität. Wenn man an Annahmen über diesen Prozess festhält, obwohl sie bereits widerlegt sind, handelt man sich Probleme ein. (Dies gilt insbesondere dann, wenn beim Therapeuten Gegenübertragungsreaktionen ablaufen, ohne dass er sie als solche erkennt.)*

Die Partner treffen nicht im selben Auto ein. Das wird mir klar, als ich Melody allein im Wartezimmer antreffe. „Er ist unterwegs – er hat mir gerade eine SMS geschickt." Da ich es vorziehe, die Partner vor der ersten Sitzung nicht separat zu sehen, entschuldige ich mich und bitte Melody, den Schalter für den Lichtruf zu drücken, sobald Mark eingetroffen ist.

*Es gibt zwar auch von dieser Regel Ausnahmen, doch grundsätzlich sollte der Paartherapeut das Paar als einen einzigen Organismus und nicht als zwei gesonderte Wesen betrachten. Aus psychobiologischer Perspektive interessieren uns einzig und allein die Bindungsstrategien, die innerhalb des Paarsystems wirksam sind, und die in jedem Moment ablaufende Interaktion des einen Nervensystems mit dem anderen. Was der eine Partner über den anderen in dessen Abwesenheit erzählt, ist für uns ohne Belang, und Informationen, die sich im Kontakt mit nur einem der Partner ergeben, helfen uns kaum weiter. Laut unserem Modell ist jeder Partner in die Obhut des anderen gegeben und muss daher ohnehin mitbekommen, was dieser über ihn zu sagen hat.*

Als ich Mark und Melody dann zum ersten Mal zusammen erblicke, versucht sie gerade, eine Reaktion von ihm zu bekommen, während er auf seinem Blackberry eine Nachricht schreibt. Ich begrüße die beiden und geleite sie in mein Sprechzimmer. Anfangs mache ich keine Vorgaben, wo sie sich hinsetzen sollen. Ich biete ihnen zunächst nur zwei fixierte Sitzgelegenheiten an – ein Zweiersofa und eine größere Couch. Später werde ich sie auf Stühle mit Rollen wechseln lassen, bei denen die Sitzposition äußerst variabel ist.

Melody setzt sich auf das Zweiersofa, Mark nimmt schräg gegenüber auf der Couch Platz. Ich frage, was die beiden zu mir führt, und Melody ergreift das Wort. Während sie ihre Sicht auf das Problem schildert, lasse ich den Blick zwischen ihr und Mark hin- und herwandern.

*Der psychobiologisch orientierte Therapeut prüft Gesicht und Körper beider Partner fortwährend auf Verschiebungen und Veränderungen des Arousalzustands und achtet auf Aspekte wie Bewegungsablauf, Körperhaltung, Atmung, Gesichtsfarbe, Sprechmuster und Prosodie. Das Hin- und Herschweifen des Blicks hilft dem Therapeuten, nonverbale stützende Informationen zu erfassen, sogenannte „Tells". (Für Trickbetrüger oder Pokerspieler ist das Registrieren solcher verräterischen Signale ein wichtiger Teil ihres Instrumentariums. Spieler halten, wie Therapeuten, stets Ausschau nach nicht bewussten körperlichen Anhaltspunkten für Emotionen und Intentionen des Gegenübers.)*

*Der Therapeut sollte insbesondere auf den zuhörenden Partner achten, weil an dessen Gesicht und Körper unter Umständen mehr abzulesen ist, wenn sie nicht von der ressourcenintensiven Funktion des Sprechens in Beschlag genommen sind. (Oft scheint in dem Moment, in dem jemand zu sprechen aufhört, auf dem Gesicht eine Emotion auf, die Aufschluss darüber geben kann, was in ihm vorgeht.) Vor allem zu Beginn einer Behandlung liegt das Hauptaugenmerk des Therapeuten auf dem Arousalzustand der Partner, da er einzuschätzen versucht, über welche interzerebralen Fähigkeiten zur Selbstregulation und wechselseitigen Regulation – dies sind die zwei prosozialen Modi der Arousal-Steuerung – sie verfügen.*

Ich achte bei Melody und Mark darauf, wie gut sie beim anderen kleine Verschiebungen und Veränderungen zu erkennen vermögen, wie sie diese Übergänge interpretieren und wie sie darauf reagieren oder nicht reagieren.

„Seit einem Jahr ist er mir gegenüber sehr verschlossen, und ich weiß, dass da etwas im Busch ist", sagt Melody. „Er streitet es natürlich ab, aber er kommt spätabends nach Hause, er will mich bestimmte Dinge nicht sehen lassen, zum Beispiel die Liste seiner Handy-Telefonate, und ... irgendwie ... also ich glaube, er sagt mir nicht die Wahrheit." Melodys Arousal steigt an. Ihre Bewegungen sind energisch und ruckartig, sie atmet schneller. Ich wende mich zu Mark und frage: „Was meint sie damit?"

*Der Therapeut überprüft die Informationen eines Partners, indem er beim anderen nachfragt, um auf diese Weise einerseits die eigene Wahrnehmung zu kontrollieren und andererseits die Aufmerksamkeit im fließenden Wechsel vom einen auf den anderen Partner zu verlagern, womit er zugleich auch eine regulierende Funktion für das Paar ausübt. Das Hin- und Herwechseln ist außerdem eine Methode, die ihm hilft, das individuelle und gemeinsame Arousal der Partner einzuschätzen.*

*Diese Art des Nachfragens, was bei einem Partner ankommt und wie er das Wahrgenommene interpretiert, hat mit einem wichtigen Aspekt der therapeutischen Haltung zu tun: Eine der Aufgaben des Therapeuten besteht darin, beiden Partnern zu zeigen, wie der andere funktioniert – nicht wie sie gerne hätten, dass er funktioniert, sondern wie er wirklich funktioniert. Es ist, als würde man ihnen helfen, eine Gebrauchsanleitung für den Partner zu entwickeln. Sie brauchen diese Anleitung, denn der andere ist ihrer Obhut anvertraut; er geht nicht mit dem Therapeuten, sondern mit ihnen nach Hause.*

„Ich habe keine Affäre", sagt Mark. „Es gibt keine heimlichen Verabredungen." Die Lippen machen ein leicht schmatzendes Geräusch, vermutlich weil er einen trockenen Mund hat. Dies kann auf ein Ansteigen des Arousals hinweisen. Bislang ist noch nicht klar, ob er sich nur angegriffen fühlt oder tatsächlich etwas zu verbergen hat.

*Wenn unser Arousalzustand sich in Richtung „Kampf, Flucht oder Erstarren" bewegt, wird dem Magen-Darm-Trakt Flüssigkeit entzogen; die gestreifte Muskulatur wird stärker durchblutet, damit wir handlungsbereit sind.*

„Ich weiß nicht, wie sie auf diese Idee kommt", fährt Mark fort, „ich war ihr nicht untreu, nein." Melody rollt die Augen; er dreht den Kopf weg und gibt ein Ächzen von sich.

„Ich habe den Eindruck, sie glaubt Ihnen nicht", sage ich zu Mark.

„Ich weiß!", sagt er. „Aber ich weiß nicht, warum!"

*In der ersten Sitzung sollte der Therapeut ein gewisses Maß an therapeutischer Triangulierung zulassen – das heißt, die Partner können sich, wenn sie die Beziehung beschreiben oder Fragen beantworten, an den Therapeuten wenden, anstatt zueinander zu sprechen. Er sollte die Triangulierung dann aber bald unterbinden, die Partner aufeinander verweisen und ihnen erklären, dass jedes Zweierbündnis mit ihm (der ein Außenstehender ist und das auch bleiben sollte) sogleich einen Bruch innerhalb des Bindungssystems hervorruft und negativen Einfluss auf das Arousal des nicht einbezogenen („im Stich gelassenen") Partners ausübt. Ein solcher Bruch hat immer seinen Preis, und der im Stich lassende Partner wird dafür in irgendeiner Weise zu bezahlen haben.*

„Fragen Sie sie."

Mark dreht sich zu Melody hin und fragt: „Habe ich dir einen Grund gegeben, irgendeinen Grund, mir zu misstrauen?"

„Na, da wollen wir mal schauen", erwidert Melody und zählt an den Fingern ab: „Da wäre einmal das Nicht-ans-Telefon-Gehen; du bist ständig dabei, eine Nachricht auf deinem Blackberry zu schreiben, anstatt dass du dich mit mir abgibst; und als ich einmal zu dir ins Büro kam und dich überraschen wollte, hat es ewig gedauert, bis du herauskamst, um mich zu begrüßen, und du hattest einen ganz seltsamen Blick, so als ob ich dich gerade bei etwas unterbrochen hätte … Soll ich weitermachen?"

Melody schlägt das linke über das rechte Bein. Der linke Fuß baumelt heftig zitternd in der Luft. Der Atem geht schneller, die Nasenflügel blähen sich. Ich schaue wieder zu Mark hin. Er wirkt regungslos, der Atem ist flach. Ich erinnere ihn ans Atmen, indem ich selbst tief Luft hole.

*Der Therapeut achtet stets aufmerksam auf Bewegungslosigkeit, insbesondere auf flache Atmung oder ein Luftanhalten bei sich selbst und bei den Partnern, weil dies Hinweise auf ein Ansteigen des Arousals sind. Regungslosigkeit und flache Atmung können Anzeichen für Schreckstarre, Dissoziation oder eine blockierte Körperwahrnehmung sein und rasch in ein extrem hohes Arousal und in Dysregulation umschlagen.*

Nach einigen weiteren Sekunden des Schweigens fragt Melody Mark mit bohrendem Blick und in provozierendem, spöttischem Ton: „Warum erzählst du ihm nicht, wie das war, als ich nach Cabo geflogen bin?" Mark, der bis dahin vorgeneigt dagesessen ist, lehnt sich nun zurück und stößt einen tiefen Seufzer aus. „Ich bin nicht an mein Telefon gegangen, Verzeihung, an unser Telefon. Ist es das, was du meinst?" Sie antwortet nicht, sondern fixiert ihn weiter mit stechendem Blick. Mark fährt mit beherrschter Stimme fort: „Du warst fort, du warst weggefahren, und ich war zu Hause mit Brian ... und einer Freundin von Brian. Ich war in unserem Haus und hatte Freunde zu Gast. Ich hatte ein paar Drinks, das ist alles. Du hast mich vom Flughafen aus anzurufen versucht und – ICH – HABE – NICHT – GEHÖRT, dass das Telefon klingelte." Plötzlich spricht er laut und mit Nachdruck, und es ist deutlich, dass er nun zornig wird. „Ist das bei dir angekommen? Wir waren draußen auf der Terrasse, tranken zusammen und redeten."

Melody antwortet sogleich in schneidendem Ton: „Warum sagst du ihm nicht, wer deine Freundin war ... wer ... wer diese Freundin von Brian war? Warum sagst du ihm das nicht? Wie war ihr Name? Frieda?"

„Also eigentlich", werfe ich ein, „muss ich das alles im Moment nicht so genau wissen. Ich schlage vor, dass Sie Ihr Gespräch fortsetzen, und wenn ich irgendwelche Fragen habe, melde ich mich."

Im Nu haben sich im Verhalten der beiden nun Raubtiersignale breitgemacht. Melody fühlt sich provoziert, als Mark zunächst kaum eine Reaktion zeigt und ihre Äußerungen herunterzuspielen versucht. Ihr Ton nimmt an Schärfe zu, ihre Bewegungen werden schroff und hektisch, und ihre Fragen klingen nach Verhör. Marks plötzlicher Übergang von stiller Unbewegtheit zu Kampflust führt sodann in Verbindung mit Melodys konfrontativem Verhalten dazu, dass das Bedrohungspotenzial der Situation für beide ansteigt. Unter diesen besonderen Umständen werden sie ohne meine Hilfe nicht weiterkommen.

Ich rolle zwei Stühle in die Raummitte und sage: „Setzen Sie sich auf diese Stühle und machen Sie weiter."

Beide stehen ohne Zögern auf und gehen zu den Stühlen.

*Wenn ein Paar an Themen herangeht, die den Arousalgrad ansteigen lassen, sollten sie nicht in einer fixierten Sitzposition verharren, in der sie sich nicht frei bewegen und einander nicht direkt anschauen können, ohne den Körper zu verdrehen. Auch der Therapeut sollte auf einem flexibel verstellbaren Drehstuhl mit Rollen sitzen, damit er sich nach Belieben umherbewegen und subtile Bewegungen und Regulierungsreaktionen mitverfolgen kann. Mit einem Stuhl auf Rollen kann der*

*Therapeut, der mit psychobiologischen Methoden (das heißt mit schnellen Bottom-up-Interventionen) arbeitet, in eine Situation rasch hinein- und wieder herausgehen, um seine Einmischung auf ein Mindestmaß zu beschränken. Utensilien für die Therapie liegen in unmittelbarer Nähe bereit, sodass ihre Verwendung möglichst unaufdringlich bleiben kann. Man kann sie ebenso unauffällig verschwinden lassen, wie sie aufgetaucht sind. Damit wird ein Arbeiten mit ad hoc eingesetzten Interventionen möglich, die ein unmittelbares Erleben fördern und die Klienten davon abhalten, zu viel nachzudenken (Beispiele sind rasche Bewegungen, kurze verbale Anweisungen und andere Signale mit Überraschungseffekt, die somato-affektive Reaktionen in Gang setzen).*

Mark und Melody nehmen für einige Sekunden Blickkontakt auf, dann bricht Mark den Kontakt ab und schaut mich mit verunsicherter Miene an. Ich frage: „Warum haben Sie den Blickkontakt zu ihr unterbrochen?"

Mark zuckt die Achseln und fragt: „Was sollen wir hier jetzt machen?"

„Frieda", erwidere ich und mache eine Geste zu Melody hin. Sie verschränkt die Arme, schaut mich an und sagt: „Genau, Frieda! Wie war das mit Frieda?"

„Schauen Sie nicht mich an. Schauen Sie ihn an", sage ich und zeige auf Mark.

Melody dreht sich zu ihm hin und sagt: „Na, du hast ja gehört, was er sagt", woraufhin beide in prustendes Gelächter ausbrechen.

Mir ist aufgefallen, dass beide mit übergeschlagenen Beinen dasitzen und die Füße in ähnlichem Rhythmus vor- und zurückschwingen lassen.

*Oft gleichen sich Partner in verschiedenen Aspekten einander an, zum Beispiel in Kleidungsstil, Gestik, Mimik, Artikulation, Körperhaltung und Bewegungen. Angleichungen im Verhalten erfolgen, vom Kleidungsstil einmal abgesehen, sehr rasch – oft zeitgleich, manchmal auch mit einer ganz kurzen Verzögerung.*

*Angleichung ist ein positiver Marker, der darauf hinweist, dass zwischen den Partnern ungeachtet ihrer jeweiligen Stimmung oder Affektlage ein gewisses Maß an Verbundenheit vorhanden ist und sie aufeinander eingespielt sind. Falls zwischen Partnern über längere Zeitspannen hinweg keine Angleichung feststellbar ist, gibt das Anlass zur Sorge, weil dann möglicherweise einer oder beide auf irgendeine Weise nicht ganz in der Beziehung präsent sind. Der Therapeut sollte Prozesse der Angleichung im Auge behalten und auf sie hinweisen, wenn sie ihm auffallen. Mit solchen Kommentaren unterstreicht er die Zusammengehörigkeit der Partner und bestätigt ihnen, dass sie aufs Engste miteinander verbunden sind, auch wenn ihnen das im Moment ganz anders vorkommen mag.*

*Melody und Mark wippen im Gleichtakt: Die Füße schwingen im selben Rhythmus vor und zurück. In Situationen, in denen ein Paar nicht unter Druck steht, kann der Gleichtakt gemächlich und entspannt sein. In Krisenzeiten dagegen ist er von anderer Art: Im Moment strahlt das Schaukeln von Melodys und Marks Füßen eine ziemliche Hektik aus.*

„Das ist schön", sage ich.

„Schön?", fragt Melody. „Was soll daran schön sein?"

„Schön ist, dass Sie beide einander zum Lachen bringen können, so wie gerade eben, und zwar selbst in schwierigen Momenten. Das ist eine wichtige Sache. Außerdem kann ich sehen, dass Sie im Gleichtakt sind. Ihre Bewegungen sind in diesem Moment aneinander angeglichen: Sie haben beide die Beine übereinandergeschlagen und wippen etwa im selben Rhythmus mit dem Fuß."

„Ja und?", fragt Mark in abschätzigem Ton.

„Das bedeutet, dass Sie trotz aller Schwierigkeiten miteinander verbunden sind ... selbst wenn Sie das gar nicht bemerken, besteht eine Verbindung zwischen Ihnen – eine unbewusste vielleicht, aber eben eine Verbindung."

Mit einem „Oh!" dreht sich Melody zu Mark hin, und sie lächeln einander an.

„Na stell dir vor, wir sind miteinander verbunden", sagt Mark und lächelt erneut, was bei ihm eher selten vorkommt. Als ich den Blick zwischen den beiden hin- und herwandern lasse, bemerke ich, dass Melody die Tränen kommen.

Ich rolle mit dem Drehstuhl näher zu ihnen hin und sage zu Mark gewandt: „Sehen Sie das? Sehen Sie, was da mit ihren Augen vor sich geht?" Marks Gesicht sieht zerfurcht aus, als auch seine Augen feucht werden.

„Hmm, interessant", sage ich. Ich wende mich zu Melody und frage: „Und Sie, sehen Sie das?"

„Mhm", murmelt sie und versucht sich zu beherrschen, damit nicht noch mehr Tränen kommen. Für mich ist die Situation eine Gelegenheit, noch einmal herauszustellen, dass die beiden als Paar zusammengehören.

Jede Verschiebung und Veränderung des Arousalniveaus oder der Affektlage bietet dem Therapeuten Gelegenheit, das Geschehen in einen größeren Zusammenhang einzuordnen, doch muss er dabei so rasch wie möglich einhaken. Wenn er die Aufmerksamkeit auf Affektverschiebungen lenkt, erweitert er damit meist den Bedeutungsraum des affektiven Prozesses und hebt ihn ins Bewusstsein. Diese Wirkung bleibt indes aus, wenn der Kommentar erst nach einem Intervall von einigen Sekunden oder noch später erfolgt.

Ich fahre in ernstem Tonfall fort, um Marks unterschwelligem Sarkasmus etwas entgegenzusetzen: „Hier sehen Sie also einen weiteren Punkt, in dem Sie miteinander verbunden sind. Sie sind miteinander verschaltet, ob Ihnen das nun gefällt oder nicht. Es gibt eine enge Kopplung zwischen Ihnen. Wohin der eine geht, dahin geht auch der andere. Und so soll das auch sein."

*Mit meinem Kommentar mache ich das Paar mit dem Prinzip der Affektansteckung zwischen primären Partnern bekannt. Sie sind affektiv miteinander verbunden und können von daher gar nicht immun gegen den Gefühls- oder Arousalzustand des Partners sein. Die ist ein normales Phänomen, das als psychobiologische Gegebenheit vorauszusetzen ist.*

Zu Melody gewandt fahre ich fort: „Ich weiß, dass hier eine Menge von Dingen gleichzeitig geschieht und wir eigentlich noch nirgends so richtig auf den Punkt gekommen sind. Ich möchte aber, dass Sie sich eines klarmachen, ganz egal, was Sie über Mark und über das, was er im Schilde führt, denken mögen: Wenn Sie von etwas berührt sind, dann berührt es auch ihn, und umgekehrt. Es ist extrem wichtig, das im Blick zu behalten, denn bei vielen Paaren ist das nicht so – bei Ihnen beiden aber schon."

Mark sieht, wie Melodys Augen sich weiter mit Tränen füllen, und sagt: „Das ist ja schön und gut, Dr. Tatkin, aber was machen wir nun mit diesem Problem von Melody, mit dieser Sache, die sie mir da unterstellt ... dass ich angeblich fremdgehe?"

Melody entgegnet rasch: „Du wolltest etwas über Frieda sagen."

Mark seufzt gequält, dreht sich zu mir hin und sagt: „Also Frieda ist eine Freundin meines Freundes Brian."

Ich rolle mit dem Stuhl zurück, von den beiden weg, und gebe Mark mit einer Geste zu verstehen, dass er sich wieder an Melody wenden soll. Er fährt fort: „Sie ist keine Freundin von mir. Ich kenne sie eigentlich kaum, also lass diese Sache mit Frieda doch einfach ruhen."

„Also das wird ganz bestimmt nicht funktionieren", werfe ich aus der Entfernung ein.

„Wie meinen Sie das?", fragt Mark.

„Bis zu der Stelle ,Also lass diese Sache mit Frieda doch einfach ruhen' waren Sie noch auf der richtigen Spur. Glauben Sie wirklich, dass Melody sich besser fühlt, wenn Sie so etwas zu ihr sagen?"

„Nein, eigentlich nicht", erwidert er.

„Dann machen Sie noch einen Versuch."

„Du und ich, wir wissen beide, dass du ausgeflippt bist, weil ...", setzt Mark an. Ich unterbreche ihn erneut.

„Was denn?", ruft er, dem Verzweifeln nahe, und breitet die Handflächen aus.

„Sieht aus, als sei das nicht gerade Ihre Stärke, oder?", merke ich an. Melody muss plötzlich lachen und hält sich sogleich die Hand vor den Mund.

„He!", sage ich in scherzhaftem Ton zu ihr. „Sie sind da auch nicht viel besser, also Vorsicht!"

Melody senkt den Kopf, noch immer lachend: „Ich weiß, ich weiß."

Zu Mark gewandt sage ich: „Ist Ihnen klar, was ich damit meine, dass das nicht Ihre große Stärke ist?"

„Ich denke schon", antwortet er. „Sie wollen damit sagen, dass ... äh ... Nein, ich glaube, ich versteh's doch nicht. Sagen Sie's mir."

Ich rolle mit dem Stuhl zu ihm hin.

„Wenn Ihre Partnerin unter Druck ist", erkläre ich ihm, „muss Ihnen daran gelegen sein, dass Sie nur Dinge anbringen, die beruhigend auf sie wirken. Sie müssen ihr eine gewisse Entlastung verschaffen, und zwar ohne sie lange warten zu lassen. Andernfalls sind Sie es, der dafür bezahlen wird. Sie empfindet diese Frau, diese Frieda, als Bedrohung. Als Sie zu sprechen anfingen, sah es so aus, als würden Sie versuchen, ihr etwas Erleichterung zu verschaffen, aber dann sagten Sie ihr, sie solle Sie damit in Ruhe lassen. Das kann nie im Leben funktionieren, und zwar bei Melody genauso wenig wie bei allen anderen Menschen auf diesem Planeten, Sie selbst eingeschlossen! Das klingt so unglaublich geringschätzig."

Aus dem Augenwinkel sehe ich, dass meine Worte bei Melody etwas in Bewegung bringen. Ich sehe kommen, dass sie sich einschalten wird.

„Moment noch", sage ich zu ihr und strecke ihr die Handfläche entgegen, um sie zu bremsen.

„Ich verstehe", sagt Mark.

„Und beim nächsten Anlauf fingen Sie an mit ‚Du und ich, wir wissen beide, dass du ausgeflippt bist', und ..."

Mark unterbricht mich: „Ist angekommen, ist angekommen. Das klang aggressiv. Ich hab's verstanden. Lassen Sie mich noch einen Versuch machen."

„Also los!", sage ich und rolle rasch mit dem Stuhl zurück, um ihnen das Feld zu überlassen.

„Frieda ist ..."

Ich gehe erneut dazwischen: „Wollen Sie das von so weit weg machen?"

„Ahhhh!", klagt Mark leise und hebt die Hände.

„Ich mein ja nur ...", erwidere ich in schelmischem Ton und hebe wie er die Hände. Es folgt allgemeines Gelächter.

Er blickt zu Melody und fragt: „Wo hast du den Typ eigentlich her?"

„Gelbe Seiten", antworte ich für sie. Wieder allgemeine Heiterkeit.

*Ich setze Humor ein, um das Paar zu regulieren, indem ich zwischen Spannung und Entspannung, Ernst und Spiel hin- und herwechsele. Gewöhnlich kann ich gut einschätzen, wie weit ich mit dem Humor, aber auch mit Unverblümtheit und Konfrontation gehen kann. Falls ich mich vertue und Fehler mache, muss ich natürlich beispielhaft vorführen, wie ich die Situation danach wieder bereinige und mich vergewissere, dass alles in Ordnung kommt.*

*Weil Humor eine persönlichkeitsspezifische Angelegenheit ist, ist er nicht für jeden Therapeuten mit seiner Arbeitsweise vereinbar. Jeder muss einen persönlichen Stil finden, die seinem Wesen entspricht. Idealerweise umfasst dieser Stil die gesamte dynamische Bandbreite, über die er verfügt. Ein erfahrener psychobiologisch orientierter Paartherapeut muss einen Modus finden, der es ihm erlaubt, entspannt und offen zu bleiben für rasche Expansionen und Kontraktionen im Hinblick auf das Arousalniveau und mit dem Zustand mitzugehen, in dem sich das Paar befindet. Wenn der Therapeut Expansion oder Kontraktion überbetont, besteht die Gefahr, dass die Abstimmung auf einen oder beide Partner misslingt.*

Mark rollt mit seinem Stuhl näher zu Melody heran. „Es tut mir leid, wenn ich dir irgendwie den Eindruck vermittelt habe, Frieda oder irgendjemand sonst wäre wichtiger als du. Ich mache mir nichts aus Frieda. Gar nichts. Ja? Das würde ich dir nicht antun." Melodys Gesichtszüge werden sofort weicher, ihr Körper entspannt sich. Endlich gelingt es Mark, ihr ein wenig Entlastung zu verschaffen. Leider fährt er aber fort: „Das würde ich dir nicht antun, und das weißt du auch." In Melodys Miene und Blick ist sofort eine Reaktion zu sehen.

„Nein, das weiß sie nicht", werfe ich ein. „Wenn sie es wüsste, dann gäbe es hier gar kein Problem für Sie."

„Stimmt", erwidert Mark. „Tut mir leid. Ich glaube, für dich ist das nicht klar: Ich würde dich nicht betrügen."

„Ich werde dich nicht betrügen", korrigiere ich ihn.

Mark übernimmt die Formulierung: „Ich werde dich nicht betrügen." Er nimmt Melodys Hände. „Ich will mit keiner anderen zusammen sein als mit dir."

Das Interaktionstempo ist mittlerweile deutlich langsamer. Melody hört aufmerksam zu, während Mark sich behutsam vorantastet und dabei ihr Gesicht beobachtet.

Ich gebe ihm noch ein Stichwort: „Sie versteht immer noch nicht, warum Sie nicht ans Telefon gegangen sind."

„Ich bin nicht ans Telefon gegangen, und ... tut mir leid", sagt er und lässt den Kopf sinken.

„Beobachten Sie weiter, was in ihrem Gesicht vorgeht", fordere ich ihn auf. Er richtet sich auf und sucht wieder Melodys Blick.

„Als ich dann drangegangen bin, hast du gemerkt, dass ich irgendwie komisch klinge, und ich habe dir gesagt, dass ich etwas getrunken hatte und Freunde zu Besuch da waren." Er hält einen Augenblick inne, um zu prüfen, welche Reaktion in Melodys Gesicht zu erkennen ist, als bewege er sich auf vermintem Gelände. Er entspannt sich etwas und fährt fort: „Ich wusste, du warst sauer auf mich. Ich habe es an deiner Stimme gemerkt. Wenn du nicht sofort Antwort von mir bekommst, wirst du gleich stinkwütend auf mich ... und ... und ..." Mark lässt erneut den Kopf sinken.

„Und?", hakt Melody nach. „Und was?" Es ist klar zu sehen, wie ihr Arousalniveau steigt. Sie zieht die Hände zurück. „Was? Machst du jetzt etwa *mich* dafür verantwortlich, dass du nicht ans Telefon gegangen bist? So als wäre ich der böse Hausdrachen oder so was?"

„Das habe ich nicht gesagt", murmelt Mark kaum hörbar, mit noch immer gesenktem Kopf.

„Also damit das klar ist", fährt Melody ihn an. „Nicht ich bin hier das Problem! Ich bin hier nicht diejenige, die sich zurückgezogen hat, die Dinge vor dir verheimlicht hat oder dich verunsichert hat."

Zu mir gewandt sagt Mark: „Ich komme mir vor wie ein kleiner Junge. Ich finde es grauenhaft, aber ich weiß nicht, was ich dagegen machen soll."

Ich rolle mit dem Stuhl auf beide zu: „Melody, wenn Sie sich Mark jetzt anschauen, was sehen Sie dann?"

Melody betrachtet ihn und sagt nach kurzem Schweigen: „Er sieht aus, als ob er sich schämt. So als hätte er etwas falsch gemacht."

„Wirklich? So als hätte er etwas falsch gemacht?"

„Ja", antwortet sie.

„Ich schlage Ihnen etwas vor", sagte ich und erkläre ihnen, wie sie ihre Stühle so verstellen können, dass Melody so hoch wie möglich und Mark so tief wie möglich zu sitzen kommt.

„Oh Gott", sagt Mark und lässt wieder den Kopf sinken. „Ich glaube, mir wird schlecht. So fühlt sich das für mich an, genau so."

Zunächst muss Melody lachen, dann aber fragt sie in traurigem Ton: „Ja? Was ist mit dir?"

Mark dreht den Kopf weg von Melody, die über ihm emporragt, und sagt: „Ich mag das nicht."

„Was denn?", fragt Melody nach, wirkt jetzt aber noch besorgter. „Ich weiß nicht, was du meinst." Ihr innerer Druck wächst rasch an, weil sie nicht begreift, was in Mark vor sich geht. Ihr Arousalniveau scheint in die Höhe zu schnellen, weil er sich von ihr wegdreht.

„Melody", sage ich leise, „könnte es sein, dass Marks Verhalten gar nicht bedeutet, dass er wirklich etwas falsch gemacht hat? Könnte es sein, dass er auf Sie reagiert? Achten Sie auf die räumliche Position, die Sie ihm gegenüber gerade einnehmen. Was nehmen Sie da wahr?"

„Ich bin groß, und er ist klein", erwidert sie.

„Genau."

„Oh", sagt Melody staunend, als sei ihr gerade etwas klargeworden. „Oh Gott."

Mark, der den gesenkten Kopf auf eine Hand gestützt hat, kann nun nicht mehr an sich halten und schluchzt los. Melody will sogleich zu ihm hin, doch er streckt die andere Hand aus und gibt ihr ein Zeichen, dass sie wegbleiben soll.

„Warte ... warte", sagt er zwischen Wellen des Schmerzes, die ihn überrollen. „Einfach ... nur einen Moment."

Auf Melodys Gesicht spiegeln sich ihre Qualen. Sie will zu Mark hin und kann sich offenbar nur mit Mühe bremsen.

Ich bewege mich mit dem Stuhl auf die beiden zu und sage leise zu Melody: „Ja, ich glaube, Sie haben Mark missverstanden – was nicht heißt, dass er nicht auch dazu beitragen würde, dass die Situation so ist. Ich glaube, umgekehrt hat er nicht verstanden, was in Ihnen vorgeht. Seine abschätzigen Bemerkungen, seine Verschlossenheit, seine Distanziertheit erzeugen in Ihnen enorme Anspannung und Unsicherheit. Wie er auf Ihre Ängste reagiert, ist unangemessen – zumindest passt das nicht für Sie. Denn Sie fühlen sich dadurch bedroht." Ich sage dies zwar zu Melody, die weiterhin den verzweifelten Mark betrachtet, doch ich weiß, dass meine Worte auch bei ihm ankommen.

„Ich habe den Eindruck, dass Sie sein Schweigen manchmal als feindselig missverstehen, während in Wirklichkeit Angst dahintersteckt. Er scheint an bestimmten Punkten Ihnen gegenüber zu erstarren, und weil er dann überhaupt keine Reaktion zeigt, scheinen Sie das als Angriff zu empfinden."

Ich wende mich an Mark: „Interaktion ist für Melody wichtiger als für Sie. Damit meine ich nicht nur, dass ihr sehr viel daran liegt, die Dinge in Worte zu fassen und sich sprachlich auszutauschen, sondern auch, dass Sie auf Ihr Gesicht und Ihren Körper achtet. Es gibt Augenblicke, in denen Sie regungslos verharren, mit ausdruckslosem Gesicht, und keinen Laut von sich geben. Sie selbst nehmen das vielleicht als höfliches Zuhören wahr, doch bei ihr kommt dieses Nichtreagieren als Ablehnung an. Sie sollten sich darüber klarwerden, dass ein ‚Nichtreagieren' nicht neutral ist. Zumindest nehmen die meisten Leute das nicht so wahr. Wenn sie keine Reaktion bekommen, neigen sie dazu, das Nichtreagieren als Ablehnung zu erleben. Das ist vor allem dann so, wenn jemand unter innerem Druck steht. Wenn Sie also nicht durch Nicken oder Brummen oder in irgendeiner anderen Form bald signalisieren, dass bei Ihnen ankommt, was sie sagt, dann gerät sie noch mehr unter Druck, weil sie auf eine rasche Interaktion mit Ihnen angewiesen ist."

Zu Melody gewandt fahre ich fort: „Ich glaube allerdings, dass Ihr Tempo bei diesen Dingen höher ist als seines." Sie bestätigt dies mit einem Nicken: „Ich glaube, Sie haben recht – ja, das merke ich oft." Ich drehe mich wieder zu Mark hin und frage: „Denken Sie, dass das so stimmen könnte?" Seine Bewegungen wirken nach wie vor, als müsse er sich durch Schlamm kämpfen, doch er scheint jetzt offener zu sein, nickt zur Bestätigung und gibt ein leises „Ja" von sich.

Zu Melody sage ich: „In diesen Situationen, unter denen Sie so leiden, geschieht nach meinem Eindruck Folgendes: Mark reagiert, als würde er sich angegriffen fühlen, und geht entweder zum Gegenangriff über oder zieht sich zurück und erstarrt. Das ist eine Reflexreaktion, in die er verfällt, doch Sie erleben es als Angriff."

Ich halte für einen Augenblick inne, um ihre Gesichter zu beobachten und zu registrieren, was in meinem eigenen Körper vor sich geht. (Sprechen beeinträchtigt oft die somatosensorische Eigenwahrnehmung und kann daher leicht die Abstimmung auf das Gegenüber stören.) „Es ist bei beiden von Ihnen so, dass das Arousalniveau schnell ansteigt. Sie reagieren rasch aufeinander und schätzen dann das Verhalten des anderen falsch ein, sodass auf beiden Seiten das Gefühl der Bedrohung bis zu einem Punkt anwächst, an dem die Situation aus dem Ruder läuft."

Während ich spreche, habe ich beide im Blick und sehe, dass sie zustimmend nicken. Ich nehme das als Signal, dass ich fortfahren darf.

„Die Folge davon ist meiner Meinung nach, dass es bei Ihnen beiden zu einer Fehlregulation kommt und dass Sie nicht in der Lage sind, beruhigend aufeinander einzuwirken. Deshalb wiederholen sich diese Vorfälle und wirken traumatisierend auf Sie beide. Sie gehen einander dann einfach aus dem Weg. Keiner von Ihnen tut das bewusst. Ich glaube nicht, dass Sie einander bedrohen *wollen*. Das ist nicht, was Sie im Sinn hatten, als Sie ein Paar geworden sind. Ich denke aber, es gibt da für Sie beide wichtige Dinge an Ihrem Partner, die Sie nicht verstehen und nie verstanden haben. Ich würde gern einigen von diesen Dingen auf die Spur kommen. Ja?"

Beide nicken langsam.

## Dritte Sitzung – Wiederkehr des feindseligen Verhaltens

Ich springe gleich zur dritten Sitzung, weil das Paar in der zweiten, in Reaktion auf die erste, eine Art zweite Flitterwochen durchlebte. Dass die Offenbarungen einer ersten Sitzung zu einem Höhenflug in der zweiten führen, kommt häufig vor; in der dritten Sitzung erleben wir dann eine Wiederkehr des feindseligen Verhaltens, aber in gesteigerter Intensität. Eine Therapie kann unbeabsichtigte Nebenwirkungen haben: Um manche Paare scheint es nach Beginn der Behandlung noch schlechter bestellt zu sein als vorher, während bei anderen eine gut verlaufende Sitzung eine Hoffnung auf Besserung weckt, die einen herben Dämpfer bekommt, sobald die Partner merken, dass sich eigentlich noch gar nichts geändert hat. Als ich Mark und Melody im Wartezimmer begrüße, ist die Missstimmung bei beiden unübersehbar. Nachdem wir Platz genommen haben, spreche ich sogleich an, was in der Luft liegt.

„Gut. Was ist passiert?" Ich habe beide Partner im Blick.

Melody lehnt sich mit verschränkten Armen zurück, die Beine übereinandergeschlagen, aber in Bewegung, die Lippen aufeinandergepresst. Sie starrt Mark böse an.

„Sie ist wieder wütend auf mich", sagt Mark vorsichtig, während er den Blick auf Melody gerichtet hält. „Es ist wieder dasselbe. Sie denkt, ich betrüge sie."

„Das verstehe ich nicht. Wie kam das?", frage ich. Ich kann mir freilich denken, was geschehen ist.

„Nach der letzten Sitzung kamen wir nach Hause, gingen zu Bett, schliefen das erste Mal seit Wochen miteinander, und dann, als ich gerade am Wegdämmern war, fragt sie: ‚Was ist wirklich zwischen dir und Frieda passiert?' Ich war völlig perplex. Wir erleben diesen wirklich schönen Abend zusammen, und gleich danach überfällt sie mich mit dieser Frage ..."

„Du lässt da etwas weg!", unterbricht Melody ihn.

„... und ich war hundemüde und wollte schlafen. Ich musste am nächsten Morgen früh zur Arbeit ..."

„Du lässt etwas weg!", unterbricht sie ihn erneut. „Sag's ihm! Sag ihm die Wahrhe. denn wenn du es nicht tust, mache ich da nicht mehr mit! Ich sage dir hier und jetz. dass ich nicht mehr mitmache!"

Ich versuche Melody in eine andere Richtung zu lenken. „Warum sagen nicht SIE ihm, wie es wirklich war. Offenbar ist er derjenige, dem man das sagen muss, nicht ich bin es."

Melody richtet die Aufmerksamkeit wieder auf Mark. „Du gibst nur einen Teil von dem wieder, was ich gesagt habe, und das ist unfair. Ich habe dich erst dann wegen Frieda gefragt, als du nicht mit mir über den Abend reden wolltest, an dem ich dich in deinem Büro überrascht habe. Ich verstehe immer noch nicht, warum du mich einfach derart auflaufen lässt, selbst jetzt noch, nachdem Dr. Tatkin dir gesagt hat, dass es falsch ist, etwas vor mir zurückzuhalten."

„Hey!", protestiere ich, an beide gerichtet. „Lassen Sie mich da aus dem Spiel. Das ist etwas zwischen Ihnen beiden."

Ich rolle meinen Stuhl weiter zurück, um mich aus ihrem unmittelbaren Umfeld herauszunehmen.

Mark lehnt sich nach vorn zu Melody hin und ruft: „Ich habe überhaupt nichts vor dir zurückgehalten. Ich wollte nur schlafen, und du hast das nicht respektiert. In jedem Moment soll es immer nur nach dir gehen! Du gehst nicht arbeiten, ich aber schon! Das machst du dir anscheinend nicht klar."

Melody erwidert das Feuer. „Moment mal! Lass das gefälligst sein mit diesem ‚Ich arbeite' und ‚Du arbeitest nicht'. Ich tue sehr viel für dich. Ich erledige den Haushalt und ..."

Mark fällt ihr ins Wort: „Und ich bringe das Geld nach Hause, durch das du erst tun kannst, was du willst, und du erkennst das einfach nicht an!"

An diesem Punkt wird der Inhalt des Disputs belanglos, weil die Partner einander in einen Zustand des Hyperarousals (Kampf-Flucht-Erstarrung) hochgepuscht haben. Psychobiologisch gesehen befinden sie sich jetzt „in einer anderen Dimension". Ich rolle mit meinem Stuhl noch weiter weg und lasse den Schlagabtausch ein wenig weiterlaufen.

*Paaren im Clinch zuzuhören und zuzusehen ist in gewisser Hinsicht, als betrachtete man die Muster von Schall- und Lichtwellen. Ihr kollektives Arousal steigt an und fällt ab wie die verschiedenen Sätze einer Symphonie. Wie groß ist der Abstand zwischen Höhen und Tiefen? Wir wissen, dass die Variabilität des Pulses ein Zeichen von Gesundheit ist. Wenn wir annehmen, dass auch die Variabilität des Arousals innerhalb des Paarsystems ein Zeichen von Gesundheit ist, dann folgt daraus, dass bei stabilen Paaren mehr Variabilität zu erkennen sein müsste als bei instabilen. Wie lang verweilt das Paar jeweils auf einem Gipfel oder in einem Tal? Sorgen sollte der Therapeut sich machen, wenn ausgeprägte Arousal- oder Affektzustände, ob nun Höhen oder Tiefen, zu lange bestehen bleiben. Wenn Zustände besonders hoher oder besonders niedriger Intensität nicht rasch abklingen, sondern lange anhalten, sind Beziehungstraumata vorprogrammiert.*

*Lässt sich das Auf und Ab mit abgerundeten Sinuswellen oder mit Sägezahnwellen vergleichen? Machen Sie sich ein Bild davon, wie der Partner beim Gegenüber Übergänge zwischen emotionalen Zuständen einleitet. Gibt es dabei spielerische Momente, oder geht es die ganze Zeit todernst zu? Erfolgreiche Paare sind in der Lage, mitten im Konflikt spielerisch miteinander umzugehen. Dies ist eine äußerst effektive Taktik der Co-Regulation. Wechseln die Partner zwischen Spannung und Entspannung hin und her, oder verharren sie zu lang in Spannungszuständen? Verschaffen sie einander rasch Entlastung, oder schieben sie die Entlastung auf, ohne sich im Klaren darüber zu sein, dass die Verzögerung von beiden einen hohen Tribut fordert?*

Nach einigen Minuten dreht Mark sich zu mir hin.

„Warum hören Sie gerade an diesem Punkt auf?", frage ich.

„Ich weiß nicht", sagt er. „Ich schätze, wir sind fertig."

Ich frage Melody: „Sind Sie damit fertig?" Sie zuckt mit den Schultern und reibt sich die Wangen: „Weiß ich nicht."

Ich wende mich wieder an Mark: „Für mich sieht es keineswegs so aus, als wären Sie fertig mit der Sache. Sie wirken beide nicht sonderlich zufrieden."

„Sind wir auch nicht", erwidert Mark.

„Dann sind Sie auch definitiv nicht fertig damit", stelle ich fest.

„Was soll ich Ihrer Meinung nach tun?", fragt er.

„Das kann ich nicht sagen", antworte ich, „aber Sie haben sich da beide in etwas hineingeritten und müssen das beide wieder in Ordnung bringen, zumindest vorläufig. Denn wenn Sie das jetzt nicht tun, wie lange wollen Sie dann warten, bis Sie sich wieder besser fühlen können? Bis heute Abend? Bis morgen? Bis nächste Woche?"

Mark und Melody sitzen schweigend da und beäugen einander wie Geschwister, die sich wieder vertragen und miteinander auskommen sollen.

Anspannung und Entspannung: *Eines der Ziele unseres psychobiologischen Ansatzes ist, dass das Paar fähig werden soll, über alles zu reden, ohne dass die Regulation versagt. Keiner der Partner sollte befürchten müssen, allzu lange in einer überfordernden oder ausweglos erscheinenden Situation gefangen zu sein, ohne dass dann in irgendeiner Form eine Entlastung erfolgt, sei es durch spielerischen Umgang miteinander, durch Humor, Ablenkung, Zeichen von Zuneigung, Wiedergutmachungsanstrengungen oder durch eine Übereinkunft, und sei es auch nur die Verständigung darauf, einen Konfliktpunkt zurückzustellen. Wir streben nach einem Wechsel zwischen Spannung und Entspannung in jeder Therapiesitzung, in jedem Diskussionsdurchgang und in jedem Zeitabschnitt der Interaktion – nach einer Art Peristaltik, die für die effektive Co-Regulation des Paars wesentlich ist. Die Fähigkeit der Partner, das Arousal des anderen wahrzunehmen, ist Vorbedingung der komplexeren Fähigkeit, Spannung gezielt zu modulieren. Die Partner müssen lernen, in die Spannungszustände hinein- und wieder herauszugehen und einander je nach Notwendigkeit zu halten und wieder loszulassen. Der Therapeut führt, während er mit dem Paar arbeitet, diese Art der Regulation immer wieder beispielhaft vor.*

Themen aufnehmen und wieder ruhen lassen: *So wie Eltern ihre Kinder lehren, Dinge wieder dorthin zurückzubringen, von wo sie sie geholt haben, so erwartet der Paartherapeut von den Partnern, dass sie bestimmte Themen abschließen und hinter sich lassen, bevor sie zum nächsten weitergehen. Anders gesagt, die Partner müssen sich etwas einfallen lassen, um nach einer schwierigen Auseinandersetzung dafür zu sorgen, dass es beiden gut geht. Das heißt nicht, dass die Angelegenheit damit erledigt sein soll, sondern dass beide darauf achten, dass sie nach der jeweiligen Interaktionsrunde in hinreichend guter Verfassung sind, um sich nun gemeinsam mit etwas anderem beschäftigen zu können. In der Sitzung verweist der Therapeut die Partner aneinander zurück, damit sie zusammen eine Möglichkeit finden, wie sie die Episode zum Abschluss bringen können, ehe sie weitergehen. Falls am Ende einer Konfliktepisode einer oder beide Partner resigniert, hilflos oder sonst wie bekümmert wirken, muss der Therapeut ihnen hilfreiche Impulse geben, um ihnen zu zeigen, wie es weitergehen könnte.*

„Gut. Was sollen wir also tun?", fragt Mark.

Ich frage zurück: „Kommen Sie beide am Ende immer an diesen Punkt, wo Sie dann irgendwie aufgeben?"

„Ja!", heult Melody auf, den Kopf gesenkt, die Hände immer noch vors Gesicht geschlagen.

„Das verstehe ich nicht. Warum müssen Sie in dieser Sackgasse landen? Warum können Sie über solche schwierigen Themen nicht in einer Weise reden, dass Sie sozusagen auf den Füßen landen und zumindest erst einmal den nächsten Schritt zusammen machen können?"

„Wie sollen wir das hinbekommen?", will Mark wissen.

„Eine Notsituation zwischen Ihnen sollte nie länger als eine Stunde anhalten", sage ich zu beiden. „Das heißt nicht, dass Sie in dieser Zeit das Problem vollständig beheben können oder sollen. Es gibt aber jedenfalls keinen Grund für Sie, sich den ganzen Tag zu vermiesen. Ein ganzer Tag, das ist zu viel."

*Wenn ein Konflikt hochkocht und Wunden aufbrechen, tickt die Uhr. Es nützt keinem der Partner, wenn das Ganze kein Ende nimmt. Wir sollten also eine Strategie wählen, die „den Druck herausnimmt", und auf das eingehen, was dem Paar zu schaffen macht. Wenn einer der Partner Qualen leidet, kann dabei nichts Gutes herauskommen. Es ist wie bei einem Dreibeinlauf, bei dem die Unterschenkel zweier Läufer zusammengebunden werden: Die Partner schaffen es nur ins Ziel, wenn beide auf den Beinen bleiben. Wenn einer fällt, fallen beide.*

„Aber sie lässt einfach nicht locker, ich kann machen, was ich will. Nichts, was ich tue oder sage, scheint da etwas auszurichten. Sie wird noch tagelang wütend auf mich sein. Sie sehen ja, was sie da macht."

„Denken Sie, dass sie spinnt?", frage ich Mark.

„Bitte?", Mark wirkt überrascht und peinlich berührt.

„Glauben Sie, dass sie spinnt?", wiederhole ich. „Sie kann offenbar nicht von dem Thema ablassen, und Sie haben alles getan, was in Ihrer Macht steht, um sie zu überzeugen. Ich frage mich, ob Sie glauben, dass sie spinnt."

„Vielleicht ... na ja", erwidert Mark vorsichtig.

„Das glaub ich einfach nicht!", ruft Melody und springt auf, das Gesicht gerötet, die Augen weit aufgerissen. „Ja, vielleicht spinne ich, vielleicht macht es mich wahnsinnig, dass du eigentlich nichts tust oder sagst, außer dass du dich herausredest und von mir erwartest, dass ich einfach den Mund halte und mich damit abfinde!" Melodys Atem geht schneller, das Gesicht ist angespannt, der Blick oszilliert zwischen wütend und gekränkt, die Hände sind zur Faust geballt und die Beine kerzengerade und mit angespannten Muskeln gegen den Boden gestemmt. Sie verharrt in dieser Position, während sie auf Marks Antwort wartet.

Mark wirkt wie erstarrt und sitzt reglos da, ohne den Blick von Melody abzuwenden. Ich warte ab, was als Nächstes geschieht. Es dauert eine Minute oder noch länger, dann löst sich Melodys Anspannung, und sie sackt in sich zusammen, mit hängenden Schultern, den Kopf auf die rechte Hand gestützt. Sie seufzt tief, als hätte sie jede Hoffnung aufgegeben. Mark rührt sich immer noch nicht und schweigt.

*In der Paartherapie ist nichts so, wie es scheint. Die Gegenübertragung kann uns aber zu gewissen Schlussfolgerungen verleiten. Wenn zum Beispiel ein Partner an einer Position festzuhalten scheint und die wiederholten Versuche des anderen, die Dinge zu klären oder zurechtzurücken, an sich abprallen lässt, verliert der Paartherapeut unter Umständen die Geduld mit dem Partner, der sich über die Zurückweisung beklagt, und nimmt an, dieser sei die Quelle des Problems oder erhalte es aufrecht und sei unvernünftig oder sogar nicht ganz bei sich. Es empfiehlt sich in diesem Fall aber, auf den „zu Unrecht" beschuldigten Partner zu schauen. Es sieht möglicherweise nur auf den ersten Blick so aus, als tue er alles, was in seiner Macht steht. Den Wind selbst können wir nicht sehen, wohl aber seinen Effekt auf Bäume, also wissen wir, dass er da ist. Ich bekomme vielleicht nicht mit, womit Mark Melody quält, kann aber den Effekt auf Melody sehen, und das ist es, was zählt. Wenn sie keine Entlastung bekommt, liegt das daran, dass er nicht dafür sorgt.*

Es verstreichen wieder einige Minuten, dann hebt Melody rasch den Kopf und sagt in wesentlich gedämpfterem Ton: „Es ist immer dieselbe beschissene Geschichte. Du sitzt einfach da und lässt mich hängen."

Ich frage Mark: „Was meint sie damit?"

Mark erwidert: „Ich weiß es nicht. Ich weiß nicht, was ich sagen soll. Ich habe das Gefühl, dass sie über mich herfallen wird, egal was ich sage."

„Warum haben Sie sich in der Nacht geweigert, ihre Fragen zu ihrem Besuch in Ihrem Büro zu beantworten?"

Er blickt auf. „Wie bitte?", fragt er überrascht.

Ich wiederhole, was ich gesagt habe.

„Es war mitten in der Nacht!", sagt er laut, so als fände er meine Frage lächerlich.

„Und?", sage ich und zucke mit den Schultern.

„Und?!" Er wirkt erstaunt. „Und? Wie gut können Sie denn arbeiten, wenn Sie nur fünf Stunden geschlafen haben?"

„Sie ist Ihre Frau, Ihre Lebensgefährtin, Ihr Ein und Alles. Sie leidet. Das hat doch Vorrang, oder?" Ich verlagere den Blick, um Melody mit einzuschließen. „Das ist die Abmachung, richtig? Wenn es einem von Ihnen beiden schlecht geht, kommt das an erster Stelle, ja? Gehört das nicht zur ‚Stellenbeschreibung'? Sie kümmern sich zuallererst umeinander, alles andere kommt danach? Ja? Falls dem nicht so ist, kann ich gut verstehen, warum Sie in Schwierigkeiten stecken."

Ich wende mich wieder an Mark, rolle mit dem Stuhl näher zu ihm hin und stelle in wesentlich schärferem Ton die rhetorische Frage: „Denken Sie denn wirklich, Sie können über ihren Kummer hinweggehen und danach gut schlafen oder sich am nächsten Tag wohlfühlen?" Dann verlagere ich meine Position wieder von ihm weg und beziehe Melody mit ein.

„Glaubt einer von Ihnen beiden im Ernst, dass Sie derart getrennt voneinander existieren, dass Sie den emotionalen Zustand des anderen einfach ignorieren können, ohne dass er auch auf Sie übergreift? Das wäre ein großer Irrtum. Das ist nicht möglich, und es war nie möglich. Sie sind miteinander verbunden; wo der eine hingeht, dahin geht auch der andere."

Ich verschiebe den Fokus wieder auf Mark. „Wenn Sie in jener Nacht krank gewesen wären, hätten Sie dann angenommen, dass Melody böse auf Sie wird, weil sie ihren Schlaf braucht?"

„Nein", antwortet er verlegen.

„Warum gehen Sie dann so mit ihr um?"

*Wenn der Paartherapeut aktiv wird, das heißt, wann immer er in irgendeiner Weise interveniert, ist er dafür verantwortlich, die Arousalzustände beider Partner im Blick zu behalten und zu modulieren. Während ich bei Mark wie auch bei Melody das Auf und Ab ihres Arousals beobachte, setze ich meinen räumlichen Abstand zu ihnen, meine Stimme und meinen Aufmerksamkeitsfokus ein, um Spannung und Entspannung zu steuern, mich auf sie zu und von ihnen weg zu bewegen, bei einem von ihnen zu verweilen und mich wieder von ihm zu lösen. Ich achte darauf, mich von Mark weg zu bewegen und meinen Fokus zu verlagern, sobald ich spüre, dass er durch die Aufmerksamkeit, die ich ihm zuwende, aktiviert wird, und gehe zu Melody über, damit er sich wieder entspannen kann. Sie kommt besser als er damit zurecht, wenn der Fokus auf ihr liegt, und deshalb verweile ich oft länger bei ihr. Ich verlagere meinen Fokus auch auf den Raum zwischen beiden, um auf diese Weise implizit das Paar anzusprechen. Mit dieser Taktik kann ich es mir oft erlauben, konfrontativ mit ihnen umzugehen, ohne bei einem von beiden ein Hyperarousal auszulösen.*

Als Melody merkt, dass die Botschaft bei Mark angekommen ist, wird sie sogleich nachsichtiger und bewegt sich mit dem Stuhl zu ihm hin.

„Es tut mir leid, dass ich dich in der Nacht in ein Gespräch verwickeln wollte", sagt sie leise zu Mark, der immer noch mit gesenktem Kopf dasitzt. „Ich habe diesen Streit angefangen, und das hätte ich lassen sollen."

Mark hebt kraftlos den Kopf, als sei alle Energie aus ihm gewichen: „Nein, du wolltest ja nur, dass ich dir etwas Beruhigendes sage, und ich habe das Gegenteil gemacht. Ich habe dich dazu gebracht, dass du dir noch mehr Sorgen machst."

Dass Mark so ausgelaugt wirkt, lässt sich als leichter Abfall des parasympathischen Tonus interpretieren, als eine depressive Reaktion, zu der er neigt, wenn er sich bedroht fühlt. Der Therapeut muss auf solche Tonusabsenkungen achten, weil die Erholung von ihnen schwierig ist und weil sie, falls sie massiv ausfallen, auf gravierendere dissoziative Prozesse und unbewältigte Traumata verweisen können.

Nach einer kurzen Pause sagt Melody: „Mir war bis jetzt nicht klar, dass ich wütend auf dich war, weil du schlafen wolltest. Ich habe mich an diesem Abend und überhaupt an diesem Tag so wohlgefühlt ... Ja, als wir miteinander geschlafen hatten und du dann einschlafen wolltest, also dabei warst, mich zurückzulassen, da habe ich das aufs Tapet gebracht."

Bei einem Menschen mit wütend-abweisendem Bindungsstil setzt, wenn es zu einer positiven Annäherung oder einer Versöhnung kommt, ein Gegenreflex ein, und er stößt den Partner weg oder verfällt in ein anderes negatives Verhalten.

„Ich war am Onanieren", sagt Mark kaum hörbar.

„Was?", fragt Melody.

„An dem Tag, an dem du zu mir ins Büro kamst ... da war ich am Onanieren. Deshalb habe ich so lange gebraucht, bis ich herauskam, und deshalb war ich so komisch."

„Ach, Schatz", sagt Melody zärtlich.

„Ich fühlte mich überrumpelt, und es war mir peinlich." Mark blickt auf. „Ich wollte es dir nicht sagen. Ich versuchte, so zu tun, als sei nichts gewesen. Dass du etwas gemerkt hattest, habe ich gesehen, aber ich habe nichts gesagt. Ich hoffte einfach, du würdest es auf sich beruhen lassen."

Sie zieht ihn an sich. „Ich dachte ... ich weiß nicht, was ich dachte." Sie liebkost ihn. „Solche Dinge kannst du mir doch sagen, das weißt du doch?"

„Nein", erwidert er leise.

„Es tut mir leid, wenn ich dir das Gefühl gegeben habe, dass das nicht geht, wirklich leid", sagt sie zerknirscht. „Solche Dinge sollten wir einander sagen können, findest du nicht auch?"

„Ja", antwortet Mark sogleich. „Das wäre besser, wenn ich dir so etwas sagen könnte, ohne mir deswegen den Kopf zu zerbrechen. Danke ... und es tut mir leid, dass ich's dir nicht früher gesagt habe."

Sie halten einander noch eine Weile in den Armen. Beide lächeln und machen den Eindruck, dass die Zuwendung des anderen sie beruhigt.

„Hast du beim Onanieren an mich gedacht?", fragt Melody.

## Zusammenfassung

Zu Beginn der Behandlung waren die Sitzungen mit Mark und Melody intensiv und dauerten zwei bis drei Stunden. Frequenz und Sitzungslänge nahmen aber bald ab, und sie kamen noch gelegentlich zu einstündigen Nachterminen zu mir. Die psychobiologische Methode ist nicht als Kurzzeittherapie konzipiert, entfaltet aber oft gleich zu Beginn starke Wirkungen.

Mark und Melody kamen als ein Paar mit unsicherem Bindungsstil und einem mittleren Grad von Dysregulation. In der vierten Sitzung kamen dysregulierte Episoden fast schon nicht mehr vor. In der fünften hatten beide Partner aufgehört, die Beziehung in irgendeiner Weise infrage zu stellen, und das Ausräumen von Störungen im Bindungssystem dauerte nicht mehr Tage, sondern Stunden. Bald kamen negative Beziehungsmomente nur noch selten und in abgeschwächter Form vor, weil sie sich gemeinsam bemühten, Irrtümer zu klären, Verletzungen wiedergutzumachen und sich um den anderen zu kümmern, wenn es ihm schlecht ging. Durch die neuentwickelte Fähigkeit, sich der Not des anderen anzunehmen, entwickelte sich ihre Beziehung in einer Weise, die alle Erwartungen übertraf, und es kam wesentlich häufiger zu einer wechselseitigen Verstärkung positiver Beziehungsmomente. Aus einer von Unsicherheit geprägten Paarbeziehung war, mit anderen Worten, eine Paarbeziehung geworden, in der die Partner Sicherheit erlebten.

# 11. Margaret und David – Eine Ehe ohne Sex

David und Margaret, beide Ende 40, kommen auf Empfehlung von Margarets Therapeutin, die den Eindruck hat, dass Margaret in ihrer Einzeltherapie nicht vorankommt.

## Dritte Sitzung

In den beiden ersten Sitzungen habe ich (S. T.) erfahren, dass sowohl bei David als auch bei Margaret gesundheitliche Störungen vorliegen, von denen einige aber offenbar bislang nicht diagnostiziert wurden. Margaret gibt an, dass sie unter Fibromyalgie und rheumatoider Arthritis leidet. David insistiert darauf, dass er sehr empfindlich auf schädliche Umwelteinflüsse reagiert und nachts wegen akuter Nebenhöhlenentzündung nicht schlafen kann. Er gibt beim Versuch, die Nebenhöhlen freizubekommen, immer wieder markante Geräusche von sich, die darauf hindeuten, dass er Mühe mit dem Atmen hat. Die beiden geben seine nächtlichen Atembeschwerden als Grund dafür an, dass sie in getrennten Betten schlafen.

In der Beziehung gab es seit der Zeit des Kennenlernens so gut wie keinen Sex, was beide nicht sonderlich zu stören scheint. Romantik, Erregung oder Verspieltheit stellen sich in ihrer Beziehung nur selten ein. In ihren vorherigen Partnerbeziehungen war das nicht anders. Sie arbeiten sehr viel, tun sich aber schwer damit, ihren Haushalt und die Finanzen zu regeln. Obwohl beide im Beruf großen Einsatz zeigen, haben sie offenbar wenig Talent für das Geldverdienen. Infolgedessen sind sie immer knapp bei Kasse und kommen gerade so über die Runden. Nach außen hin wirken sie zwar gelassen, berichten aber beide von chronischen Angstsymptomen. Sie beschreiben sich als gute Freunde, fühlen sich aber „hilflos und verloren".

Im AAI zeigt sich, dass beide einen unsicher-vermeidenden Bindungsstil hatten, als sie ein Paar wurden. Beide haben als Kinder erhebliche Vernachlässigung erfahren und viel Zeit allein verbracht. Ihre Angaben zur Lebensgeschichte und ihr Verhalten in den Sitzungen verweisen bei beiden auf eine Bevorzugung gedämpfter parasympathischer Zustände. Das Paarsystem ist demnach von einem niedrigen Arousalniveau bestimmt.

Sie sind nicht unattraktiv, sehen aber ungesund und ein wenig ungepflegt aus. Margaret macht einen erschöpften Eindruck, die Haut ist bleich, der Blick trübe. Sie bewegt sich, als habe sie Schmerzen, und wirkt mit ihren 46 Jahren älter. David ist recht mager und sieht ebenfalls erschöpft aus, mit dunklen Ringen um die Augen. Beide tragen bequeme Jogginghosen, und die Haare sehen aus, als seien sie gerade aus dem Bett aufgestanden.

Als ich die Tür zum Wartezimmer öffne, sitzen sie still nebeneinander und lesen in Zeitschriften. Nach der Begrüßung machen wir uns zu meiner Praxis auf, die in einem großen Trakt am Ende zweier langer, rechtwinklig aneinander anschließender Gänge liegt. Ich beobachte ihre Körperhaltung und ihre Gangart. Beide bewegen sich recht schwerfällig. Die etwas mollige Margaret scheint Schmerzen in den Beinen zu haben; ihr Gang wirkt angestrengt und unsicher, sie schwankt leicht hin und her, die Schultern hängen nach vorne. Der schmächtige David hat beim Gehen die Hände in den Hosentaschen, und auch bei ihm sind die Schultern nach vorn gezogen.

Bei einer ersten Sitzung gehe ich dem Paar auf dem Weg in meine Praxis stets voraus. Bei den folgenden Terminen halte ich mich dann meist hinter den Klienten, um zu sehen, ob sie den Weg allein wiederfinden – ein kleiner Test des Richtungsgedächtnisses. Bei unserem zweiten Termin nimmt David einen falschen Weg, und Margaret folgt ihm. Ich greife ein und geleite sie in die Praxis.

*Schwierigkeiten mit der räumlichen Orientierung können auf psychischen und neurologischen Gründen beruhen oder auch mit Medikamenten oder Drogen zu tun haben. Patienten, die immer wieder vergessen, wie sie von A nach B kommen, stehen aber möglicherweise einfach unter akutem oder chronischem Stress. Stress kann die Funktion des Hippocampus beeinträchtigen, der für bestimmte Gedächtnisprozesse und insbesondere für das Kurzzeit- und das episodische Gedächtnis zuständig ist. Im episodischen Gedächtnis sind Erfahrungen in Verknüpfung mit Ereignissen, Zeitpunkten, Orten und begleitenden Emotionen gespeichert. Wenn das episodische Gedächtnis mit dem semantischen Gedächtnis (Wörter und Bedeutungen) gekoppelt ist, sprechen wir vom deklarativen Gedächtnis. Bei Partnern, die unter chronischem Stress stehen, zeigen sich anhaltende Probleme mit dem Kurzzeitgedächtnis und mit deklarativen Erinnerungen an Ereignisse. Die fortwährende Aktivierung von Gefahrsystemen (bei der das Gehirn gleichsam im permanenten Kriegszustand ist) wirkt sich negativ auf das hippocampale Gedächtnis aus.*

Ich setze mich auf meinen fahrbaren Bürostuhl und registriere, dass sich beide an denselben Plätzen niederlassen wie in den vorherigen Sitzungen: Margaret auf dem Zweiersofa am anderen Ende des Raums, David auf der weiter weg von Margaret liegenden Seite der schräg gegenüber stehenden Couch. Sie könnten in diesem Raum keine Sitzgelegenheiten wählen, die weiter voneinander entfernt sind. Margaret beugt sich vor und zieht den Polsterhocker zu sich heran, damit sie die Beine darauf ablegen und es sich auf dem Zweiersofa bequem machen kann. David sitzt mit zwischen den Beinen gefalteten Händen da und nimmt den kleinstmöglichen Teil der Couchoberfläche in Anspruch.

*Was hat ihre körperliche Distanz zu bedeuten? Ist diese Positionierung ein spezifisches Symptom des derzeitigen Status ihrer Beziehung, oder drückt sich darin ganz allgemein ihre Bindungsorientierung aus? Falls Letzteres zutrifft, weist dies auf einen vermeidenden Bindungsstil hin, für den dann auch ein schwach ausgeprägtes Streben nach Nähe und ein geringes Bemühen um das Aufrechterhalten des Kontakts zueinander typisch wären. Falls sich die Vermutung eines vermeidenden Bindungsstils bestätigt, ist es wahrscheinlich, dass die chronisch schwach ausgeprägte Ausrichtung auf Kontakt schon vor der Paarbeziehung vorhanden war und ein Faktor ist, der auch zu den körperlichen Leiden der beiden beiträgt.*

*Viele vermeidend gebundene Erwachsene wurden als Kinder wenig oder gar nicht in den Arm genommen, liebkost und gestreichelt und tun sich mit körperlicher Zuwendung ihr ganzes Leben schwer. In der Entwicklungsphase, die Margaret Mahler (1974) als symbiotisch bezeichnet, gibt es viel Bauch-an-Bauch-Kontakt zwischen Säugling und Pflegeperson, ein Aneinanderschmiegen, das als Verschmelzung erlebt wird. Mahler beobachtete, dass manche Mütter sich dabei allerdings unbehaglich fühlen und längeren Bauch-an-Bauch-Kontakt mit ihrem Baby meiden.*

*Unser neuroendokrines Stresssystem (die HPA-Achse) macht uns, meist in Reaktion auf eine Bedrohung, zum Handeln bereit. Wenn die Bedrohung abklingt, sollte die HPA-Achse eigentlich ihre Aktivität einstellen. Bei Menschen, die unsicher gebunden sind und/oder unter unbewältigten Verlusterfahrungen und/oder Traumata leiden, ist die HPA-Achse wie ein Hahn, der aufgedreht bleibt. Es werden fortwährend Ressourcen verbraucht und wichtige Systeme des Körpers stark beansprucht, sodass sie vorzeitig verschleißen. Körperkontakt mit Schmusen, Umarmen, Küssen und Streicheln ist ein wirksames Mittel, um die HPA-Achse herunterzufahren, weshalb Eltern in allen Kulturen ein bekümmertes Kind instinktiv durch Körperkontakt zu trösten versuchen. Viele Traumaspezialisten sind mittlerweile überzeugt, dass die überkommenen sprachzentrierten Konzepte der kognitiven Verhaltenstherapie nicht nur wirkungslos sind, sondern bei Traumapatienten auch Schaden anrichten können. Eine Studie ergab, dass sich von den Opfern der Terroranschläge des 11. September 2001, bei denen sich keine posttraumatische Belastungsstörung entwickelte, viele Trost durch körperliche Berührung verschafften, etwa durch Massage, Akupunktur oder vermehrte körperliche Zuwendung (Maville et al., 2008).*

David und Margaret schweigen, und keiner von beiden scheint gewillt, den Anfang zu machen. Ich schiebe zwei Bürostühle auf Rollen in die Mitte des Raums.

„Ich schlage vor, dass Sie sich beide auf diese Stühle setzen." Keiner von beiden rührt sich.

„Äh", sagt David und blickt dabei zu Margaret, „ich glaube nicht, dass sie das möchte."

Ich schaue Margaret an, die meinen Blick erwidert.

„Stimmt das?", frage ich sie.

Sie führt einen Finger an den Mund und sagt: „Na ja ... schon, aber ich glaube, ihm ist es auch nicht recht."

„Tatsächlich?", sagte ich. „Und weshalb ist das so?"

Nach kurzem Schweigen sagt Margaret: „Ich denke, das fühlt sich zumindest für mich ein wenig zu konfrontativ an."

„Geht Ihnen das auch so?", frage ich David.

„Ja ...", sagt er, „ein wenig schon, glaube ich. Im wirklichen Leben machen wir so was eigentlich nicht."

„Tatsächlich?", sagte ich in erstauntem Ton. „Sie sitzen einander nicht gegenüber? Nie?"

„Nein, eigentlich nicht", sagt Margaret kichernd, den Finger noch immer im Mund.

„Gut", sagte ich, „lassen Sie uns sehen, was passiert, wenn Sie sich einen Augenblick lang auf die Stühle setzen. Ich möchte gern etwas ausprobieren."

Ich drehe beide Stühle zu mir hin und schiebe sie zusammen, sodass David und Margaret Seite an Seite sitzen werden. Beide nehmen Platz. Ich frage sie: „Und wie ist das jetzt? Ist es angenehmer?"

„Ja ...", sagen sie gleichzeitig.

„Wirklich?", sagte ich, erneut in erstauntem Ton. Ich drehe sie zueinander hin. „Besser als so?"

Nach wenigen Sekunden dreht Margaret ihren Stuhl wieder zu mir hin. David tut es ihr nach.

„Hoppla", sage ich, „wie haben Sie das denn gemacht, als Sie sich kennenlernten? Wie ging das denn, ohne dass Sie einander gegenübersaßen?"

David schwenkt mit dem Stuhl zu Margaret hin, die nach wie vor mich anschaut.

„Das weiß ich nicht", sagt er und schaut sie dabei an. „Sind wir uns damals nicht gegenübergesessen? Ich denke schon, zum Beispiel wenn wir zusammen essen gingen."

Margaret schwenkt zu David herum. „Ich weiß es nicht", sagt sie. David dreht sich wieder zu mir hin. Margaret fährt fort: „Ich denke, wir haben das sicher gemacht. Aber ich kann mich auf jeden Fall erinnern, dass ich viel neben dir saß."

Sie dreht sich zu mir hin. „Ich weiß, das klingt echt schräg", sagt sie lachend, „aber selbst wenn wir einander gegenübersitzen, habe ich nicht das Gefühl, dass wir uns viel anschauen. Du etwa?", fragt sie David, der den Kopf schüttelt und weiterhin nach vorne blickt.

„Warten Sie einen Moment", sagte ich und hole einen kleinen Schaumstoffball. „Wären Sie bereit, etwas Neues auszuprobieren – mit einem Ball spielen und schauen, was so passiert?" Lachend, aber mit einiger Skepsis stimmen sie zu. „David, ich möchte, dass Sie mit dem Stuhl hier herüberkommen", sage ich und zeige auf die eine Seite des Raums. „Margaret, Sie bewegen sich bitte dorthin." Ich zeige zur gegenüberliegenden Seite. „Setzen Sie sich so hin, dass Sie einander anschauen." Ich werfe Margaret den Schaumstoffball zu, die ihn auffängt.

„Ich möchte, dass Sie den Ball immer im Spiel halten. Legen Sie keine Pausen ein. Sie können dabei miteinander sprechen, worüber Sie möchten. Hören Sie nur nicht auf, sich den Ball gegenseitig zuzuwerfen. Und los."

Ich rolle mit dem Stuhl nach hinten von den beiden weg, so als wolle ich mich aus der Szene herausnehmen. David und Margaret schauen einander verblüfft an und beginnen zu lachen.

„Nur zu", sage ich in scherzhaftem Ton zu Margaret, „probieren Sie's aus. Werfen Sie ihm den Ball zu."

Sie wirft David den Ball in hohem Bogen zu. Er fängt ihn und wirft ihn, ebenfalls in hohem Bogen, zu Margaret zurück. So geht es einige Minuten hin und her, bis Margaret sagt: „Also, worüber willst du reden?"

David fängt den Ball und hält ihn, während er nachdenkt, fest.

„Halten Sie den Ball im Spiel", sage ich zu ihm.

Sie lachen beide, und er wirft Margaret den Ball zu.

„Vielleicht sollten wir über letzte Nacht reden", sagt er zu ihr.

„In Ordnung", erwidert sie.

Eine Zeit lang werfen sie sich wieder schweigend den Ball zu. Margaret hält ihn plötzlich fest und überlegt, doch ehe ich etwas sagen kann, wirft sie ihn zu David zurück.

„Ich wollte wirklich nicht, dass du dich mies fühlst", sagt sie zu ihm.

„Das weiß ich", entgegnet er, „aber dir war nicht klar, warum ich mein Versprechen halten musste. Ich hatte ihm gesagt ..." – David hält den Ball fest und wendet sich zu mir hin – „... mein Klient, er wollte von mir, dass ich ..."

Ich unterbreche ihn. „Halten Sie nur den Ball im Spiel. Ich muss über diese Sache nichts weiter wissen. Reden Sie einfach weiter mit ihr."

„Oh", sagt er überrascht, „okay, also gut." Er dreht sich wieder zu Margaret hin und passt ihr den Ball zu.

Margaret knüpft an das an, was David zuvor gesagt hat: „Ich weiß, dass du etwas versprochen hattest. Ich habe Respekt davor, wie du das machst. Wirklich. Ich denke nur, dass du manchmal nicht weißt, wann du besser aufhörst, damit du dich ein wenig erholen kannst. Du warst erschöpft ... wir waren beide erschöpft. Es war ein langer Arbeitstag, und dann hieß es, dass du sogar noch länger unterwegs bist, spätabends und in der Kälte."

„Ich weiß", sagt David, „und ich habe nicht von dir erwartet, dass du mit mir kommst. Ich wusste, dass du müde bist. Du hast diese Woche wirklich viel gearbeitet, und ich hatte ein schlechtes Gewissen, dass ich noch mal weggehe, aber ich konnte den Typ einfach nicht enttäuschen."

Davids Arousalpegel steigt, und er hält erneut den Ball fest.

„Lassen Sie's laufen", sagte ich.

Er wirft den Ball über Margarets Kopf hinweg. Sie greift nach oben, bekommt den Ball nicht zu fassen und geht ihn schwankenden Schrittes holen.

„Tut mir leid", sagt er.

Margaret setzt sich wieder und wirft den Ball gegen Davids Bauch. Er prallt ab und fliegt zurück zu Margaret. Beide lachen.

„Hat das wehgetan?", fragt Margaret verschmitzt und wirft den Ball wieder David zu.

„Nein", antwortet David lächelnd. „Natürlich nicht." Er neckt sie nun seinerseits, indem er ihr den Ball gegen den Bauch wirft. Das Gelächter ist diesmal noch etwas lebhafter. Dann setzen sie ihr Gespräch darüber fort, dass sie zu viel arbeiten und zu wenig schöne Dinge zusammen machen.

*Diese Übung ist ganz auf die psychobiologische Ebene ausgerichtet, und die Intervention des Therapeuten beschränkt sich darauf, beide Partner daran zu erinnern, dass sie den Ball im Spiel halten sollen. Bei der Interaktion von Angesicht zu Angesicht auf kurze Distanz fühlen sich sowohl David als auch Margaret äußerst unwohl. Dies ist für beide gleichbedeutend mit Konfrontation, mit einer interpersonellen Stresssituation, die sie mit ihren frühen Bindungsfiguren erlebt haben. Beide standen unter einem kräftezehrenden Druck, dass sie sich in einer bestimmten Weise verhalten sollten, und waren unter Bedingungen, die sie als bedrohlich empfanden, nicht in der Lage, „richtig" zu denken oder zu sprechen. Beide verhalten sich nun als Erwachsene unter solchen Bedingungen nicht unberechenbar und werden nicht laut oder ausfällig, sondern haben die Tendenz, zu erstarren. Beide lassen Ernsthaftigkeit, Introversion und einen Mangel an jeder Art von Verspieltheit erkennen.*

*Das Werfen und Fangen des Schaumstoffballs spricht mehrere Ebenen an. Es zwingt sie, einander anzuschauen und den Blickkontakt zu halten, der für das Verfolgen des Balls notwendig ist. Die Aufgabe gibt ihnen ein Ziel vor und nimmt so den Druck von ihnen, mehr zu tun und zu sagen, als für das Hin- und Herwerfen des Balls notwendig ist. Sie verschiebt die Aufmerksamkeit von glatten Muskeln (ängstliche Anspannung im Bauchbereich) auf gestreifte Muskeln (Arme), sodass sie sich aus ihrer Erstarrung lösen können. Außerdem versetzt sie der sich entwickelnde gemeinsame Rhythmus in einen entspannten, tranceartigen Zustand, der ein unbefangenes Gespräch über die Paarbeziehung ermöglicht und mehrere Momente mit wechselseitig verstärkten positiven Gefühlen entstehen lässt.*

## Vierte Sitzung

Beide Partner geben zu erkennen, dass ihnen die letzte Sitzung Spaß gemacht hat. Danach haben sie zu Hause sogar die Tischtennisplatte aufgebaut.

„Ich möchte eine Sache ansprechen", sagt Margaret und fragt mich: „Denken Sie, es ist möglich, dass zwei Menschen füreinander die Falschen sind? Vor David war ich nämlich anders. Ich war kontaktfreudiger und attraktiver. Ja, ich denke, viele fanden mich attraktiv. Jedenfalls frage ich mich, ob David und ich einfach nicht die Richtigen füreinander sind."

*Ehe zwei Menschen ein Paar werden, sind sie bereits auf bestimmten Vektoren unterwegs. Der AAI macht diese Bahnen, auf denen sie sich bewegen, bis zu einem gewissen Grad deutlich. Doch sie erzählen ihre Geschichte so, dass wir wie sie glauben könnten, sie beginne erst mit der Paarbeziehung. Das liegt daran, dass der menschliche Geist, insbesondere die linke Gehirnhälfte, Leerräume ebenso wenig duldet wie die Natur. Wenn sich also für das Individuum oder das Paar im Narrativ der eigenen Geschichte Lücken auftun, konfabuliert die linke Hemisphäre und füllt die Leerstellen auf, um Kohärenz herzustellen oder einen Grund dafür zu liefern, warum die Dinge so sind, wie sie sind. (Ein Kind wird auf die Frage, warum es die Vase kaputt gemacht hat, mit einer unplausiblen Erklärung antworten, weil es die Situation nicht hinreichend durchschaut. Es handelt sich dabei nicht um eine Lüge, sondern um den Versuch der linken Gehirnhälfte, zwischen der Sphäre des Impliziten und der expliziten Realität eine Brücke zu schlagen, um eine Störung in der Interaktion zu beheben und die Situation erträglicher zu gestalten.)*

*Wenn Partner fragen: „Sind wir die Richtigen füreinander?" oder sagen: „Vielleicht passen wir einfach nicht zueinander", weiß der psychobiologisch orientierte Therapeut, der eine bestimmte Vorstellung davon hat, was Zueinanderpassen bedeutet, dass angesichts der individuellen Bindungsbiografien die eigentliche Frage ist, bis zu welchem Punkt die Partner gemeinsam vorangehen können, ehe sie mit ihren Fähigkeiten zur Co-Regulation und zur Aufrechterhaltung von Sicherheit und Geborgenheit an ihre Grenzen stoßen. Wenn sie diese Grenzen erreichen, was wird dann vermutlich zwischen ihnen geschehen? Ist ein Seitensprung wahrscheinlich? Werden sie Geheimnisse voreinander haben? Ist zu erwarten, dass es zu einer massiven Dysregulation kommt?*

„Inwiefern sind Sie denn füreinander die Falschen?", frage ich.

Margaret zögert, blickt zu David hinüber und sagt: „Na ja, beim Sex, würde ich sagen."

„Haben Sie denn Sex miteinander?"

„Nein, eigentlich nicht", antwortet Margaret mit verlegenem Lächeln. „Das heißt, wir ... machen das schon, aber da gibt es bei mir ein Problem."

„Ja, das ist noch so ein wichtiger Punkt, noch so ein großes Problem, das wir haben", sagt David. „Wir sind nicht wirklich zärtlich miteinander, und ich habe das Gefühl, dass sie eigentlich nicht mit mir schlafen will."

Margaret blickt David an und sagt mit verhaltenem Lächeln: „Also, ich will dich nicht in eine peinliche Lage bringen, aber ... soll ich es sagen?"

„Sicher", sagt David, „sag, was immer du möchtest – das ist schon in Ordnung."

„Also, manchmal kann ich nicht ... also für mich ... Ich habe ein Problem mit Davids Körperpflege." Das Lächeln hält an, während sie David aufmerksam beäugt. Bei ihm stellt sich nun dasselbe verlegene Lächeln ein. Das Thema scheint aber bei beiden keine nennenswerte Scham auszulösen.

*Verlegenheit und Scham sind, zumindest was die Arousalmuster angeht, verschieden voneinander. David und Margaret wirken verlegen. Sie lachen, werden rot, und alles in allem scheint ihr Arousalniveau durch wechselseitig stimulierende Impulse anzusteigen. Bei keinem von beiden scheint der Arousalpegel zu sinken, wie es für eine Schamreaktion typisch wäre. Die Gesichter wirken nicht angestrengt, es ist kein unbehagliches Schlucken, kein Zurechtrücken von Mimik und Körperhaltung und keine Verkrampfung der Kiefer zu sehen. Ich registriere, dass sie sich beim anderen rückversichern. David gibt Margaret die aufrichtige Erlaubnis, weitere Details offenzulegen. Scham ist ein höchst quälender unangenehmer parasympathischer Affekt. Manche Menschen, die Scham unbedingt vermeiden wollen, bekommen plötzlich einen Wutanfall, andere sinken in sich zusammen und kapseln sich ein. Während Margaret spricht, prüfe ich Davids Gesicht aufmerksam auf Anzeichen von Scham. Einmal räuspert er sich, was auf eine Erregungsspitze des Sympathikus hindeuten könnte.*

„Soll ich weitermachen?", fragt Margaret David.

„Es ist in Ordnung", antwortet er lächelnd. „Ich kenne das ja schon."

„Manchmal gefällt es mir wirklich gar nicht, dass er so wenig auf Körperpflege achtet." Sie berichtet nun einige sehr persönliche und private Dinge über seinen Atem, seinen Körpergeruch und über andere Details, die über die Nahsinne wahrgenommen werden. „Es ist, als wäre es ihm eigentlich egal, dass mir das etwas ausmacht. Er macht sich über solche Dinge keine Gedanken. Ich finde es wirklich abstoßend."

David lacht. Er schaut mich an und sagt: „Natürlich wasche ich mich und halte mich sauber, und ich putze mir täglich die Zähne. Sie müssen wissen, dass sie einfach sehr penibel ist. Margaret und ich haben über dieses Thema schon gesprochen, müssen Sie wissen, denn auch ich habe ein Problem damit, wie sie riecht und wie sie schmeckt."

Ich lasse den Blick zwischen ihnen hin- und herwandern und stelle zu meinem Erstaunen fest, dass es ihnen offenbar nichts ausmacht, offen über dieses Thema zu sprechen. Bei keinem der beiden scheint Ärger über den anderen aufzukommen.

„Stimmt das so?", frage ich Margaret.

„Ja, ihm geht es mit mir genauso", sagt sie ohne Scham, den Blick weiterhin auf David gerichtet. „Also erstens mag er meinen Atem nicht."

„Vielleicht sind es die Medikamente, die du derzeit nimmst", sagt David. Nach kurzer Pause fährt er fort: „Ich denke, dass sich bei uns so eine Art Ekel voreinander einstellt .... das heißt, wir sind beide nicht gerade versessen darauf, miteinander intim zu werden."

Margaret nimmt den Faden auf. „Also ich liebe David wirklich, und ich weiß, er liebt mich auch, aber was das Körperliche angeht, haben wir nie so richtig Gefallen aneinander gefunden."

Ich frage Margaret: „Hat es Ihnen denn schon einmal mit jemandem gefallen?"

„Ja", sagt sie.

David schaltet sich ein. „Also meiner Meinung nach stimmt das nicht ganz. Ich glaube, du denkst nicht mehr an all das, was du mir erzählt hast, nämlich dass du dich damals unattraktiv fühltest, Küssen nicht mochtest und so was."

Schwache Libido und der „Igitt-Faktor": *Vermeidend gebundene Partner mit niedrigem Arousalniveau berichten typischerweise, dass ihre Libido nicht nur in ihrem aktuellen Liebesleben, sondern schon immer schwach ausgeprägt war. Manche geben dies zunächst nicht zu, weil sie sich schämen und weil ihre Erinnerung durch Konfabulationen verzerrt ist. Bei sorgfältiger Überprüfung wird der Therapeut vermutlich feststellen, dass die Libido beider Partner nie sehr stark war, selbst wenn sie vielleicht ein üppiges Phantasieleben haben. Die Libidoschwäche ist aber nicht ihr einziges Problem. Hinzu kommt meist, dass alle Wahrnehmungen über die Nahsinne – Berühren, Schmecken, Riechen, Sehen aus unmittelbarer Nähe – eine heftige „Igitt-Reaktion" auslösen.*

*Dieses Problem mit Wahrnehmungen über die Nahsinne lässt sich größtenteils auf ein sehr geringes Maß an Körperkontakt in der gesamten Kindheit zurückführen. Verschiedene Studien haben gezeigt, dass sich bei Kindern Probleme einstellen, wenn ihre Pflegepersonen nur wenig Körperkontakt zu ihnen aufnehmen oder sie bevorzugt auf der rechten anstatt auf der linken Seite im Arm halten (Bourne & Todd, 2004; Manning et al., 1997; Sieratzki & Woll, 1996). In einigen Studien werden auch Mutter-Kind-Paare beschrieben, bei denen der Geruch des Gegenübers Aversionsreaktionen auslöst. Viele vermeidend gebundene Menschen, die in der frühen Kindheit wenig Hautkontakt erfahren haben, geben an, dass ihnen das Wahrnehmen anderer über Geschmack, Geruch und Berührung schon immer Unbehagen bereitet hat. Solche Schwierigkeiten können darauf hindeuten, dass in der frühen Entwicklung der Integration von Sinneswahrnehmungen Störungen auftraten. Jedenfalls muss der psychobiologisch orientierte Therapeut dem „Igitt-Faktor" auf den Grund gehen, indem er die Bindungsmuster der Partner und entsprechende*

*Aspekte ihres somatosensorischen Systems und ihres Nervensystems analysiert, und Interventionen einsetzen, die Impulse zur gegenseitigen Annäherung geben.*

„Ja, du hast recht", sagt sie mit verschleiertem Blick, als laufe vor dem inneren Auge ein Film über ihre früheren Beziehungen ab. „Ich bin nie lang genug mit jemandem zusammen gewesen, als dass ich das wissen könnte." Sie lächelt, ja bricht fast in Lachen aus. „Die Beziehung mit David ist die längste, die ich je hatte. Stimmt's?"

Sie vergewissert sich, dass David das ebenso sieht. „Stimmt", sagt David. „Soweit ich weiß, bist du mal kurz mit dem einen oder anderen gegangen. Ich muss aber sagen, dass das bei mir genauso war. Die Beziehung mit Margaret ist bei Weitem die längste, die ich je hatte. Ich kam mir nie attraktiv vor. Ich war viel zu schüchtern, mich mit Mädchen zu verabreden." Während er spricht, halten sie Blickkontakt, um sich rückzuversichern.

„Ich schätze", resümiert er, „wir haben beide nicht viel Erfahrung in Sachen Liebe und Romantik."

„Schlafen Sie denn nachts beieinander und stehen morgens zusammen auf?", frage ich. David und Margaret lachen und antworten fast unisono: „Nein."

*Zusammen schlafen und aufwachen: Einschlafen ist für viele Erwachsene ein höchst schwieriger Prozess. Es ist ein einsamer Übergang. Selbst wenn der Partner nahe bei uns ist, sind wir beim Hinübergleiten in den Schlafzustand letztlich allein. Viele füllen die Stunden vor dem Schlafen mit Arbeit, Musikhören, Lesen oder Fernsehen, damit sie die Phase des Übergangs vom Wachen zum Schlafen komplett überspringen können und, sobald sie erschöpft genug sind, einfach vom Schlaf übermannt werden.*

*Auch der Übergang vom Schlafen ins Wachen kann mit Schwierigkeiten verbunden sein. Wenn wir aufwachen, tauchen wir aus einer emotionsbefrachteten Traumwelt, die sich ganz in uns selbst abspielt, in einen Zustand leichter Desorientierung auf, weil unsere Frontallappen im Abschütteln der Schlafträgheit hinterherhinken. Die graue Realität nimmt nach und nach Konturen an, was manchmal ein ernüchternder Vorgang ist. Für einen unsicher gebundenen Menschen ist das Aufwachen unter Umständen noch unangenehmer als das Einschlafen. Beide Übergänge haben tief greifende Auswirkungen auf Stimmung und Energieniveau während des Tages.*

*Viele von uns können sich glücklich schätzen, dass sie mit festen Bettgehzeiten und Einschlafritualen aufgewachsen sind und die Eltern sie liebevoll zudeckten und ihnen vorlasen oder vorsangen. Den Übergang in den Schlaf zu vollziehen lernt ein*

*Kind idealerweise in der Obhut eines Menschen, dem diese Phase keine Angst macht und der an sie gewöhnt ist, und baut so ein Gefühl der Sicherheit und Geborgenheit auf. Manche von uns hatten freilich weniger Glück und haben in der Kindheit keine einprägsamen Einschlafrituale erlebt. Dieses Fehlen von verlässlichen Abläufen, die helfen, den eigenen Arousalzustand allmählich herunterzuregulieren, kann dazu führen, dass die Schlafhygiene im späteren Leben beeinträchtigt ist, was sich dann in der Paartherapie in verschiedenen Problemen mit dem Zusammenschlafen (co-sleeping) äußert.*

*Das Zusammenschlafen hilft, die Aktivität des sympathischen Nervensystems während der Nacht zu regulieren (wobei natürlich auch Störfaktoren wie Schlafapnoe, Schnarchen, Restless-Legs-Syndrom und ungewöhnlichere Formen von Schlafproblemen dazwischenkommen können) (Troxel et al., 2007). Allzu viele Paare sind sich der psychobiologischen Bedeutung der Übergänge in den Schlaf und in den Wachzustand nicht bewusst.*

*Der psychobiologisch orientierte Paartherapeut widmet Einschlaf- und Aufwachritualen der Partner besondere Aufmerksamkeit und macht sich ein Bild davon, wie die Partner reagieren, wenn sie während des Übergangs in den Schlaf, mitten in der Nacht oder morgens beim Aufwachen allein sind. Den Schlafplatz neben sich unerwarteterweise leer vorzufinden kann, je nach Bindungsorganisation und Selbstregulationsfähigkeiten der Partner, durchaus schwer zu verkraften sein.*

*Auch wenn bei einem Paar stark abweichende Wach-Schlaf-Rhythmen oder Schlafstörungen vorliegen, können die Partner einen kleinen Teil des Tagesendes und Tagesanfangs ritualisieren. Sie können einander zum Beispiel vorlesen, ein Gesellschaftsspiel miteinander machen, einander einfach anschauen, einander anschauen und dabei gemeinsam Rückschau auf den Tag halten, zusammen beten, gute Wünsche für andere Menschen aussprechen, Dankbarkeit für freundliche Gesten und gute Taten zum Ausdruck bringen – die Liste ließe sich noch lange fortsetzen. Sobald ein Partner eingeschlafen ist, kann der andere aufstehen und tun, was immer er möchte. Vorsicht ist geboten bei vermeidend gebundenen Partnern, die von sich aus zur Autoregulation neigen, das heißt zu einem im Wesentlichen dissoziativen Zustand, in dem sich frühe Erfahrungen von Vernachlässigung und Verlassenwerden reproduzieren: Weil diese Anpassung an die Vernachlässigung mittels Autoregulation für den unsicher Gebundenen ich-synton ist, wird ihm der stark dysregulierte Zustand vermutlich gar nicht bewusst, in den er verfällt, wenn er in der Nacht allein ist.*

„Wie kommt das?", frage ich.

David sagt: „Also abends ... na ja, wir haben so wenig Zeit für uns selbst, dass wir den Abend einfach gern vorm Fernseher verbringen. Margaret hat aber ihre Sendungen, die sie mag, und viele davon sind gar nicht mein Fall, also gehe ich nach nebenan und schaue mir meine Sendungen an."

„Schauen Sie manchmal auch etwas zusammen an?"

„Manchmal schon, ja", sagt Margaret. „Es gibt ein paar Sendungen, die wir beide mögen."

„Wenn Sie zusammen fernsehen, reden Sie dann währenddessen darüber und tauschen sich darüber aus?", frage ich.

„Nein", antworten beide fast unisono.

„Warum nicht?"

Sie schauen einander an und zucken die Schultern. David sagt: „Ich weiß nicht warum, wir machen es eben einfach nicht. Margaret wird meistens schläfrig und schläft auf der Couch ein, und dann gehe ich einfach nach oben ins Bett."

„Das heißt, Sie wecken sie nicht auf, um gemeinsam mit ihr nach oben zu gehen und sich schlafen zu legen?"

„Nein", antwortet er.

*Primäre Intersubjektivität (Kommunikation im direkten Kontakt von Angesicht zu Angesicht) bedeutet, dass Partner einander als Objekte der Aufmerksamkeit zum Zweck der Stimulation und Beruhigung nutzen. Es kann sich dabei um Mutter und Kind handeln, die einander anschauen, oder um erwachsene Partner. Bei der sekundären Intersubjektivität dagegen machen sich Partner, anstatt sich direkt aufeinander zu stützen, für Stimulation und Beruhigung ein drittes Objekt zunutze, dem sie ihre Aufmerksamkeit widmen. Diese gemeinsame Ausrichtung der Aufmerksamkeit ist schon bei ganz kleinen Kindern in der Interaktion mit ihren Bezugspersonen und anderen Menschen zu beobachten. In der Paarbeziehung ergibt es sich ganz von selbst, dass beide Partner die Aufmerksamkeit auf ein drittes Objekt richten, sei es nun ihr Kind, eine schöne Landschaft oder eine faszinierende künstlerische Darbietung – was auch immer sie dazu anhält, zur wechselseitigen Verstärkung einer positiven Erfahrung den Blick des anderen zu suchen.*

*Beim Parallelspiel (die Partner sind einander zwar nahe, befinden sich aber beide im Modus der Autoregulation) wenden sich die Partner, anders als bei der gemein-*

*samen Ausrichtung der Aufmerksamkeit, jeweils einem dritten Objekt zu, ohne dass damit die Intention verbunden wäre, wechselseitig verstärkte positive Momente zu erleben. Sie sind sozusagen zu zweit allein unterwegs. Wenn beide Partner einen vermeidenden Bindungsstil haben, ist die Wahrscheinlichkeit groß, dass sie das Parallelspiel einer gemeinsamen ausgerichteten Aufmerksamkeit und vor allem dem primären intersubjektiven Kontakt vorziehen. Infolgedessen erleben sie nur wenige gemeinsam generierte positive Momente.*

„Es ist so", sagt Margaret, „dass ich mich nachts furchtbar einsam fühle, aber ich mag es nicht, dass er mir auf die Pelle rückt." Sie lacht. „Ist das schlimm?"

„Und ob das schlimm ist!", antwortet David. „Das ist sehr schlimm. Natürlich ist das schlimm! Es ist, als würden wir uns nur die Wohnung teilen! Es gefällt mir nicht, dass wir nicht zusammen schlafen gehen."

„Gut, dann möchte ich Ihnen einige Fragen stellen", sage ich, „aber stellen wir dafür die Stühle beiseite. Setzen Sie sich bitte so auf die Couch, wie Sie das beim Fernsehen machen. Also, wie sieht das aus, wenn Sie zusammen fernsehen? Wie setzen Sie sich dann hin?"

David setzt sich ans eine Ende der Couch und Margaret ans andere, wobei sie die Beine hoch und in seine Richtung ablegt. „So", sagt sie. „Und manchmal auch so." Sie setzt sich auf den Boden und lehnt sich mit dem Rücken an die Couch.

„David, wenn Margaret diese Position einnimmt, ändern Sie dann Ihre Position oder bleiben Sie, wo Sie sind?"

„Ich sitze einfach hier", erwidert er, „ganz gleich, wo sie ist."

„Gut", sage ich, „bewegen Sie sich zu ihr hinunter, David, und setzen Sie sich neben sie." Er folgt der Aufforderung. „Nehmen Sie jetzt ihre Hand." Er lacht dabei kurz auf.

Margaret schüttelt die Hand ab. „Pfui. Die ist ganz schwitzig", sagt sie und streckt die Zunge heraus.

„Margaret, anstatt die Hand wegzuschieben, können Sie sich irgendetwas suchen, mit dem Sie seine Hände abtrocknen können, damit sich das angenehmer für Sie anfühlt." Sie steht auf, findet eine Decke, wischt damit behutsam seine Hand ab und nimmt sie in die ihre. „So ist es besser", sagt sie und schaut ihm in die Augen.

„Danke", sagt David lächelnd. „Das ist viel netter so. Deine Hand zu halten fehlt mir."

Zu mir gewandt sagt er: „Das ist der Punkt, an dem ich mich dann manchmal einsam zu fühlen beginne. Meine Angst ist, dass wir einfach schweigend hier sitzen und fernsehen, und dann schläft Margaret einfach ein."

„Wer von Ihnen hat die Fernbedienung?", frage ich.

„Ich", antwortet David.

„Gut. David, Sie werden Folgendes tun: Bei jeder Werbeunterbrechung stellen Sie den Fernseher leise ... Nur zu, nehmen Sie die Fernbedienung und stellen Sie den Ton ab."

„Ach so, ich soll jetzt so tun, als ob?"

„Ja, machen Sie das bitte jetzt gleich. Sie können die Fernbedienung auf dem Tisch nehmen."

„Okay", sagt er, „ich stelle den Ton ab."

„Gut. Drehen Sie sich jetzt zu Margaret hin und schauen Sie ihr in die Augen."

„Was soll ich machen, wenn ihr Blick einfach geradeaus nach vorn geht?", fragt David.

„Dann drehen Sie ihr Gesicht behutsam zu sich hin", antworte ich. Als er dies tut, brechen er und Margaret in Gelächter aus. Ich erläutere, dass das jetzt gerade eine wechselseitig verstärkte positive Erfahrung ist – etwas, das sie sich allzu oft versagen, vor allem abends und vermutlich auch am Morgen.

„Machen Sie bei jeder Werbepause Folgendes: Nehmen Sie Kontakt zueinander auf, indem Sie sich über die Sendung unterhalten oder einfach mit den Augen Verbindung zueinander aufnehmen. Lachen Sie, wenn Ihnen danach ist, oder streiten Sie, wenn es sich ergibt. Denn vielleicht reagiert einer von Ihnen auf die Situation empfindlich, und es beginnt ein wenig in ihm zu brodeln. Das ist dann völlig in Ordnung. Ich möchte nur, dass Sie beide abends miteinander interagieren. Ich fände es gut, wenn Sie sich auch zwischen den Werbepausen hin und wieder anschauen und einfach kurz Verbindung zueinander aufnehmen. Sie brauchen nichts Besonderes zu tun, sondern blicken einander nur an, um sich gegenseitig in Erinnerung zu rufen, dass Sie beieinander sitzen und diese oder jene Sendung anschauen."

David sagt: „Also bei Margaret ist es manchmal so, dass sie wegzudriften scheint. Sie starrt einfach geradeaus, und ich kann nicht sagen, wo sie ist und ob alles in Ordnung bei ihr ist. Was kann ich da tun?"

Ich bitte beide, sich mit dem Gesicht zueinander hinzustellen, und fordere dann David auf, ganz nah an Margaret heranzukommen, bis seine Stirn ihre Stirn berührt, und für einen Moment in dieser Position zu bleiben. Sie müssen sogleich lachen. Die Gesichter hellen sich auf und röten sich, die Augen sind geweitet und beginnen zu glänzen.

*Kinder und Eltern legen oft die Stirn aneinander, in einer schwindelig machenden, spielerischen Geste der Nähe. Kinder tun dies ganz spontan (Mahler, 1979), und die Eltern lassen sich darauf ein, weil es Spaß macht und wunderbar albern ist. Erwachsene aber kommen meist nicht darauf, in dieser Weise die Nähe zu einem Partner herzustellen, der in seine autoregulativen Prozesse versunken ist, sich also in einem mehr oder weniger dissoziierten Zustand befindet und mit den Gedanken woanders ist. Die Pose bringt uns zum Lachen – nicht zuletzt, weil wir uns gegenseitig wie in einem Zerrspiegel sehen und aus zwei Augen vier werden.*

*Die Pose tut nicht nur Kindern und Eltern gut, sondern auch erwachsenen Partnern. Sie hebt die Stimmung. Wenn wir das Blickfeld des Partners mit unserem Gesicht ausfüllen und Hautkontakt zu ihm halten, kann das seine Aufmerksamkeit effektiv fokussieren, vor allem wenn er einige Momente Zeit hat, um den Blick weicher werden zu lassen. Außerdem wirken vier Augen weniger bedrohlich als zwei. Die Kopf-an-Kopf-Position kann insbesondere bei einem Partner hilfreich sein, dessen Arousal herunterreguliert ist, weil sie einen starken stimulierenden Effekt hat. Bei Menschen, die depressiv sind oder deren Arousalpegel niedrig ist, löst die Position oft eine massive Steigerung des Arousals aus, und sei es auch nur für kurze Zeit. Ähnlich wie bei Techniken der Achtsamkeitsmeditation wird die Aufmerksamkeit auf das gesamte Blickfeld gerichtet, das in diesem Fall vom imposanten Gesicht des Partners ausgefüllt ist. Die Berührungsempfindung und die Albernheit der Perspektive rufen fast immer Kichern oder Gelächter hervor. Außerdem ist die Übung nicht nur spielerisch, sondern hat auch etwas Zärtliches.*

„Das ist wirklich ulkig", sagt Margaret kichernd.

„Ich weiß", antworte ich, „die Position wirkt stark aktivierend, weil Sie einander an der Stirn berühren und das Gesicht des anderen Ihr Blickfeld vollständig füllt, wobei Sie es nur verschwommen und doppelt sehen. Das ist eine Methode, mit der Sie beide versuchen können, das Aktivitätsniveau des anderen hochzuregulieren und ihm anregende Impulse zu geben. Sie können das auch probieren, wenn einer von Ihnen oder Sie beide mit den eigenen Gedanken beschäftigt und ganz woanders zu sein scheinen. Mit dieser und ähnlichen Übungen können Sie rasch eine Veränderung des psychischen und körperlichen Zustands herbeiführen, und das ist genau das, was wir brauchen: Methoden, um dem anderen schnell anregende oder beruhigende Impulse zu geben, je nach Bedarf."

David und Margaret bleiben in der Position und sehen wie zwei herumalbernde Kinder aus, die ihren Spaß haben. Wir setzen die Übung in verschiedenen Positionen fort, bei denen sie auf der Couch und am Boden nebeneinanderliegen, ähnlich wie im Bett. Die Bewegungen und Posen geben den beiden und mir ein Gefühl dafür, was auf der nonverbalen Ebene in Mikromomenten zwischen ihnen passiert, und liefern mir Ansatzpunkte dafür, aus dem aktuellen Geschehen heraus Interventionen zu entwickeln, mit denen sich das Erleben der Partner in der einen oder anderen Richtung modifizieren lässt.

## Zusammenfassung

In den zwei geschilderten Sitzungen mit David und Margaret erlebten sie vielfältige spielerische Interaktionen, die sich in der Folge auf mehreren Ebenen als hilfreich erwiesen. Sie merkten, dass sie sich bei Spielen wie Werfen und Fangen oder Tischtennis, die das Interagieren von Angesicht zu Angesicht erfordern, beide entspannen, das Zusammensein genießen und, falls notwendig, über schwierige Themen sprechen konnten. Dadurch eröffneten sich für sie in der Paarbeziehung Wege zu achtsamer Reflexion und zu liebevollen, spielerischen und neuartigen Erfahrungen. Durch die Interaktion im Spiel verringerte oder verflüchtigte sich die interpersonelle Belastungssituation, die sie beide überfordert hatte, wenn sie einander von Angesicht zu Angesicht gegenübertraten und über schwierige Themen zu sprechen versuchten. Der Einsatz der gestreiften Muskulatur half, ängstliche Anspannung abzubauen, indem die darin gebundene Energie in Bewegung umgesetzt wurde. Noch wichtiger war, dass die spielerische Interaktion zahlreiche Gelegenheiten für wechselseitig verstärkte positive Erfahrungen bot, an denen aufgrund des vermeidenden Bindungsstils und des niedrigen Arousalniveaus der beiden ein solch eklatanter Mangel geherrscht hatte.

Für David und Margaret wurde klarer, wie ihre Lebenswege zu ihrer Beziehung passten – warum sie zueinandergefunden hatten und in welchen Aspekten sie einander ähnlicher gewesen waren und weiterhin sein würden, als sie je gedacht hätten. Ihre sexuellen Probleme, in denen sich ihre Tendenz zur Vermeidung innigen Kontakts widerspiegelte, erschienen nun, in einen neuen Kontext gestellt, als nachvollziehbare Folgen ihrer frühen Bindungserfahrungen als Babys, deren Bezugspersonen nur wenig Kontakt zu ihnen aufnahmen. Die Partner begannen zu begreifen, dass Wahrnehmungen über die Nahsinne bei ihnen zwar körperliche Aversionsreaktionen auslösten, sie aber dennoch Körperkontakt brauchten – als ein wirksames Mittel, um ihr Stresssystem herunterzufahren, und für ihre körperliche Gesundheit und ihr Wohlbefinden.

Wir steigerten schrittweise die körperliche Nähe und übten das Aufrechterhalten des Kontakts zueinander, indem wir vom Parallelspiel zu Aktivitäten mit gemeinsam ausgerichteter Aufmerksamkeit und zu Schlafritualen übergingen. Wir fanden in den Sitzungen auch wirksame Möglichkeiten der Anregung und Stimulation, die sie mit nach Hause nehmen konnten, um sie dort selbst einzusetzen. In den folgenden Sitzungen berichteten David und Margaret, dass sie mittlerweile gemeinsam zu Bett gingen und öfter Spiele miteinander machten. Es lag ein langer Weg vor ihnen, auf dem sie lernen würden, ihr körperliches und emotionales Aufeinanderangewiesensein zu bejahen und zu pflegen. Ihre Aversion dagegen, den anderen über die Nahsinne wahrzunehmen, schwächte sich nach und nach so weit ab, dass mehr körperliche Nähe und Zärtlichkeit möglich wurden, vor allem in den Abendstunden. Trotz dieser Fortschritte würden sie freilich nie so unbefangen mit körperlicher Intimität umgehen können wie sicher gebundene, kontaktfähigere Partner.

Bei Paaren wie diesem, die ein niedriges Arousalniveau haben, ist es äußerst wichtig, dass der Therapeut der Versuchung widersteht, seine Aufmerksamkeit von der Litanei der Alltagsprobleme, mit denen sich das Paar herumschlägt und die oft ins Zentrum der Sitzungen rücken, absorbieren zu lassen. Wir müssen uns bewusst machen, dass diese Paare im Grunde phobisch auf Körperkontakt, Trostgesten, spielerischen Umgang miteinander und wechselseitige Abhängigkeit reagieren. Unter Umständen fühlt sich der Therapeut durch seine Gegenübertragung dazu gedrängt, diese Themen zu meiden, und geht so konform mit der Vermeidung des Paars. Den vielen falschen Fährten und Nebensträngen zu folgen, die sich auftun, kommt ihm dann eher entgegen als das Bemühen darum, mehr Nähe zwischen den Partnern herzustellen. Wir sollten auch im Blick behalten, dass vermeidend gebundene Partner mit niedrigem Arousalniveau, die wenig Kontakt zueinander aufnehmen, körperlich krank werden können, da die HPA-Achse aufgrund des Mangels an körperlichem Trost und interaktiver Regulation bei ihnen nie ganz zur Ruhe kommen kann. Ihre „allostatische Last" (das heißt der Stress, dem sie infolge ihrer Bewältigungsmechanismen ihr ganzes Leben lang ausgesetzt sind) ist permanent überhöht, weil ihre grundlegenden Bedürfnisse nach Sicherheit und Geborgenheit nicht gestillt werden.

# 12. | Jane und Paul –
Fehlgehende Signale

Paul und Jane sind Mitte 30, verheiratet und haben zwei kleine Kinder. Sie haben sich an einer Elite-Universität kennengelernt, absolvierten beide ein weiterführendes Studium und schlugen dann unterschiedliche Berufswege auf dem Feld der Physik ein. Als das erste Kind unterwegs war, gab Jane ihre Stelle auf und ist seitdem nicht mehr berufstätig. Sie war diejenige, die bei mir (S. T.) wegen einer Paartherapie anfragte: Sie fürchte, sie sei dabei, „die Ehe zu ruinieren". Für die erste Sitzung haben wir drei Stunden angesetzt.

Paul und Jane sind attraktive Leute mit gewinnendem Lächeln. Sie können zwar beide gut mit Worten umgehen, doch es zeigt sich, dass sie einander auf der neurobiologischen Ebene häufig missverstehen. Als wir mein Behandlungszimmer betreten, lasse ich sie auf zwei einander gegenüberstehenden Drehstühlen Platz nehmen. Ich sehe, dass sich beide mit dem Stuhl vom anderen wegdrehen und nach unten blicken.

„Also, was ist zwischen Ihnen beiden los?", frage ich und lassen den Blick zwischen ihnen hin- und herwandern. Sie schauen sich an, als wollten sie sich höflich abstimmen, wer zuerst dran ist.

„Sie wird böse auf mich, wenn ich die Kinder ermahne", sagt Paul. „Anscheinend kann ich zu keinem der Kinder etwas sagen, ohne dass das Jane gegen den Strich geht."

„Ich glaube, ich nehme es zu genau und bin zu besorgt, wenn es um sie geht", sagt Jane. „Es macht mir schwer zu schaffen, wenn Paul einen von den beiden zur Ordnung ruft, vor allem aber, wenn es um unsere Tochter geht, die sehr sensibel ist. Pauls Stimme kann sehr dröhnend und einschüchternd klingen – zumindest finde ich das."

*Dass Jane auf Pauls Stimme abhebt, scheint auf einen psychobiologischen Aspekt hinzuweisen, einen sensorischen Auslösereiz, der sich vielleicht zu Janes Lebensgeschichte zurückverfolgen lässt.*

„Meine Stimme wird nicht dröhnend", entgegnet Paul.

„Wie können Sie wissen, wie Ihre Stimme sich für Jane anhört?", frage ich ihn.

*In der Paartherapie entspinnt sich zwischen den Partnern häufig ein Disput dar-über, wie die Stimme des anderen klingt, was für ein Gesicht er macht oder welche Einstellung sich in seinen Gesten oder seiner Körperhaltung ausdrückt. Aus psycho-biologischer Sicht ist in primären Bindungsbeziehungen nicht wesentlich, wie ein Verhalten gemeint ist, sondern wie es wahrgenommen wird. Der oder die Wahr-nehmende gibt den Ausschlag.*

„Gut, das kann ich nicht wissen", erwidert Paul lächelnd. „Aber ich glaube nicht, dass meine Stimme dröhnt. Wenn ich die Kinder zur Ordnung rufe, ändert sich mein Ton, das ist wahr. Er ist dann wahrscheinlich energisch, aber ich bin nicht außer mir vor Wut oder so."

*Für uns Menschen ist das Auge das wichtigste Sinnesorgan, doch ist das Hören vor allem der menschlichen Stimme mit einem machtvollen Regulationsmechanis-mus verknüpft, der auf das Nervensystem sowohl beruhigend als auch anregend wirken kann. Männer wie Frauen setzen beim Sprechen die Prosodie ein, um ein Gegenüber in den Schlaf zu wiegen oder um es zu warnen und aufzuschrecken. Weil der auditorische Kortex eng mit der Amygdala verschaltet ist, können Stimm-höhe und Tonfall des Partners prozedurale Erinnerungen an traumatische Erfah-rungen wachrufen. Symptome einer posttraumatischen Belastungsstörung werden oft durch Hörwahrnehmungen ausgelöst. Partner klagen typischerweise über Laut-stärke, Tonfall und Stimmlage des anderen, insbesondere in Belastungssituationen. Wie bei allen Sinnesmodalitäten, so modifiziert Stress auch hier sowohl sensorische als auch motorische Vorgänge (Input- und Output-Prozesse). Es ist bei Paaren nicht einfach, aber unbedingt notwendig, die Prozesse in beiden Richtungen und bei Sen-der wie Empfänger der Reize zu analysieren.*

*Ganz allgemein gesprochen sollte sich der Paartherapeut darüber im Klaren sein, dass viele Forscher die Unterschiede zwischen männlichen und weiblichen Stimmen mit evolutionsgeschichtlichen Prozessen von Anziehung und Konflikt in Verbin-dung bringen. In der Entwicklung des Menschen hat die Stimme stets eine wesent-liche Rolle gespielt, wo es um erotische Verführung, Kindererziehung, Geschich-tenerzählen, Warnung vor Gefahren und Interaktionsmuster von Dominanz und Unterordnung ging.*

„Machen die Kinder jemals den Eindruck, dass sie vor Ihnen Angst haben?", frage ich Paul.

„Nein", antwortet Paul, „und ich schüchtere sie auch nicht ein. Falls doch, würde ich das mitbekommen. Auch Jane glaubt das nicht. Aber ich *kann* sie manchmal zu etwas bewegen, wenn sie sich von Jane nichts sagen lassen. Wenn ich sehe, dass Jane bei einem der Kinder nichts ausrichten kann, schalte ich mich ein und helfe ihr, aber dann wird sie wütend auf mich. Ich versuche ihr zu helfen, und plötzlich geht es nur um mich."

Ich drehe mich zu Jane hin, die die Schultern hochzieht. „Was war da eben?", frage ich sie mit interessiertem Lächeln. „Sie haben mit den Schultern gezuckt."

In versöhnlichem Ton erwidert sie: „Ja, er versucht mir wirklich zu helfen. Ich verliere manchmal die Geduld, und er kommt herbei und schaltet sich ein – aber dann werde ich böse auf ihn, weil er mir so barsch vorkommt. So wie heute Morgen", sagt sie zu Paul gewandt, „bei Dina ... als es darum ging, sie anzuziehen."

Paul schaut verwirrt drein und fragt: „Du hast dich heute Morgen über mich geärgert?"

*Ich merke immer auf, wenn ein Partner überrascht darauf reagiert, dass der andere sagt, er habe sich aufgeregt. Woran liegt es, dass Paul nicht mitbekam, dass Jane aufgebracht war? Hat er wirklich nichts gemerkt? Obwohl sie schon zwölf Jahre zusammen sind?*

„Ja", antwortet Jane, „du hast Frühstück für Sam gemacht, und ich versuchte Dina anzuziehen. Sie hat herumgetrödelt wie immer, und ich wurde allmählich sauer. Du bist ins Zimmer gekommen und hast sie angeschrien."

Paul sagt ungläubig: „Ich habe sie *angeschrien*? Das war für dich geschrien?"

„Ja, eindeutig."

*Hier kommt ein weiterer Wahrnehmungsunterschied zwischen den beiden zum Vorschein, der für mich als Paartherapeut bedeutsamer ist als der Inhalt dessen, was sie sagen. Ich möchte herausfinden, warum ihre Wahrnehmungen derart auseinanderklaffen. Eine Methode, dies zu erreichen, sind Reinszenierungen oder Mini-Psychodramen, die der Szene möglichst nahekommen, in der die Dysregulation eintrat. Ich komme zu dem Schluss, dass eine Reinszenierung jetzt erfolgversprechender ist als die Fortsetzung des Gesprächs über den Vorfall.*

Ich bitte sie, aufzustehen und die morgendliche Szene mit Dina für mich nachzuspielen. Jane führt ihre Interaktion mit Dina vor. Da Paul das Zimmer erst betrat, als er hörte, dass Jane in Nöten war, muss ich Jane dabei helfen, die stimmlichen Stresssignale, die ihn herbeiriefen, zu reproduzieren. Ihrem ersten Versuch scheint es an der nötigen Intensität zu mangeln.

„So klingst du aber nicht, wenn du die Geduld mit ihr verlierst", sagt Paul zu Jane. „Deine Stimme ist dann viel schriller."

*Der Paartherapeut muss, wenn er psychodramatische Methoden einsetzt, selbst einen gewissen Arousalpegel erreichen, um durch sein Vorbild die Partner anleiten zu können. Auf diese Weise übt er eine externe Regulationsfunktion aus und reicht, bildlich gesprochen, dem Gegenüber die Hand, während er sich auf dem Arousalspektrum nach oben (oder auch nach unten) bewegt.*

*Der Therapeut muss sich von den Partnern die explizite Erlaubnis dafür holen. Es ist wichtig, dass sie sowohl bei der Reinszenierungs-Strategie als auch beim „Arousal-Coaching" seine Intentionen mitbekommen, damit er nicht einfach zu einer retraumatisierenden Figur wird, sondern ein Verbündeter für sie sein kann.*

*Mit einer psychodramatischen Reinszenierung verfolgen wir, wie mit allen Interventionen, mehrere Ziele gleichzeitig. Die Reinszenierung eröffnet einen Raum, in dem wir Schwierigkeiten und Defizite eingehender erkunden können, bietet die Gelegenheit, durch regulierende Eingriffe das Arousalniveau der Partner nach oben oder unten zu verschieben, und stellt eine Intervention dar, die eine ernsthafte Atmosphäre spielerischer werden lässt.*

*Der Therapeut kann, indem er auf dem Arousalniveau arbeitet, auf dem es beim Paar zur Dysregulation kommt, unmittelbar auf problematische Aspekte einwirken. Weil prozedurale Erinnerungen erfahrungsabhängig sind, kann eine auf dieser Ebene erfolgende Kränkung in eine heilsam wirkende Erfahrung überführt werden. Außerdem sind während einer Dysregulation, weil sie höhere kortikale Verarbeitungsprozesse beeinträchtigt, situationsangemessene und neuartige Reaktionen auf eine Bedrohung unmöglich. Der Therapeut übernimmt daher für die Partner Funktionen ihrer Frontallappen und interveniert, wenn sie sich in einem dysregulierten Zustand befinden, schnell und unaufdringlich. Er geht buchstäblich in die Situation hinein, nimmt Korrekturen vor und geht dann wieder heraus. Die Korrektur kann in einem Wort, einem einfachen Satz, einer Bewegung, einer Berührung oder irgendeiner anderen Handlung bestehen, die bei beiden Partnern rasch eine Zustandsverschiebung herbeiführt.*

In diesem Fall muss ich nun Jane dabei unterstützen, zügig in die Zone eines hohen Sympathikus-Arousals überzugehen. Dazu steigere ich meine Bewegungs- und Sprechgeschwindigkeit und die Amplitude meiner Stimme. Dies scheint Jane tatsächlich zu helfen, ihr Arousal auf das Niveau anzuheben, auf dem sie sich morgens in der Situation mit Dina befand.

„Nein, das lassen wir jetzt sein", sagt sie zu einer imaginären Dina auf dem Boden.

„Lauter!", sage ich mit lauterer Stimme als sie.

„Nein, das lassen wir jetzt sein!", ruft sie. „Wir wollen nicht, dass Papa zu spät kommt! Du kannst die Socken jetzt nicht selber anziehen."

„Jetzt stimmt es", sagt Paul. „So klingt das. Darauf springe ich an und gehe ins Zimmer."

Ich vermute, dass Paul Janes Stimme als Alarm- oder Notruf wahrnimmt. Ehe wir den nächsten Schritt tun, möchte ich diese Vermutung überprüfen, um nicht nur für mich, sondern auch für Jane und Paul Klarheit zu schaffen. Wir stehen nicht unter Zeitdruck, sodass wir es uns leisten können, langsam vorzugehen und das gesamte Geschehen in seine Einzelelemente aufzugliedern.

„Bevor Sie aktiv werden", sage ich zu Paul, „was spüren Sie da in Ihrem Körper?"

Er legt die Hand auf die Brust. „Ich merke, wie das Herz sehr schnell schlägt. Ihre Stimme klingt so, dass ich sie nicht ignorieren kann."

„Wie eine Sirene?", frage ich.

„Ja, genau, wie eine Sirene."

*Bei Primaten und Menschen dienen Alarmrufe der Stärkung der Paarbindung und dem Überleben. Der Schrei eines Säuglings lässt die Mutter herbeieilen. Wenn Wachposten vor einem sich nähernden Raubtier warnen, stoßen sie Schreie aus, deren Frequenz und Amplitude anderen anzeigen, dass ein Feind kommt. Die Schreie von Raubtier und Beute signalisieren Aggression (Angriff) und Versuche der Abwehr (Distanzierung; Blanchard & Blanchard, 2008). Bei Alarmrufen ist zwar das Broca-Areal aktiv, doch sie beziehen weder weitere Sprachzentren noch den Neokortex ein und sind nicht erlernt. Alarm- und Signalrufe werden vielmehr über das limbische System gesteuert und sind angeborene, unwillkürliche Reaktionen auf Notlagen und Bedrohungen (Wilkins & Wakefield, 1995). Eine empathische Reaktion auf das Schreien eines Säuglings nimmt bei seinem Vater, seiner Mutter und bei anderen Individuen jeweils eine andere Form an. Die weibliche Stimme ist insbesondere bei einem Alarmruf durchdringender und über eine weitere Entfernung zu hören, was der Grund dafür sein könnte, dass Frauen oft die Funktion von Wachposten zukommt, die andere zu sich herberufen. Die männliche, tiefere Stimmlage signalisiert eher Dominanz, womit vielleicht zu erklären ist, dass der männliche Alarmruf eher dazu eingesetzt wird, andere vom Näherkommen abzuhalten. Männer tendieren gegenüber einem widerspenstigen Kind im Allgemeinen eher dazu, eine tiefe, dröhnende Stimme einzusetzen, um ein Innehalten oder Erstarren auszulösen, was Frauen oft weniger gut gelingt.*

*Der menschliche Alarmruf wirkt wie eine Sirene mit großer Dringlichkeit auf unser Sinnessystem ein, aktiviert die Amygdala und die HPA-Achse und mobilisiert die gestreifte Muskulatur, damit wir entweder* auf den Ruf *zu oder* von dem Ruf *weg rennen können.*

Ebenso wichtig sind für uns Janes Körperempfindungen. Entsprechen sie dem, was Paul erlebt?

„Und wie ergeht es Ihnen?", frage ich sie.

Sie wirft die Hände hoch, während sie unruhig hin- und hergeht. „Das Herz pocht wie wild. Ich will sie einfach nur hier stehen lassen und weggehen. Ich weiß, es ist schrecklich, so etwas zu sagen."

Dies ist einer der Momente, in denen Jane wegen der eigenen Gefühle Gewissensbisse bekommt. Dies könnte ein weiteres Indiz für eine unsichere Bindung an Bezugspersonen ihrer Kindheit sein. Ich gehe davon aus, dass wir später darüber mehr Klarheit gewinnen werden, etwa im Erwachsenen-Bindungs-Interview.

„Nein, es ist keineswegs schrecklich, das zu sagen", betone ich. „Gut. Was geschieht nun als Nächstes?"

Paul sagt: „Ich lasse das, was ich mit Sam gerade mache, stehen und liegen und komme in Dinas Zimmer. Ich kann mir schon denken, womit sie Jane auf die Palme bringt."

„Und woher wissen Sie das?"

„Dina will ihre Socken schon seit einiger Zeit selbst anziehen und braucht dafür ewig. Erst den einen Strumpf, dann den nächsten. Jane will ihr helfen, aber Dina wird böse und will alles selbst machen. Jane fühlt sich unter Druck, weil ich zur Arbeit muss. Ich nehme Dina zum Kindergarten mit."

„Gut", sage ich. „Das klingt einleuchtend. Gibt er die Situation richtig wieder, Jane?"

„Ja", antwortet sie sogleich.

Bei solchen Situationen sollten wir immer die Gegenprobe beim Partner machen – auch dies ist ein Schritt, der der genauen Beschreibung der Situation dient, zugleich aber auch eine Intervention ist.

„Und Sie hören, wie Paul in Ihre Richtung kommt?" Diese Frage stelle ich Jane, um das Geschehen in ganz kleine Bestandteile zu gliedern, so als würden wir eine Bild-für-Bild-Analyse einer Videoaufzeichnung machen. Wir prüfen Wahrnehmung, bewusstes Erfassen der Situation sowie Einschätzungen von Bedeutungen und Intentionen.

„Kann ich nicht sagen", erwidert sie.

„Das ist völlig in Ordnung", beruhige ich sie.

„Doch", sagt sie nun, „ich höre ihn kommen."

„Macht es Ihnen Angst, wenn Sie ihn kommen hören, oder sind Sie dann erleichtert?", frage ich sie.

Dies ist eine Frage danach, ob sie Pauls Annäherung an sie als liebevoll oder als feindselig erlebt.

„Angst", sagt sie, „sein Kommen macht mir Angst."

Die Antwort ist also: feindselig.

„Paul, was machen Sie, wenn Sie ins Zimmer kommen?"

Paul tut so, als würde er eine Tür öffnen. Ich unterbreche ihn und frage nach: „Die Tür ist zu?"

„Ja", erwidert er.

„Wenn Sie zu Jane und Dina hinwollen, ist die Tür des Zimmers dann immer geschlossen?"

„Ich glaube, sie ist immer zu."

„Stimmt das?", frage ich Jane.

„Ich denke, das stimmt", antwortet sie. „Meine Mutter wollte es immer vermeiden, in der Öffentlichkeit eine Szene zu machen. Daher kommt das wohl. Ich schließe die Tür auch, wenn Paul und ich uns streiten."

Dies ist ein weiterer Hinweis auf Janes frühkindliche Bindungssituation, den ich mir für später merke.

„Gut, darauf kommen wir später zurück. Paul, machen Sie da weiter, wo ich Sie unterbrochen habe." Ich bewege mich weg von dem Paar.

„Dina. Lass dir die Socken von Mama anziehen", sagt Paul mit strenger, aber nicht drohender Stimme zu der imaginären am Boden sitzenden Dina.

Es folgt langes Schweigen. „Kommt das so hin?", frage ich zunächst beide. „Macht er es so?", frage ich dann Jane. „Spricht er in diesem Ton?"

Jane überlegt einen Augenblick. „Vielleicht ein wenig lauter und dröhnender."

„Paul, sagen Sie's noch einmal lauter und mit tieferer Stimme."

Er wiederholt, was er gesagt hat, lauter und mit tieferer Stimme. Jane schweigt.

„Was ist?", frage ich sie.

Sie blickt verlegen auf: „Ich weiß es nicht. In der Situation selbst kommt es mir schlimmer vor." Sie blickt Paul an. „Ich glaube, eigentlich ist es nicht nur die Stimme. Ich reagiere auf sein Gesicht. Ich finde, es sieht wütend aus."

Der psychobiologisch orientierte Paartherapeut stößt oft auf überraschende Informationen, die dann bei eingehender Betrachtung in unerwartete Richtungen weisen.

Ich schaue zu Paul hinüber, der Janes Blick erwidert. Er runzelt die Stirn, aber ich kann keine Wut in seinem Gesicht erkennen.

„Wo sehen Sie die Wut?", frage ich Jane.

„Ich weiß nicht recht", erwidert sie. „Es sind die Augen."

„Zeigen Sie auf die Stelle, an der Sie Wut sehen", fordere ich sie auf.

Sie zeigt auf Pauls linkes Auge. „Da. Da sieht er wütend aus." Ich lege mir eine Übung zurecht, die den beiden weiterhelfen könnte.

Ich bitte sie, sich im Schneidersitz einander direkt gegenüber auf den Boden zu setzen.

„Lassen Sie uns etwas Neues ausprobieren", schlage ich vor und sehe, dass sie neugierig und willens sind. „Bitte schauen Sie einander einfach eine Weile in die Augen. Sagen Sie nichts. Ich gebe Ihnen dann ein Signal, wenn Sie aufhören sollen. Los."

Bei dieser Übung kann ich beobachten, was in beiden Partnern vor sich geht, wenn sie Blickkontakt halten. Ich achte auf Indizien für ihren Arousalzustand, etwa auf Bewegungen, ein Abwenden des Blicks, Lachen oder ein Durchbrechen des Schweigens. Ich werde auch prüfen, wie sich die gegenseitigen Einschätzungen von Moment zu Moment verändern.

Ich lasse sie mehrere Minuten lang in ihrer Position verharren. Sie halten den Blickkontakt aufrecht. Bei Jane scheinen sich Beine und Kiefer hin und wieder anzuspannen. „Was geht in Ihrem Körper vor?", frage ich sie. „Ihr Kiefer scheint sich zu verkrampfen."

„Jedes Mal, wenn sein Gesicht wütend aussieht, werde ich angespannt."

Ich hole mir einen weißen Karton. „Jane", sage ich, „halten Sie den Blick auf Paul gerichtet. Ich möchte etwas ausprobieren." Ich gehe an Janes rechte Seite und halte den Karton so, dass er Pauls linkes Auge abdeckt. Nach einigen Sekunden halte ich ihn dann vor Pauls rechtes Auge.

„Oh", sagt Jane sofort. „Oh, das ist nicht gut. Das ist gar nicht gut."

„Warum?", frage ich.

„Wenn Sie das machen, sieht er wütend aus."

Ich nehme den weißen Karton und decke diesmal zuerst Janes linkes und dann ihr rechtes Auge ab.

Paul deutet auf Janes linkes Auge: „Dieses Auge sieht irgendwie traurig aus, vielleicht ein wenig eingeschüchtert."

*Zwar sind die Augen über kontralaterale und ipsilaterale Bahnen jeweils mit beiden Gehirnhälften verbunden, doch man nimmt an, dass das linke Auge und die es umgebenden Muskeln vorwiegend unter dem Einfluss der rechten Gehirnhälfte stehen (Kawashima et al., 1999; Nicholls et al., 1999). Die linke Seite des Gesichts wird jedenfalls weitgehend von der rechten Gehirnhälfte gesteuert, die bei der Verarbeitung sozial-emotionaler Informationen tonangebend ist.*

Ich stelle manchmal fest, dass Traumaopfer bevorzugt in das Auge des Partners schauen, in dem weniger Emotion zum Ausdruck kommt. Dies ist gewöhnlich das rechte Auge – so wie bei Paul. Jane empfindet es als neutraler, während sie in seinem linken Auge eine beunruhigende Wut erkennt. Offen ist, ob dies eine Fehleinschätzung seiner Emotion ist. Sie sieht dort Wut, obwohl Paul sagt, dass er keinerlei Wut empfindet.

Ich fordere die Partner auf, wieder den Blickkontakt zu halten, und bitte Jane, mir Bescheid zu geben, wenn sie sieht, wie Pauls Augen wütend werden.

„Paul, ich möchte, dass Sie Janes Augen betrachten und sie mir beschreiben."

„Sie sind wunderschön, klar und vielleicht ein wenig traurig", sagt er.

„Beschreiben Sie sie nun einfach, als wären Sie ein Maler, ein Künstler."

Er betrachtet aufmerksam ihre Augen: „Sie sind hellbraun, mit einem dunkelbraunen Kreis. Ich sehe drei Lichtpunkte darauf tanzen, wie Sterne. Das Weiße ist ganz klar, nur in den Augenwinkeln ist ein wenig Rot."

„Jetzt ist es weg", sagt Jane. „Ich sehe überhaupt keine Wut mehr. Die Augen sind liebevoll und weich. So gefällt es mir."

Paul blickt nun verwirrt und besorgt drein.

„Was ist los?", frage ich ihn.

„Also, das ist sehr seltsam", sagt er, „denn ich weiß nicht, was ich anders gemacht habe."

„Ich weiß", sage ich beruhigend. „Machen Sie sich einstweilen keine Sorgen, ja? Paul, ich möchte, dass Sie die Augen weiter auf Jane gerichtet halten, diesmal aber an das denken, was heute Morgen mit Ihnen, Jane und Dina war."

Nur zwei Sekunden später reagiert Jane und sagt: „Da ist es."

Ich frage Paul: „Haben Sie in Ihrem Körper eine Veränderung bemerkt, als Sie an heute Morgen dachten?"

„Ich merke, dass ich mir Sorgen mache über die Zukunft, wenn das wieder passiert", sagt er und legt dabei die eine Hand auf die Brust, die andere auf den Bauch.

„Spüren Sie denn Wut?", frage ich.

„Nein", antwortet er sogleich, „kein bisschen. Ich bin besorgt."

„Gut", sagte ich. „Paul, jetzt möchte ich, dass Sie den Blickkontakt mit Jane halten und dabei durch sie hindurchstarren. Schauen Sie einfach durch sie hindurch."

Meine Vermutung ist, dass Pauls Augen unterschiedlich aussehen, je nachdem, ob er die Aufmerksamkeit nach innen oder nach außen richtet. Die Reaktion Janes fällt dann dementsprechend verschieden aus. Wenn Paul die Aufmerksamkeit nach außen auf ihr Gesicht richtet, entspannt sie sich und erlebt sein Gesicht nicht als bedrohlich. Geht seine Aufmerksamkeit aber nach innen auf seine Gedanken oder Gefühle, beginnt sie seine Besorgnis, Anspannung oder Verwirrung als Wut zu deuten. Ich möchte nun prüfen, was sie empfindet, wenn Pauls Gesicht unbewegt und abwesend wirkt.

„Mein Gott!", ruft Jane erschrocken aus.

„Was ist?", fragen Paul und ich unisono.

„Ach, dieser Blick ist wirklich furchtbar. Das ist der Blick, den ich so oft sehe, wenn wir miteinander schlafen, Paul. Weißt du noch, wie oft wir uns deswegen gestritten haben? Weißt du noch?"

„Das weiß ich noch", erwidert er mit einem Seufzer.

Jane fährt fort: „Ich finde diesen Blick extrem unheimlich. Das ist, als würde ich nicht existieren ... oder als wärst du nicht da, als wärst du irgendwie nicht Paul." Sie schaudert, als sei ihr kalt. „Es tut mir leid", sagt sie und nimmt seine Hände in die ihren. „Ich will dir kein schlechtes Gewissen machen, ganz bestimmt nicht. Aber es macht mir wirklich etwas aus, Paul, wenn du mich anschaust und gar nicht da bist."

„Wissen Sie, wovon sie redet?", frage ich ihn.

„Ja, ich denke schon", erwidert er. „Ich glaube, manchmal drifte ich weg, und das sieht sie dann an meinen Augen."

„Aber wenn wir miteinander schlafen?", fragt sie ihn.

„Ich weiß, ich schaue dich manchmal an, während mir Phantasien durch den Kopf gehen", antwortet er. „Manchmal fällt es mir wirklich schwer, mich auf mich selbst zu konzentrieren, wenn wir einander anschauen." Zu mir gewandt fährt er fort: „Aber dann flippt sie aus, und wir hören einfach auf mit dem Sex, und von da an geht es nur noch bergab. Ich finde das *entsetzlich*, wenn sie mich für einen kranken Typ hält."

„Sie hält Sie nicht für einen kranken Typen", sage ich, „schauen Sie sie doch an. Sagt ihr Blick, dass Sie ein kranker Typ sind?"

„Nein", sagt er leise, „ihr Blick ist zärtlich."

„Ich glaube, dass sie Ihre Mimik manchmal falsch interpretiert und sich vielleicht durch Ihre Stimme bedroht fühlt, noch mehr aber durch das, was sie in Ihrem Gesicht manchmal als Wut wahrnimmt, und ganz bestimmt dann, wenn Ihre Augen auf etwas fixiert oder in die Ferne gerichtet sind. Lassen Sie uns einmal prüfen, was geschieht, wenn Sie mich eine Weile anschauen."

Mir geht es nun darum, Paul zu zeigen, wie es ist, ein unbewegtes Gesicht vor sich zu haben. Jane scheint in ihrer frühen Kindheit verstörende Erfahrungen gemacht zu haben, bei denen sie in ein solch neutrales, unbewegtes Gesicht blickte.

*Die Effekte eines „Still Face" sind in der Mutter-Kind-Forschung eingehend untersucht worden. Man stellte fest, dass unentschlossene oder desorganisierte Pflegepersonen oft in einen dissoziierten Zustand verfallen, in dem ihr Gesicht dann unbewegt und starr ist (Beebe, 2003; Beebe & Lachmann, 1998; Crandell et al., 2003;*

*Frick & Adamson, 2003; Haley & Stansbury, 2003; Rosario et al., 2004; Tronick, 2003b). Auf Babys wirkt diese Unbeteiligtheit höchst beunruhigend, denn sie erwarten von ihrer Bezugsperson aktive Interaktion oder interaktive Regulation. Frühkindliche Erfahrungen mit dem unbewegten Gesicht einer primären Bezugsperson wurden bereits ausgiebig erforscht, nicht aber die Auswirkungen solcher Erfahrungen auf primäre Bindungsbeziehungen zwischen Erwachsenen.*

„Ich möchte, dass Sie ein Gefühl dafür bekommen, was hier vor sich geht. Im Moment schaue ich Ihnen in die Augen, richtig?"

„Richtig", antwortet Paul.

„Gut, achten Sie nun darauf, was in Ihrem Körper passiert, wenn ich das hier mache." Ich blicke ausdruckslos durch Paul hindurch. Er beginnt zu lächeln und sich zu winden, doch ich starre weiterhin mit unbewegtem Gesicht in die Ferne.

„Ist gut", sagt Paul, unterbricht den Blickkontakt und lacht. „Das ist angekommen. Es ist wirklich unheimlich."

„Das sieht sie also, wenn Sie mit ihr schlafen", sage ich.

Er nimmt ihre Hand: „Ach, Schatz. Das tut mir wirklich leid. Ich wusste nicht, dass ich das mache. Ehrlich."

„Gut", sage ich, „gehen wir weiter."

An diesem Punkt geht es mir darum, auf eine Handlungsorientierung umzuschalten, um der Verzweiflung zuvorzukommen, die sich einstellen kann, wenn uns bewusst wird, dass sich ein neues Problem vor uns auftürmt.

„Jane", sage ich, „er merkt es nicht, wenn er das tut, also hat es keinen Sinn zu erwarten, dass er das allein in den Griff bekommt. Er braucht dabei Ihre Hilfe. Deshalb sind Sie beide ein Paar. Sie brauchen einander, um Dinge tun zu können, die Sie allein nicht hinbekommen. Auch er muss Ihnen bei Dingen helfen, die Sie nicht allein können. Ja?"

Mit diesem psychoedukativen Einschub weise ich das Paar auf psychobiologische Prinzipien der interaktiven Regulation und auf die Vorteile hin, die es mit sich bringt, wenn wir Verschiebungen und Veränderungen im Nervensystem des anderen zu erfassen vermögen, ehe sie ihm selbst bewusst werden.

Jane nickt zustimmend. Ich blicke zu Paul, der ebenfalls nickt.

„Wenn Paul besorgt ist, runzelt er die Stirn. Da er tief liegende Augen hat, kann ich nachvollziehen, dass Sie seinen Blick manchmal als sehr intensiv erleben. Ich denke übrigens, dass da noch mehr dahintersteckt. Dazu kommen wir dann später. Jetzt aber geht es darum, dass er ohne Ihre Hilfe nicht mitbekommt, was in seinem Gesicht vorgeht. Okay?"

„Okay", sagt sie.

„Gut", fahre ich fort, „Sie können *manchmal* Folgendes machen – nicht immer, aber manchmal." Ich instruiere Jane, näher an Paul heranzurücken und sein Gesicht in ihre Hände zu nehmen. „Ich möchte, dass Sie nun die Punkte berühren, wo Sie in seinem Gesicht und seinen Augen Wut oder Anspannung sehen. Berühren Sie diese Stellen ganz behutsam. Erforschen Sie sein Gesicht, wie ein Kind das tut. Ich bin sicher, Ihre Kinder haben Ihr Gesicht schon einmal mit den Händen erkundet, nicht wahr?"

„Ja", sagt sie lächelnd.

„Das ist reizend, nicht wahr?"

„Oh ja."

„Gut, Sie werden jetzt also Folgendes tun", sage ich. „Sie werden sich Ihrer Angst vor Pauls Gesicht stellen, indem Sie darauf zugehen, anstatt zurückzuweichen. Sie werden darauf zugehen und Ihre Hände benutzen, um sein Gesicht zu erkunden und zu entspannen."

Da Janes Körper auf Paul reagiert, als sei er eine Bedrohung, obgleich sie auf der bewussten Ebene weiß, dass er ihr nichts Böses will, braucht sie Ermutigung, um sich entgegen ihrem Impuls auf eine neue Erfahrung einlassen zu können, die das alte Handlungsmodell ablöst. Eine andere Chance, dass sich etwas verändert, können wir ihr nicht bieten. Sie muss in diesem Fall nach vorn gehen und Körperkontakt zu dem aufnehmen, was ihr Angst macht.

*Die meisten psychobiologischen Interventionen dürften kontraintuitiv wirken, weil reflexhafte Tendenzen, sich auf etwas zu oder davon weg zu bewegen, in häufig wiederholten frühen Bindungserfahrungen gründen und tief ins prozedurale Gedächtnis eingeschrieben sind. Die primäre Bindungsbeziehung zwischen Erwachsenen birgt für die Partner Chancen, die sie sonst nirgends finden werden: Sie können sich durch Vermittlung des anderen selbst verstehen lernen und heilen.*

Während Jane Pauls Augenpartie und Gesicht berührt, beginnt er liebevoll zu lächeln, und die Augen werden feucht. Auch Jane lächelt liebevoll. „So wie jetzt gefällt mir dein Gesicht sehr", sagt sie zu Paul.

„Und mir gefällt, was du mit meinem Gesicht machst", erwidert Paul.

„Sein Gesicht gefällt Ihnen", sage ich, „weil Sie ihm helfen, sich der Anspannung darin bewusst zu werden. Ihr Zugehen auf ihn ist ein Akt der Freundlichkeit, durch den sich sowohl bei ihm wie auch bei Ihnen selbst sogleich etwas verschiebt. Können Sie das sehen?"

„Ja, das ist unglaublich. Ich wäre nie darauf gekommen, das zu machen", sagt Jane. „Das ist so ungefähr das Letzte, was ich hätte tun wollen."

„Ja", sage ich, „und deshalb bitte ich Sie, das zu Hause mindestens ein- oder zweimal zu tun und zu sehen, was geschieht."

Ich wende mich an Paul: „Paul, merken Sie es, wenn Jane auf Ihr Gesicht reagiert?"

„Ich weiß nicht genau, was Sie meinen."

Ich formuliere die Frage um: „Woran erkennen Sie, dass Jane ein Problem mit Ihnen hat?"

„Sie wird wütend und sagt mir, ich soll mich zurücknehmen und nicht schreien, oder etwas in der Art."

„Und was tun Sie, wenn sie das sagt?"

„Ich versuche mich zu rechtfertigen und werde meinerseits böse."

„Ich möchte, dass Sie etwas wie das hier ausprobieren." Ich gehe mit breitem, einfältigem Lächeln nahe an Pauls Gesicht heran. Er und Jane müssen lachen.

„Sie wollen, dass ich das jetzt mache?", fragt Paul.

„Also ich lach mich tot, wenn du das machst", sagt Jane.

„Tun Sie etwas anderes", sage ich, „ganz gleich, was – Hauptsache, es kommt bei Jane als freundlich an. Sie beide brauchen eine Strategie, mit der Sie den Zustand des anderen rasch verändern können, und zwar möglichst zum Positiven hin, aber Sie müssen da ein wenig experimentieren. Der Punkt ist, dass Ihre Frau Sie manchmal als bedrohlich erlebt, und ich denke nicht, dass Sie sie bedrohen wollen. Ich glaube nicht, dass das Ihre Absicht ist. Und ich glaube auch nicht, dass Sie möchten, dass sie Angst bekommt. Stimmt das so?"

Ich möchte eine Trennlinie ziehen zwischen Pauls Intentionen und Janes Wahrnehmung dieser Intentionen und es vermeiden, ihn mit irgendeiner Andeutung in die Defensive zu treiben, er tue etwas mit Absicht oder führe sich aggressiv auf. Auf diese Weise werde ich Paul leichter dafür gewinnen können, dass er Jane bei der Bewältigung einer belastenden Erfahrung aus der Vergangenheit hilft, und so verhindern, dass er sich als Aggressor gebrandmarkt sieht.

„Ja, Sie haben recht", erwidert Paul, „ich will nicht, dass sie Angst bekommt."

„Dann sollten Sie Janes Reaktionen als Ansporn dafür nutzen, so bald als möglich etwas zu tun, das als freundliche und liebevolle Geste bei ihr ankommt. Lernen Sie, Jane rasch zu beruhigen, dann werden Sie zusammen mit ihr auch selbst ruhiger werden."

Ich nutze diese Gelegenheit, um noch einmal grundlegende Regeln der psychobiologischen Steuerung zweier miteinander verbundener Nervensysteme und der effizienten gegenseitigen Regulation zu erläutern. Die Idee dahinter ist, dass die schnellste und beste Methode, den eigenen Zustand zu verändern, darin besteht, auf den Zustand des Partners einzuwirken. Ich möchte das Paar, mit anderen Worten, zur interaktiven Regulation anspornen.

„Wenn Sie in solchen Momenten einzig und allein auf sich selbst schauen", sage ich zu Paul, „wird die Situation sich weiter verschlimmern. Ihre Aufgabe ist es, Druck von ihr zu nehmen. Und Ihre Aufgabe ist es", sage ich zu Jane, „Druck von ihm zu nehmen, und zwar so schnell wie möglich." Ich führe kurz aus, dass Paarbeziehungen, in denen die Partner dem anderen rasch Erleichterung verschaffen, stabiler sind als andere und mehr Geborgenheit bieten.

Ich merke, dass dieser Gedanke beiden zusagt, und nutze die Gelegenheit, sie die morgendliche Szene mit der Tochter noch einmal durchspielen zu lassen.

Jane bringt sich wieder auf ein Energieniveau, auf dem sie in der Lage ist, die imaginäre Dina anzuschreien. Pauls Körper reagiert ähnlich wie zuvor. Diesmal sage ich ihm jedoch, dass er zu Jane hingehen, sie auf den Kopf küssen und aus dem Zimmer gehen soll. Beide reagieren sogleich erleichtert und beginnen zu lachen.

„Das wäre wunderbar, wenn du das machst!", sagt Jane. Paul erwidert, noch immer lachend: „Sie meinen, das ist alles, was ich zu tun brauche?"

„Ja!", sage ich mit Nachdruck. „Haben Sie gesehen, was da gerade passiert ist? Mit Ihrem Verhalten haben Sie Jane überrumpelt, und sie hat sich entspannt. Was meinen Sie, welchen Effekt das auf Dina haben wird? Was hat es bei Ihnen ausgelöst?"

„Wow", sagt Paul. „Weiß nicht."

„Wenn Sie mit Dina sprechen, setzen Sie an der falschen Stelle an", sage ich zu ihm. „Die Hauptregulatoren in der Familie sind Sie beide, nicht Dina oder Sam."

In der Familie kommt den Eltern die Rolle der Hauptregulatoren zu. In dieser Funktion sollten sie, indem sie gut füreinander sorgen, das kollektive Arousal der Familie steuern. Um die Vorstellung, die Jane und Paul von Partnerschaft haben, dahingehend zu erweitern, dass sie auch die Bedeutung ihrer Verantwortung für die Co-Regulation mit einschließt, fahre ich zu Paul gewandt fort: „Am Anfang hat Jane sich beklagt, Ihre Stimme klinge dröhnend, doch trat der Klang Ihrer Stimme rasch in den Hintergrund, als dann Ihr Blick in den Mittelpunkt rückte. In Wirklichkeit sind Sie derjenige, der auf Hörreize stärker reagiert. Sie springen auf Janes akustische Notsignale an. Dann klopft Ihr Herz wie wild, und Sie lassen alles stehen und liegen, um auf ihren Verzweiflungsruf zu reagieren. Ich möchte diesen Punkt später näher untersuchen, weil das eine bemerkenswert starke Reaktion ist, doch für den Moment freue ich mich einfach, dass Sie auf den Ruf reagieren möchten."

Ich richte meine Aufmerksamkeit nun auf Jane: „Viele Partner reagieren ganz anders auf diese Verzweiflungsrufe, und im Vergleich dazu können Sie sich glücklich schätzen, dass Sie mit Paul zusammen sind."

Zu Paul sage ich: „Jane braucht tatsächlich Ihre Hilfe, Paul, aber nicht so, wie Sie denken. Was Jane braucht, ist nicht, dass Sie die Führung übernehmen, sondern dass Sie ihr dabei helfen, sich selbst zu regulieren, damit sie die Situation mit Dina besser bewältigen kann."

Ich mache das Paar hier mit dem psychobiologischen Prinzip „den Regulator regulieren" bekannt. Wenn Jane vor der Aufgabe steht, Dina zu regulieren, ist es Aufgabe Pauls, Jane in einer für sie geeigneten Weise dabei zu unterstützen, sich selbst zu regulieren. Dasselbe gilt umgekehrt für Situationen, in denen Paul gegenüber den Kindern die Rolle des Regulators ausübt.

Ich fahre fort: „Ich möchte, dass Sie beide das Gefühl haben, in schwierigen Situationen Seite an Seite zu stehen – und Erziehung ist nun einmal eine wirklich schwierige Sache. Denken Sie daran, dass Sie als Eltern beide in der Verantwortung stehen und dem anderen stets vermitteln müssen, dass Sie auf seine Fähigkeiten vertrauen. Die Aufgabe besteht für Sie darin, einander dabei zu helfen, sich zu regulieren, damit Sie besser für Ihre Kinder da sein können."

Nach einer kurzen Pause zum Frischmachen kommen wir wieder zusammen, um die Erwachsenen-Bindungs-Interviews durchzuführen. Ich habe die starke Vermutung, dass wir dabei auf Gründe für Janes Empfindlichkeit gegenüber einem wütenden wie auch einem bewegungslosen Gesicht sowie für Pauls starke Reaktion auf stimmliche Notsignale stoßen werden.

Paul und Jane sitzen nebeneinander auf der langen Couch. Nach den Interviews bespreche ich mit ihnen, was sich dabei ergeben hat. Was wir über Janes von Ängsten bestimmte Beziehungen zu ihrer oft ärgerlichen und innerlich von anderen Dingen absorbierten Mutter und zu ihrem alkoholkranken, distanzierten Vater erfahren haben, hilft uns, ihre Hypervigilanz, ihre überstarke Neigung zu Scham und Schuldgefühlen, ihre Reaktion auf ein unbewegtes Gesicht und ihre Empfindlichkeit gegenüber aufdringlichem Verhalten besser zu verstehen. Janes Proteste führten damals dazu, dass sie sich bestraft und alleingelassen vorkam – Konsequenzen, die sie auch in ihren jetzigen Beziehungen antizipiert. Pauls Beziehung zu seiner überforderten, wütenden und mit sich selbst beschäftigten Mutter weist frappierende Ähnlichkeit mit Janes Beziehung zu ihrer Mutter auf. Parallelen wir diese ergeben sich in Erwachsenen-Bindungs-Interviews mit Paaren häufig. Pauls Mutter kehrte die Rollen von Eltern und Kind oft um und verlangte laut rufend nach seiner Hilfe – eine plausible Erklärung für seine sensible Reaktion auf Stimmen, aus denen Not und Verzweiflung spricht.

An einem Punkt fällt mir auf, dass Jane sich von Paul weg nach hinten lehnt. Während Paul zu mir spricht, sehe ich, wie in ihrer Mimik viele Verschiebungen und Veränderungen ablaufen, und ich unterbreche ihn.

Ich sage zu beiden: „Ich sehe die ganze Zeit, wie in Janes Gesicht Veränderungen vor sich gehen, aber Sie, Paul, sehen Sie nicht. Das ist ein Problem."

„Oh", sagt Paul und dreht sich sofort zu Jane hin. In ihrem Gesicht sehe ich einen Moment lang Ärger aufblitzen, während sie leicht vor ihm zurückweicht. Paul wendet das Gesicht sogleich wieder mir zu, und Jane beugt sich vor und legt die Hand auf seinen Oberschenkel. Paul legt seine Hand auf die ihre und beginnt mir dann zu erklären, dass es nicht seine Absicht war, seine Aufmerksamkeit ganz von Jane abzuziehen. Dann nimmt er die Hand weg und redet weiter. Jane senkt den Kopf, und ihr Arousal beginnt abzusinken.

„Haben Sie gesehen, was da gerade passiert ist?", frage ich beide.

Sie antworten: „Nein."

„Ich würde Ihnen das gern auf dem Videomonitor zeigen. Ist Ihnen das recht?", frage ich.

„Klar", sagen beide.

Mit dem digitalen Videogerät kann ich schnell zu der gewünschten Stelle zurückgehen. Auf dem großen, hochauflösenden Monitor sind die Details gut zu erkennen. Ich spiele ihnen die Sequenz vor, doch ihnen ist nach wie vor nicht klar, worauf ich hinauswill.

„Das war zu schnell, oder?", frage ich.

Ich spiele die Szene nun in Zeitlupe vor und kommentiere sie. Ich weise Paul auf die Veränderungen in Janes Gesicht hin, die ihm entgangen waren – „Sehen Sie?" –, und hebe hervor, wie Jane sich von ihm weg ein wenig nach hinten lehnt. Als Paul sich auf dem Video zu ihr hindreht, sage ich zu ihm: „Schauen Sie, was sich in ihrem Gesicht abspielt."

„Uuh", sagt Jane, „ich sehe ja dermaßen wütend aus!"

„Ja!", erwidere ich und halte das Bild an. Ihr Gesicht zeigt eine Mikroexpression, das heißt einen voll entfalteten Ausdruck der Wut, der nur einen Sekundenbruchteil anhält (Ekman, 1973, 1982, 1993; Ekman & Rosenberg, 2005). „Achten Sie nun darauf, wie Paul das registriert und sich sofort abwendet."

„Ich war wütend auf Paul, als Sie ihn darauf hinwiesen, dass er die Veränderungen in meinem Gesicht nicht bemerkte", erläutert Jane, „und dann hatte ich das Gefühl, er dreht sich nur zu mir hin, weil Sie ihn dazu aufgefordert haben, und das hat mir ebenso wenig gefallen."

Paul greift Janes Kommentar auf: „Diesen Gesichtsausdruck kenne ich von ihr. Er ist furchtbar, und ich ertrage es nicht, wenn sie mich so ansieht."

Ich lasse das Video Bild für Bild weiterlaufen. „Wie geht es also weiter?", frage ich. „Was ist, wenn Paul sich wegdreht?"

„Ich komme mir immer schlecht vor und habe Schuldgefühle, wenn ich wütend werde", sagt Jane. „Ich fühle mich, als hätte ich etwas falsch gemacht, also lege ich ihm die Hand auf den Oberschenkel, um das wiedergutzumachen ..."

„... was mir übrigens gefallen hat ... ich meine die Hand auf meinem Bein", wirft Paul ein.

„... und dann lässt er mich einfach fallen", führt Jane ihren Satz zu Ende.

„Was meinen Sie damit?", frage ich sie.

„Lassen Sie das Video weiterlaufen, dann zeige ich es Ihnen." Ich gehe wieder Bild für Bild weiter. Nachdem Jane die Hand auf Pauls Bein gelegt hat, legt er seine Hand auf ihre. Einen Moment später zieht er die Hand zurück. Jane sieht darin eine Reaktion auf ihre Wut und auf ihr leichtes Zurückweichen vor ihm.

„Faszinierend!", sagte ich. „Paul, war Ihnen bewusst, dass Sie Jane ‚fallen ließen', als Sie die Hand wegzogen?"

„Nein!", ruft er aus. „Nein, überhaupt nicht. Ich war auf das konzentriert, was ich über ihr Gesicht sagte, aber ich wollte nicht von ihr abrücken oder sie abweisen oder irgendetwas in dieser Art." Zu Jane sagt er: „Ich hatte da wirklich nicht den Impuls, dich fallen zu lassen."

Jane überlegt und wirkt verunsichert. „Ja, das habe ich mir jetzt fast gedacht ..."

„Und direkt danach scheint Ihr Energieniveau abzusinken", sage ich zu Jane. „Paul, achten Sie darauf, was sie tut, unmittelbar nachdem Sie die Hand wegziehen. Sie senkt den Kopf, und man spürt, wie ihre Energie in den Keller geht. Sehen Sie das?"

„Ja", sagt er, „ich sehe es ... und ich habe das schon oft gesehen, aber ohne zu wissen, was da passiert."

Paul scheint hier zu bestätigen, dass Jane die Tendenz hat, sich in einen energiesparenden Rückzugszustand zu versetzen, und bei bedrohlichen Situationen in der Paarbeziehung zu parasympathischen Überreaktionen neigt.

Energiesparender Rückzugszustand (energy conservation withdrawal): *Der parasympathische Zweig des autonomen Nervensystems wird vor allem vom Vagus-Hirnnerv gesteuert, dessen Ursprung im Hirnstamm liegt. Der Vagus innerviert Herz, Lungen, Rachen, Kehlkopf und Darm. Er besteht aus zwei Komponenten. Die eine ist phylogenetisch gesehen den Reptilien, die andere den Säugetieren zuzuordnen. Die erste Komponente, die als dorsaler motorischer Vaguskomplex bezeichnet wird, kommt bei der vasovagalen Reaktion ins Spiel, die sich zum Beispiel als Schwächeanfall beim Anblick von Blut äußert. Das dorsale Vagussystem ist bis zu einem gewissen Grad immer aktiv, gewinnt aber unter bestimmten Umständen die Oberhand. Dann verlangsamt sich der Herzschlag (Bradykardie), der Blutdruck fällt ab (Hypotonie), uns wird übel und schwindlig, wir schwitzen und werden bleich. Vielleicht treten auch Ohrgeräusche und Tunnelblick auf, und im Extremfall werden wir kurz ohnmächtig (Synkope). Ohnmacht und andere vasovagale Reaktionen können auf einer körperlichen Krankheit beruhen, doch auch unter extrem bedrohlichen Umständen, in denen sich ein Individuum hilflos fühlt und keine Hoffnung sieht, der Situation entrinnen zu können, kommt es zu dorsal-vagalen „Abstürzen". Ein plastisches Beispiel dafür ist die Reaktion eines in die Enge getriebenen kleinen Tiers, das kurz davorsteht, von einem Raubtier gefressen zu werden. Sein Körper wird schlaff, als sei bereits das Leben aus ihm gewichen. Wenn Kinder und Erwachsene Gefahrensituationen erleben mussten, aus denen es für sie kein Entrinnen gab, werden sie, wenn sie sich erneut bedroht fühlen, „kämpfen", versuchen zu fliehen oder die Tendenz haben, in einen reglosen, massiv herunterregulierten parasympathischen Zustand zu verfallen, und sind dann aufgrund der Ausschüttung von Beta-Endorphinen (Opioiden) ins Blut dissoziiert und benommen.*

*Der energiesparende Rückzugszustand ist ein psychobiologischer Mechanismus, der unsere Kräfte schonen soll, bis wir wieder in der Lage sind, in einen psychobiologisch ausgeglichenen Zustand zurückzukehren. Ein Kind, das sich von Mutter oder Vater verlassen fühlt, und sei es nur für kurze Zeit, geht in den energiesparenden Rückzugszustand, wenn es auf die Rückkehr der schmerzlich vermissten Bezugsperson wartet. Wenn das Kind sich in dieser Weise nach innen wendet, kann es auf innere Trostmechanismen wie Dissoziation oder das Herbeiphantasieren der vermissten Bindungsfigur zurückgreifen. Versuche anderer, in dieser Phase Kontakt zu ihm aufzunehmen, weist das Kind ab, weil die Interaktion mit der Außenwelt seine Bemühungen um Autoregulation und seinen innerpsychisch ablaufenden Rückkehrappell an die abwesende Person stört. Diese dorsal-vagale Reaktion auf Verlassenwerden und Verlust lässt Zusammenhänge zur anaklitischen Depression erkennen, zu deren Symptome Protest (z. B. in Form von anhaltendem Weinen) und Resignation gehören.*

*Die Arbeit mit sogenannten Underrespondern, das heißt mit Menschen, die nicht zu hypersympathischen Erregungsspitzen, sondern zu dorsal-vagalen Abstürzen tendieren, gestaltet sich im Allgemeinen recht schwierig, weil sie weniger im Kontakt mit dem Gegenüber sind. Sie machen langsamere Fortschritte als Overresponder, weil der dorsale motorische Vaguskomplex bei ihnen nicht selten alles lahmlegt und dann viel Energieaufwand notwendig ist, um sie durch Anregung der Adrenalinausschüttung und durch Bewegung wieder in Schwung zu bringen.*

„Im Erwachsenen-Bindungs-Interview", sage ich, „hat Jane uns berichtet, dass beide Eltern sich wenig um sie gekümmert haben und dass sie Schuldgefühle bekam, wenn sie empört oder wütend auf sie war. Sie glaubte, sie würde etwas falsch machen und sei für die Vernachlässigung selbst verantwortlich. Die Mutter hat sie oft ‚fallen lassen', wenn sie frustriert war oder Jane bestrafen wollte. Wenn also Jane in dieser Weise in sich zusammensinkt, könnte das durchaus eine Reaktion darauf sein, dass sie sich von Ihnen bestraft oder im Stich gelassen fühlt, auch wenn das gar nicht in Ihrer Absicht lag."

„Was kann ich also tun?", fragt Paul.

„Sie könnten Jane Ihre Aufmerksamkeit zuwenden und zu erraten versuchen, was da gerade mit ihr geschieht", antworte ich. „Trauen Sie sich zu, das zu erraten?"

Paul fragt Jane: „Würde es dir helfen, wenn ich dich frage, was los ist?"

„Vielleicht können wir darüber gemeinsam nachdenken", sage ich. „Weil Sie sie doch gut kennen, könnten Sie, anstatt zu fragen, was los ist, auch einfach überlegen. Wie viele Möglichkeiten gäbe es denn? Denn wenn Sie Ihre Partnerin zu oft fragen: ‚Was ist los?', könnte sie mit gutem Recht daran zweifeln, dass Sie sie verstehen. Haben Sie nach dem, was wir heute hier gemacht haben, nicht eine ziemlich gute Vorstellung davon, was ihr zu schaffen macht?"

„Ja, doch", erwidert Paul. „Sie neigt wirklich sehr dazu, sich schuldig zu fühlen, so als würde sie etwas falsch machen oder hätte etwas getan, das der Beziehung schadet."

„Richtig", sage ich.

Paul fährt fort: „Und dann fürchtet sie, sie wird bestraft, indem man sie fallen lässt."

„Richtig."

„Ich brauche dich also einfach nur zu fragen, ob ich dich entweder gerade ignoriert oder mich von dir zurückgezogen habe", sagt er zu Jane, bei der nun die Tränen fließen. Er zieht sie an sich, und sie lässt sich in seine Arme sinken.

## Zusammenfassung

Janes Sorge, sie sei dabei, „die Ehe zu ruinieren", war bereits ein vielsagender Hinweis auf ihre frühe Bindungsgeschichte. Der Konflikt der Partner um die Kindererziehung führte uns hin zu psychobiologischen Aspekten von Prosodie und Mimik, durch die es bei den Partnern und zwischen ihnen zur Dysregulation kam. An ihren Vorstellungen von Erziehung wurde auch deutlich, dass sie ihre Rolle als Co-Regulatoren falsch verstanden hatten.

Die psychobiologischen Interventionen und Übungen halfen, die verschiedenen impliziten Reaktionen der Partner aufeinander aufzudecken und zu analysieren. Hätten wir uns nur auf die manifesten Inhalte konzentriert, wäre ich nie in der Lage gewesen, auf der impliziten Ebene zu intervenieren, um die Regulationsprobleme herauszuarbeiten und anzugehen, mit denen Pauls und Janes dyadisches Nervensystem an jedem Tag ihres Ehelebens konfrontiert war. Wir wären auch nicht jenen allgegenwärtigen, rasch wirkenden psychobiologischen Kräften auf die Spur gekommen, die ein Paar in den (Beziehungs-)Krieg treiben, und hätten mit dieser Dynamik nicht arbeiten können.

# 13. | Sibyl und Arthur – Füreinander da sein

Positive Veränderung ist möglich. Sie ist für Individuen möglich, für Paare – und für Therapeutinnen und Therapeuten, die ihre Behandlungsmethoden weiterentwickeln möchten. Es geht nicht von selbst, und es geht nicht schnell. Methoden, welche die Partner befähigen, einander und sich selbst zu heilen, sind noch im Entstehen begriffen. Heinz Kohut sagte einmal über die von ihm begründete Selbstpsychologie: „Erst sagen sie, das ist nur Unfug, dann sagen sie, manches daran ist gar nicht so schlecht, und schließlich sagen sie, das ist ja nichts Neues, so haben wir's schon immer gemacht" (persönliche Mitteilung, 15. März 1978).

Eine Theorie der Paartherapie existierte zu Beginn meiner (M. S.) therapeutischen Ausbildung in den 1960er-Jahren nicht. Ich lernte, bei der Arbeit mit einem Paar sei es meine Aufgabe als Psychotherapeutin, jeden Partner bei der Entwicklung eines autonomen Selbst zu unterstützen. Dann könnten beide entscheiden, ob ihre Bedürfnisse in ihrer Ehe Erfüllung fänden. In *Das Zeitalter des Narzissmus* (1979; dt. 1980) stellte Christopher Lasch fest, in unserer Kultur gelte die Selbstverwirklichung des Individuums als oberstes Ziel, während das Angewiesensein auf einen anderen Menschen zum Zweck der Erfüllung eigener Bedürfnisse als Co-Abhängigkeit betrachtet werde. In Therapieausbildungen wurde überall gelehrt, wir dürften nicht von einem anderen Menschen die Befriedigung unserer Bedürfnisse erwarten. Jeder Einzelne müsse auf sich selbst gestellt zurechtkommen, als reifer, eigenständiger Erwachsener. „Ehe wir einen anderen Menschen lieben können, müssen wir erst lernen, uns selbst zu lieben" – das war das Mantra jener Ära.

Unklar blieb allerdings, wie wir uns selbst lieben sollten, wenn wir in der Kindheit keine sicheren Bindungsbeziehungen erlebt hatten. Wenn Patienten von ihrem Leben und ihren Entwicklungstraumata berichteten, bekam ich dabei mit, wie sich in den Beziehungen ihres Erwachsenenlebens bestimmte Abwehrstrategien zu wiederholen schienen. Ich fragte mich, wie wir jemals lernen können, uns selbst zu lieben, wenn wir in unseren prägenden ersten Jahren keine Liebe erfahren oder uns liebenswert gefühlt haben. Auf der Suche nach Lösungen für dieses Dilemma stieß ich auf Antworten, die ich anderen mitteilen wollte, und verfasste zwei Bücher und viele Artikel zur Behandlung von Paaren. Ich fand Kollegen, die mir halfen, meine Vorstellungen von den Wechselwirkungen zwischen Bindung, Psyche, Gehirn und Körper in Liebesbeziehungen erheblich zu erweitern. Mein Ziel ist, durch die Integration von Bindungsforschung, sensomotorischer Psychotherapie, interpersoneller Neurobiologie und psychobiologischem Ansatz die bestmöglichen Behandlungsmöglichkeiten für Paare zu finden. Für mich hat sich dabei immer wieder bestätigt, dass wir Menschen unsere eigenen Bedürfnisse am besten dadurch stillen können, dass wir uns umeinander kümmern.

Warum ist es für Partner also in unserer Zeit so schwierig, sich darauf einzulassen, dass sie aufeinander angewiesen sind, und füreinander zu sorgen? Wer sich verliebt, lässt sich auf die entstehende Beziehung nicht mit der bewussten Absicht ein, dem anderen und sich selbst wehzutun. Wer eine feste Bindung eingeht, hat nicht vor, dem Partner Leid zuzufügen. Dennoch spielen sich bei vielen Paaren qualvolle Interaktionsmuster ein. Die Liebe schlägt dann im Verlauf einer langen Reihe von Interaktionsprozessen, die auf der psychischen und physiologischen Ebene unterhalb der Bewusstseinsschwelle stattfinden, in einen Beziehungskrieg um. Dies wirft die unendliche Frage[10] (Bollas, 2009) auf, woher emotionales Leid in Paarbeziehungen rührt und wie es zu kurieren ist. Wenn Paare therapeutische Hilfe suchen, haben sie es nicht geschafft, Probleme zur Zufriedenheit beider Partner zu lösen. Meistens haben sich Verhaltensmuster verfestigt, die sie nur mit fremder Hilfe aufbrechen können. Veränderung ist nur durch heilsam wirkende neue Erfahrungen möglich.

Stan Tatkin und ich selbst haben im Lauf der Jahre verschiedene Techniken ausprobiert, um herauszufinden, wie sich Veränderung in Beziehungen am besten unterstützen lässt. Bei unseren Überlegungen gehen wir von der Arbeitshypothese aus, dass Menschen in den Beziehungen ihres Erwachsenenlebens unbewusst Interaktionsmuster ihrer Kindheit reproduzieren (Hendrix, 1986). Wenn jemand als Kind sichere Bindungsbeziehungen erlebt hat, wird die spätere Paarbeziehung in der Regel ebenfalls vom Gefühl der Sicherheit getragen sein. Die Wahrscheinlichkeit ist hoch, dass zwei Menschen, deren Bindungsbeziehungen in der Kindheit ihnen Sicherheit boten, einander als zugewandte, liebevolle Partner wahrnehmen und durch ihre Paarbeziehung zum Empfinden einer gelungenen Integration ihrer Erfahrungen gelangen. Wenn es zwischen ihnen Meinungsverschiedenheiten gibt, sind sie auch im Streit noch in der Lage, das eigene Fühlen und Erleben bewusst wahrzunehmen.

Wenn die Bezugspersonen eines Kindes dagegen nicht hinreichend auf seine Bindungsbedürfnisse eingehen, entwickelt es die Vorstellung, dass Liebe und wechselseitige Abstimmung stets labil bleiben. Unsicher gebundene Erwachsene stellen ihre Beziehungen auf die Probe, weil sie erwarten, enttäuscht zu werden, und finden sich dann häufig bestätigt. Wenn sie in der Kindheit Traumata erlitten und traumatische Bindungsbeziehungen erlebt haben, werden sie unweigerlich in Situationen geraten, die alte Wunden aufbrechen lassen. Was sie brauchen, ist eine Reaktion des Partners, die anders ist als die der Bezugspersonen in der Kindheit. Mary Main hat auf Studien

---

10   ... eine Frage, die unweigerlich zu neuen Fragen hinführt.

hingewiesen, laut denen fünf Jahre in einer sicher gebundenen Paarbeziehung bewirken können, dass aus einem in der Kindheit erworbenen unsicheren Bindungsmuster ein erarbeitetes sicheres Bindungsmuster wird (Main, 2002).

In einer Paarbeziehung, in der der andere für uns da ist und aufmerksam verfolgt, was in uns vorgeht, können wir uns entfalten, weil diese Bedingungen, auch wenn wir dies nicht bewusst wahrnehmen, einen beruhigenden Einfluss auf unser Nervensystem haben und die Integration von Erfahrungen begünstigen. Ein Großteil unserer Reaktionen auf den Partner läuft auf der nichtsprachlichen Ebene und automatisch ab, ohne dass das bewusste Denken daran beteiligt wäre: Wenn wir uns bedroht fühlen, schützen wir uns, und wenn wir uns in Stressphasen unterstützt und umsorgt fühlen, bleiben wir entspannt. Neue Studien zu den Zusammenhängen zwischen Vorgängen in Gehirn, Geist und Körper machen deutlich, dass unser körperliches und emotionales Wohlbefinden oft von dem beruhigenden Einfluss eines zugewandten, liebevollen Gegenübers abhängt. Niemand ist besser in der Lage, zur Befriedigung dieser für uns so wichtigen Bedürfnisse beizutragen, als unser Partner. Wenn also in einer festen Beziehung die Partner vom Motto „Sorge zuerst gut für dich selbst" zum Prinzip „Wir sorgen füreinander" übergehen, werden sowohl die Beziehung als auch die Individuen Fortschritte machen. Die Entwicklung hin zu einer sicheren Bindung setzt, wie in der Kindheit, ein liebevolles Gegenüber voraus, das unsere Entfaltung in einer Atmosphäre der Geborgenheit begleitet und willkommen heißt.

In den vorangegangenen Kapiteln ging es um verschiedene Strategien, mit denen wir Partnern dabei helfen können, eine enge Verbundenheit aufzubauen, Wunden zu heilen und Bestätigung zu geben und zu empfangen. An erster Stelle sei hier noch einmal das Erwachsenen-Bindungs-Interview genannt (George et al., 1984, 1985, 1996), das sich in der Therapie als ein erstaunlich wirksames Werkzeug erweist. Es wurde zwar als Forschungsinstrument konzipiert, kann uns aber aufgrund seines Potenzials, „das Unbewusste zu überraschen" (George et al., 1985), in der Therapie helfen, die Reaktionen der Partner aufeinander zu ihren Wurzeln zurückzuverfolgen. Wenn sie dann mehr Klarheit über ihre Reaktionsmuster und Sehnsüchte gewonnen haben, können sie anhand vieler in diesem Buch vorgestellter Übungen lernen, die Bedürfnisse des Partners zu erfüllen, indem sie auf Mittel zurückgreifen, die ihnen bislang oft verborgen geblieben sind und die eine hinreichend tief greifende Wirkung entfalten können, um eine unsichere Bindung nach und nach in eine sichere Bindung zu verwandeln.

Wir gehen bei unserem Konzept von der Beobachtung aus, dass wir in einer Paarbeziehung eigene Bedürfnisse am besten erfüllen können, indem wir uns um den anderen kümmern. Transformation wird möglich, wenn wir uns auf Mindsight stützen, die Fähigkeit, nach innen zu schauen und die inneren geistigen Abläufe wahrzunehmen und zu gestalten (Siegel 2010a, 2010b), und darauf hinhören, was der andere braucht, wer er ist und wie er fühlt. Veränderungsprozesse dieser Art gehen aber nicht unbedingt leicht vonstatten. Weil die Umgestaltung von Bindungsmustern nicht nur eine Umstrukturierung von Gedanken und Überzeugungen, sondern auch von subkortikalen Neuronenverbindungen erfordert, muss das Erleben selbst sich verändern. Hierbei sind therapeutische Enactments, die Bewegung in das Geschehen zwischen den Partnern bringen, von großem Nutzen: Sie helfen ihnen, Botschaften jenseits der Worte zu erfassen, zu verstehen, dass beide Partner Dinge vor sich selbst und vor anderen verbergen, und zu lernen, Scham, Schuldgefühle und Schmerz des anderen ohne Wertung zu akzeptieren und nachzuempfinden. Enactments geben den Partnern auch Gelegenheit, Erfahrung in der wechselseitigen Abstimmung aufeinander zu sammeln. Bei einem Paar, mit dem ich bis vor Kurzem gearbeitet habe, vollzogen sich Entwicklungen dieser Art zunächst ganz allmählich.

## Sibyl und Arthur

Als Sibyl und Arthur zur ersten Sitzung kommen, sind sie voller Wut und stehen kurz vor der Scheidung. Beide verstehen den Menschen nicht mehr, den sie geheiratet haben, und nörgeln ständig aneinander herum. Sibyl hatte sich an mich (M. S.) gewandt und erklärt, ihr Einzeltherapeut habe sie an mich verwiesen. Sie benötige so bald wie möglich einen Termin, da sie kurz davorstehe, ihren Anwalt anzurufen.

Sie treffen zur selben Zeit, aber mit zwei verschiedenen Autos ein. Als ich die Tür zum Wartezimmer öffne, sehe ich eine hochgewachsene Frau von eindrucksvoller Erscheinung vor mir, die sorgfältig zurechtgemacht ist und sich für eine Begegnung, die am Tag stattfindet, elegant gekleidet hat. Ihr Mann, ein sehr hagerer Mann, dessen Alter auf den ersten Blick schwer einzuschätzen ist, trägt Jeans und Pullover, und die Haare sehen aus, als hätten sie ihren eigenen Willen. Er wirkt erheblich jünger als sie, doch ich erfahre bald, dass sie in der Grundschule in derselben Klasse waren.

Sie beschreiben das familiäre Umfeld, aus dem sie stammen, als sehr ähnlich. Sie wuchsen in derselben Wohngegend auf und spielten bis zur dritten Klasse zusammen, „zu einer Zeit, als von den anderen Jungs keiner etwas mit den Mädchen zu tun haben wollte", sagt Sibyl. Sie lachen und erzählen einige amüsante Anekdoten über Schulkameraden und Lehrer. In der siebten Klasse verloren sie einander aus den Augen, da sie auf verschiedene Highschools und danach aufs College gingen. 40 Jahre später, als sie Witwe und er seit Langem geschieden war, kamen sie wieder in Kontakt. Von Anfang an, sagen beide, empfanden sie einander als verwandte

Seelen, da sie ja „einen Steinwurf voneinander entfernt" aufgewachsen waren. Kurz nachdem sie einander durch gemeinsame Freunde wiedergetroffen hatten, heirateten sie. Beide berichten, dass sie in den ersten zwei Jahren alles zusammen machten und ausgesprochen glücklich waren.

Ab dem dritten Jahr der Ehe, sagt Sibyl, ging es allmählich bergab. Sie klagt, dass Arthur exzessiv trinkt, nicht will, dass sie einen Freundeskreis hat, und seine ganze Zeit und sein ganzes Geld in das Bauen ausgefeilter Modelleisenbahnen steckt. Sie sitzt kerzengerade, der Körper bewegungslos, die Stimme sorgfältig moduliert. Arthur lehnt sich vor und unterbricht sie. Er finde ihre Freunde sympathisch, doch sie widme ihnen ihre ganze Aufmerksamkeit. Sie beginnen darüber zu streiten, wie er ihre Freunde behandle und wie sie ihre Zeit mit ihrem Gefolge verschwende. „Ich habe verstanden, Sibyl, was aus Ihrer Sicht das Problem ist", werfe ich ein. „Was meinen Sie, Arthur? Warum sind Sie beide hier?"

„Die meiste Zeit sind wir wirklich glücklich und zufrieden. Wir haben ein gutes Leben miteinander", sagt er und blendet die Tatsache aus, dass sie mit Scheidung droht. Ich ermutige ihn behutsam, zu überlegen, was dazu führen könnte, dass Sibyl oder sie beide nicht glücklich miteinander sind.

„Sibyl hat immer Gäste oder ist beim Shoppen. Paare sollten ihre Zeit miteinander verbringen."

„Ich bin gern bei dir, aber nicht 24 Stunden am Tag", gibt Sibyl zurück. „Manchmal habe ich das Gefühl, ich bekomme keine Luft."

Arthur sagt vorsichtig: „Ihr Freundeskreis nimmt sie sehr in Anspruch. Sie verbringt ihre Zeit am liebsten mit Freunden, vor allem mit diesem Schwulenpärchen. Mit ihnen zusammen besuchen wir diese großen Veranstaltungen, wo keiner mit mir redet." Sie beginnen ihre Argumente dafür vorzutragen, ob Arthur Vorurteile gegen Homosexuelle hat oder nicht und ob er von ihr verlangt oder nicht verlangt, dass sie all ihre Freunde aufgibt und ihre Zeit ausschließlich mit ihm verbringt. „Ich bin gern bei ihm, aber ich gehe eben auch sehr gern unter Menschen", sagt Sibyl. Beide richten ihre Aussagen an mich und geben mir das unbehagliche Gefühl, dass ich zu entscheiden haben werde, welche Darstellung der Beziehungsprobleme die richtige ist.

Ich fordere Arthur und Sibyl auf, nicht zu mir, sondern zueinander zu sprechen. „Ich kann nicht wie eine Schiedsrichterin entscheiden, wer recht hat – ich bekomme nur mit, was in *diesem Raum* geschieht. Hier kommt es darauf an, dass Sie fähig sind zu hören, was der Partner sagt, und auf ihn zu reagieren. Können Sie einander bitte anschauen und direkt zueinander darüber sprechen, was Sie sich in der Beziehung wünschen?"

Sibyl nickt, dreht sich zu Arthur hin und sagt: „Am meisten stört mich dein Alko-holproblem. Bei Veranstaltungen, die wir mit meinen Freunden besuchen, betrinkst du dich und bringst mich in eine peinliche Situation. Ich sah, wie du mit deinen Trinkgenossen an die Bar wolltest, und bat dich, mit mir zurück an den Tisch zu kommen. Du hast dich einfach geweigert und gesagt, du seist mit *deinen* Freunden unterwegs und wolltest bei ihnen bleiben. Als du an unseren Tisch zurückkamst, fühlte ich mich gedemütigt.“

Arthur streitet trotzig ab, dass er exzessiv trinke. „Das ist nur zweimal passiert, und ich hatte nur drei Drinks. Normalerweise trinke ich nur ein Glas Wein.“

„Es ist dreimal passiert, und du hast so lange Wein getrunken, bis du Dinge sagtest, die mich vor meinen Freundinnen bloßgestellt haben.“

„Ich habe nur zu ihr gesagt“, erklärt er mir, „dass ich mir die Freunde selbst aussu-che, mit denen ich Zeit verbringen möchte.“

Sibyl insistiert: „Letztes Mal habe ich dir gesagt, wenn du dein Alkoholproblem nicht in den Griff bekommst, lasse ich mich scheiden.“ Arthur holt tief Luft, scheint aber nicht zu wissen, was er sagen soll. Sie schaut ihn an und wartet auf Antwort. „Es hat keinen Zweck“, sagt sie zu ihm, „ich kann mit dir nicht leben.“ Als Arthur sich zu verteidigen beginnt – „Es ist doch alles in Ordnung zwischen uns, wir kriegen das schon hin“ –, gehe ich dazwischen.

„Lassen Sie uns etwas ausprobieren. Sibyl, sagen Sie Arthur, dass Sie die Scheidung wollen. Schauen Sie Arthur direkt in die Augen und sagen Sie ihm: ‚Ich will die Scheidung.‘“ Diese Art der Intervention setzt einem Wortgefecht häufig ein Ende, und das ist auch hier der Fall. Sie schüttelt den Kopf. „Nein, ich will, dass es mit uns klappt.“ Sibyl hat oft mit Scheidung gedroht, will die Ehe aber in Wirklichkeit nicht beenden.

Wenn die Drohung einer Scheidung über einer Beziehung hängt, erzeugt sie eine Anspannung, die die Partner auf Distanz voneinander hält. Wir können nur Fort-schritte erzielen, wenn wir die Drohung entkräften. Zwischen Partnern, die an ihrer Beziehung arbeiten wollen, muss es eine Verbindlichkeit ohne Hintertürchen geben (Hendrix, 1986). Wenn sich Sibyl vor eine echte Entscheidung gestellt sieht, zeigt sie mit ihrem Handeln, dass diese Verbindlichkeit für sie gilt. Sie mag sich beklagen und drohen, wird aber nicht die Scheidung einreichen. Arthur gibt ohnehin eindeutig zu erkennen, dass er an der Beziehung festhalten möchte.

„Lassen Sie uns also darüber sprechen, was in Ihrer Beziehung jetzt gerade vor sich geht und wie Sie in Zukunft etwas anders machen können“, sage ich. Ich gebe einige psychoedukative Erläuterungen zu der wechselseitigen Abhängigkeit, die in einer

Paarbeziehung notwendig ist, damit sie funktionieren kann, und weise darauf hin, dass in Sibyls und Arthurs Ehe das Muster von Klage und Rechtfertigung den ganzen Raum einzunehmen scheint.

„Das Problem hat vielleicht gar nichts mit ihrem regen Sozialleben zu tun, Sibyl, oder mit Ihren Trinkgewohnheiten, Arthur. Wenn Sie sich über Freunde, Shoppen oder Modelleisenbahnen streiten, bleiben Sie damit an der Oberfläche, in der obersten Schicht der Störungen, die einer erfüllenden Paarbeziehung im Weg stehen. In der Schicht darunter geht es um tiefere Bedürfnisse und die Sehnsucht, akzeptiert zu werden. Wenn diese nicht gestillt werden, entwickeln sich Muster von Angriff und Gegenwehr. Menschen haben oft stimmig klingende Erklärungen dafür parat, was schiefläuft und welche Ereignisse oder Verhaltensweisen das Problem verursachen. Das eigentliche Problem sind aber meistens Wortgefechte, die sich im Kreis drehen und immer dann losbrechen, wenn Sie beide das Gefühl haben, dass der andere Ihnen nicht zuhört, Sie nicht versteht, Sie nicht akzeptiert, Sie nicht richtig kennt oder Sie nicht liebt.

Wenn dieses Muster greift, haben Sie beide Ihre Methoden, sich gegen Verletzungen zu schützen. Eine davon besteht darin, zum anderen auf Abstand zu gehen, weil die Auseinandersetzungen zu wehtun. Eine andere ist, dass Sie einander unter Kontrolle zu halten versuchen oder einen Wutanfall bekommen. Sie haben also über die Probleme an der Oberfläche gesprochen. Was geht in den Schichten darunter vor, über das Sie nicht sprechen? Sie werden das Problem nicht lösen können, wenn Sie weiterhin nur versuchen, bestimmte Vorfälle mit sprachlichen Mitteln zu klären."

*Wenn wir uns in einem reaktiven Modus von Angriff und Verteidigung befinden, sind wir ganz darauf konzentriert, die Situation irgendwie zu überstehen. Der Hirnstamm setzt das Kampf-Flucht-Erstarrungs-Muster in Gang. Selbst völlig neutrale Äußerungen des anderen können auf uns dann aggressiv wirken. Wirklich zuhören können wir nur, wenn wir in einem neurologisch gesehen rezeptiven Zustand sind und uns sicher fühlen. Der erste Schritt, der aus dem reaktiven Modus herausführt, besteht darin, sich seiner gewahr zu sein.*

Ich frage Sibyl und Arthur, ob sie für eine Übung bereit sind. Als sie bejahen, gebe ich Sibyl ein Seil und bitte sie, es in einem Kreis um sich herumzulegen, um Arthur anzuzeigen, wie nahe sie ihn kommen lassen möchte. Sibyl verwendet die volle Länge des Seils und hält Arthur somit auf recht große Distanz. Als Arthur an der Reihe ist, wickelt er das Seil mehrmals um sich, sodass Sibyl so nahe wie möglich kommen kann. Wir spielen damit, den Kreis größer und kleiner zu machen, und ich bitte beide, verschiedene Arten der Annäherung auszuprobieren. Das Gegenüber soll jeweils zurückmelden, wie viel Nähe es als angenehm empfindet. Dann legen wir das Seil in einer geraden Linie auf dem Boden aus und definieren es als Grenze. Ich bitte nacheinander beide, das Seil zu überschreiten und in das Territorium des anderen einzudringen. Sibyl übertritt die Grenze nicht. Arthur fragt, ob er sich in der Nähe des Seils hinsetzen kann. Im Sitzen lässt er dann langsam die Finger auf der anderen Seite der Grenze auftreffen. Beide beginnen zu lachen, wodurch sich die Anspannung zwischen ihnen einen Augenblick lang löst. Ich frage, ob ihnen durch das Experiment mit dem Seil etwas klar geworden sei. Arthur sagt: „Ich spiele lieber herum als sie." Sibyl kommentiert: „Du übertrittst immer wieder meine Grenzen, genauso wie in unserem gemeinsamen Leben." Arthur erwidert: „Und du entziehst dich immer wieder. Genau darüber beklage ich mich ja auch."

Ich bitte Arthur und Sibyl, eine Minute innezuhalten und auf den eigenen Körper zu achten. „Registrieren Sie, welche Stellen im Körper angespannt sind, wenn er die Grenze übertritt oder wenn sie sich entzieht. Das sind Reaktionen auf der Sinnesebene, die Sie davon abhalten, empfänglich für neue Informationen und füreinander zu sein. Prägen Sie sich ein, wie sich das anfühlt, damit Sie, wenn Sie diese Prozesse bei sich registrieren, entscheiden können, ob Sie sie weiterlaufen lassen oder sie beenden wollen.

Nehmen Sie sich jetzt ein paar Minuten Zeit, um sich beim Einatmen und Ausatmen auf die Stellen Ihres Körpers zu konzentrieren, die sich angespannt anfühlen. An manchen Stellen lässt die Anspannung vielleicht nach, an anderen vielleicht nicht. Wichtig ist das aufmerksame Beobachten. Fahren Sie mit dem bewussten Atmen fort und signalisieren Sie mir irgendwann, dass Sie bereit sind, zum nächsten Schritt zu gehen. Ich schlage Ihnen vor, diese Atemübung zu Hause in Momenten zu machen, in denen Sie das Gefühl haben, keine Informationen mehr aufnehmen zu können. Sie können beide den anderen um eine Auszeit bitten, um sich zu beruhigen und den Körper herunterzuregulieren, und sagen, dass Sie in zehn oder fünfzehn Minuten wieder zurück sind. Kehren Sie dann auf jeden Fall wieder zum anderen zurück, um das Gespräch zu Ende zu führen."

Unsere Zeit ist fast um. Die nächste Sitzung mit dem Paar dürfte ein geeigneter Zeitpunkt sein, um mithilfe des modifizierten Erwachsenen-Bindungs-Interviews einen eingehenderen Blick auf ihre Lebensgeschichte und ihre Erwartungen zu werfen. Wir vereinbaren für die folgende Woche eine dreistündige Sitzung, damit wir genug Zeit haben, mit jedem Partner ein AAI durchzuführen, während der andere zuhört, um dann hinterher die Ergebnisse und ihre Bedeutung gemeinsam zu besprechen.

# Erwachsenen-Bindungs-Interviews mit Sibyl und Arthur

Am Beginn der folgenden Sitzung entspinnt sich zwischen ihnen ein spielerisches Geplänkel.

„Seit letzter Woche haben wir viel mehr Zeit miteinander verbracht", sagt Arthur. „Es läuft jetzt wirklich gut. Vielleicht brauchen wir gar keine weiteren Sitzungen."

„Ich habe immer noch Angst, dass du wieder zu trinken anfängst, und mache mir Sorgen deswegen."

„Wovon redest du eigentlich? Wir hatten eine schöne Woche zusammen, und jetzt fängst du wieder damit an."

Sibyl schießt sofort zurück: „Du hast ein Problem, und ich werde mich nicht damit abfinden."

„Ich habe kein Problem", insistiert Arthur. „Alles wäre gut, wenn ich nur meine Frau um mich hätte, anstatt dass sie den ganzen Tag durch die Gegend saust." Jetzt klingen die beiden genauso wie eine Woche zuvor.

„Da haben wir's!", schalte ich mich ein. „Sie sind wieder! auf derselben Schiene gelandet. Sie kommen herein und fühlen sich ganz gut, und im Handumdrehen sind Sie in Ihre alten Muster verfallen. In den letzten zwei Jahren ist das für Sie zu einer ziemlichen Gewohnheit geworden. Wollen Sie dabei bleiben, oder wollen Sie etwas Neues ausprobieren?"

Sie lachen. „Ertappt", sagt Arthur, „also gut. Lassen Sie uns weitergehen." Sibyl lächelt.

An Sibyls und Arthurs Gezänk wird deutlich, dass sie die Verbindung zueinander vertiefen wollen, im Moment aber nicht wissen, wie das gehen soll. Meine Aufgabe als Paartherapeutin ist, ihnen das Handwerkszeug zu vermitteln, das sie benötigen, um genau wahrzunehmen, was der andere sagt und fühlt, und mehr Klarheit darüber zu gewinnen, was er braucht. Ich schlage vor, dass wir, wenn sie die Beziehung wirklich zum Funktionieren bringen wollen, mit einem Instrument beginnen können, mit dem wir schnell in die Vergangenheit und wieder zurück in die Gegenwart reisen und sehen können, welche alten Wunden sie mit sich herumtragen. „Niemand übersteht die Kindheit, ohne dass Verletzungen zurückbleiben. Wir müssen nur herausfinden, welche es bei Ihnen sind."

Zunächst erläutere ich, dass ich ihnen eine Reihe von Fragen zu ihren Herkunftsfamilien stellen werde und dazu, wie bis zum Alter von zwölf Jahren ihre Beziehung zu Mutter und Vater war. Ich sage ihnen, dass ich sie nacheinander befragen und wir dann später über ihre Antworten sprechen werden. „Wer möchte anfangen?" Sibyl erklärt sich bereit.

„Wer gehörte zu Ihrer Familie, als Sie noch ganz klein waren?", lautet meine erste Frage, und die zweite ist: „Was sind Ihre frühesten Erinnerungen an die Familie?"

Arthur und ich hören Sibyl zu, die von ihrer recht großen Familie spricht, mit ihrer Mutter als Matriarchin, die zu Feiertagen und Geburtstagen stets alle Verwandten einlud. Sibyl hat eine ältere Schwester und bezeichnet sie als ihre beste Freundin. Ich stelle ihr eine Reihe von weiteren Fragen aus dem AAI und bitte sie dann, mit fünf Wörtern zu beschreiben, wie im Alter von fünf bis zwölf Jahren ihre Beziehung zur Mutter war. Sie nennt *aufregend, schützend, vergnüglich, glücklich, ernsthaft*. Ich frage sie dann nach einem Beispiel für jedes der Wörter. Zu *aufregend* fällt ihr ein: „Als ich fünf war, reiste meine Mutter mit mir nach Frankreich, und als ich sagte, ich will ins Euro Disney, ging sie tatsächlich mit mir hin. Meine Schwester war im Ferienlager, aber ich war noch zu klein dafür. Meine Mutter und ich hatten eine tolle Zeit zusammen." Das Beispiel für *schützend* ist: „In der vierten Klasse warf meine Lehrerin mir vor, ich hätte bei einem Test abgeschrieben. Meine Mutter kam in die Schule und bestand darauf, dass wir das mit der Schulleitung besprachen. Sie hat mich rückhaltlos unterstützt." Die Beispiele, die Sibyl erzählt, sind alle klar, prägnant und passen genau zum jeweiligen Wort. Auf weitere Fragen hin gibt Sibyl an, dass sich, wenn sie krank war oder sich wehgetan hatte, ihre Mutter um sie kümmerte. Bis zum Alter von 14 Jahren wurde sie fast jeden Abend von der Mutter oder vom Vater zu Bett gebracht.

Wir erfahren auch, dass sie mit elf ihre Großeltern verlor, die bei einem Verkehrsunfall starben. Der Großvater hatte Alkohol getrunken und sich dennoch ans Steuer gesetzt. Sibyl sagt, dass sie nie Alkohol trinkt. „Mein erster Mann war Alkoholiker, als wir uns kennenlernten, und ich sagte ihm, dass ich ihn erst heiraten würde, wenn er zu den Anonymen Alkoholikern ging und dann vollständig trocken war. Das tat er, und ich heiratete ihn. Wir hatten 22 glückliche Jahre miteinander, bis er an einem Herzinfarkt starb."

Anschließend führe ich das AAI mit Arthur durch. Auch er schildert eine behütete Kindheit. Er ist das einzige Kind eines Handlungsreisenden und einer nicht berufstätigen Mutter. Seine Beziehung zur Mutter bis zum Alter von zwölf Jahren beschreibt er mit folgenden fünf Wörtern: *fürsorglich, verfügbar, spielerisch, hilfsbereit, interessiert*. Alles, was Arthur über die Mutter erzählt, ist positiv getönt. Zum Stichwort *verfügbar* berichtet er eine Erinnerung daran, dass er mit drei an einem Samstagmorgen im Haus war und die Mutter bat, ihm vorzulesen. Sie unterbrach die Hausarbeit, setzte sich zu ihm und las ihm ausgiebig vor. Zum Wort *spielerisch* erzählt er, dass sie ihm, als sein Vater auf einer seiner Geschäftsreisen war, beim

Üben mit dem Baseballschläger half und ihm den Ball zuwarf. Beim Wort *hilfsbereit* nimmt er dasselbe Beispiel, dass sie mit ihm Baseball übte, und erweitert es um das Element, dass sie seine Freunde zum Mitspielen einlud. Diese ersten drei Antworten, die sich auf das Alter von vier bis fünf beziehen, wirken klar und einleuchtend. Danach wiederholt er allerdings nur: „Alles war in Ordnung." Er sagt, dass er manchmal traurig war und dass die Mutter immer da war. Für das Wort *interessiert* fällt ihm kein Beispiel ein, und er sagt, er wisse nicht mehr, warum er das Wort gewählt habe. Ich bemerke, dass der Körper angespannt ist, und sagte: „Irgendetwas ist hier schwierig für Sie, ja?" Er nickt, fängt meinen Blick kurz auf und sieht traurig aus, sagt aber nichts. Ich spüre, dass wir im Kontakt zueinander sind, und dränge ihn an diesem Punkt nicht, weiterzugehen.

Ich bitte ihn dann, mit fünf Wörtern die Beziehung zu seinem Vater vor dem Alter von zwölf Jahren zu beschreiben. Die Wörter sind *neckisch, spielerisch, Sportfan, hohe Erwartungen, abwesend.*

Bei den Beispielen zu den ersten vier Wörtern fällt auf, dass Arthur vieles vergessen zu haben scheint. Sie drehen sich alle darum, dass sie zusammen zu einem Sportereignis gingen oder dass der Vater ihm Football und Basketball beibrachte. Zum Wort *Sportfan* erzählt er, dass der Vater eines Tages einen Baseballhandschuh mit nach Hause brachte und sagte: „Das Spiel beginnt." Beim Wort *abwesend* jedoch überlegt er sehr lange. Ich spüre seinen Impuls, entweder zu sprechen oder zu sich zu verschließen. Wir sitzen schweigend da. Sibyl sieht aus, als wolle sie etwas sagen. Mit einer Handbewegung gebe ich ihr zu verstehen, dass sie warten soll.

Nach einer Weile richtet Arthur sich auf und sagt: „Als ich zwölf war, starb meine Mutter überraschend. Mein Vater überführte den Leichnam in den Ort in Virginia, wo sie geboren war und wo ihre Familie lebte."

„Sind Sie mitgefahren?"

„Nein, ich blieb daheim bei einer Nachbarin."

„Und wie lange war er weg?", frage ich.

„Er kam nicht wieder", erwidert Arthur leise.

„Wo war er?"

„Ich weiß es nicht."

In seinen Augen sehe ich Traurigkeit und Furcht. „Das muss furchtbar für Sie gewesen sein", sage ich. Sibyl streckt die Hand aus und legt sie auf Arthurs Knie. Er kämpft gegen die Tränen an und lässt ihnen schließlich freien Lauf. Er weint mehrere Minuten lang. Dann berichtet er, dass er im Alter von zwölf bis 16 Jahren mehr oder weniger auf sich gestellt war. Die Nachbarin sah nach ihm, und dreimal die Woche kam eine Haushälterin. Er wusste nicht, wer sie bezahlte oder wo das Geld für das Essen herkam.

Sibyl sagt: „Mein Gott, das hast du mir nie erzählt. Ich wusste, dass deine Mutter starb, aber nicht, dass dein Vater dich zurückgelassen hat. Das muss grauenhaft gewesen sein. Ich kenne einige deiner Freunde von damals. Sie haben nie etwas davon gesagt. Ich dachte, ich kenne dich wirklich gut."

„Ich habe nie mit jemandem darüber gesprochen. Ich ging zur Schule, fühlte mich aber irgendwie erstarrt und sagte zu niemandem ein Wort." Arthur wirkt ein wenig benommen, so als staune er darüber, dass er uns das erzählt.

*Das Erwachsenen-Bindungs-Interview ist ein direkter Zugang zum „ungedachten Bekannten" (Bollas, 1989; dt. 1997). Arthur hat viele Jahre lang die Gefühle unterdrückt, die der plötzliche Verlust von Mutter und Vater auslöste. Nachdem er einmal darüber zu sprechen begonnen hat, will er nicht mehr schweigen.*

„Es gab keinen, mit dem ich hätte reden können. Ich weiß noch, wie eine Lehrerin böse auf mich wurde und fragte, warum ich meine Mutter denn nicht die Einwilligung unterschreiben ließ, damit ich auf einen Schulausflug mitkonnte. Ich gab ihr keine Antwort. Ich verbrachte den Tag im Schulsekretariat, während meine Freunde beim Ausflug waren."

Arthur erzählt, dass er sich einer Gruppe renitenter Jugendlicher anschloss, die sich oft in Schwierigkeiten brachten. „Einige von ihnen sitzen jetzt im Gefängnis. Es hätte leicht passieren können, dass ich mein Leben ruiniere, doch mit 17 ging ich zu den Marines. Die beste Entscheidung meines Lebens. Sie gaben mir Struktur und bogen mich hin. Nachdem ich den Dienst quittiert hatte, ging ich aufs College. Und ich nahm mir vor, immer positiv zu denken und immer glücklich und zufrieden zu sein. Ich lasse nicht zu, dass mich etwas runterzieht."

Ein Jahr, nachdem Sibyls erster Mann gestorben war, wollte ein Freund sie mit jemand aus ihrem Heimatort zusammenbringen. Sie ließ sich auf ein Blind Date ein und war sehr angetan zu sehen, wie viel Arthur und sie gemeinsam hatten. Sie tauschten Erinnerungen über ihr Wohnviertel von damals und über alte Freunde aus und kamen sich rasch näher. Arthur sagt, er hätte nie erwartet, dass eine so schöne und begabte Frau wie Sibyl sich für ihn interessieren könnte. Er sagt: „Das war die glücklichste Zeit meines Lebens."

Sibyl scheint tief berührt zu haben, was er erzählt hat. Sie sagt zu ihm: „Du warst also völlig allein und hattest keinen, mit dem du über deinen Verlust hättest reden können. Das war mir nicht klar. Wenn mir etwas nahegeht, rede ich viel. Ich will, dass meine Freunde wissen, wie es mir geht. Aber du ... du wirst still und scheinst an einen anderen Ort zu verschwinden. Ich bringe dich nicht zum Reden. Jetzt weiß ich wohl, warum das so ist."

Was Arthur mit zwölf bis 16 Jahren erlebte, ging über seine Kräfte. Er entwickelte daher das Muster, dass er sich, wenn er unter Stress geriet, von anderen zurückzog. Sein Gehirn wurde darauf programmiert, zum Schutz vor übermächtigen Emotionen auf Abschottung gegen andere zu schalten. Sobald starke Gefühle in ihm aufkommen, setzt eine emotionale und physische Starre ein. Die Sicherheit, in der Sibyl aufwuchs, verschaffte ihr hingegen die Freiheit, neue Dinge, neue Freunde und neue Erfahrungen auszuprobieren, und sie konnte bei Bedarf auf die Unterstützung ihrer Eltern zurückgreifen. Infolgedessen sind Zeiten, die sie nicht miteinander verbringen, für sie mit wesentlich weniger Ängsten verbunden als für Arthur, und sie erwartet von ihm, dass er ähnlich reagiert wie sie.

Ich sehe, dass Arthur wieder den Tränen nahe ist.

„Jetzt wundert es mich auch nicht, dass du trinkst, wenn wir auf Partys gehen", sagt Sibyl, nun in sanfterem Ton. „Jedes Mal, wenn ich mit meinen Freunden rede, muss das für dich sein, als ob ich dich im Stich lasse."

Als sie die Praxis verlassen, wirkt Arthur noch immer benommen, doch er nimmt Sibyls Hand, die sie ihm hinstreckt.

## Die Willkommen-Zuhause-Übung

In der folgenden Woche berichtet Arthur, dass er bei einem Suchttherapeuten war, nachdem Sibyl einen Termin für ihn vereinbart hatte. Der Therapeut sagte Arthur, er halte ihn nicht für einen Alkoholiker, empfahl ihm aber, abends nicht mehr als ein Glas Wein zu trinken, und überwies ihn an einen Therapeuten, der ihm helfen könne, den traumatischen Verlust seiner Eltern zu verarbeiten.

Um dem Paar dabei zu helfen, Arthurs Schwierigkeiten mit Trennung und Wiedervereinigung zu überwinden, schlage ich Sibyl und Arthur eine von Stan Tatkin entwickelte psychobiologische Übung vor, die Willkommen-Zuhause-Übung. Die Partner werden dazu angehalten, einander jedes Mal, wenn sie nach einer Trennung wieder zusammenkommen, zu begrüßen, auch wenn die Trennung nur kurz ist und zum Beispiel darin besteht, dass der eine Partner in den Supermarkt einkaufen geht und danach gleich wieder zurückkommt. Der zurückkehrende Partner gibt ein Zeichen, dass er wieder da ist. Der andere hört mit dem auf, was er gerade tut (es sei denn, er ist gerade im Bad oder auf der Toilette), und begrüßt den zurückkehrenden Partner so nahe bei der Wohnungstür wie möglich. Unterbrechungen werden dabei nicht zugelassen, das heißt, Haustiere und Kinder werden für den Moment übergangen, auch wenn sie sich dazwischenschieben wollen. Die Partner konzentrieren sich ganz auf ihr Wiedersehen, ehe sie irgendetwas anderes tun. Anstatt sich zu küssen, umarmen sie sich innig, Bauch an Bauch, Hüfte an Hüfte, das Gesicht an die Schulter des anderen geschmiegt, die Augen geschlossen. Der Therapeut sollte diese Haltung in der Sitzung überprüfen und die Partner vorzugsweise auf Video aufnehmen[11], um zum einen genauer zu sehen, wie leicht oder schwer es ihnen fällt, sich aneinanderzuschmiegen, und ihnen zum anderen korrigierende Hinweise geben zu können.

Die Willkommen-Zuhause-Übung ist der Wiedervereinigungsszene nachempfunden, wie sie sich nach der Fremden Situation (Ainsworth, 1978) zwischen einem sicher gebundenen Baby und seiner sicher-autonom gebundenen Bezugsperson abspielt. Deshalb ist es wesentlich, dass die Partner sich Bauch an Bauch aneinanderschmiegen. Sie werden instruiert, in dieser Position zu bleiben, bis beide spüren, dass der andere vollkommen entspannt ist.

Sibyl, Arthur und ich sind uns einig, dass sie diese Übung oft durchführen sollten, um die Veränderungen zu verfolgen, die sich in ihrer Beziehung ereignen. Ich ermutige sie, sämtliche Wahrnehmungen körperlicher Empfindungen zu äußern, die sich am Anfang und am Ende der Übung einstellen, wenn sie sich in die Arme schließen und sich dann wieder voneinander lösen. Verspüren sie Gelassenheit, Benommenheit, den Wunsch, sich zu entfernen oder näher zu kommen? Hat einer der beiden ein ambivalentes Gefühl und denkt etwas wie „Ja, komm näher – aber halte bitte Abstand"? Ich wiederhole, dass ihre Gefühle nicht einfach nur den Status ihrer Paarbeziehung widerspiegeln. Wir haben es vielmehr mit einer Ansammlung alter Muster zu tun, nach denen beide zu wichtigen Figuren in ihrem Leben in Beziehung traten. Je mehr sie in der Lage sind, einander mitzuteilen, was Moment für Moment in ihnen vor sich geht, desto besser werden sie verstehen, wie der andere funktioniert, und über desto mehr Möglichkeiten werden sie verfügen, mit kleinen Dingen ihre Beziehung voranzubringen.

---

11 Am Beginn einer Therapie fragen wir die Partner um Erlaubnis, sie auf Video aufzunehmen, und erläutern, dass der Therapeut die Aufnahme später als Bezugspunkt nutzen oder sie manchmal auch dem Paar in der Sitzung selbst vorführen kann. Feine körperliche Veränderungsprozesse entgehen uns oft, während sie ablaufen, doch wenn die Partner sich gleich hinterher selbst auf Video sehen, kann ihnen das helfen, die nonverbale Dimension ihrer Beziehung wahrzunehmen und sich bewusst zu machen.

Sibyl und Arthur sind sich einig, dass sie die Übung zu Hause weiterführen und beobachten wollen, was dabei geschieht.

## Kommunikation und wechselseitige Abstimmung

In der folgenden Sitzung üben wir Kommunikationsfertigkeiten. Ich bitte Sibyl und Arthur, sich über ein bestimmtes Problem zu unterhalten, das sie in ihrer Beziehung gerade erleben. Wir werden nicht versuchen, das Problem in dieser Sitzung zu lösen, vielleicht aber in einer späteren Sitzung auf das zurückkommen, was sich bei der Kommunikationsübung ergibt. Im Moment interessiert uns, in welcher Weise sie an Probleme herangehen, die sie lösen möchten. Ziel ist, sie in der Weiterentwicklung ihrer Fähigkeit zur wechselseitigen Abstimmung auf die zugrunde liegenden emotionalen Botschaften des anderen zu unterstützen.

Ich frage, wer von beiden anfangen möchte. Sibyl meldet sich als Erste, und ich instruiere sie:

„Ich möchte, dass Sie aufmerksam auf das hinhören, was Arthur sagt, und ihm in Ihren eigenen Worten zurückspiegeln, was Sie verstanden haben, ehe Sie antworten. Er gibt dann an, ob Sie ihn richtig, teilweise richtig oder überhaupt nicht verstanden haben. Wenn Ihnen ein Teil dessen, was er sagen wollte, oder alles entgangen ist, machen Sie so lange weiter, bis Sie wirklich verstanden haben, was er Ihnen zu sagen versucht. Erst wenn er bestätigt, dass alles bei Ihnen angekommen ist, können Sie antworten. Dann muss umgekehrt er Ihnen zurückspiegeln, was Sie sagen, ehe er wieder an der Reihe ist." Wir üben das bis zum Ende der Sitzung, und ich schlage vor, dass beide zu Hause auf eine Karteikarte eine Sache schreiben, an der sie arbeiten möchten, und die gerade erlernten Kommunikationsfertigkeiten einsetzen, um einer Lösung der auf den Karten notierten Probleme näherzukommen.

Am Beginn unserer fünften Sitzung geben beide an, dass sich ihre gemeinsame Situation erheblich verbessert hat und sie sich vorstellen können, die Therapie für eine Weile auszusetzen. Sie sprechen dann über Emotionen, die bei Erinnerungen an die Vergangenheit in ihnen aufsteigen. Sibyl spricht noch einmal davon, wie schlimm es für sie war, durch den unseligen Einfluss des Alkohols ihre geliebten Großeltern zu verlieren. Arthur spricht von der Leere, die er die ganze Zeit, seit seine Mutter und sein Vater aus seinem Leben verschwunden, zu füllen versucht hat. Er scheint sich daran zu freuen, dass Sibyl ihm zuhören möchte. Sie äußert Verständnis dafür, dass er sich auf Partys, zu denen sie gehen, unwohl fühlt, und zeigt sich im Gespräch darüber nun einfühlsamer. Er kann nachvollziehen, dass sie aufgrund dessen, wie ihre Großeltern gestorben sind, besonders empfindlich auf starken Alkoholkonsum reagiert, und trinkt zum Abendessen nun nicht mehr als ein Glas Wein. Beide sind dabei, eine klarere Vorstellung davon zu entwickeln, wer ihr Partner wirklich ist und wie sie auf seine Bedürfnisse am besten eingehen können.

Sibyl und Arthur gehen nicht mehr einfach davon aus, dass ihre weitgehend ähnlichen Kindheitserfahrungen eine selbstverständliche Gemeinsamkeit zwischen ihnen herstellen, und können einander immer besser zuhören. Sie sind in der Lage, die eigenen automatischen Reaktionen zu erkennen und zurückzuhalten, und können die Ängste und Verletzlichkeiten des anderen nachempfinden. Das Gefühl der Sicherheit in der Beziehung nimmt zu – ein Prozess, der seine Eigendynamik entwickelt. Sie führen endlose Gespräche. In den letzten fünf Wochen haben sie zweimal miteinander geschlafen.

„Also wenn ich jetzt denke, dass ich so nahe dran war, die Scheidung einzureichen!", sagt Sibyl und führt Daumen und Zeigefinger nahe zusammen.

Wir vereinbaren eine weitere Sitzung, in der wir darüber sprechen wollen, was sie dafür tun können, dass die positive Entwicklung der Beziehung anhält, und verständigen uns darauf, dass sie auch wiederkommen können, wenn sie noch einmal korrigierende Impulse brauchen. Ihre Probleme sind nicht alle gelöst, doch sie verfügen jetzt über die Instrumente, die sie brauchen, um sie selbst zu lösen. Sibyl und Arthur können sich selbst genau genug wahrnehmen, um zu erkennen, wann sie nicht hören, was der andere ihnen sagen will, und die wechselseitige Abstimmung ist so weit gediehen, dass sie zum Fürsprecher der Innenwelt des anderen werden können (Siegel, 2010a, 2010b). Diese Fähigkeit zur Abstimmung auf andere und zur Einfühlung in sie war bei ihnen stets vorhanden und kam in vielen Freundschaftsbeziehungen zum Tragen. Doch wenn sie in ihrer Ehe in ihren Erwartungen enttäuscht wurden, verschlossen sie sich voreinander und errichteten Abwehrmauern, um sich in der Beziehung schützen zu können. Da sie nun verstehen, dass die Verhaltensweisen, die sie am anderen stören, tiefere Wurzeln haben, als ihnen bislang bewusst war, können sie neue Wege finden, die Verbundenheit zum anderen in einer Weise herzustellen, die ihm entgegenkommt, indem sie nicht die eigenen Bedürfnisse, sondern die des Partners im Blick haben. Dies ist der entscheidende Punkt. Wenn beide Partner für den anderen sorgen, kommen die Bedürfnisse beider zum Zug.

# Diskussion

Jedes Paar kommt mit einer Mischung aus Angst und Hoffnung zur ersten Therapie-sitzung. Die Partner beschreiben die drängendsten Probleme jeweils aus ihrer Sicht und hoffen, dass der Therapeut sich ihrer Vorstellung davon, was in der Beziehung im Argen liegt, anschließen wird. Fast immer verbergen sich unter der Oberfläche der berichteten Probleme ein Versagen der wechselseitigen Abstimmung und un-erfüllt gebliebene Bedürfnisse. Die Behandlung zielt darauf, den Partnern bewusst werden zu lassen, wie die eigenen Reaktionen auf bestimmte situative Muster vom anderen wahrgenommen werden, und ihnen Hinweise zu geben, wie sie am besten auf die Kernthemen und wunden Punkte des anderen eingehen können.

Als Sibyl und Arthur zu mir in Therapie kamen, war sie wütend und drohte mit Scheidung, während er die Probleme abstritt und Sibyls Klagen herunterspielte. Sie empfand seine Trinkgewohnheiten als bedrohlich, und er fühlte sich zu Unrecht be-schuldigt und von ihr im Stich gelassen. Beide achteten wenig darauf, was im Gegen-über wirklich vor sich ging, weil sie zu sehr mit sich selbst zu schaffen hatten.

Aus dem Erwachsenen-Bindungs-Interview übernommene Fragen eröffneten Ein-blicke in die Lebensgeschichte der beiden sowie in einige der bei ihnen ablaufenden unbewussten Prozesse und damit in Bedingungen, aus denen heraus sich ihre aktu-ellen Nöte entwickelt hatten. Psychoedukative Elemente und Übungen halfen bei-den, zu erkennen, wie ihre in der Vergangenheit programmierten Erfahrungsmuster sich in der Paarbeziehung abbildeten und Zyklen von Angriff und Abwehr entstehen ließen.

Derartige Zyklen können eine Dynamik entwickeln, die in die Scheidung mündet. Doch es muss nicht so weit kommen. Wir haben in diesem Buch Beispiele dafür ge-geben, wie sich in relativ kurzer Zeit bedeutsame Veränderungen vollziehen können. Wir haben ein Modell zwischenmenschlicher Beziehungen vorgestellt, in dem Fak-toren wie hohes und niedriges Arousalniveau, sicherer und unsicherer Bindungs-stil und das Bedürfnis nach einer sicheren Bindung, die Voraussetzung für die volle Entfaltung des eigenen Potenzials ist, eine wesentliche Rolle spielen. Die Integration neuer Erkenntnisse der Neurowissenschaften und der Bindungstheorie sowie der Haltung der Achtsamkeit in die psychodynamisch orientierte Behandlung von Paa-ren kann helfen, der Interaktion in einer Paarbeziehung heilsame Impulse zu geben.

Unsere Konzepte und Prinzipien entwickeln sich ständig weiter, und es gibt viele Möglichkeiten, sie praktisch umzusetzen. Als Therapeutin oder Therapeut tragen wir stets unser eigenes Temperament, unsere eigene Beziehungsgeschichte, unsere Ausbildung und unsere Erfahrung in die Arbeit mit einzelnen Patienten und mit Paaren hinein. Auch die ganz konkreten Bedingungen, unter denen wir arbeiten, sind verschieden. Nicht jede Praxis ist groß genug für raumgreifende Bewegungsübungen und verfügt über Stühle mit Rollen oder über eine Videoausrüstung. Jeder Therapeut wird ein Behandlungsmodell wie das unsere letzten Endes auf seine ganz eigene Weise umsetzen. Ein Thema zieht sich allerdings durch alle in diesem Buch vorgestellten Fallbeispiele: Es ist unsere Aufgabe, bei den Partnern ein Bewusstsein dafür zu fördern, warum sie scheinbar unangemessen heftig auf bestimmte Verhaltensweisen und Eigenschaften des anderen reagieren, und ihnen zu helfen, Reaktionsweisen zu entwickeln, bei denen der andere sich aufmerksam wahrgenommen, verstanden und fürsorglich behandelt fühlt.

Wie neurowissenschaftliche Studien der letzten Jahre belegen, ist unser Gehirn so verschaltet, dass wir in starkem Maße dazu neigen, in jeder neuen Beziehung alte Bindungsmuster zu reproduzieren. Diese Muster sind aber nicht in Stein gemeißelt. Wir wissen, dass das Gehirn wandelbar ist (Schore, 2004). Wir hegen zum einen die Erwartung, dass jedes neue Szenario sich wie das einst prägende allererste entwickeln wird, haben zugleich aber auch den Wunsch, dass es diesmal anders läuft und dass dieser Partner anders reagiert als unsere damaligen Bezugspersonen, das heißt, uns kein Leid zufügen und uns nicht im Stich lassen wird, sondern die Signale unseres Kummers und unserer Not sowie unser Bedürfnis nach Sicherheit und Geborgenheit aufmerksam wahrnehmen wird. Wenn die Partner dazu angeleitet werden, diesem Bedürfnis mit Wertschätzung zu begegnen, können sie – auf dem Fundament ihrer Entscheidung für den anderen – ihre automatisierten Reaktionen aufeinander modifizieren und gemeinsam auf eine Paarbeziehung hinarbeiten, in der sie sich sicher und umsorgt fühlen.

# Epilog

## Als Therapeut gut für sich sorgen

Wir haben in diesem Buch viele Möglichkeiten vorgestellt, wie man Partner dazu anregen und anleiten kann, füreinander zu sorgen. In diesem Kapitel konzentrieren wir uns nun auf den pfleglichen Umgang mit den anderen an der therapeutischen Interaktion beteiligten Personen, nämlich auf uns selbst. Wie wir uns selbst regulieren, hängt von unseren angeborenen Ressourcen, unserer Lebensgeschichte und von den Anstrengungen ab, die wir im Lauf der Jahre unternommen haben, um in unserer Entwicklung voranzukommen und Heilungsprozesse in uns anzustoßen. Wenn wir ein Paar behandeln, müssen wir ein Gleichgewicht finden zwischen seine Bedürfnissen und Schutzmechanismen, unseren eigenen Ressourcen und der Notwendigkeit, für uns selbst gut zu sorgen.

Ein Außenstehender kann nicht in die höchst innige Beziehung eines Paars eingreifen, ohne dass ihn dies persönlich berühren würde. Diese seine innere Beteiligung kann für ihn persönlich eine wahre Goldgrube sein oder aber ein gefährliches Minenfeld. Idealerweise lernen wir als Therapeuten, mit unserer Individualität und unserer besonderen Lebensgeschichte so umzugehen, dass wir unseren Patienten neuartige Erfahrungen und Einsichten vermitteln und ihnen einfühlsam begegnen können. In der Intimität der therapeutischen Arbeit sind optimale Behandlungsergebnisse nur zu erreichen, wenn wir uns selbst gut kennen und ein gutes Gespür dafür haben, wie wir für uns selbst gut sorgen können. Wenn wir über die eigenen Bedürfnisse Klarheit gewinnen, können wir nach Möglichkeiten suchen, unsere Lebenszufriedenheit zu steigern. Wir werden dann die Energie und Empathie, die wir für die Arbeit mit unseren Patienten brauchen, besser abrufen können.

Es tut gut, sich gebraucht und geschätzt zu fühlen und bei den Menschen, mit denen wir arbeiten, positive Entwicklungen mitzuerleben. Für manchen Therapeuten wird allerdings die Arbeit, die ihm diese Art von Befriedigung verschafft, zum Zentrum seines Lebens, und er stillt die eigenen Bedürfnisse und Sehnsüchte in den Beziehungen mit seinen Patienten. Dies führt aber auch dazu, dass es ihn ganz persönlich trifft und enttäuscht, wenn sich bei Patienten keine Fortschritte einstellen wollen, wenn sie sich über ihn ärgern oder wenn sie die Behandlung vorzeitig abbrechen. Falls der Therapeut sich nach engerem Kontakt zu anderen sehnt, um eine innere Leere zu füllen, wird er mit den vielen Übertragungsprozessen, die in der Paartherapie ablaufen, nur schwer zurechtkommen.

Ein Großteil des Geschehens in der Therapie spielt sich unterhalb der Bewusstseinsschwelle ab. Manchmal liegt etwas so dicht unter der Oberfläche, dass sich im Gespräch mit Kollegen oder in der Supervision rasch herausstellt, worum es geht. Manchmal sind die Dinge aber auch in tieferen Schichten verborgen. Tatsache ist, dass uns viele der Emotionen der Menschen, mit denen wir arbeiten, keineswegs fremd sind. Harry Stack Sullivan schreibt, dass „wir alle in sehr viel stärkerem Maße menschlich sind als alles andere, ob wir nun glücklich und erfolgreich sind, selbstgenügsam und alleinstehend, unglücklich und psychisch gestört oder was immer" (1953, S. 7; dt. 1980, S. 22).

Im Idealfall bauen wir unsere Fähigkeit, anderen zu helfen, immer weiter aus, durch Aus- und Fortbildung, durch die tägliche Arbeit, durch die Bücher, die wir lesen, und dadurch, dass wir mit Kollegen und in der Supervision über unsere schwierigen Patienten sprechen. Dennoch werden wir in Situationen kommen, in denen unsere Möglichkeiten, gut für uns selbst zu sorgen, eingeschränkt sind, und es schwieriger für uns wird, unseren Patienten zu helfen.

Wenn wir jeden Tag viele Stunden im intensiven, emotionsgeladenen Gespräch mit Patienten verbringen, schauen wir vielleicht manchmal morgens auf den Terminplan und wünschen uns, woanders zu sein. Das Geschehen in den Therapiesitzungen wirkt oft noch länger in uns nach. Manchmal zehrt es an uns. Wenn wir unter Mitgefühlserschöpfung leiden (Figley, 1995), wirkt sich das sowohl auf unser Privatleben als auch auf unsere Arbeitsfähigkeit aus.

Nach anstrengenden Paarsitzungen sind wir manchmal mutlos, wütend oder ausgelaugt. Besonders häufig geschieht dies, wenn einer oder beide Partner schwere Traumata erlitten haben. Bei Therapeuten, die mit traumatisierten Patienten und ihren Partnern arbeiten, besteht die Gefahr einer stellvertretenden Traumatisierung (McCann & Pearlman, 1990; Courtois, 1993). Wir müssen insbesondere darauf achten, emotionale Reaktionen zu vermeiden, die unsere Offenheit dafür mindern, uns auf die Innenwelt dieser Patienten einzulassen. Solche Empfindungen können sich in uns festsetzen und uns lähmen, wenn wir sie zu unterdrücken versuchen oder uns lieber keine Hilfe holen, obwohl wir uns von der Situation mehr und mehr überfordert fühlen. Wenn die Sitzungen mit einem Paar uns zu viel abverlangen, sollten wir auf externe Regulation zurückgreifen, indem wir Unterstützung von außen in Anspruch nehmen.

Eine Kollegin berichtete von einer Patientin, deren Mann sie bald nach der ersten gemeinsamen Therapiesitzung verlassen hatte. Die Patientin klammerte sich in den folgenden Monaten an die Therapeutin. „Ich habe sonst niemanden", sagte sie, „ich bin ganz allein auf der Welt. Ich kann sonst niemandem trauen." Die mit einer ausgeprägten Intuition begabte Therapeutin empfand tiefes Mitgefühl für die Patientin und arbeitete mit ihr weiter, auch als die Frau mehrere Suizidversuche unternahm, sie wiederholt nachts anrief und zweimal in eine Klinik aufgenommen wurde. Eines Tages rief die Patientin vor ihrem Termin an und sagte: „Ich halte es nicht mehr aus, ich will sterben." Die Therapeutin befürchtete, dass die Patientin sich diesmal tatsächlich das Leben nehmen würde, und ließ Sanitäter zur Praxis kommen, die die Patientin wieder in die Klinik brachten. Als sie die Patientin dort besuchte, sagte diese: „Ich hasse Sie. Ich werde nie mehr darauf vertrauen können, dass Sie oder irgendjemand mit einem akademischen Titel vor dem Namen mir wirklich helfen will." Es folgte ein wutentbrannter Brief, in dem die Frau sämtliche Termine absagte. Die Therapeutin erzählte dies einige Jahre später bei einer Diskussion über Gegenübertragung. Die Konfrontation mit der Patientin hatte sie sehr mitgenommen. „Es hat mich wirklich aus dem Gleichgewicht gebracht, dass sie so bedürftig war und ständig so aufgewühlt und ungeheuer wütend." Sie fügte hinzu: „Ich wusste nicht, wie ich ihr helfen sollte. Das alles hinterließ auch Spuren in meinem Leben mit meinem Mann und meinem fünfjährigen Kind, und ich war erleichtert, als die Sache mit ihr vorüber war. Aber das Ganze geht mir immer noch nach." Die Therapeutin ist heute Ausbildungsanalytikerin und Supervisorin und, wie sie sagt, mittlerweile viel vorsichtiger, wen sie in ihrer Praxis behandelt und wen nicht.

Viele Menschen, die in „helfenden Berufen" tätig sind, erinnern sich an Patienten, von denen zeitweise ihr ganzes Leben bestimmt schien, deren abgrundtiefe Wut große Beklemmung in ihnen auslöste oder bei denen sie schläfrig wurden, sich langweilten oder im Gespräch eine große innere Distanz spürten. Manchmal bringt es sowohl den Patienten als auch uns vorwärts, wenn wir Kernthemen angehen und gemeinsam die dunklen Seiten der Psyche erkunden. Ein solches ernsthaftes gemeinsames Bemühen kann in konstruktiver Weise ergänzt werden durch Gespräche mit Kollegen, in denen wir uns über schwierige Begegnungen mit Patienten austauschen. Die beste Möglichkeit, diese Art von Unterstützung zu bekommen, ist die Teilnahme an einer kollegialen Studiengruppe oder einer fortlaufenden Supervisionsgruppe. Hier können wir uns, wenn wir in einer Therapie Schwierigkeiten haben, darüber klarwerden, wo die Anteile des Patienten liegen, was wir selbst dazu beitragen und mit welchen Wechselwirkungen im intersubjektiven Feld wir es zu tun haben. Dieselben Unterscheidungen müssen wir treffen, wenn wir die Dynamik eines Paars begreifen wollen, mit dem wir arbeiten. Diesen Prozess durchschauen zu lernen ist ein wichtiger Bestandteil der Selbstfürsorge des Therapeuten. Es folgen nun einige Beispiele.

## Erfahrungen in der Supervision

In einer Supervisionsgruppe zur Paartherapie bat eine sehr feinfühlige Therapeutin, die sich für ihre Patienten in starkem Maß engagierte, um Rat zur Behandlung eines Paars, mit dem sie seit Kurzem arbeitete. Sie hatte in ihrer Ausbildung gelernt, bei Patienten und bei sich selbst aufmerksam auf Körperpositionen, körperliche Reaktionen und Gefühlsregungen zu achten. Nach der ersten Sitzung mit dem Paar hatten sich bei ihr Spannungskopfschmerzen eingestellt, und jedes Mal, wenn die beiden hereinkamen, krampfte sich ihr Magen zusammen. Als das Paar die letzte Sitzung abgesagt hatte, weil die Babysitterin nicht verfügbar war, hatte die Therapeutin Erleichterung verspürt. Sie hatte das Gefühl, dass es an der Zeit war, die Situation in der Supervision anzusprechen.

Während sie ihre Schwierigkeiten schilderte, wurde ihr klar, dass in ihr, wenn sie die Partner streiten und übereinander reden hörte, Erinnerungen an ihre Eltern kurz vor deren Scheidung aufstiegen. Diese Erfahrung der Kindheit war in einem Bild verdichtet: Sie sah durchs Schlüsselloch, wie sich die Eltern im Schlafzimmer stritten. Als Achtjährige litt sie darunter, dass sie nichts tun konnte, um die Ehe der Eltern zu retten. Jedes Mal, wenn in den Sitzungen mit dem Paar nun verletzende Sätze fielen, regte sich in ihr der alte Schmerz. Zu begreifen, was ihr Unbehagen auslöste, war ein wichtiger Schritt. Ihr wurde klar, dass sie insgeheim glaubte, es sei ihre Aufgabe, das Paar (das für ihre Eltern stand) von der Scheidung abzuhalten. Diese Überzeugung erschwerte es ihr, sich in die inneren Qualen beider Partner hineinzudenken und die Behandlung entsprechend zu gestalten.

Ein seit vielen Jahren tätiger Therapeut, der Schwierigkeiten hatte, seine Praxis auszulasten, sagte über ein Paar, mit dem er arbeitete: „Sie klagen darüber, dass ihre Kinder schwer zu bändigen sind oder dass sie sich auf Reisen immer in die Haare kriegen, und grübeln darüber, ob sie sich nun einen eigenen Jet kaufen sollen oder nicht. Und das erzählen sie mir, einem alleinerziehenden Vater, dessen Kind eine Aufmerksamkeitsstörung hat und der seinen Hauskredit nicht bedienen kann. Manchmal würde ich ihnen gern sagen: ‚Sie denken also, Sie haben Probleme? Ich erzähle Ihnen jetzt mal, was echte Probleme sind.‘ Wenn es mir so schwerfällt, ihnen zuzuhören, wie kann ich ihnen dann helfen?"

Unsere Klienten lösen immer wieder Emotionen in uns aus. Das kostet Kraft, auch wenn wir uns nichts anmerken lassen. Um therapeutische Wirkung erzielen zu können, müssen wir uns nicht nur gut um die Paare kümmern, die wir behandeln, sondern auch gut für uns selbst sorgen. Wir dürfen bei der Arbeit wie auch im Privatleben die Selbstfürsorge nicht aus dem Blick verlieren.

Früher lag in der psychotherapeutischen Ausbildung der Schwerpunkt meist auf den pathologischen Störungen der Patienten. Heute sehen wir klarer, wie sehr der Behandlungserfolg von der eigenen Lebensgeschichte des Therapeuten, von seinen Persönlichkeitsmerkmalen und seiner Lebenszufriedenheit abhängt sowie davon, ob die dyadische Passung zwischen Therapeut und Klient gut oder schlecht ausfällt. All diese Faktoren haben Einfluss auf den therapeutischen Prozess. Es ist wichtig, dass wir aufmerksam beobachten, was in den Sitzungen in uns selbst vor sich geht und wie wir uns konkret verhalten. Wir müssen Wissen darüber sammeln, welche unserer Körperempfindungen und somatischen Signale auf Dysregulation hinweisen, auf Müdigkeit, auf Schwierigkeiten, den Überblick über relevante Informationen zu behalten, und auf starke emotionale Reaktionen gegenüber den Patienten. Wesentlich ist auch, dass wir unsere Fähigkeit zur Selbstregulation weiterentwickeln und dass wir, wenn wir uns in unserer Fähigkeit, anderen zu helfen, als blockiert erleben, unser Toleranzfenster erweitern.

## Selbstregulation

Nicht nur Partner überhören, wenn sie sich außerhalb des Toleranzfensters befinden, was der andere ihnen wirklich sagen will. Auch Therapeuten ergeht es so. Wenn unser Arousal rasch ansteigt oder absinkt, sind wir für genau dieselben Fehleinschätzungen anfällig, die bei krisengeschüttelten Paaren auftreten. Aus diesem Grund müssen wir uns selbst hinreichend wohlfühlen und entspannt sein, um unseren Patienten ein sicheres Milieu bieten zu können, insbesondere in Therapiephasen, in denen wir provokante Interventionen einsetzen, die in Schlüsselmomenten der Behandlung die Patienten in unbehagliche Situationen bringen sollen (s. Teil II).

Das ständige Beobachten des eigenen Körpers macht es uns möglich, in Situationen, die starke Reaktionen in uns auslösen, Ruhe zu bewahren. Wenn uns entgeht, dass sich bei uns Muskeln verspannen – ob in Armen, Beinen, Schultern, Nacken oder tief im Bauchraum –, führt dies oft dazu, dass wir benommen werden oder innerlich auf Distanz gehen. Wir sollten den Körper, in der Therapie und wenn wir allein sind, immer wieder auf verspannte Stellen absuchen und üben, die Spannung zu lösen. Dies ist eine bedeutsame Fertigkeit, denn wenn die Spannung im Körper wächst, steigt auch das Arousal an und behindert uns dabei, die Aufmerksamkeit auf das Geschehen im Hier und Jetzt gerichtet zu halten. Bewusste Atmung ist eine hilfreiche Technik der Selbstregulation: Langsames Ausatmen senkt den Puls und dämpft das Arousal. Es ist wichtig, sich Zeit dafür zu nehmen, bewusstes Atmen zu üben und die Wirkungen auf Körper und Geist zu registrieren.

Wie Studien gezeigt haben, kommt es bei Therapeuten, wenn sie Achtsamkeitsübungen machen (Kabat-Zinn, 1994; Kornfield, 2009; Siegel, 2010b), zu weniger Burnout-Symptomen, und sie können gegenüber ihren Patienten einen höheren Grad an Empathie aufrechterhalten. Bücher von Kabat-Zinn (1994), Kornfield (2009), Stahl und Goldstein (2010) und Siegel (2010a, 2010b) bieten exzellente Anleitungen zur Praxis der Achtsamkeit. Achtsamkeitsübungen können Therapeuten helfen, bei der Arbeit und in ihrem gesamten Leben Belastbarkeit, Mitgefühl mit sich selbst und Selbstfürsorge zu kultivieren. Wer mit der Praxis der Achtsamkeit nicht vertraut ist, fühlt sich dabei vielleicht zunächst unbehaglich oder kommt sich unproduktiv vor, wenn er sein Tempo drosseln, tief atmen und achtsame Bewusstheit üben soll. Studien haben jedoch ergeben, dass Achtsamkeit tief greifende Wirkungen hat, die uns Therapeuten guttun, und andererseits ein wertvolles Instrument ist, das wir in der Einzel- und Paartherapie einsetzen können (van der Kolk et al., 1996, 2006).

Das Registrieren und Regulieren der Vorgänge in unserer Innenwelt ist ein wichtiger Teil der Selbstfürsorge. Wir sollten uns im Klaren darüber sein, wie gut wir Wut, die in einer Paarsitzung hochkocht, aushalten können, wie sensibel wir im Allgemeinen Notsignale, die andere senden, wahrzunehmen vermögen, wie vermeidend oder ambivalent wir beim Thema Intimität agieren und wie sehr wir von Menschen, die uns um Hilfe bitten, gemocht und bewundert werden möchten. Wichtig ist auch, dass wir uns unserer Wertvorstellungen und Überzeugungen zu Themen wie Geschlechterrollen, Erotik und sexueller Erregung oder ethischer Bewertung von Seitensprung und Scheidung bewusst sind. Oft sind uns solche Sichtweisen gar nicht bewusst, doch es ist unerlässlich, dass wir sie uns klarmachen. Andernfalls passiert es allzu leicht, dass wir uns unbewusst auf die Seite des Partners schlagen, der unsere Sichtweisen teilt. In der Frühzeit des Feminismus geschah dies oft: Manche Therapeutinnen und Therapeuten schlussfolgerten aus dem Umstand, dass viele Männer mit der Sprache der Emotionen nicht vertraut sind und sich schwer damit tun, Bedürftigkeit zuzugeben, dass Beziehungsprobleme durch männliche Defekte verursacht sind.

Wenn der Therapeut gelangweilt ist oder schläfrig wird, kann dies ein Hinweis darauf sein, dass in der Sitzung etwas „in Schlaf versetzt" wird, das besser an die Oberfläche kommen sollte. In diesem Fall kann es hilfreich sein, die Schläfrigkeit oder das Gefühl der Distanziertheit zu kommentieren. Die Partner spüren wahrscheinlich ebenso wie der Therapeut, was in diesem Moment geschieht oder vielmehr nicht geschieht. Es ist aber notwendig, dass sich der Therapeut dessen, was in ihm selbst vorgeht, hinreichend bewusst ist, um den unbewussten Ursachen der Schläfrigkeit auf die Spur kommen zu können. Er sollte ausgeruht, entspannt und nicht mit knurrendem Magen oder durstig zu den Sitzungen kommen. Falls der Stresspegel in Ihrem Leben derzeit hoch ist, beginnt Ihre Arbeit als Therapeut damit, gewissermaßen Ihr System zu entstören: Sie können, wenn Sie feststellen, dass Sie matt oder schläfrig werden, Ihr Arousal hochregulieren, indem Sie die Initiative ergreifen und die Interaktion mit den Patienten suchen. Wenn Sie nah genug an sie herangehen, sodass die Nahsinne ins Spiel kommen, wirkt das der Langeweile und Unverbundenheit entgegen. Scheuen Sie sich nicht, darauf hinzuweisen, dass Sie sich schläfrig fühlen oder eine auffällige Distanz spüren, denn daraus ergibt sich möglicherweise ein Gespräch darüber, was die Partner selbst zu vermeiden versuchen oder was sie lieber schlafen lassen wollen.

Videoaufzeichnungen bieten eine großartige Möglichkeit, Genaueres über die Therapiesitzung herauszufinden, und geben vor allem auch Aufschluss über uns selbst, denn im Video erkennen wir nicht nur bei den Partnern, sondern auch bei uns selbst Momente der Verbundenheit und der Unverbundenheit. Zu sehen, wie wir uns gegenüber unseren Patienten verhalten – wenn wir die Aufzeichnung langsamer laufen lassen, registrieren wir feine Details wie das Neigen des Kopfes, das Hin- und Herschießen des Blicks von einem Partner zum anderen oder das Anspannen von Muskelpartien –, kann uns helfen, ein klareres Bild von unserer Rolle in der Interaktion zu gewinnen. Eine Videoaufzeichnung kann uns auch auf unsere Voreingenommenheiten hinweisen, indem sie deutlich macht, ob wir für einen der Partner Partei ergreifen.

Wenn wir uns selbst auf Video sehen oder mit Kollegen über unsere Arbeit sprechen, fühlen wir uns manchmal inkompetent. Seien Sie versichert, dass es auch den erfahrensten Therapeuten zuweilen so geht. Manchmal haben wir keine klare Vorstellung davon, was in der Sitzung gerade vor sich geht, doch auch diese Wahrnehmung kann für uns aufschlussreich sein. Wenn wir offen für andere bleiben und zugleich offen für das, was sich in uns selbst abspielt, werden wir feststellen, dass wir Ungewissheit besser aushalten können. Trotz aller Ungewissheit und Verletzlichkeit präsent zu bleiben hilft uns dabei, intensive Emotionen besser aufzufangen und die Nöte, Ängste und Defensivstrategien unserer Klienten aufmerksamer wahrzunehmen.

Eine Möglichkeit, uns dem wahren Erleben eines anderen Menschen zu öffnen, ist das Preisgeben der Kontrolle über unseren inneren Zustand (Bollas, 1989; Bromberg, 1998, 2006). Um unseren Klienten helfen zu können, auf eine Entdeckungsreise zu gehen und aufmerksam zu registrieren, was in ihnen selbst und im anderen vor sich geht, ohne kontrollieren zu wollen, was dabei zutage tritt, müssen wir fähig sein, dasselbe zu tun. Die Reise führt uns auf Wege, die sich nicht vorhersehen lassen, und in Gegenden, an denen wir uns manchmal unbehaglich oder ausgeliefert fühlen.

## Eintauchen in die Dunkelheit

In Platons Höhlengleichnis beginnen Menschen, die ihr ganzes Leben in einer Höhle angekettet sind und nur Schatten sehen, die auf eine Wand fallen, den Schatten Inhalt und Bedeutung zuzuschreiben (Rufener, 2000). In der Höhle unserer Seele erfahren wir Einsamkeit, Wut, erotische Regungen und andere Empfindungen, die uns lähmen oder in unserer Fähigkeit beeinträchtigen, neugierig, offen, aufmerksam und liebevoll zu sein. Die letztgenannten Eigenschaften sind für ein achtsames Leben unerlässlich (Siegel, 2007). Wenn wir Erfahrungen damit sammeln, die Schatten in unserem Inneren zu erkunden, sind wir mit der Zeit immer besser in der Lage, den Zustand des Nichtwissens auszuhalten und in dunkle Zonen der Psyche vorzudringen, in der ruhigen Gewissheit, dass wir unbeschadet wieder ans Licht kommen werden.

Manchmal ist das beste Angebot, das wir unseren Klienten machen können, die gemeinsame Reise in die Dunkelheit, gerüstet mit unserem Wissen, dass wir selbst diese schon überstanden haben und ihnen helfen können, den Weg zurück aus der Höhle zu finden. Wir können sie mit unserer Zuversicht stützen, dass wir gemeinsam wieder ans Tageslicht kommen werden und dann vielleicht zunächst von der Sonne geblendet und sicherlich müde und noch etwas unsicher sind, aber zweifellos über neue Fertigkeiten verfügen werden, um uns außerhalb der uns nun vertrauten Höhle zurechtzufinden. Siegel schreibt: „Das Erlernen der Kunst des Selbstgewahrseins und der inter- und intrapersonellen Abstimmung ist für die persönliche Weiterentwicklung eine wahre Goldgrube" (2010b, S. 43). Sich mit dem Nichtwissen abzufinden ist vielleicht eine der entscheidenden Voraussetzungen dafür, dass wir andere durch unser Engagement und unser Mitgefühl unterstützen können.

## Hilfsressourcen für Therapeuten

Wir haben festgestellt, dass Paartherapeuten ihre komplexe Arbeit leichter bewältigen können, wenn sie den Rückhalt einer stabilen und sicheren primären Bindungsbeziehung haben, die den in diesem Buch dargestellten Prinzipien entspricht, also unter anderem den folgenden: sich darauf verlassen können, dass der andere für einen da ist; gut entwickelte interaktive Fähigkeiten; rasches Beheben von Störungen; Übereinstimmung in Kernzielen; gegenseitige Wertschätzung. Falls der Therapeut derzeit nicht in einer Sicherheit bietenden primären Beziehung lebt, gibt es Alternativen, um die genannten Voraussetzungen in einer anderen tragfähigen Beziehung zu finden. Wesentlich ist, dass wir jemanden haben, an den wir uns wenden können, ob es nun eine gute Freundin oder ein guter Freund ist, ein Supervisor, ein Kollege, unsere Mutter, unser Vater oder ein spiritueller Lehrer. Ausgezeichnete Möglichkeiten der Sorge für sich selbst sind außerdem: Hilfe bei qualifizierten Therapeuten suchen; sich einer Selbsthilfegruppe anschließen; sich jemandem in der Familie, einem guten Freund oder einem geschätzten Kollegen anvertrauen.

Einer der vielversprechendsten Wege, sich neue Fertigkeiten anzueignen, die eigenen Voreingenommenheiten zu erkennen, Menschen zu finden, mit denen wir uns über persönliche Anliegen austauschen können, und einem Burnout vorzubeugen, ist der Einstieg in eine Studiengruppe oder eine Intervisionsgruppe, in der wir in einem geschützten Rahmen sowohl über das sprechen können, was während einer Therapie in uns vor sich geht, als auch über unsere Schwierigkeiten im Verhältnis zu Patienten. Ein Burnout rührt manchmal daher, dass jemand ein erlerntes Behandlungsmodell auf sämtliche Patienten anzuwenden versucht, also immer wieder nach demselben Muster vorgeht, ohne daraus hinreichende berufliche Zufriedenheit ziehen zu können, und ohne dass er weiß, wie er eigene Fehler korrigieren kann. Über Erschöpfung und Burnout als Berufsrisiken, die jeden Therapeuten betreffen, sollte offen gesprochen werden.

Supervision direkt am Arbeitsplatz kann helfen, dem Gefühl der Isolation und Ermattung entgegenzuwirken. In institutionellen Settings ist sie oft leicht verfügbar und kostenfrei. Manche Institutionen bieten hervorragende Gruppen für Intervision und Konsultation an, in denen sich Therapeuten über häufig auftretende Schwierigkeiten austauschen können. In manchen Einrichtungen gibt es allerdings feste Vorgaben, was die Zahl von Therapiesitzungen und die Form der Behandlung angeht, und eine tiefer gehende Supervision ist daher nicht möglich. In diesem Fall muss der Therapeut andere Wege finden, hilfreiche Kontakte zu Kollegen zu knüpfen und gut für sich selbst zu sorgen.

Falls keine Supervisionsgruppe verfügbar ist, kann man selbst eine Gruppe mit ähnlicher Funktion ins Leben rufen, zum Beispiel indem man eine Diskussionsgruppe zu einem bestimmten Thema organisiert, etwa zum Umgang mit unbewältigter Trauer und mit Verlusterfahrungen in der Paartherapie oder, für Risikofreudige, zu Übertragung und Gegenübertragung. Sehr empfehlenswert ist hierbei, sich jede Woche zu treffen und sich das Honorar für einen erfahrenen Therapeuten, der die Gruppe leitet, zu teilen. Mit den heutigen Kommunikationstechniken ist eine Gruppensupervision per Telefon oder Internet durchaus praktikabel. Auch wenn es in Ihrer Gegend keine Therapeuten mit ähnlich gelagerten Interessen gibt, haben Sie über das Internet Zugang zu Ausbildungs- und Supervisionsangeboten von renommierten Fachleuten in der ganzen Welt.

## Lebenslanges Lernen

Eine solide Ausbildung in einer bestimmten Therapiemethode am Beginn unserer beruflichen Laufbahn ist ein Fundament für fortgesetztes Lernen und die beständige Erweiterung unseres Wissens und unseres Horizonts. Man kann in der Psychotherapie auf viele verschiedene Weisen arbeiten, und wer in mehreren Methoden versiert ist, kann je nach den Erfordernissen der jeweiligen Patienten auf sie zurückgreifen.

Zum lebenslangen Lernen gehört, dass wir uns mit Büchern und Zeitschriften über wissenschaftliche Fortschritte und neue Entwicklungen der Behandlungstechnik, die wir in die eigene Arbeit integrieren können, auf dem Laufenden halten. Wir sollten auch über die vielen Weiterbildungsprogramme informiert bleiben, die Institute und Fachverbände für Neulinge und für Therapeuten mit verschiedenstem Erfahrungshintergrund anbieten. Viele Organisationen veranstalten regelmäßig Gesprächsrunden zu neuen Behandlungsansätzen und -techniken. Universitäten und Ausbildungsinstitute bieten Vorträge und fortlaufende Kurse an, in denen es um die Anwendung neuer Erkenntnisse zu Bindungsaufbau, Gehirnentwicklung, Achtsamkeit, Paartherapie und zu vielen anderen Themen geht und die einen fundierten Überblick über verschiedenartige Behandlungsansätze ermöglichen.

## Den eigenen Handlungsspielraum schützen und ausweiten

Viele Therapeuten fühlen sich an irgendeinem Punkt ihres Berufslebens isoliert und von persönlichen Schwierigkeiten überfordert oder kommen mit der Doppelbelastung durch Beruf und Familie nicht zurecht. In solchen Situationen könnten für manche die folgenden Empfehlungen hilfreich sein.

### Für Ihre Arbeit

- Legen Sie klare Grenzen für Ihre Arbeitszeit fest sowie klare Regeln dafür, inwieweit Sie außerhalb Ihrer Praxiszeiten telefonisch erreichbar sind.
- Verschaffen Sie sich Klarheit darüber, mit welchen Klienten Sie am besten arbeiten können und mit welchen Sie sich am schwersten tun.
- Arbeiten Sie auf ein fortwährendes achtsames Registrieren dessen hin, was in jedem Partner, im Paarsystem und in Ihnen selbst vor sich geht.
- Achten Sie auf die Botschaften Ihres Körpers.
- Behalten Sie die eigenen Sinnesempfindungen und Bewegungen im Blick. Diese Reaktionen liefern wichtige Hinweise auf das, was zwischen den Partnern und in jedem der beiden geschieht.

- Versuchen Sie ein Gespür dafür zu entwickeln, wann es sinnvoll ist, dem Paar Ihre eigenen Reaktionen mitzuteilen.
- Lassen Sie Supervisoren und Kollegen wissen, mit welchen Klienten Sie am besten arbeiten können, damit sie Ihnen solche Klienten vermitteln können.
- Tun Sie sich mit Kollegen in einer Intervisionsgruppe zusammen, in der es weniger um therapeutische Erfolge als um Misserfolge geht. Aus Fehlern können wir am meisten lernen. Anderen Feedback zu geben kann für uns außerdem eine ebenso wertvolle Lernerfahrung sein wie eine Supervision.

### Für Ihr Privatleben

- Füllen Sie mit einem wirklich erholsamen Urlaub Ihre Kraftreserven auf.
- Pflegen Sie Hobbys und außerberufliche Interessen. Nehmen Sie an Kursen teil, gehen Sie zu Konzerten und besuchen Sie Veranstaltungen, wo Sie Menschen mit ähnlichen Interessen kennenlernen können.
- Nehmen Sie sich Zeit, eingehend darüber nachzudenken, ob Sie die Prioritäten in Ihrem Leben neu ordnen möchten, verändern Sie persönliche und berufliche Gewohnheitsmuster und erschließen Sie sich Quellen, aus denen Sie neue Energie schöpfen können.
- Suchen Sie Hilfe, wenn Ihr Wohlbefinden im Privatleben und im Beruf durch irgendeine Art von Suchtverhalten und/oder unbewältigte psychische Probleme beeinträchtigt ist.
- Stärken Sie Ihre Gesundheit durch das Praktizieren von Tiefenatmung.

## Zusammenfassung

Eine grundlegende Lebenszufriedenheit ist für Therapeuten insbesondere in Phasen wichtig, in denen sie über die Arbeit wenig Bestätigung und Wertschätzung erfahren. Angesichts der Anforderungen unseres Berufsalltags ist es nicht leicht, den Erwartungen an unsere Zunft durchgehend gerecht zu werden. Außerdem kann niemand fortwährend Höchstleistungen erbringen. Das ist schon allein deshalb unmöglich, weil es nun einmal Konflikte in unserer eigenen Familie, Krankheiten und unbewältigte Erfahrungen in unserer Vergangenheit gibt. Warum neigen wir Therapeuten also dazu, derart hohe Maßstäbe an uns anzulegen? In unsere theoretischen Überlegungen und unsere Zielvorstellungen spielen immer wieder unrealistische und unerreichbare Ideale hinein, die sich leider hartnäckig halten.

Am Beginn des Berufslebens sind wir alle überzeugt, dass wir irgendwann mit allen Situationen, die uns in der Therapie begegnen können, gut zurechtkommen werden, wenn wir nur über mehr Wissen verfügen, genügend Erfahrung sammeln und durch

Weiterbildung an Sicherheit gewinnen. Doch jeder von uns fühlt sich, ganz gleich, wie erfahren oder unerfahren er ist, in manchen Momenten seiner therapeutischen Arbeit nicht hinreichend kompetent. Jede Psyche ist eine Welt für sich, und jedes Paar ist ein einzigartiges Zusammenspiel zweier solcher Welten. Wir können nun einmal nicht für jede Situation gerüstet sein. Deshalb dürfen wir nie aufhören, zu lernen und uns weiterzubilden.

In manchen Momenten müssen wir bereit sein, unsere Grenzen zu akzeptieren, selbst wenn wir erfahrene Therapeuten sind und unsere Fähigkeit, uns auf die körperlichen und emotionalen Zustände unserer Klienten abzustimmen, schon weit entwickelt ist. Es gibt nun einmal Menschen, denen wir nicht helfen können, und Faktoren, die einer erfolgreichen Behandlung wirklich im Weg stehen, wie etwa eine Unverträglichkeit von Temperamenten, unbewältigte Traumata oder Verlusterfahrungen sowie massive psychische Abwehrmanöver – ganz zu schweigen von Todesfällen in der Familie oder finanziellen Notlagen. Einige dieser Probleme liegen aufseiten der Patienten, andere bei uns selbst, und auf manche haben wir nicht den geringsten Einfluss.

Bestimmte Aspekte unserer Persönlichkeit haben sich über Jahrzehnte hinweg entwickelt und lassen sich nicht ohne Weiteres modifizieren. Manchmal müssen wir den Mut haben, uns einzugestehen, dass wir einem Patienten oder einem Paar nicht helfen können. Und manchmal gebietet es auch die Klugheit, zu akzeptieren, dass unsere Vorstellungen davon, was ein Klient von uns braucht, sich allzu sehr von seinen Erwartungen an uns unterscheiden.

Wenn wir in einer Therapie keine Fortschritte erzielen, sollten wir das besser nicht auf Widerstände der Patienten zurückführen, sondern auf die Intersubjektivität der Beziehung. Falls wir unsere Arbeitsweise nicht in der Weise anpassen können, dass sie auf die Persönlichkeiten unserer Klienten passt, müssen wir die Situation mit einer Person besprechen, der wir vertrauen, und gegebenenfalls eine Überweisung vornehmen. Vielleicht stellen wir fest, dass wir auf mehrere Klienten in ganz ähnlicher Weise reagieren. Wir sollten dann die Supervision oder die Eigentherapie dazu nutzen, Klarheit darüber zu gewinnen, worin bei Blockaden in einer Therapie unser eigener Anteil besteht.

Eines ist sicher: Wir verändern uns durch die Menschen, mit denen wir arbeiten. Anstatt uns dagegen zu wehren, können wir, wie wir in diesem Buch darzustellen versucht haben, Neues wagen und lernen, so viel Vertrauen in uns selbst und andere zu entwickeln, dass wir in der Lage sind, unsere Abwehr durchlässiger zu machen, offener für eine tiefe Verbundenheit mit anderen zu sein und unser Toleranzfenster zu erweitern. Dann werden wir Paaren helfen können, eine von wechselseitigem Aufeinanderangewiesensein getragene, für beide Partner höchst bereichernde Beziehung aufzubauen. Dies ist ein Erfolgsrezept für unsere Arbeit und für unser ganzes Leben.

# Anhang

# A. | Ein neurobiologisches Glossar

## Sozial-emotionale Fertigkeiten und Defizite

Kein Gehirn ist perfekt. Wir haben alle unsere Schwachpunkte, die wir allerdings die meiste Zeit umgehen können. Unsere Defizite in zwischenmenschlich-emotionalen Funktionsabläufen treten vor allem in Liebesbeziehungen zutage – also gerade dann, wenn wir eigentlich am meisten gefordert sind. In einer primären Bindungsbeziehung sind wir darauf angewiesen, dass der andere über die enge Interaktion regulierend in unser Nervensystem eingreift; jedes zwischenmenschlich-emotionale Defizit kann hier rasch zu Mängeln in der Abstimmung aufeinander und bei der Fehlerkorrektur führen, zu Fehlregulationen und Fehleinschätzungen und schließlich zu einer psychobiologischen Bedrohungsreaktion, in der wir ein Trauma antizipieren.

In diesem Anhang A wollen wir die neurologischen Schwachstellen definieren, die ein Therapeut registrieren lernen kann, die anatomischen Gegebenheiten beschreiben, die solchen Defiziten zugrunde liegen, und die physiologischen Systeme skizzieren, durch die es dazu kommen kann, dass wir uns in Momenten, in denen die wechselseitige Abstimmung mit dem Gegenüber nur schlecht funktioniert, in unserer Existenz bedroht fühlen.

Die meisten Probleme in Paarbeziehungen haben damit zu tun, dass die interaktive Regulation gestört ist. Die Signale der Partner laufen, oft ohne dass ihnen dies bewusst wird, aneinander vorbei. Die Aufgabe des Therapeuten besteht darin, zu ermitteln, ob diese schlechte Passung der Signale darauf verweist, dass bei einem Partner ein neurologisches Defizit in der Entwicklung sozial-emotionaler Funktionsabläufe vorliegt, und dann gegebenenfalls den anderen Partner heranzuziehen, um auf eine Überwindung des Defizits hinzuarbeiten.

Die festgestellten Defizite können beispielsweise darin bestehen, dass es einem der Partner schwerfällt, auf Details zu achten, interozeptive und exterozeptive Signalreize zu entschlüsseln, sich in ein Gegenüber einzufühlen, Verschiebungen der Affektlage und des Arousalzustands zu registrieren, Gefühle und Emotionen zu benennen, Körperempfindungen zu identifizieren usw. Vielleicht fällt uns auf, dass ein Partner nicht auf die Augen des anderen, sondern ausschließlich auf seinen Mund schaut, dass er es nie fertigbringt, darauf zu warten, bis er an der Reihe ist, oder dass er die Motive und Intentionen des anderen allzu häufig falsch einschätzt. Dies sind nur einige Beispiele für Indizien und Symptome, die möglicherweise auf Entwicklungs- oder andere neurologische Defizite verweisen, die das sozial-emotionale Wahrnehmungsvermögen beeinträchtigen.

## Emotionaler IQ

Was wir üblicherweise unter „Intelligenz" verstehen, bezieht sich auf Fähigkeiten, die in der linken Gehirnhälfte verankert sind und mit Sprache sowie mit Logik, Sequenzierung und Organisation zu tun haben. Wer im Beruf herausragende geistige Leistungen vollbringt, ist in der Welt der Liebe nicht unbedingt genauso erfolgreich, denn sie verlangt ein anderes Repertoire von Fertigkeiten. Man hat zeigen können, dass Menschen, die über eine gut entwickelte rechte Gehirnhälfte und ein ausgeprägtes sozial-emotionales Wahrnehmungsvermögen verfügen – einen hohen emotionalen Intelligenzquotienten haben (Goleman, 1996) – und bei denen außerdem ein sicherer Bindungsstil festzustellen ist, in jeder Art von Beziehung, im Berufs- wie auch im Privatleben, besser zurechtkommen als andere, und zwar unabhängig von ihrem Bildungsgrad und sozioökonomischen Status (Carlson et al., 2003, 2004; Sroufe, 2003; Tronick, 2003a).

Bestimmte sensible Entwicklungsphasen in den ersten 18 Lebensmonaten sind von entscheidender Bedeutung für den Aufbau von Strukturen und Nervenbahnen, die das Fundament unseres sozial-emotionalen Wahrnehmungsvermögens bilden (das heißt der empathischen Abstimmung [attunement] auf andere und der Fähigkeit, Mimik, Tonfall und Körperhaltung zu entschlüsseln). Eine solche *sensible Phase* ist wie eine Verkaufsaktion, die nur kurze Zeit läuft: Solange das Angebot gilt, können wir jede Menge Artikel erwerben, doch dann ist die Aktion vorbei, und es kommt das nächste Angebot. Für die Entwicklung seiner rechten Gehirnhälfte ist das Kind darauf angewiesen, dass es Erfahrungen mit einem Gegenüber machen kann, mit einer psychisch verfügbaren primären Bezugsperson, die eine Fülle von Möglichkeiten zur Interaktion von Haut zu Haut und von Angesicht zu Angesicht bietet. Ohne solche Interaktionen kann sich der Aufbau der rechten Hemisphäre nicht in optimaler Weise vollziehen, was dazu führt, dass mehr apoptotische Ereignisse als üblich stattfinden (das heißt mehr Gehirnzellen absterben) und die Konnektivität der Neuronen nur ein vergleichsweise niedriges Niveau erreicht. Unter Umständen ist die linke Gehirnhälfte in der Lage, einen Ausgleich dafür zu schaffen, dass während der Entwicklung der rechten Hemisphäre sensible Phasen ungenutzt geblieben sind, und bestimmte sozial-emotionale Funktionen zu übernehmen, die sie dann aber wahrscheinlich langsamer und weniger effizient erledigt. Im Erwachsenenalter treten in primären Liebesbeziehungen rechtshemisphärische Defizite dann zutage, wenn es darauf ankommt, auf neuartige soziale und emotionale Signalreize angemessen und rasch zu reagieren.

## Mimische Signale entschlüsseln

Die Fähigkeit, mimische Signale zu lesen, ist für die Abstimmung auf ein Gegenüber und für die interaktive Regulation von besonderer Bedeutung. Das Sehen ist bei uns Menschen die dominante Sinnesmodalität, und auch wenn andere Sinneswahrnehmungen (Hören, Berühren, Riechen und Schmecken) in intensiven Interaktionen mit anderen eine große Rolle spielen, kommt dem Sehen auf kurze Distanz bei der multimodalen sensorischen Orchestrierung der Abstimmung auf andere und bei der interaktiven Regulation das größte Gewicht zu. Wenn ein Partner nicht in der Lage ist, mimische Signale schnell zu erfassen, zu deuten und auf sie zu reagieren, führt dies mit großer Wahrscheinlichkeit dazu, dass in der Feinabstimmung auf den anderen und in der wechselseitigen Regulation Fehler auftreten.

Bedeutsame mimische Signale sind unter anderem: plötzliche Veränderungen der Gesichtsfarbe; das Anspannen oder Entspannen der Ringmuskeln der Augen, des Corrugator-Muskels (Stirnrunzelmuskels), der Jochbeinmuskeln um den Mund herum und der Backenmuskeln; das Abwenden des Blicks; Weitung der Pupillen. Für die präzise Registrierung, Verarbeitung und Deutung dieser Signale sind vor allem Areale im limbischen System der rechten Gehirnhälfte und im Stirnkortex zuständig.

Wenn jemand Mühe hat, Gesichter zu „lesen", kann das ein Hinweis auf eine autistische Störung bzw. ein Asperger-Syndrom sein, doch meist steckt einfach nur ein vermeidender Bindungsstil dahinter. Kinder, die in bestimmten sensiblen Phasen ihrer sozial-emotionalen Entwicklung nicht genügend Spielinteraktionen erleben, in denen das Gegenüber einfühlsam auf sie eingeht oder ein angereichertes Spielumfeld zur Verfügung stellt, können nicht das umfangreiche Lexikon von Gesichtsausdrücken und vokalen Äußerungsformen aufbauen, das Voraussetzung dafür ist, dass wir einen anderen Menschen in seiner Komplexität zu erfassen vermögen. Schwierigkeiten, mimische Hinweisreize zu registrieren, können außerdem auch auf einer Tendenz beruhen, beim Gegenüber stärker auf den Mund als auf die Augen zu achten.

## Empathische Abstimmung auf den anderen

Empathie, das für uns Menschen spezifische *Anteilnehmen* am Erleben eines anderen, ist etwas anderes als Mitgefühl, das wir als ein *Anerkennen* seines Leids auffassen können. Bei der Empathie lassen sich zwei Ebenen unterscheiden, die kognitive und die somatisch-affektive. In ihrem kognitiven Aspekt weist Empathie Parallelen zum Mitgefühl auf: Wir nehmen die Situation oder den Zustand des anderen bewusst wahr und bringen dies entweder mit Worten oder nonverbal zum Ausdruck. Wenn die linke Gehirnhälfte eines Menschen im Wesentlichen gut entwickelt ist, verfügt er über das grundlegende Verständnis zwischenmenschlicher Beziehungen und Erwartungen, das für die kognitive Empathie notwendig ist. Empathie auf der somatisch-affektiven Ebene dagegen besteht im simultanen Mitempfinden von Kummer, Angst oder Leid eines anderen, so als würde uns all dies selbst zustoßen. Um den Schmerz eines anderen selbst zu spüren, müssen wir in der Lage sein, 1) uns in das Gegenüber hineinzuversetzen (eine Leistung des ventromedialen und orbitofrontalen Kortex), 2) interozeptive (aus dem eigenen Körper kommende) Signale zu verarbeiten (eine Funktion der Amygdala, des vorderen Gyrus cinguli und der Insula) und 3) die Realitätswahrnehmung des anderen nachzuvollziehen (eine intuitive Leistung, die eine gut integrierte rechte Gehirnhälfte voraussetzt). Die Integration der Funktionen dieser Strukturen – des orbitofrontalen Kortex, der Amygdala, des Hippocampus, des vorderen Gyrus cinguli, der Insula und der rechten und linken Gehirnhälfte – ist Voraussetzung für die Entwicklung verschiedener Fähigkeiten: für die empathischen Funktionen der Perspektivübernahme (sogenannte Theory of Mind); für somatosensorische Bewusstheit; für den Aufbau zwischenmenschlicher Bindungen; für Sequenzierung, aufgliedernde Wahrnehmung von Details und zeitliche und räumliche Orientierung; für die Fähigkeit, sich zurückhalten und abzuwarten; für das Erfassen des wesentlichsten Aspekts (den „springenden Punkt") einer Vorstellung oder einer Erfahrung.

## Affektblindheit und Alexithymie

Affektblindheit und Alexithymie sind Entwicklungsdefizite, welche die Empathie beeinträchtigen. Als *fokale Affektblindheit* bezeichnet man das Unvermögen, feine Emotionsabstufungen bei anderen Menschen zu erkennen, wohingegen man unter Alexithymie eine Unfähigkeit versteht, eigene innere somatoaffektive Zustände wahrzunehmen und / oder zu benennen (Moriguchi, Orishi, Lane, Maeda et al., 2006).

Affektblindheit zeigt sich zum Beispiel darin, dass jemand die leichte Verärgerung oder Traurigkeit des Partners nicht „sehen kann", wenn dieser sie nicht mit Nachdruck äußert. Er bekommt nur offenkundige, deutliche Emotionen des Partners mit, nicht aber kleine Verschiebungen. Positive Gefühlsäußerungen können dabei ebenso ein Problem sein wie negative, etwa wenn ihm Anzeichen sexueller Erregung oder Äußerungen von Zuneigung entgehen. Ein affektblinder Partner vermag nur ein eingeschränktes Repertoire von Emotionen zu erkennen oder nimmt nur primäre Emotionen, nicht aber Mischaffekte wahr, weil ihm die dafür notwendigen komplexeren sozial-emotionalen Fähigkeiten abgehen.

Ein alexithymer Mensch bekommt nicht mit, was er selbst empfindet, weil er die eigenen somatoaffektiven interozeptiven Signale nicht „lesen" kann, und ist daher auch für Affekte anderer blind. Es fällt ihm deshalb natürlich auch schwer, die affektiven Zustände und Zustandsverschiebungen anderer mitzubekommen und auf sie zu reagieren. Man nimmt an, dass es sich bei der Alexithymie um ein funktionelles und manchmal auch strukturelles Defizit in frontolimbischen Schaltkreisen der rechten Gehirnhälfte handelt (Larsen, Brand, Bermond & Hijman, 2003; Henry, 1997). Darüber hinaus kann sie auch auf organischen Ursachen beruhen (wie Schlaganfall, Demenz, Gehirnverletzung oder tief greifende Entwicklungsstörung).

## Affektansteckung und Überreaktionen

Affektansteckung ist ein Begriff für das, was Menschen mit „durchlässigen Grenzen" beklagen: Sie haben „zu starke Empfindungen", wenn sie mitbekommen, wie schlecht es anderen offenbar geht, fühlen sich zu stark in ihren affektiven Zustand ein und stecken sich gleichsam damit an. Ihre Reaktionen auf emotionale Signale sind oft übersteigert, was zudringliches Verhalten und Dysregulation zur Folge haben kann. Manche Forscher nehmen an, dass bei diesen überreagierenden Individuen, insbesondere wenn die Affektansteckung einen undifferenzierten Eindruck macht, Amygdala und Insula überaktiv sind und durch die ventro-mediale präfrontale Gehirnregion nur in unzureichender Weise reguliert und gesteuert werden (Coates & Moore, 1997; Coates, 1998).

## Theory of Mind

Die Neugier, mit der wir uns selbst und andere betrachten, wurzelt in der sogenannten Theory of Mind. Als Kinder beginnen wir uns ein Bild zu machen, was in unserer eigenen Innenwelt und der von anderen vor sich geht. Dieses Verstehenlernen unterstützt die Entwicklung von Differenzierung („Unsere mentalen Welten sind getrennt voneinander") und von Individuation („Meine Innenwelt ist einzigartig, ebenso wie der deine einzigartig ist"). Die Theory of Mind befähigt uns auch, zusammen mit einem Partner, in einem Tagebuch oder in einer Psychotherapie über uns selbst zu reflektieren. Sie ist in erster Linie eine Leistung des rechten orbitofrontalen Kortex, der sich etwa im Alter von zehn bis 18 Monaten herausbildet.

## Somatosensorische Bewusstheit

Soziale Fertigkeiten, bei denen Empathie, Abstimmung auf das Gegenüber, Selbstregulation und interaktive Regulation im Spiel sind, setzen die Fähigkeit voraus, sowohl Signale des eigenen Körpers als auch Körpersignale anderer zu erfassen und auf sie zu reagieren. Diese somatosensorische Bewusstheit verlangt, dass zwischen Körper und subkortikalen Strukturen wie der Amygdala sowie rechtshemisphärischen Regionen höherer Ebenen wie der Insula, dem vorderen Gyrus cinguli und dem orbitofrontalen Kortex eine gute vertikale Integration erfolgt, damit sensorische Informationen so organisiert und interpretiert werden können, dass sie emotionale Bedeutung gewinnen und zur Differenzierung zwischen Selbst und anderen beitragen. Einfach nur zu wissen, was in meinem Körper und meinem Geist vor sich geht, reicht nicht aus; ich muss auch unterscheiden können zwischen dem, was in mir geschieht, und dem, was im anderen geschieht.

## Bindung

Wir kommen mit dem Drang auf die Welt, emotionale Bindungen an andere Menschen aufzubauen. Umwelteinflüsse und konstitutionell gegebene Faktoren können hier aber zu Defiziten führen. Viele antisoziale Individuen hatten als Kinder unter massiver Vernachlässigung oder Misshandlung zu leiden. Bei anderen ist die Bindungsfähigkeit eher aufgrund anlage- oder entwicklungsbedingter neurologischer Defizite beeinträchtigt. Studien zeigen, dass sowohl die Amygdala als auch die Insula sowie verschiedene Neurotransmitter und Hormone eine wichtige Rolle für Bindungserleben und -verhalten spielen. Bei Individuen mit schwachem Bindungstrieb können auch Probleme in den Bereichen Theory of Mind, somatosensorische Bewusstheit und Empathie vorliegen.

## Sequenzierung, Erfassen von Details und zeitlich-räumliche Orientierung

Interaktive Regulation erfordert mehr als nur die Fähigkeit, innere und äußere Signalreize zu entschlüsseln. Wenn in der Paarbeziehung einer der Partner Schwierigkeiten hat, die zeitliche und räumliche Orientierung zu behalten – das heißt, wenn er beständig den Überblick über zeitliche Abläufe verliert oder zu wenig von dem mitbekommt, was in seiner Umgebung geschieht –, kann das für beide Partner eine Dysregulation zur Folge haben. Vermutlich stützt sich der „verträumte" oder „zerstreute" Partner, wenn er Stimulation oder Beruhigung braucht, auf Selbstregulation, doch vielleicht liegt auch ein echtes Defizit vor, das sich auf einen oder mehrere Aspekte erstreckt (z. B. Aufmerksamkeit, Dissoziation, chronischer Schlafmangel, problematische Effekte von Medikamenten, Substanzmissbrauch).

Im Allgemeinen kommt es in diesem Bereich bei beiden Partnern zu Schwierigkeiten, wenn sie unter zu starkem Stress stehen oder an ein stark belastendes Ereignis erinnert werden, denn unter derartigen Bedingungen stellt der Hippocampus seine Arbeit ein. Weiter unten gehen wir näher darauf ein, dass das Kurzzeitgedächtnis, die Erfassung von räumlicher Position und Kontext sowie die Sequenzierung weitgehend in der Zuständigkeit des Hippocampus liegen. Auch die linke Hemisphäre ist an diesen Aufgaben beteiligt, insbesondere was Sequenzierung und das Erfassen von Details angeht.

Eine weitere Fähigkeit, die mit Sequenzierung und dem Erfassen von Details zusammenhängt, ist sprachliche Präzision. Wer beim Reden vom Hundertsten ins Tausendste kommt, dysreguliert einen überforderten Partner, der eine prägnante, gut strukturierte Form der Mitteilung nötig hätte. Menschen mit linkshemisphärischer Präferenz, zu deren Stärken die sprachliche Präzision zählt, haben manchmal Schwächen in der anderen Richtung: Sie tun sich schwer, das Gesamtbild zu erfassen, das heißt, das Wesentliche mitzubekommen. Wenn sie sich dann in Details verlieren, dysregulieren sie damit den gestressten Partner, der vergeblich auf die Erleichterung wartet, die sich einstellt, wenn jemand sein Problem als Ganzes versteht.

## Sich zurückhalten und Abwarten

Die eigenen Impulse kontrollieren zu können ist eine für die Interaktion mit anderen wesentliche Fertigkeit. Partner, denen es schwerfällt, sich zurückzuhalten und abzuwarten, fallen einander ständig ins Wort, ziehen voreilige Schlüsse oder zeigen allzu früh nonverbale Reaktionen (wie etwa Aufseufzen, Augenrollen, Grimassenschneiden). Diese Verhaltensweisen sind manchmal eine Form von Unhöflichkeit oder eine Reaktion auf eine als bedrohlich erlebte Situation. In anderen Fällen beruhen sie auf einem echten Defizit in der Selbstregulation oder sind sogar auf organische oder neurologische Beeinträchtigungen der Frontallappen zurückzuführen. Gerade auch Paare mit hohem Arousalgrad haben oft Schwierigkeiten damit, sich zurückzuhalten und abzuwarten.

## Fazit

Defizite in den genannten Bereichen führen zwangsläufig dazu, dass Probleme in der interaktiven Regulation auftreten und die Partner nicht rasch genug oder gar nicht registrieren, dass sie den anderen kränken oder nicht auf ihn abgestimmt sind, und daher auch nicht entsprechend zu reagieren vermögen. Diese Momente, in denen es an Empathie oder Abstimmung aufeinander mangelt, verursachen eine Störung im intersubjektiven Feld des Paars und führen dazu, dass sich mindestens einer der beiden angegriffen fühlt. Ein solcher zeitweiliger Bruch im System der Sicherheit und Geborgenheit kann rasch eskalieren, sodass es zu einer Dysregulation des ANS kommt und die HPA-Achse aktiviert wird, die den Körper für Kampf-Flucht-Erstarrung oder Kollaps vorzubereiten beginnt. Wiederholt auftretende Situationen, in denen die Partner nicht aufeinander abgestimmt sind und die nicht wieder in Ordnung gebracht werden, heizen das Arousal-System an, sodass jede Konfrontation, die dem bereits bekannten Muster folgt, bedrohlicher erscheint als die vorherige. Fehleinschätzungen der Intentionen des Gegenübers sind unter diesen Umständen sehr häufig, ja unausweichlich, sodass die Situation noch verfahrener wird.

Der Paartherapeut muss diese Dynamik zwischen den Partnern sorgfältig untersuchen, um die wahrscheinlichen Ursachen zu ermitteln, mit denen zu erklären ist, warum es an der Abstimmung aufeinander mangelt. Er entdeckt dabei möglicherweise Defizite bei einem oder bei beiden Partnern. Während er darauf hinarbeitet, Entwicklungsverzögerungen oder -defizite bei dem einen Partner auszugleichen, muss er unter Umständen zugleich auch die Selbstregulationsfähigkeit des anderen unterstützen, der sich einem zu schwach oder zu stark reagierenden Partner gegenübersieht.

# Das Gefahrenreaktions-Netzwerk

Die Schritte der wunderbaren Choreografie, der wir in der interaktiven Regulation in wechselseitiger Abstimmung folgen, vollziehen sich, ehe Worte gedacht oder ausgesprochen werden können. Die Abstimmung verläuft allerdings nie ohne Unterbrechungen und ist nie vollkommen, das heißt, die interaktive Regulation gelingt nur dann, wenn auch die Fehlerkorrektur und -behebung gut funktioniert. Ohne rasche und häufige Reparaturen beginnen wir körperlich zu spüren, wie uns die kleinen Störungen zusetzen, und nehmen sie als belastend wahr. Dieses Stresserleben untergräbt (wenn auch nur vorübergehend) das Empfinden von Sicherheit und Geborgenheit in der Paarbeziehung und mobilisiert das Gefahrenreaktions-Netzwerk (threat response network). Die vier für unsere Arbeit mit Paaren bedeutsamsten Systeme, die zum Gefahrenreaktions-Netzwerk gehören, sind das autonome Nervensystem (ANS), die limbisch-hypothalamisch-hypophysär-adrenale Achse (LHPA-Achse), der vagale motorische Komplex und das Gedächtnis.

## *Das autonome Nervensystem*

Dreh- und Angelpunkt der psychobiologischen Paartherapie ist das ANS. (Soweit nicht anders vermerkt, benutzen wir dafür im Folgenden den Begriff Nervensystem.) Jede Liebesbeziehung ist ein Geschehen zwischen zwei Nervensystemen, die in chemische und elektrische Interaktion miteinander treten. Erregung, Anziehung, Entspannung sowie Kampf- und Fluchtverhalten werden allesamt über das ANS gesteuert, das aus zwei Hauptzweigen besteht: dem Sympathikus (zuständig für Notfallreaktionen und Kontrolle von Erregungsprozessen) und dem Parasympathikus (zuständig für Beruhigungsreaktionen und Kontrolle von Entspannungsprozessen). Der energieverausgabenden sympathischen Komponente verdanken wir Stimulation und Vitalität; die energiebewahrende parasympathische Komponente verschafft uns Entspannung und Gelassenheit. Der sympathische Teil des Nervensystems tritt immer dann in Aktion, wenn eine Situation neu und aufregend für uns ist – oder beängstigend und bedrohlich; Puls und Atmung beschleunigen sich, Blutdruck und Körpertemperatur steigen an, und statt des Magens werden die Gliedmaßen stärker durchblutet, um den Körper auf Aktivität vorzubereiten. Wenn dagegen das parasympathische System in den Vordergrund tritt, sind wir ruhig, gelassen und entspannt; Puls und Atmung verlangsamen sich, Blutdruck und Körpertemperatur sinken, Blut fließt zurück in den Verdauungstrakt, und der Körper stellt sich auf Essen und Schlafen ein. (Wenn Krieger in den Kampf ziehen, sind die Sinne hellwach; nach der Schlacht werden sie allmählich ruhiger, merken, wie hungrig sie eigentlich sind, beschaffen sich etwas zu essen und suchen sich einen Schlafplatz.)

Das sympathische und das parasympathische Nervensystem verhalten sich zueinander wie Gaspedal und Bremse. Für Selbstaktivierung, Motivation, Erfolg, Bewegungsfreiheit, Hingabe, Leidenschaft, Fortentwicklung, Intimität und Entschlusskraft ist es oft notwendig, dass wir uns rasch auf jemanden oder etwas zu bewegen, wohingegen Selbstbeherrschung, bedächtiges Reagieren, differenziertes Wahrnehmen und Urteilen, Befriedigungsaufschub, Selbstschutz und abgestufte Aggression voraussetzen, dass wir uns in einem Prozess der Verlangsamung von jemandem oder etwas weg bewegen. Beschleunigung ist eine dem Sympathikus zugeordnete Funktion. Manche Menschen sind nicht in der Lage zu dieser Beschleunigung und tendieren stattdessen zu einem gehemmten, vorsichtigen, langsamen und bedächtigen Vorgehen. Sie nähern sich Dingen und Menschen in einer eher zögerlichen, ausweichenden oder ambivalenten Haltung. Der Mechanismus eines ausgleichenden Abbremsens ist eine Funktion des Parasympathikus.

Im Zusammenspiel der beiden Systeme entsteht ein Gleichgewicht, in ähnlicher Weise wie die Bewegungen und Ruhepositionen von Armen und Beinen aus einer beständigen Spannung zwischen opponierenden Muskelgruppen hervorgehen. Die Spannung zwischen Sympathikus und Parasympathikus hat also eine homöostatische Funktion. Bei primären Bindungsbeziehungen, ob nun bei Vater / Mutter und Kind oder in der Liebesbeziehung zwischen Erwachsenen, befinden sich die Systeme von Sympathikus und Parasympathikus dann in einem vollkommenen Spannungs-Gleichgewicht miteinander, wenn beide Partner sich sicher und geborgen fühlen.

Dem ANS kommt in Liebesbeziehungen eine wichtige Rolle zu. Der in der einzelnen Person ablaufende Prozess des Liebeswerbens schöpft seine gesamte Energie aus dem Sympathikus und bezieht sowohl die Fernsinne (Sehen und Hören) als auch die Nahsinne ein (Sehen und Hören auf kurze Entfernung, Riechen, Berühren, Schmecken). Die einladenden Vitalitätsaspekte des sympathischen Nervensystems (Energie, Interesse, Erregung) ziehen zwei Menschen wie Magnete zueinander hin.[12] In späteren Phasen einer Liebesbeziehung kommt auch das parasympathische Nervensystem stärker ins Spiel, das uns erdet, wie ein Felsbrocken, der an einen Heliumballon festgebunden ist, und uns hilft, nach einer Erregungsphase wieder auf den Boden zu kommen und uns zu entspannen. Der entspannte Wachzustand, in den wir so gelangen, versetzt uns in die Lage, zusammen mit einem anderen Menschen zur Ruhe zu kommen und dabei relativ frei von Angst oder Langeweile zu sein. Miteinander geteilte parasympathische Zustände bilden die Grundlage für dauerhafte Liebesbeziehungen und ein zentrales Merkmal einer sicheren primären Bindung.

---

12 Da das Internet für das Kennenlernen und das Werben um potenzielle Partner eine immer größere Rolle spielt, verändern sich die Regeln derzeit: Die gegenseitige Anziehung setzt nicht beim Sehen an, zumindest nicht beim direkten visuellen Kontakt. Die Phase der Phantasievorstellungen über die andere Person zieht sich, jedenfalls auf der körperlichen Ebene, länger hin.

Das ANS kann uns aus Liebenden in Raubtiere verwandeln, wenn wir uns bedroht fühlen. Sobald wir Gefahrsignale sehen, hören oder riechen, feuert die Amygdala, und das ANS mobilisiert seine Gefechtsstationen, um uns darauf vorzubereiten, dass wir uns zur Wehr setzen oder flüchten können – oder aber überrannt, getötet oder gefressen (das heißt körperlich zum Verschwinden gebracht) werden. Zu Kampf oder Flucht kommt es, wenn der Sympathikus neurochemische und hormonelle Reaktionen in Gang setzt, durch die wir die nötige Energie aufbringen, um aktiv zu werden und zu handeln. Fühlen wir uns einer übermächtig erscheinenden Gefahr hilflos ausgeliefert, ist es hingegen der Parasympathikus, der neurochemische und hormonelle Reaktionen einleitet, die darauf zielen, Energie zu sparen, Körperfunktionen herunterzufahren und reglos zu verharren.

Im Raubtier-Modus sind wir imstande, Dinge zu sagen und zu tun, die auf ein Gegenüber bedrohlich und kampfeslustig wirken; unser Überlebenstrieb scheint unser Bedürfnis nach Liebe und Verbundenheit in den Hintergrund zu drängen. Dies ist natürlich ein wechselseitiger Prozess: Wer das Empfinden hat, dass der Partner ihn zur Beute machen will, der wird meist seinerseits in den Raubtiermodus übergehen. Weil die Auslösereize unmittelbar greifen und die psychobiologischen Folgeeffekte sich rascher entfalten, als beide Partner denken können, erleben sie sich dann mit einem Mal gegenseitig als feindliche Raubtiere.

## Die limbisch-hypothalamisch-hypophysär-adrenale Achse

Die limbisch-hypothalamisch-hypophysär-adrenale Achse (LHPA-Achse, P von engl. „pituitary") ist die Schaltzentrale unserer Anpassung an Stress und Gefahr. Sie gehört teilweise zum Gehirn, teilweise zum neuroendokrinen System und steuert nicht nur Stressreaktionen, sondern reguliert auch Sexualität, Verdauung, Energieverbrauch und -speicherung sowie Immunsystem und emotionale Zustände. Wegen ihres offensichtlichen Einflusses auf Emotionen und Arousalzustände und ihrer weniger augenfälligen Auswirkungen auf unsere körperliche Gesundheit und unsere Lebenserwartung ist sie für die paartherapeutische Arbeit von größter Bedeutung. Die LHPA-Achse übt tief greifende Wirkungen auf Verdauungs-, Immun- und Herz-Kreislauf-System sowie auf Entzündungsprozesse aus.

Der Hypothalamus reagiert auf Gefahrensignale, indem er die Bildung von Corticotropin-Releasing-Hormon (CRH) ankurbelt, das die Produktion von stimulierenden Neurotransmittern und Hormonen im sympathischen Nervensystem anregt, insbesondere von Noradrenalin, Dopamin und Adrenalin. Die vermehrte CRH-Ausschüttung setzt im parasympathischen Nervensystem eine durch Cortisol (das

Stresshormon des Körpers) regulierte Gegenreaktion gegen Stress in Gang. Man nimmt an, dass die LHPA-Achse nur im Bedarfsfall aktiviert wird, weil das Material und die Prozesse, die sie dann aufwenden muss, „kostspielig" sind: Sie führen zu Verschleißerscheinungen in allen Organen und Systemen. Zum Beispiel ist Cortisol, das Entzündungen hemmt und als Gegenspieler zu Adrenalin agiert, auch neurotoxisch (lässt Neuronen absterben) und zytotoxisch (vernichtet auch andere Körperzellen). Wenn es im Blut und im Urin fortwährend präsent ist, weist dies darauf hin, dass unser Kampf um Anpassung an situative Bedingungen und um Homöostase in einer Art und Weise verläuft, die dem Körper nicht guttut, dass wir permanent überlastet sind und uns bedroht und ganz allgemein vom Leben überfordert fühlen.

Bei einer im Erwachsenenalter auftretenden posttraumatischen Belastungsstörung (PTBS) ist die LHPA-Achse durch Erinnerungen an zutiefst verstörende Erlebnisse (Flashbacks), durch ein anhaltendes Gefühl der Bedrohung und damit verbundene Probleme wie Schlafstörungen und Substanzmissbrauch fortwährend in hohem Maße aktiviert. Gehirn, Geist und Körper sind schlicht und einfach außerstande, die traumatische Erfahrung zu verarbeiten und sich zu regenerieren (Briere, 2006). Die PTBS wird oft als „großes" Trauma bezeichnet, weil sie auf übermächtige Erfahrungen von Bedrohung oder Verlust zurückgeht. Die Paare, die zu uns in Therapie kommen, leiden demgegenüber oft unter „kleinen" Traumata: unter Verletzungen, die in den Beziehungserfahrungen der frühen Kindheit gründen, oder sogenannten atmosphärischen Traumata (ambient trauma), bei denen eine Bedrohung permanent „in der Luft liegt", in der Umgebung oder in der Beziehung schwelt und sich nicht auf ein einzelnes Ereignis und auch nicht auf ein Zusammenspiel von Ereignissen eingrenzen lässt (Lieberman et al., 2005; Lyons-Ruth et al., 2006; Schore, 2001; van der Kolk, 1987, 1989; van der Kolk et al., 1996). Doch auch ein beziehungsbedingtes Trauma aktiviert das Notfallreaktionssystem.

Auf die LHPA-Achse, in die sowohl das Gehirn als auch das neuroendokrine System einbezogen sind, gehen wir weiter unten ausführlicher ein. Die dazugehörenden Gehirnareale umfassen Teile des limbischen Systems, insbesondere die Amygdala und den Hypothalamus. Zu den neuroendokrinen Komponenten zählen die Hypophyse (Hirnanhangdrüse) und die Nebennieren sowie die Produktion verschiedener stimulierender und beruhigender Neurotransmitter und Hormone, deren Aufgabe darin besteht, Arousalzustand und Handlungsbereitschaft zu dosieren und auszubalancieren.

## Notfallreaktion im limbischen System

Das limbische Gehirn, manchmal auch als limbischer Schaltkreis oder limbisches System bezeichnet, repräsentiert den evolutionsgeschichtlich gesehen ältesten Teil unseres Empfindungsvermögens. Es ist das Fundament unserer Erinnerungen, Begierden, Emotionen und Sinnesempfindungen. Es spielt eine regulierende, das Leben in Gang haltende Rolle, die für alle Systeme und Organe des Körpers unverzichtbar ist, und umfasst viele verschiedene zerebrale Strukturen, die größtenteils im medialen (mittleren) Teil des Gehirns liegen. Wir beschränken unsere Darstellung hier auf die Areale, die für die Reaktion auf Gefahrensignale relevant sind: Amygdala, Hippocampus, Gyrus cinguli, Hypothalamus und Hypophyse.

### Die Amygdala: Gefahrendetektor

Die Amygdala, eine der urtümlichsten limbischen Strukturen, ist tief in den Temporallappen eingebettet. Sie entwickelt sich etwa 50 Tage nach der Empfängnis, etwa in derselben Phase wie die meisten anderen Gehirnstrukturen, die wir mit Reptilien gemeinsam haben. Sie ist ein wenig in Verruf geraten wegen der Rolle, die sie bei der Steuerung von Furcht- und Schreckreaktionen und aggressivem Verhalten spielt, dient als primäres Verarbeitungsmodul für Warnhinweise und ist von entscheidender Bedeutung für das emotionale Lernen und die Aktivierung des sympathischen Nervensystems (z.B. durch Erregung und Gefahrenreaktion). Sie sucht in einem „hastigen und ungenauen" Modus die Umwelt permanent nach Gefahrenzeichen ab und registriert, ohne dabei weiter zu differenzieren, Wahrnehmungs-Rohdaten, um sie zur Sichtung und Fehlerbereinigung an Gehirnareale höherer Ordnung zu senden. Die Verarbeitung subkortikaler Daten auf höheren Ebenen braucht Zeit und erfordert gewisse Ressourcen, doch in belastenden oder bedrohlich erscheinenden Situationen ist beides knapp. Wie die Partner dann reagieren, wenn sie sich voneinander bedroht fühlen, hängt weitgehend von ihren Amygdalae ab. Es tobt hier also kein Kampf zwischen zwei ganzen Gehirnen, sondern ein Duell zwischen den Amygdalae der beiden Gehirne. Wenn die Partner einander mit drohenden Worten, Vorwürfen, Gesten, Körperhaltungen, Gesichtsausdrücken und Lauten bombardieren, lassen die Amygdalae wenig oder keinen zeitlichen Spielraum für Fehlerkorrekturen durch übergeordnete Gehirnareale. Wenn die Amygdala über längere Zeit hinweg das Geschehen dominiert, verändert sie damit Funktion und Struktur des gesamten Gehirns: Sie wird dann tatsächlich größer (Hypertrophie), während der Hippocampus schrumpft (Atrophie; Brambilla et al., 2004; McEwen, 2001; Sala et al., 2004; Schore, 2002d).

Das Gehirn rüstet sich damit für den Kampf, nicht für die Liebe. Ein Gehirn im Kriegszustand legt die Produktion neuer Gehirnzellen im Gyrus dentatus still (einem kleinen Teilbereich des Hippocampus – eine der wenigen Gehirnstrukturen, von denen wir wissen, dass sie neue Neuronen bilden können) und sorgt dafür, dass die HPA-Achse immer wieder aktiviert wird (sodass die erwähnten gesundheitsschädlichen hohen Cortisol-Blutwerte bestehen bleiben). Wenn die Partner unter nicht bewältigten Beziehungstraumata leiden, können die Bedrohungssignale derart unvermittelt und häufig auftreten, dass beide bald erschöpft und entmutigt sind, weil sie sich immer wieder in heftige und langwierige Auseinandersetzungen verstricken, die sich an Fehleinschätzungen von Intentionen, Verhaltenssequenzen, Gesprächsverläufen, Zeit- und Ortsangaben usw. entzünden. Wenn Gefahrenreaktionen, Fehleinschätzungen, Desorganisation und Desorientierung sehr stark ausgeprägt sind, ist dies ein Hinweis auf ein überstark reagierendes LHPA-System. Nicht nur die Funktion des Hippocampus ist geschwächt, sondern auch der Einfluss des ventromedialen präfrontalen Kortex auf die Reaktivität der Amygdala. Folge ist eine anhaltende interpersonelle Stresssituation, die Gedächtnisprozesse im Hippocampus und die Fähigkeiten der zeitlich-räumlichen Orientierung weiter beeinträchtigt und die Hypertrophie der Amygdala verstärkt.

Weil die untere limbische Ebene vorwiegend auf Überleben ausgerichtet ist, können wir sagen, dass das Gehirn im Kriegszustand hier sein Zentrum hat. Andererseits sind hier auch einige der elementarsten Regungen verankert, die Beziehung zu anderen ermöglichen. Sie bewegen uns dazu, bei anderen Geborgenheit, Erfüllung des Wunsches nach Fortpflanzung, Wärme und Verbundenheit zu suchen; in ihnen gründen Verlangen, Lust und andere Bedürfnisse und Wünsche. Die Amygdala ist mehr als nur das übel beleumundete Furcht-, Gefahrenabwehr- und Aggressionszentrum. Sie ist auch wichtig für das emotionale Gedächtnis, für die Konsolidierung von Erinnerungen, für Gesichtserkennung, Mimik, Blickregistrierung, Nahrungsauswahl, Sexualität und vieles mehr. In der dyadischen Beziehung zwischen Erwachsenen gründet also die Spannung zwischen Liebe und Aggression in diesen auf das Überleben ausgerichteten Strukturen, doch zu welcher Seite hin das Pendel ausschlägt, hängt auch von weiteren Faktoren ab.

## Der Hippocampus: Orten, orten, orten

Der Hippocampus, der im Temporallappen oberhalb der Amygdala sitzt, ist eine primitive Struktur, die für das Gehirn in der Liebe wie im Krieg zentrale Bedeutung hat, weil sie am Kurzzeitgedächtnis und am episodischen Gedächtnis beteiligt ist, die Produktion von Corticosteroiden (Antistress-Hormonen) steuert und in der Lage ist, Informationen über neue Umgebungen (also über bislang Unbekanntes) und über Richtungen im Raum zu enkodieren und abzurufen. Man konnte zeigen, dass bei Londoner Taxifahrern, die für ihren mentalen virtuellen Stadtplan berühmt sind, in dem sie räumliche Erinnerungen speichern, der rechte Hippocampus größer ist als bei Personen, die ihren Lebensunterhalt nicht mit Autofahren verdienen (Maguire et al., 1997). Defizite im Hippocampus können unter anderem zu räumlicher Desorientierung und zu anhaltenden Schwierigkeiten mit dem Kurzzeitgedächtnis, dem semantischen und autobiografischen Gedächtnis und der Rekonstruktion neuerer Ereignisse in zwischenmenschlichen Beziehungen führen. Chronischer Stress ruft im Allgemeinen Atrophie und Dysfunktionen der Hippocampi hervor.

## Der Gyrus cinguli: Schmerz und Pein

Der Gyrus cinguli liegt oberhalb von Hippocampus, Amygdala und Corpus callosum (dem Band aus Nervenfasern, das die beiden Gehirnhälften miteinander verbindet). Er spielt eine wichtige Rolle bei unserer emotionalen Reaktion auf körperlichen und psychischen Schmerz, bei der Regulation von Aggressionen und bei der Aufmerksamkeitsverlagerung (Bush et al., 2000). Er kommt auch ins Spiel, wenn wir an unangenehmen Emotionen, insbesondere an Wut und Sorge, festhalten oder sie loslassen können (Driessen et al., 2004; Nyberg et al., 2000; Saxena et al., 2004; West & Travers, 2008). Studien haben ergeben, dass der Gyrus cinguli im Gehirn einer Person aktiv wird, wenn sie sich zurückgewiesen fühlt (Eisenberger et al., 2003). Wenn das Festhalten der Partner an früheren Verletzungen etwas Suchtartiges hat oder sie sich hierbei besonders streitlustig, unkooperativ, trotzig oder zwanghaft verhalten, ist das Geschehen in ihren kriegerischen Gehirnen möglicherweise vom Gyrus cinguli bestimmt.

## Der Hypothalamus: Kommandozentrale bei Gefahr

Der Hypothalamus ist die primäre Schnittstelle, über die das limbische System Anweisungen nach außen sendet. Er verfügt über viele wichtige reziproke Verbindungen mit dem limbischen, reptilischen und frontalen Kortex. Der Hypothalamus greift sowohl in Gehirnprozesse ein, die für kriegerische Einstellungen und Verhaltensweisen verantwortlich sind, als auch in solche, die mit liebevollem Verhalten zu tun haben, und nimmt Einfluss auf Emotionen, Stress- und Gefahrenreaktionen, sexuelle Ansprechbarkeit sowie auf Verlangen und Befriedigung auf der emotionalen und körperlichen Ebene. Er ist die zentrale Schaltstelle des Gehirns in der Liebe wie im Krieg und in starkem Maße an der Aktivierung von Sympathikus (Notfallreaktionen) und Parasympathikus (Entspannung) beteiligt. Außerdem spielt er eine wesentliche Rolle bei der Regulation von Körpertemperatur und Schlaf-Wach-Rhythmus.

## Die Hypophyse: Körpersäfte

Die etwa erbsengroße Hypophyse (Hirnanhangdrüse) ist sowohl ein Gehirnareal als auch eine Drüse, die Hormone abgibt (z. B. Adrenocorticotropes Hormon [ACTH], Endorphine, Oxytozin und Vasopressin) und im Beziehungskrieg ebenso ins Spiel kommt wie in der Liebe. Zum einen sendet sie aktivierende Hormone aus, die Konfrontationen heraufbeschwören können, etwa wenn sie als Teil eines auf Kampfsituationen ausgelegten Übermittlungssystems die Nebennieren anweist, zur Vorbereitung auf Kampf oder Flucht Adrenalin auszuschütten. Zum anderen gibt sie, als Teil eines der Liebe dienenden Nachrichtennetzes, Endorphine ab, die natürlichen Opiate des Körpers, sowie Oxytozin, das Bindungshormon des Menschen.

## *Notfallreaktion im neuroendokrinen System*

Wenn wir vom neuroendokrinen System sprechen, meinen wir die Verbindung aus Nervensystem und endokrinem System und die Interaktionen, die zwischen ihnen stattfinden. Die Hauptakteure bei diesen Interaktionen sind Hypothalamus, Hypophyse, Nebennieren und die zugehörigen Neurotransmitter und Hormone. Das neuroendokrine System ist für viele Körperfunktionen zuständig, unter anderem für Fortpflanzung, körperliche Reaktionen auf Stress und Infektion, Regulation von Stoffwechsel, Elektrolythaushalt und Blutdruck, mütterliches Verhalten und Stimmung. Wenn von endogenen Hormonen und Neurotransmittern zu geringe oder zu große Mengen vorhanden sind, kann das System aus dem Gleichgewicht geraten (McEwen, 2003). Ein Überschuss oder Mangel an aktivierenden oder hemmenden Neurotransmittern im Gehirn kann zu Angst, Depression, Aggressivität, Impulsivität, zwanghaften Verhaltensweisen, Unbehagen, Mangel an Aufmerksamkeit, Gedächtnisschwäche usw. führen. Außerdem kann ein hormonelles Ungleichgewicht im Blut das Autoimmun-, Herz-Kreislauf-, Stoffwechsel- und Entzündungssystem durcheinanderbringen.

Neurotransmitter verstärken, modulieren und erweitern die Funktionen von Gehirnzellen. Hormone sind chemische Substanzen, die von Zellen abgegeben und im Blut zu anderen Zellen im Körper transportiert werden. Die Produktion von Neurotransmittern ist „kostengünstiger", weil sie einfacher aufgebaut und gut zu recyceln sind. Ihre Wirkung setzt rascher ein, weil sie nur dazu da sind, Kontakte zwischen Gehirnzellen herzustellen. Ein Neurotransmitter kann aber auch die Rolle eines Hormons übernehmen. Der Unterschied liegt in Ort und Methode der Ausschüttung: Ausschüttung ins Gehirn oder in den Blutkreislauf, Kommunikation zwischen Neuron und Neuron oder zwischen Nebennieren und einem anderen Organ. Adrenalin und Noradrenalin sind zum Beispiel Neurotransmitter, wenn eine präsynaptische Zelle sie abgibt, um auf eine benachbarte postsynaptische Zelle einzuwirken. Dagegen dienen sie als Hormone, wenn die Nebennieren sie ins Blut ausschütten, um einen Effekt auf Herz, Lungen oder andere Organe hervorzurufen.

Wie auf Schiffen, die übers Meer fahren, überqueren Neurotransmitter eine Synapse in Bläschen, den Vesikeln, und übermitteln so blitzschnell Botschaften von einem Hafen zum anderen. Das System der *Vesikel* ist ressourcenschonend, weil ungenutzte Neurotransmitter dabei wiederverwertet werden. Die Häfen in diesem Bild sind Dendriten und Axon-Endknöpfchen – Zellfortsätze, die Informationen entweder senden oder empfangen. Neurotransmitter sind wie Schlüssel, die in die entsprechenden Schlösser, die sogenannten *Neurorezeptoren*, passen müssen. Von der Passung von Schlüssel und Schloss hängt es ab, ob ein Prozess in Gang kommt oder nicht. Wenn ein Neurotransmitter an einen passenden Rezeptor andocken kann, stimuliert oder hemmt er eine elektrische Reaktion im empfangenden Neuron. Manche Neurotransmitter und Hormone wirken also erregend, andere hemmend. Zu den erregenden Neurotransmittern zählen Glutamat, Noradrenalin und Dopamin. Noradrenalin und Dopamin sind auch als Hormone einsetzbar und bilden zusammen mit Adrenalin eine Gruppe von erregenden Hormonen, die sogenannten *Katecholamine*. Zur Gruppe der dämpfenden Neurotransmitter gehören die Gamma-Amino-Buttersäure (GABA) und Serotonin; ein Beispiel für ein beruhigend wirkendes Hormon ist Oxytocin (Birkmayer & Riederer, 1986; Collu, 1982a, 1982b; Müller & Nisticò, 1989; Törk et al., 1995).

## Adrenalin: Handlungsbereitschaft und Gedächtnis

Noradrenalin und Adrenalin, zwei für das sympathische Nervensystem wesentliche Katecholamine, unterstützen Aufmerksamkeit, Handlungsbereitschaft und Bildung von Erinnerungsspuren. Adrenalin ist nicht nur Bestandteil des Kampf-oder-Flucht-Musters, sondern auch für einladende sexuelle Signale wie die Erweiterung der Pupillen zuständig. Außerdem ist es für die Bildung von Erinnerungsspuren notwendig. Wird dabei allerdings die normale Dosierung überschritten, kann dies dazu führen, dass sich in der Amygdala traumatische Blitzlicht-Erinnerungen (flashbulb memories) festsetzen. Eine *Blitzlicht-Erinnerung* ist eine photographisch detaillierte Erinnerung, die während eines für eine Person emotional bedeutsamen Ereignisses entsteht.

## Adrenocorticotropes Hormon: Botenstoff aus den Nebennieren

Das von der Hypophyse abgegebene Hormon ACTH ist wichtig, weil es die Produktion des Stresshormons Cortisol in der Rinde der Nebennieren sowie der aktivierenden Hormone Noradrenalin und Adrenalin im Nebennierenmark stimuliert. Die Ausschüttung von ACTH aus der vorderen Hypophyse wiederum wird durch das bereits erwähnte, im Hypothalamus gebildete CRH veranlasst.

## Corticotropin-Releasing-Hormon: Entscheidender Stressregulator

Das Corticotropin-Releasing-Hormon (CRH, manchmal auch als Corticotropin-Releasing-Faktor bezeichnet) ist die zentrale Steuerungskomponente unseres Stressreaktionssystems. Es wird vom Hypothalamus abgegeben und fungiert sowohl als Hormon wie auch als Neurotransmitter; es regt die Nebennierenrinde dazu an, ACTH, Cortisol und andere bei Stress benötigte Hormone wie zum Beispiel Beta-Endorphine herzustellen. Außerdem wird CRH durch Cortisol gehemmt und ist somit Bestandteil einer negativen Rückkopplungsschleife, die das gesamte Stressreaktionssystem absichert und im Gleichgewicht hält. CRH kommt bei zahlreichen Autoimmunerkrankungen und psychiatrischen Störungsbildern ins Spiel, unter anderem beim Cushing-Syndrom, bei Anorexia nervosa, Depression und Angststörungen (Dube et al., 2009; Pesce, 2006; Chousos, 2009).

## Cortisol: Entzündungshemmer

Glucocorticoide wie Cortisol setzen eine lange anhaltende, langsam ablaufende Reaktion auf Stress in Gang, indem sie durch den Abbau von Fetten und Proteinen den Blutzuckerspiegel anheben; außerdem schwächen sie die Immunantwort ab und hemmen Entzündungsreaktionen. Cortisol wird oft als „Stresshormon" bezeichnet, ist aber streng genommen eine *Anti*stress-Substanz: Es wird vom Körper als Antwort auf die aktivierende Wirkung von Adrenalin ausgeschüttet.

## Noradrenalin: Aufmerksamkeit und Stress

Noradrenalin (auch Norepinephrin genannt) ist mit dem Hormon Adrenalin (auch Epinephrin genannt) verwandt. Es ist der hauptsächliche Neurotransmitter des somatischen Nervensystems und lässt sich als Pendant zum Adrenalin und als eine Art *Prä*-Adrenalin auffassen. Wie für alle Katecholamine, so gilt auch für Noradrenalin, dass ein Überschuss oder Mangel dieses Neurotransmitters das Energieniveau und die Aufmerksamkeit beeinflusst und deshalb über Liebe oder Krieg in einer Paarbeziehung mitentscheidet.

## Motorischer Vaguskomplex

Dem motorischen Vaguskomplex kommt im Prozess der Selbstregulation und der Regulation von Interaktionen eine herausragende Bedeutung zu, weil er den Tonus des (auch als Vagus bezeichneten) Parasympathikus moduliert. Wie erwähnt, ist der parasympathische Zweig des autonomen Nervensystems der entspannende Gegenspieler des erregbaren sympathischen Zweigs. Ist der Tonus vom Vagus bestimmt, verlangsamt sich die Atmung, und Puls und Blutdruck sinken, sodass wir uns von extremen Arousalzuständen erholen können.

Der Vagusnerv (kurz: Vagus) ist der zehnte von zwölf Cranialnerven (Gehirnnerven) und der einzige, der im Hirnstamm beginnt und sich von dort über Hals und Brustraum bis in den Bauchraum erstreckt. Er beeinflusst Puls, viszerale Aktivität (z. B. Peristaltik des Magens), Schweißabsonderung und Sprachproduktion. Laut der Polyvagal-Theorie (Porges, 1998, 2001) besteht der Vagusnerv aus zwei Zweigen: einem alten, dem dorsalen (rückenseitig verlaufenden) Vagus, auch primitiver oder reptilischer Vagus genannt, und einem neuen, dem ventralen (bauchseitig verlaufenden) Vagus, auch als „Smart Vagus" oder sozialer Vagus bezeichnet.

### Primitives Vagussystem: Instrument des Krieges

Der dorsale motorische Vaguskomplex (der primitive Vagus) ist Bestandteil des Systems, mit dem der Körper auf Bedrohung reagiert, und spricht blitzschnell auf Reize an, die unseren elementaren Überlebenstrieb mobilisieren. Er setzt eine Sequenz von neuroendokrinen (hormonellen) Abläufen in Gang, die zusammen ein System bilden und uns auf ganz andere Weise vor Schmerz und Lebensgefahr schützen sollen als eine Aktivierung des Sympathikus: Der gesamte Körper fährt seine Aktivitäten zurück. Dieses vom dorsalen Vagus ausgelöste Reaktionsmuster könnte eine evolutionsgeschichtlich sehr alte Anpassungsleistung sein, die das Überleben großer Wunden ermöglicht. Diese starke parasympathische Reaktion ist bei der sogenannten Blutphobie zu beobachten, bei der der Anblick von Blut zur Ohnmacht führen kann: Jede Bedrohung, die in Richtung Schnittverletzung, Durchbohrung, Übergriff in die eigene (körperliche oder psychische) Sphäre oder „Gefressenwerden" geht, kann eine Verschiebung hin zu einem Zustand auslösen, in dem so wenig Energie wie möglich verbraucht wird und der sich in Gestalt einer Depression, eines Zusammenbruchs oder einer Dissoziation äußert. Es ist äußerst wichtig, dass der Therapeut diese Art von Reaktion registriert, denn sie kann auf schweren Missbrauch oder andere Traumata in der frühen Kindheit verweisen (Perry, 2001; Perry et al., 1995; Porges, 1995; Scaer, 2001).

Bei der vasovagalen Reaktion, die durch unser primitives vagales System in Gang gesetzt wird, kommt es zu einem dramatischen Abfall von Blutdruck und Puls, der Schwächegefühl, Übelkeit, Schwitzen und Erbleichen hervorruft. In diesem energiesparenden Rückzugszustand verbraucht das Gehirn so wenige Ressourcen wie möglich. Die Durchblutung der Extremitäten wird verringert, und das neuroendokrine System pumpt Beta-Endorphine – die körpereigenen schmerzlindernden Opiate – ins Blut. In einem dorsalen Vagus-Zustand werden wir unter Umständen zeitweise ohnmächtig, oder es setzt sogar infolge der „Überdosierung" endogener Opiate kurzzeitig der Herzschlag aus. Der energiesparende Rückzugszustand ist mit dem Totstellreflex angesichts der Bedrohung durch ein unüberwindliches Raubtier vergleichbar. Es wird dann kein Reaktionsmuster eingeleitet, das in Kampf, Flucht oder Erstarrung mündet (wie bei einem Reh, das im Licht der Autoscheinwerfer wie gelähmt verharrt), sondern das „Opfer" erlebt eine Einengung des Bewusstseins und der Aufmerksamkeit, die alles verlangsamt, freudlos, flach, stumpf oder hoffnungslos erscheinen lässt. Der dorsale motorische Vaguskomplex steuert die Empfindung der Scham. Dies erklärt, warum Scham ein derart quälender Affekt ist, von dem wir uns manchmal nur sehr langsam erholen.

Der vagale Tonus eines Menschen wird oft schon früh während der prä- und postnatalen Phase festgelegt. Er hängt ab von genetischen oder kongenitalen sowie von Umwelt- und Beziehungsfaktoren (wie zum Beispiel unserer frühkindlichen Beziehung zu einer primären Bezugsperson). Manche Individuen neigen stärker zu vasovagalen Reaktionen als andere. Diejenigen, die häufig in einen Zustand des energiesparenden Rückzugs schalten, kann man als Underresponder bezeichnen (während die sogenannten Overresponder, wenn sie sich bedroht fühlen, dem Sympathikus-Muster von Kampf, Flucht oder Erstarrung zuneigen); ihre Reaktion auf eine Bedrohung ist biologisch vorgegeben, reflexhaft und primitiv und läuft ohne irgendeine bewusste Entscheidung ab.

Wenn ein Partner anfängt, über Bauchschmerzen, Übelkeit, Schwitzen, Erbleichen und psychomotorische Verlangsamung zu klagen, weist dies darauf hin, dass er sich in einer massiven inneren Notlage befindet, die ermittelt und angesprochen werden muss. Der Therapeut kann dem Partner, der noch in besserer Verfassung ist, dabei helfen, durch Veränderung der eigenen Körpersprache und des eigenen Verhaltens den kollabierenden Partner zu regulieren: Wenn er beispielsweise weiter ins Gesichtsfeld des anderen rückt und diese körperliche Nähe mit stetigem Blickkontakt verbindet, kann er ihm damit anregende Impulse geben. Außerdem kann beim kollabierenden Partner jede Form von Bewegung oder Muskelanspannung dazu beitragen, den Blutdruck anzuheben.

## „Smart Vagus"-System: Instrument der Liebe

Sowohl der primitive als auch der smarte Zweig des Vagus beeinflussen Herzschlag, Blutdruck und dämpfende parasympathische Regulation. Der erstere Zweig ist eher grobschlächtig, der letztere differenzierter. Wenn der primitive Vagus am Zug ist, wird er den Hauptschalter betätigen und das System kollabieren lassen, wohingegen der „Smart Vagus" das sympathische Arousal auf nuancierte Weise moduliert und gerade so viel Entspannung im System herbeiführt, dass es adäquat weiterfunktionieren kann.

Der „Smart Vagus" ist eine evolutionsgeschichtlich gesehen recht neue Komponente, die für zwischenmenschliche Interaktionen und Beziehungen von zentraler Bedeutung ist. Er ist ein wesentlicher Mechanismus der Selbstregulation, weil er teilweise der bewussten Kontrolle durch höhere Kortexareale unterliegt. Ein tiefer Atemzug unter Beteiligung des Zwerchfells kann das System des „Smart Vagus" mobilisieren, indem er eine parasympathische Salve in Richtung Herz abgibt und so dafür sorgt, dass der ganze Körper zur Ruhe kommt.

Das primitive Vagussystem ist ganz auf das Überleben des Individuums, das „Smart Vagus"-System auf Beziehungen ausgerichtet. Ohne das ventrale (smarte) Vagussystem wären wir außerstande, uns selbst zu beruhigen, wenn wir auf einen anderen Menschen mit Frustration oder Arousal reagieren. Die körperliche Nähe zu einem Menschen würden wir bestenfalls für kurze Zeit aushalten, und Liebe und Zärtlichkeit wären von kurzer Dauer.

Der Therapeut kann das System des Smart Vagus für Interventionen nutzen, um Paare bei der Selbstregulation anzuleiten und sie dazu anzuhalten, dass sie, vor allem wenn der eine Partner unter Stress steht, Zwerchfellatmung einsetzen. Weitere Instrumente der Selbstregulation sind: die eigene Muskelanspannung beobachten und sie bewusst wieder und wieder auflösen; die Nähe zum bedrohlich erscheinenden Partner suchen (in Gegenbewegung zu dem inneren Impuls, den man verspürt), um tröstlichen Körperkontakt zu spüren oder Blickkontakt zu halten; oder aber sich (dem inneren Impuls folgend) von dem bedrohlich erscheinenden Partner wegbewegen und den Blick für eine Weile senken.

## Gedächtnissysteme

Bindung und Arousal sind in einem sehr konkreten Sinn Gedächtnissysteme. Unsere frühesten Erfahrungen sind in Erinnerungen gespeichert, die je nach unserer damaligen Entwicklungsstufe und der Art der Erfahrung anders enkodiert sind. Wie das ANS und die LHPA-Achse, so ist auch das Gedächtnis ein antizipatorisches System: Ausgehend von unseren Erfahrungen in der Vergangenheit erwarten wir bestimmte Ereignisse in der Zukunft.

Es gibt verschiedene Formen des Gedächtnisses: Kurzzeitgedächtnis, mittelfristiges Gedächtnis, Langzeitgedächtnis; Erinnerungen, die wir als körperliche Prozesse, über die Sinne oder in der Vorstellung erleben; Erinnerungsprozesse, die unterhalb der Bewusstseinsschwelle oder aber vollständig bewusst ablaufen. Es gibt Erinnerungen, die wir in Worte fassen können, und andere, für die uns die Worte fehlen. Diese wortlosen, impliziten Erinnerungen sind in der rechten Gehirnhälfte enkodiert und werden entweder in der Gegenwart als Spuren vergangener Erfahrungen identifiziert oder als künftige Erfahrungen antizipiert.

In das aktuelle Geschehen zwischen den Partnern spielen implizite, prozedurale Erinnerungen hinein, die keine narrative Struktur aufweisen; deshalb können sie nicht aktiv abgerufen werden, und es lässt sich auch keine plausible Erklärung für sie finden. Wenn wir uns mit einer Bedrohung konfrontiert sehen, verlangt uns das rasch arbeitende prozedurale Gedächtnis also keine Rückbesinnung und keine Narrationsleistung ab – zeitintensive Vorgänge, die uns im Angesicht einer realen Gefahr in Lebensgefahr bringen können.

## Explizite Formen des Gedächtnisses

Das explizite oder deklarative Gedächtnis ist transparent, klar und unzweideutig. Die in ihm enthaltenen Erinnerungen können wir in irgendeiner Form, über die wir eine gewisse Kontrolle haben, erklären, darlegen oder veranschaulichen, wobei wir uns der Sprache bedienen (ob mündlich, schriftlich oder in Form von Gesten). Das explizite Gedächtnis entwickelt sich später als das implizite, gewöhnlich in der Phase von Spracherwerb und Sprechenlernen. Die expliziten Spielarten des Gedächtnisses lokalisiert man in der Regel, wenn auch nicht ausnahmslos, in der linken Gehirnhälfte. Wir wollen hier verallgemeinernd davon ausgehen, dass explizite Systeme dort verarbeitet werden.

Der Hippocampus ist von entscheidender Bedeutung für das Festhalten expliziter Kurzzeiterinnerungen (man spricht auch vom Arbeitsgedächtnis); ohne ihn wären wir unfähig, Erinnerungen zu bilden oder Neues zu lernen. Der Aufbau von Langzeiterinnerungen setzt die Kommunikation des Hippocampus mit dem präfrontalen Kortex voraus, die großteils im Schlaf abläuft, wenn das Gehirn Erinnerungsspuren der Ereignisse des vorangegangenen Tages kartiert und dupliziert (Axmacher et al., 2008). Chronischer Stress beeinträchtigt den Hippocampus in seiner Funktion und stört damit die Speicherung und den Abruf von Kurzzeiterinnerungen.

Das episodische Gedächtnis, eine weitere Form des expliziten Gedächtnisses, ermöglicht es uns, in der Erinnerung Ereignisse, Zeitpunkte, Orte und mit ihnen verknüpfte Emotionen in Bezug zu unserer Erfahrung zu setzen. Bei Partnern, die unter chronischem Stress leiden, ist zu erkennen, dass sie permanente Probleme mit dem Kurzzeitgedächtnis und mit dem Abruf deklarativer Erinnerungen haben. Akuter Stress behindert den Hippocampus dabei, Erfahrung zu sequenzieren und zu kontextualisieren, was dazu führt, dass die sich gefährdet fühlenden Partner Bedrohungssituationen fehlerhaft darstellen. Die linke Gehirnhälfte konfabuliert im Rückblick Aspekte, die der Hippocampus in der Situation selbst nicht zu enkodieren vermochte. Die Partner sind also tatsächlich außerstande, deklarative Erinnerungen an das abzurufen, was in emotional dysregulierenden, von beiden als bedrohlich wahrgenommenen Situationen geschehen ist. Dennoch werden beide versuchen, sich mit ihrer Strukturierung dessen, was vorgefallen ist, gegen den anderen durchzusetzen. Für den Therapeuten, der auf psychobiologische Aspekte achtet, ist klar, dass solche Bestrebungen mit einiger Wahrscheinlichkeit zur Reinszenierung von Traumata führen.

Aus dem expliziten Gedächtnis geht der Inhalt oder explizite Aspekt der Paartherapie hervor – die Erklärungen, Schilderungen und Klagen der Partner. Weil aber die chronische Aktivierung von Gefahrsystemen (durch die sich ein Gehirn ständig im Kriegszustand befindet) die Gedächtnisfunktionen des Hippocampus beeinträchtigt, kommt es bei in hohem Maße dysregulierten Paaren häufig vor, dass sie Ereignisse unzutreffend wiedergeben und sowohl die gegenwärtigen als auch die vergangenen Intentionen des Partners falsch einschätzen.

## Implizite Formen des Gedächtnisses

Implizite Gedächtnissysteme sind nonverbal, nicht bewusst und in Körperprozesse eingebettet. Sie sind leistungsstark, weil sie direkt auf primitive Strukturen in der rechten Gehirnhälfte zugreifen. Durch ihre große Fähigkeit zur integrativen Verarbeitung ist die rechte Gehirnhemisphäre in der Lage, mehrere komplexe Datenoperationen gleichzeitig durchzuführen, während die linke Gehirnhälfte Daten in detaillierten Sequenzen abarbeitet.

In der frühkindlichen Entwicklung baut die rechte Gehirnhälfte allgemeine begriffliche Rahmenstrukturen auf, die sie dann später nutzt, „um die Aneignung fein abgestufter Unterscheidungen durch die linke Gehirnhälfte zu choreographieren" (Schutz, 2005, S. 13). Grundlegende prä- und postnatale Funktionen und Erfahrungen werden fest ins System eingebaut und als prozedurale Erinnerungen enkodiert (s. u.); sie sind nicht als „Denkprozesse" im Sinn von Kognitionen aufzufassen. Diese spezifische Verschaltung wird zum Bestandteil unserer Identität und äußert sich darin, wie wir uns im Verlauf der Interaktion in jedem Moment auf andere zu und von ihnen weg bewegen. In der frühen Kindheit enkodierte implizite Systeme werden mit der Zeit automatisiert, reflexhaft und zu Bestandteilen unserer Persönlichkeitsstruktur (Tatkin, 2003a, 2004, 2007a, 2007d).

Implizite Gedächtnisprozesse sind nondeklarativ und von herausragender Bedeutung für den nonverbalen Aspekt der Paartherapie, der sich mit den Attributen prozedural, assoziativ, somatisch, von Konditionierungsprozessen bestimmt und emotional beschreiben lässt. Das Erfassen der impliziten Aspekte von Gedächtnis, Selbstausdruck und Interaktion bildet den Kern der psychobiologisch orientierten Paartherapie.

## Prozedurales Gedächtnis

Immer wenn wir etwas lernen oder es mit neuartigen Situationen zu tun haben, legen wir in unserem Gehirn neue Verschaltungen an, um die neue Erfahrung, Aufgabe oder Information zu verarbeiten und einzuordnen. Wiederholungen versetzen das Gehirn in die Lage, Ressourcen freizugeben, indem es Lernerfahrungen als prozedurale Erinnerungen abspeichert. Auf diesem Weg lernen Tänzer Bewegungsabläufe, Musiker neue Stücke, Basketballspieler den Dunking usw. In dieser Weise lernen auch Partner einander näher kennen, insbesondere am Beginn ihrer Beziehung.

Frühe nonverbale Erfahrungen werden im prozeduralen Gedächtnis gespeichert. Sie sind im Körper verankert und beziehen sowohl motorische als auch sensorische Nervenbahnen mit ein. Wenn zum Beispiel jemand im Gespräch immer wieder eine Haarsträhne um den Finger wickelt, gründet diese Bewegung möglicherweise in einer prozeduralen Erinnerung daran, wie er als kleines Kind den Finger in eine Decke eindrehte. In ähnlicher Weise kann eine ansonsten unerklärliche Abneigung gegen Rosenduft mit einer prozeduralen, impliziten Erinnerung zusammenhängen, in der sich der Duft mit einer emotional negativ konnotierten Erfahrung verknüpft.

## Blitzlicht-Erinnerung

Wer schon einmal ein misshandeltes Tier in Obhut genommen hat, der weiß, dass Schreckreflexe sich niemals völlig legen. Misshandlungen und andere Traumata werden als sogenannte Blitzlicht-Erinnerungen (flashbulb memories) in der Amygdala gespeichert. Man nennt sie so, weil sie derart eindringlich, unabweisbar und in ihrer Form unverrückbar festgeschrieben sind. Traumatisierte Menschen erinnern sich nicht nur an das Trauma, sondern durchleben es in Form von „Flashbacks" von Neuem, mit voller Wucht und mit allen Sinnen, so als würde es sich in der Gegenwart ereignen. Die Folge ist eine Schreckreaktion, eine Panikattacke oder ein regelrechter psychotischer Schub. Bislang gibt es noch keine Methode, mit der wir einen

„Reset" der Amygdala herbeiführen und die Erinnerungen darin löschen könnten. Viele Menschen probieren dies allerdings mithilfe von Drogen und Alkohol.

## Autobiografisches Gedächtnis

Das autobiografische Gedächtnis nimmt uns mit auf eine Art subjektive Zeitreise. Es enthält Erinnerungen an ein „Ich", das sich jeweils an einem Ort und in einem Kontext befindet, das bestimmte Empfindungen hat und sich dabei Menschen oder Objekten gegenübersieht oder auch nicht. Das autobiografische Gedächtnis ist zwar vorwiegend in der rechten Gehirnhemisphäre angesiedelt, schließt im Allgemeinen aber auch eine narrative Struktur ein, mit deren Hilfe wir die Erinnerungen darin ordnen und darstellen können (Daselaar et al., 2007; Driessen et al., 2004; Schore, 1994, 2002b, 2002c). Das Erwachsenen-Bindungs-Interview (das in Teil II dieses Buches beschrieben und erläutert ist) prüft deklarative und autobiografische Erinnerungen an Erfahrungen mit primären Bezugspersonen der frühen Kindheit. Dieser höchst anspruchsvolle Prozess verlangt den Befragten die neurobiologische Integration zweier unterschiedlicher Gedächtnissysteme ab, nämlich des expliziten linkshemisphärischen mit dem impliziten rechtshemisphärischen.

Gedächtnisprozesse spielen für Liebe und Krieg in der Paarbeziehung eine enorm wichtige Rolle. Für den psychobiologischen Ansatz sind die Unterschiede zwischen expliziten und impliziten Formen des Gedächtnisses von zentraler Bedeutung. Wenn ein Paar eine Therapie beginnt, sind die Partner von ihren Erzählmustern vollkommen überzeugt und erwarten, dass auch der Therapeut sie für bare Münze nimmt. Ich hoffe, wir konnten den Leserinnen und Lesern deutlich machen, dass solche Erzählungen meistens Konfabulationen und Irrtümer enthalten und der psychobiologisch orientierte Paartherapeut versuchen muss, implizite Formen von Erinnerungen zu erfassen, die vom Geschehen in der Therapiesitzung selbst angeregt werden. Wenn der Paartherapeut sich diese Vorgehensweise zu eigen macht, wird er immer wieder feststellen, dass der Körper nicht vergisst – und niemals lügt.

# Schluss

Weil antizipatorische Systeme allgegenwärtig und komplex sind und weitgehend unbewusst arbeiten, steht in der psychobiologisch orientierten Paartherapie nicht der Inhalt, sondern der Prozess im Vordergrund. Zu den antizipatorischen Systemen zählen das ANS, die LHPA-Achse und das implizite Gedächtnis. Die Betonung des impliziten Gedächtnisses hat zur Konsequenz, dass wir uns auf rechtshemisphärisch vermittelte körperliche Prozesse konzentrieren, die das Geschehen in der Therapiesitzung anstößt.

Die Dynamik von Liebe und Krieg in der Paarbeziehung gründet in impliziten, nicht bewussten Systemen. Das Geschehen zwischen den Partnern spielt sich zu jedem beliebigen Zeitpunkt zu mehr als 90 Prozent auf einer nonverbalen, prozeduralen und somatischen Ebene ab (Briñol et al., 2006; Degonda et al., 2005; Habel et al., 2007; Perugini, 2005; Schott et al., 2005; Spiering et al., 2003; Turk-Browne et al., 2006; Winston et al., 2002). Dies gilt insbesondere für Stresssituationen, in denen in Windeseile subkortikal gesteuerte Überlebenssysteme aktiviert werden. Diese „kapern" Teile des Gehirns, die für vollständig bewusste Abläufe und kontingente Entscheidungen zuständig sind. Die rechte Gehirnhälfte verarbeitet Erfahrungen unter Rückgriff auf Daten aus sämtlichen Sinnesorganen (wobei das Sehen am meisten Gewicht hat) und braucht dafür wesentlich weniger Zeit als die linke Gehirnhälfte für die Umsetzung derselben Daten in Sprache und Sprachäußerungen. Explizite, deklarative Einschätzungen und Erklärungen sind bestenfalls ungenau und schlimmstenfalls reine Konfabulationen. Paare in der Krise wissen deshalb nur selten, was sie tun oder warum sie es tun (Tatkin, 2006b, 2009a, 2009c). Psychobiologisch ausgerichtete Paartherapeuten können, indem sie erfahrungszentrierte Techniken einsetzen und damit experimentieren, wiederholende implizite Muster von Hinwendung zum und Abwendung vom Partner herausarbeiten und auf diese Weise die sprachliche Ebene umgehen – die Verarbeitungsgeschwindigkeit auf ihr ist gering, und es kommt eher zu Konfabulationen und Verzerrungen –, um direkt auf der Ebene von rasch arbeitenden neurobiologischen Systemen anzusetzen.

# B. | Das Erwachsenen-Bindungs-Interview

In diesem Buch haben wir immer wieder erwähnt, wie wir ausgewählte Fragen aus dem Erwachsenen-Bindungs-Interview (Adult Attachment Interview, AAI) in der Paartherapie einsetzen. Hier möchten wir kurz den Leitfaden beschreiben, nach dem man bei dem Interview vorgeht, sowie das dazugehörige Punkte- und Klassifikationssystem. Anschließend weisen wir auf einige Studien zur Paarinteraktion hin, in denen man das AAI verwendet hat.

Das Erwachsenen-Bindungs-Interview besteht aus einer Serie von 20 Fragen mit dazugehörigen Nachfragen und wurde von Mary Main und ihren Studentinnen und Studenten an der psychologischen Fakultät der University of California in Berkeley entwickelt (George, Kaplan & Main, 1984, 1985, 1996). Nach einigen kurzen einführenden Fragen bittet der Interviewer den Interviewten zunächst um eine allgemeine Beschreibung der Beziehungen zu seinen Eltern in der Kindheit und fordert ihn dann auf, die Beziehung zur Mutter (oder zu einem anderen Menschen, dem die Rolle der primären Bezugsperson zukam) mit fünf Adjektiven zu charakterisieren. Sobald der Interviewte die Adjektive genannt hat, wird er zu jedem einzelnen nach Erinnerungen an Ereignisse oder Episoden gefragt, die deutlich machen, warum er gerade dieses Adjektiv gewählt hat. Anschließend werden fünf Adjektive zum Vater und entsprechende Erinnerungen oder Ereignisse erfragt, die diese Adjektive veranschaulichen. Weitere Fragen sind zum Beispiel, welchem Elternteil sich der Interviewte als Kind näher fühlte und wie aus seiner Sicht die frühen Erfahrungen mit den Eltern seine Persönlichkeitsentwicklung beeinflusst haben könnten. Es folgen Fragen zu Ereignissen wie dem Tod geliebter Menschen und den Nachwirkungen dieser Erfahrungen, die der Interviewte bei sich wahrnimmt. Ähnliche Fragen werden zu Misshandlung und Vernachlässigung gestellt.

Wir verwenden in diesem Buch gelegentlich den Begriff der Bindungsorganisation eines Individuums. Es handelt sich dabei um die Einschätzung der allgemeinen „Einstellung gegenüber Bindung und Beziehungen" einer Person, die eigens dafür geschulte Kodierer aus Transkripten eines Erwachsenen-Bindungs-Interviews ableiten. Als „sicher gebunden" (der präzisere Terminus ist „sicher-autonom") wird der Interviewte eingestuft, wenn er sich vergleichsweise klar und kohärent äußert und kooperativ wirkt. Laut einem in vielen Studien bestätigten Forschungsbefund zum AAI zeigen sich Personen, die aufgrund ihrer Interview-Transkripte als sicher-autonom gebunden eingeschätzt wurden, in der Regel einfühlungsfähig und aufgeschlossen und haben Kinder, die offenbar eine sichere Bindung zu ihnen aufgebaut haben. „Unsichere" Bindungsstile werden in vier Kategorien unterteilt. Sie gehen mit einem weniger einfühlsamen Fürsorgeverhalten gegenüber den eigenen Kindern einher und begünstigen bei diesen natürlich wiederum einen unsicheren Bindungsstil. Die vier Kategorien einer unsicheren Bindung sind: distanziert-beziehungsabweisend; präokkupiert-verstrickt; von unverarbeitetem Objektverlust beeinflusst; nicht klassifizierbar. Main, Hesse und Goldwyn (2008) haben diese Einteilung eingehend dargelegt.

Die Beispiele aus unserer Arbeit, die wir in diesem Buch vorgestellt haben, liegen auf der Linie dessen, was Studien immer wieder gezeigt haben, nämlich dass man in Paarbeziehungen von Menschen, die im AAI als sicher gebunden erscheinen, mehr positive Interaktionen – und mehr gegenseitige Unterstützung – findet als in denen von unsicher gebundenen Menschen. So ergab sich in einer Studie an der University of Minnesota, dass bei Personen, die im Alter von 19 Jahren im AAI als sicher gebunden eingestuft wurden, ein oder zwei Jahre später die Interaktionen mit ihren Partnern positiver verliefen als bei Gleichaltrigen, die im AAI einen unsicheren Bindungsstil hatten erkennen lassen (Roisman et al., 2001; siehe auch Creasey, 2002). Judith Crowell und ihre Kollegen von der Stony Brook University (Crowell et al., 2002) stellten fest, dass bei sicher gebundenen Paaren, anders als bei unsicher gebundenen Paaren, die Partner in der Lage waren, sich auf den anderen als eine sichere Basis zu stützen, von der aus sie die Paarbeziehung erkunden konnten, und sich – ein entscheidendes Moment, das wir in diesem Buch immer wieder hervorgehoben haben – auch während eines Konflikts aufeinander zuzubewegen. Donald Bouthillier und seine Kollegen (2002) ermittelten, dass ein sicherer Beziehungsstil im AAI verknüpft war mit proaktiver Emotionsregulation während eines Ehekonflikts. In einer neueren Studie an der University of California in Berkeley war bei Frauen, deren Äußerungen im AAI als Hinweis auf eine unsichere Bindung mit unaufgelöster Verlusterfahrung gewertet wurden, mehr Angst und Wut in Interaktionen mit ihrem Ehemann zu beobachten als bei anderen Frauen, obwohl sie in Selbsteinschätzungs-Fragebögen keine Schwierigkeiten in diesen Interaktionen angegeben hatten (Busch, Cowan & Cowan, 2008). Von besonderer Relevanz für die Thematik unseres Buches ist eine groß angelegte neuere Studie zu Paaren von Crowell und Kollegen (Crowell, Treboux & Brockmeyer, 2009), in der sich zeigte, dass bei Scheidungskindern, die im AAI als sicher gebunden eingestuft wurden, im Erwachsenenalter die Scheidungsrate in den ersten Ehejahren signifikant geringer ausfiel als bei Personen, bei denen man einen unsicheren Bindungsstil ermittelt hatte.

# Literatur

AGUDO, J. (2009). Chronic stress. *Neuroendocrine Dysfunction,* 500(2), 4–7.

AINSWORTH, M. D. (1978). *Patterns of attachment: A psychological study of the strange situation.* New York: Erlbaum.

AINSWORTH, M. D. (1989). Attachments beyond infancy. *American Psychologist,* 44(4), 709–716.

APPELMAN, E. (2001). Temperament and dyadic contributions to affect regulation: Implications from developmental research for clinical practice. *Psychoanalytic Psychology,* 18(3), 534–559.

ATKINSON, L., LEUNG, E., GOLDBERG, S., BENOIT, D., POULTON, L., MYHAL, N. et al. (2009). Attachment and selective attention: Disorganization and emotional stroop reaction time. *Development and Psychopathology,* 21(01), 99–126.

AXMACHER, N., HAUPT, S., FERNANDEZ, G., ELGER, C. & FELL, J. (2008). The role of sleep in declarative memory consolidation – direct evidence by intracranial eeg. *Cerebral Cortex,* 18(3), 500.

BALINT, M. (1956). *The doctor, his patient and the illness.* London, UK: Routledge. (Dt. *Der Arzt, sein Patient und die Krankheit.* Stuttgart: Klett, 1957.)

BALINT, M. (1964). *The doctor, his patient and the illness* (2. Aufl.). London, UK: Pitman Medical Publishing. (Dt. *Der Arzt, sein Patient und die Krankheit* [durchgesehene und erweiterte Auflage]. Stuttgart: Klett, 1965.)

BARADON, T. & STEELE, M. (2008). Integrating the AAI in the clinical process of psychoanalytic parent-infant psychotherapy in a case of relational trauma. In H. Steele und M. Steele (Hg.), *Clinical Applications of the Adult Attachment Interview* (2008), 195–212. New York: The Guilford Press.

BARTELS, A. & ZEKI, S. (2000). The neural basis of romantic love. *Neuro-Report,* 11(17), 3829–3834.

BEAUREGARD, M., LEVESQUE, J. & BOURGOUIN, P. (2001). Neural correlates of conscious self-regulation of emotion. *Journal of Neuroscience,* 21(18), 165.

BECHARA, A., DAMASIO, H. & DAMASIO, A. R. (2000). Emotion, decision making and the orbitofrontal cortex. *Cerebral Cortex,* 10(3), 295–307.

BEEBE, B. (2003). Brief mother-infant treatment: Psychoanalytically informed video feedback. *Infant Mental Health Journal,* 24(1), 24–52.

BEEBE, B. & LACHMANN, F. (1998). Co-constructing inner and relational processes: Self- and mutual regulation in infant research and adult treatment. *Psychoanalytic Psychology,* 15(4), 480–516.

BEER, J.S., HEEREY, E.A., KELTNER, D., SCABINI, D. & KNIGHT, R.T. (2003). The regulatory function of self-conscious emotion: Insights from patients with orbitofrontal damage. *Journal of Personality and Social Psychology,* 85(4), 594–604.

BENELI, I. (1997). *Selective attention and arousal.* Abgerufen 16. Januar 2006 von http://www.csun.edu/~vcpsy00h/students/arousal.htm.

BERLIN, H. A. & ROLLS, E. T. (2004). Time perception, impulsivity, emotionality, and personality in self-harming borderline personality disorder patients. *Journal of Personality Disorders,* 18(4), 358–378.

BERLIN, L., CASSIDY, J. & SHAVER, P. (1999). *Handbook of attachment: Theory, research, and clinical applications.* New York: Guilford Press.

BIRKMAYER, W. & RIEDERER, P. (1986). *Neurotransmitter und menschliches Verhalten.* Wien: Springer.

BLAKEMORE, S. & FRITH, U. (2004). How does the brain deal with the social world? *NeuroReport,* 15(1), 119.

BLANCHARD, D. & BLANCHARD, R. (2008). Defensive behaviors, fear, and anxiety. In D. Blanchard, R. Blanchard, G. Griebel & D. Nutt (Hg.), *Handbook of anxiety and fear* (S. 63–79). Amsterdam: Academic Press.

BOLLAS, C. (1989). *The shadow of the object: Psychoanalysis of the unthought unknown.* New York: Columbia University Press. (Dt. *Der Schatten des Objekts. Das ungedachte Bekannte – Zur Psychoanalyse der frühen Entwicklung.* Stuttgart: Klett-Cotta, 1997.)

BOLLAS, C. (1989). *The infinite question,* London: Routledge. (Dt. *Die unendliche Frage: Zur Bedeutung des freien Assoziierens,* Frankfurt: Brandes + Apsel, 2011.)

BOURNE, V. J. & TODD, B. K. (2004). When left means right: An explanation of the left cradling bias in terms of right hemisphere specializations. *Developmental Science,* 7(1), 19–24.

BOUTHILLIER, D., JULIEN, D., DUBÉ, M., BÉLANGER, I. & HARMELIN, M. (2002). Predictive validity of adult attachment measures in relation to emotion regulation behaviors in marital interactions. *Journal of Adult Depression,* 9(4), 291–305.

BOWEN, M. (1978). *Family therapy in clinical practice.* New York: Aronson.

BOWLBY, J. (1969). *Attachment and loss.* New York: Basic Books. (Dt. *Bindung: Eine Analyse der Mutter-Kind-Beziehung.* München: Kindler, 1975.)

BOWLBY, J. (1979a). On knowing what you are not supposed to know and feeling what you are not supposed to feel. *Canadian Journal of Psychiatry,* 24, 403–408.

BOWLBY, J. (1979b). *The making and breaking of affectional bonds.* London: Tavistock. (Dt. *Das Glück und die Trauer: Herstellung und Lösung affektiver Bindungen.* Stuttgart: Klett-Cotta, 1982.)

BOWLBY, J. (1982). *Attachment.* New York: Basic Books. (Dt. Teilausgabe von *Attachment and loss: Bindung: Eine Analyse der Mutter-Kind-Beziehung.* Frankfurt/M.: Fischer Taschenbuch, 1986.)

BOWLBY, J. (1988). *A secure base: Parent-child attachment and healthy human development.* New York: Basic Books. (Dt. *Elternbindung und Persönlichkeitsentwicklung. Therapeutische Aspekte der Bindungstheorie.* Heidelberg: Dexter, 1995.)

BOWLBY, J. & AINSWORTH, M. D. S. (1952). *Maternal care and mental health.* Genf: Weltgesundheitsorganisation. (Dt. *Mütterliche Zuwendung und geistige Gesundheit.* München: Kindler, 1973.)

BRAMBILLA, P., SOLOFF, P. H., SALA, M., NICOLETTI, M. A., KESHAVAN, M. S. & SOARES, J. C. (2004). Anatomical mri study of borderline personality disorder patients. *Psychiatry Research,* 131(2), 125–133.

BRIÑOL, P., PETTY, R. E. & WHEELER, S. C. (2006). Discrepancies between explicit and implicit self-concepts: Consequences for information processing. *Journal of Personality and Social Psychology,* 91(1), 154–170.

BROMBERG, P. M. (1998). *Standing in the spaces: Essays on clinical process, trauma, and dissociation.* New Jersey: Analytic Press.

BROMBERG, P. M. (2006). *Awakening the dreamer: Clinical journeys.* New Jersey: Analytic Press.

BUCHHOLZ, E. S. & HELBRAUN, E. (1999). A psychobiological developmental model for an „alonetime" need in infancy. *Bulletin of the Menninger Clinic,* 63(2), 143–158.

BURLESON, M. H., POEHLMANN, K. M., HAWKLEY, L. C., ERNST, J. M., BERNTSON, G. G., MA-LARKEY, W. B. et al. (2003). Neuroendocrine and cardiovascular reactivity to stress in mid-aged and older women: Long-term temporal consistency of individual differences. *Psychophysiology*, 40(3), 358–369.

BUSCH, A. L., COWAN, P. A. & COWAN, C. P. (2008). Unresolved loss in the Adult Attachment interview: Implications for marital and parenting relationships. *Development and Psychopathology*, 20(2), 717–735.

BUSH, G., LUU, P. & POSNER, M. I. (2000). Cognitive and emotional influences in anterior cingulate cortex. *Trends in Cognitive Sciences*, 4(6), 215–222.

BYNG-HALL, J. (1999). Family and couple therapy: Toward greater security. In J. Cassidy & P. Shaver (Hg.), *Handbook of attachment: Theory, research, and clinical applications* (S. 625–645). New York: Guilford Press.

CAMILLE, N., CORICELLI, G., SALLET, J., PRADAT-DIEHL, P., DUHAMEL, J.-R. & SIRIGU, A. (2004). The involvement of the orbitofrontal cortex in the experience of regret. *Science*, 304(5674), 1167–1170.

CAPPAS, N. M., ANDRES-HYMAN, R. & DAVIDSON, L. (2005). What psychotherapists can begin to learn from neuroscience: Seven principles of a brain-based psychotherapy. *Psychotherapy: Theory, Research, Practice, Training*, 42(3), 374–383.

CARLSON, E. A., SAMPSON, M. C. & SROUFE, L. A. (2003). Implications of attachment theory and research for developmental-behavioral pediatrics. *Journal of Developmental and Behavioral Pediatrics*, 24(5), 364–379.

CARLSON, E. A., SROUFE, L. A. & EGELAND, B. (2004). The construction of experience: A longitudinal study of representation and behavior. *Child Development*, 75(1), 66–83.

CARLSON, M., DRAGOMIR, C., EARLS, F., FARRELL, M., MACOVEI, O., NYSTROM, P. et al. (1995). Effects of social deprivation on cortisol regulation in institutionalized Romanian infants. *Society of Neuroscience Abstracts*, 21, 524.

CASSIDY, J. (2001). Truth, lies, and intimacy: An attachment perspective. *Attachment and Human Development*, 3(2), 121–155.

CASSIDY, J. & MOHR, J. J. (2006). Unsolvable fear, trauma, and psychopathology: Theory, research, and clinical considerations related to disorganized attachment across the life span. *Clinical Psychology: Science and Practice*, 8(3), 275–298.

CASSIDY, J. & SHAVER, P. R. (1999). *Handbook of attachment: Theory, research, and clinical applications*. New York: Guilford Press.

CHAMBERLAIN, S. R., MENZIES, L., HAMPSHIRE, A., SUCKLING, J., FINEBERG, N. A., DEL CAMPO, N. et al. (2008). Orbitofrontal dysfunction in patients with obsessive-compulsive disorder and their unaffected relatives. *Science*, 321(5887), 421–422.

CHARNEY, D. S. (2004). Psychobiological mechanisms of resilience and vulnerability: Implications for successful adaptation to extreme stress. *American Journal of Psychiatry*, 161(2), 195–216.

CHISHOLM, K., CARTER, M. C., AMES, E. W. & MORISON, S. J. (1995). Attachment security and indiscriminately friendly behavior in children adopted from Romanian orphanages. *Development and Psychopathology*, 7(2), 283–294.

CHROUSOS, G. (2009). Stress and disorders of the stress system. *Nature Reviews Endocrinology*, 5(7), 374–381.

CLULOW, C. F. (2001). *Adult attachment and couple psychotherapy: The „secure base" in practice and research*. London: Brunner-Routledge.

COHEN, M. X. & SHAVER, P. R. (2004). Avoidant attachment and hemispheric lateralisation of the processing of attachment- and emotion-related words. *Cognition & Emotion,* 18(6), 799–813.

COLLU, R. (1982). *Brain neurotransmitters and hormones.* New York: Raven Press.

COLLU, R. (1982). *Brain peptides and hormones.* New York: Raven Press.

COTTRELL, E. & SECKL, J. (2009). Prenatal stress, glucocorticoids and the programming of adult disease. *Front. Behav. Neurosci,* 3, 19.

COURTOIS, C. A. (1993). *Adult survivors of child sexual abuse.* Milwaukee, WI: Families International.

COWAN, P. & MCHALE, J. (2006). Coparenting in a family context: Emerging achievements, current dilemmas, and future directions. *New Directions for Child and Adolescent Development,* 1996(74), 93–106.

COZOLINO, L. (2006). *The neuroscience of human relationships: Attachment and the developing social brain.* New York: Norton. (Dt. *Die Neurobiologie menschlicher Beziehungen.* Kirchzarten: VAK, 2007.)

CRANDELL, L. E., PATRICK, M. P. & HOBSON, R. P. (2003). „Still-face" interactions between mothers with borderline personality disorder and their 2-month-old infants. *British Journal of Psychiatry,* 183, 239–247.

CREASEY, G., (2002). Association between working models of attachment and conflict management behavior in romantic couples. *Journal of Counseling Psychology,* 49(3), 365–375.

CRITTENDEN, P. (2008). Quality of attachment in the preschool years. *Development and Psychopathology,* 4(2), 209–241.

CROWELL, J. A., TREBOUX, D. & BROCKMEYER, S. (2009). Parental divorce and adult children's attachment representations and marital status. *Attachment and Human Development,* 11, 87–101.

CROWELL, J. A., TREBOUX, D., GAO, Y., FYFFE, C., PAN, H. & WATERS, E. (2002). Assessing secure-base behavior in adulthood: Development of a measure, links to adult attachment relations, and relations to couples' communication and reports of relationships. *Developmental Psychology,* 38, 679–693.

DAMASIO, A. R. (1994). *Descartes' error: Emotion, reason, and the human brain.* New York: Putnam. (Dt. *Descartes' Irrtum: Fühlen, Denken und das menschliche Gehirn.* München: List, 1995.)

DASELAAR, S. M., RICE, H. J., GREENBERG, D. L., CABEZA, R., LABAR, K. S. & RUBIN, D. C. (2008). The spatiotemporal dynamics of autobiographical memory: Neural correlates of recall, emotional intensity, and reliving. *Cerebral Cortex,* 18(1), 217–229.

DAVIDSON, R. (2008). Asymmetric brain function, affective style, and psychopathology: The role of early experience and plasticity. *Development and Psychopathology,* 6(04), 741–758.

DEGONDA, N., MONDADORI, C. R. A., BOSSHARDT, S., SCHMIDT, C. F., BOESIGER, P., NITSCH, R. M. et al. (2005). Implicit associative learning engages the hippocampus and interacts with explicit associative learning. *Neuron,* 46(3), 505–520.

DEL AMO, E. M. & URTTI, A. (2008). Current and future ophthalmic drug delivery systems: A shift to the posterior segment. *Drug Discovery Today,* 13(3–4), 135–143.

DEMOS, K. E., KELLEY, W. M., RYAN, S. L., DAVIS, F. C. & WHALEN, P. J. (2008). Human Amygdala sensitivity to the pupil size of others. *Cerebral Cortex,* 18(12), 2729–2734.

DICKS, H. V. (1967). *Marital tension: Clinical studies toward a psychological theory of interaction.* London: Routledge & Kegan Paul.

DOI, T. (1971/2002). *The anatomy of dependence.* Tokyo: Kodansha International.

DOIDGE, N. (2007). *The brain that changes itself*. New York: Viking Press. (Dt. *Neustart im Kopf: Wie sich unser Gehirn selbst repariert*. Frankfurt/M.: Campus, 2008.)

DRIESSEN, M., BEBLO, T., MERTENS, M., PIEFKE, M., RULLKOETTER, N., SILVA-SAAVEDRA, A. et al. (2004). Posttraumatic stress disorder and fmri activation patterns of traumatic memory in patients with borderline personality disorder. *Biological Psychiatry*, 55(6), 603–611.

DUBE, S., FAIRWEATHER, D., PEARSON, W., FELITTI, V., ANDA, R. & CROFT, J. (2009). Cumulative childhood stress and autoimmune diseases in adults. *Psychosomatic Medicine*, 71(2), 243.

EAGLE, D. M., BAUNEZ, C., HUTCHESON, D. M., LEHMANN, O., SHAH, A. P. & ROBBINS, T. W. (2008). Stop-signal reaction-time task performance: Role of prefrontal cortex and subthalamic nucleus. *Cerebral Cortex*, 18(1), 178.

EISENBERGER, N. I., LIEBERMAN, M. D. & WILLIAMS, K. D. (2003). Does rejection hurt? An fmri study of social exclusion. *Science*, 302(5643), 290–292.

EKMAN, P. (1973). *Darwin and facial expression: A century of research in review*. New York: Academic Press.

EKMAN, P. (1982). *Emotion in the human face* (2. Auflage). New York: Cambridge University Press. (Dt. Übersetzung der Erstauflage: *Gesichtssprache: Wege zur Objektivierung menschlicher Emotionen*. Wien: Böhlau, 1974.)

EKMAN, P. (1993). Facial expression and emotion. *American Psychologist*, 48(4), 384–392.

EKMAN, P. & FRIESEN, W. V. (1984). *Unmasking the face: A guide to recognizing emotions from facial clues*. Palo Alto, CA: Consulting Psychologists Press.

EKMAN, P. & ROSENBERG, E. L. (2005). *What the face reveals: Basic and applied studies of spontaneous expression using the facial action coding system (FACS)* (2. Auflage). New York: Oxford University Press. (Dt. *Gefühle lesen. Wie Sie Emotionen erkennen und richtig interpretieren*. München: Elsevier, 2007.)

FAIRBAIRN, W. R. D. (1972). *Psychoanalytic studies of the personality*. London: Routledge & Kegan Paul.

FERRANDO, S. & OKOLI, U. (2009). Personality disorders: Understanding and managing the difficult patient in neurology practice. *Seminars in Neurology*, 29(3), 266–271.

FEENEY, B. C. (2007). The dependency paradox in close relationships: Accepting dependence promotes independence. *Journal of Personality and Social Psychology*, 92, 268–285.

FIGLEY, C. R. (1995). Compassion fatigue: Coping with secondary traumatic stress disorder in those who treat the traumatized. New York, NY: Brunner/Mazel.

FISHER, H. (2004). *Why we love: The nature and chemistry of romantic love*. New York: Holt. (Dt. *Warum wir lieben… und wie wir besser lieben können*. München: Knaur, 2007.)

FONAGY, P. (2001). *Attachment theory and psychoanalysis*. London: Other Press. (Dt. *Bindungstheorie und Psychoanalyse*. Stuttgart: Klett-Cotta, 2001.)

FONAGY, P. & TARGET, M. (1997). Attachment and reflective function: Their role in self-organization. *Development and Psychopathology*, 9, 679–700.

FOSHA, D. (2000). *The transforming power of affect: A model of accelerated change*. New York: Basic Books.

FOSHA, D. (2003). Dyadic regulation and experiential work with emotion and relatedness in trauma and disorganized attachment. In M. F. Solomon & D. J. Siegel (Hg.), *Healing trauma: Attachment, mind, body, and brain* (S. 221–281). New York: Norton.

FOSHA, D., SIEGEL, D. J. & SOLOMON, M. F. (Hg.) (2009). *The healing power of emotion: Affective neuroscience, development, and clinical practice*. New York: Norton.

FRALEY, R. C. & WALLER, N. G. (1998). Adult attachment patterns: A test of the typological model. In J. A. Simpson & W. S. Rholes (Hg.), *Attachment theory and close relationships* (S. 77–114). New York: Guilford Press.

FRICK, J. E. & ADAMSON, L. B. (2003). One still face, many visions. *Infancy,* 4(4), 499–501.

FRIES, A. & POLLAK, S. (2007). Emotion processing and the developing brain. In D. Coch, G. Dawson & K. W. Fischer (Hg.), *Human behavior, learning, and the developing brain: Typical development* (S. 329–360). New York, NY: Guilford Press.

GALVAN, A., HARE, T. A., PARRA, C. E., PENN, J., VOSS, H., GLOVER, G. et al. (2006). Earlier development of the accumbens relative to orbitofrontal cortex might underlie risk-taking behavior in adolescents. *Journal of Neuroscience,* 26(25), 6885.

GEORGE, C., KAPLAN, N. & MAIN, M. (1984/1985/1996). *The Attachment Interview for Adults.* Unveröffentlichtes Manuskript, Berkeley, CA.

GILLATH, O., SELCUK, E. & SHAVER, P. R. (2008). Moving toward a secure attachment style: Can repeated security priming help? *Social and Personality Psychology Compass,* 2(4), 1651–1666.

GOLEMAN, D. (1996). *Emotional intelligence: Why it can matter more than IQ.* London: Bloomsbury. (Dt. *Emotionale Intelligenz.* München: Hanser, 1996.)

GOTTMAN, J. (1995) *Why marriages succeed or fail ... and how you can make yours last.* New York: Simon & Schuster.

GOTTMAN, J. (1999). *The marriage clinic: A scientifically based marital therapy.* New York: Norton.

GOTTMAN, J. & SILVER, N. (2004). *Seven principles for making marriage work.* New York: Crown Publishers. (Dt. *Die 7 Geheimnisse der glücklichen Ehe.* Berlin: Ullstein, 2006.)

GUNNAR, M. R., MORISON, S. J., CHISHOLM, K. I. M. & SCHUDER, M. (2001). Salivary cortisol levels in children adopted from Romanian orphanages. *Development and Psychopathology,* 13(3), 611–628.

GUNTRIP, H. (1961). *Personality structure and human interaction.* London, UK: Hogarth.

HABEL, U., WINDISCHBERGER, C., DERNTL, B., ROBINSON, S., KRYSPIN-EXNER, I., GUR, R. C. et al. (2007). Amygdala activation and facial expressions: Explicit emotion discrimination versus implicit emotion processing. *Neuropsychologia,* 45(10), 2369–2377.

HALEY, D. W. & STANSBURY, K. (2003). Infant stress and parent responsiveness: Regulation of physiology and behavior during still-face and reunion. *Child Development,* 74(5), 1534–1546.

HARADON, G., BASCOM, B., DRAGOMIR, C. & SCRIPCARU, V. (1994). Sensory functions of institutionalized Romanian infants: A pilot study. *Occupational Therapy International,* 1, 250–260.

HARLOW, H. F. & MEARS, C. (1979). *The human model: Primate perspectives.* London: Winston.

HARLOW, H. F. & WOOLSEY, C. N. (1958). *Biological and biochemical bases of behavior.* Madison: University of Wisconsin Press.

HAZAN, C. & SHAVER, P. (1987). Romantic love conceptualized as an attachment process. *Journal of Personality and Social Psychology,* 52(3), 511–524.

HENDRIX, H. (1986). *Getting the love you want.* New York: Holt. (Dt. *So viel Liebe, wie du brauchst: Das Therapiebuch für eine erfüllte Beziehung.* Überarbeitete und erweiterte Jubiläumsausgabe. Dörfles: Renate Götz Verlag, 2009.)

HENRY, J. P. (1997). Psychological and physiological responses to stress: The right hemisphere and the hypothalamo-pituitary-adrenal axis, an inquiry into problems of human bonding. *Acta Physiological Scandinavia Supplement,* 640, 10–25.

HESSE, E. (1999). The Adult Attachment interview. In Cassidy & Shaver (Hg.), *Handbook of attachment: Theory, research, and clinical applications* (S. 395–433). New York: Guilford Press.

HESSE, E. & MAIN, M. (2006). Frightened, threatening, and dissociative parental behavior in low-risk samples: Description, discussion, and interpretations. *Development and Psychopathology,* 18(2), 309–343.

HILL, A. L. & BRAUNGART-RIEKER, J. M. (2002). Four-month attentional regulation and its prediction of three-year compliance. *Infancy,* 3(2), 261–273.

HOFER, M. A. (2005). The psychobiology of early attachment. *Clinical Neuroscience Research,* 4(5–6), 291–300.

HOFER, M. A. (2006). Psychobiological roots of early attachment. *Current Directions in Psychological Science,* 15(2), 84–88.

HOLMES, J. (2004). Disorganized attachment and borderline personality disorder: A clinical perspective. *Attachment and Human Development,* 6(2), 181–190.

HOROWITZ, J., LOGSDON, M. & ANDERSON, J. (2005). Measurement of maternal-infant interaction. *Journal of the American Psychiatric Nurses Association,* 11(3), 164.

IACOBINI, M. (2008). *The new science of how we connect with others.* New York: Farrar, Straus and Giroux.

IACOBONI, M., KOSKI, L. M., BRASS, M., BEKKERING, H., WOODS, R. P., DUBEAU, M.-C. et al. (2001). Reafferent copies of imitated actions in the right superior temporal cortex. *Proceedings of the National Academy of Sciences,* 98(24), 13995–13999.

JOHNSON, S. M. (2003). Introduction to attachment: A therapist's guide to primary relationships and their renewal. In S. M. Johnson & V. E. Whiffen (Hg.), *Attachment processes in couple and family therapy* (S. 5–17). New York: Guilford Press.

JOHNSON, S. M. (2004). *The practice of emotionally focused couple therapy: Creating connection* (2. Auflage). New York, NY: Brunner-Routledge. (Dt. *Die Praxis der emotionsfokussierten Paartherapie: Verbindungen herstellen.* Paderborn: Junfermann, 2009.)

JOHNSON, S. M. (2007). A new era for couple therapy: Theory, research, and practice in concert. *Journal of Systemic Therapies,* 26(4), 5–16.

JOHNSON, S. M. (2008a). Emotionally focused couple therapy. In A. S. Gurman (Hg.), *Clinical handbook of couple therapy* (Band 4, S. 107–137). New York: Guilford Press.

JOHNSON, S. M. (2008b). *Hold me tight: Seven conversations for a lifetime of love.* New York: Little, Brown.

JOHNSON, S. & DENTON, W. (2002). Emotionally focused couple therapy: Creativity connection. *Clinical Handbook of Couple Therapy,* 221–250.

JOHNSON, S. M., MAKINEN, J. & MILLIKIN, J. (2001). Attachment injuries in couples relationships: A new perspective on impasses in couples therapy. *Journal of Marital and Family Therapy,* 27, 145–156.

KABAT-ZINN, J. (1994). *Wherever you go, there you are: Mindfulness meditation in everyday life.* New York: Hyperion. (Dt. *Stark aus eigener Kraft: Im Alltag Ruhe finden.* Bern: Barth, 1995.)

KAHN, M. (1963). Cumulative trauma. *Psychoanalytic Study of the Child,* 18, 286–306.

KALER, S. R. & FREEMAN, B. J. (1994). Analysis of environmental deprivation: Cognitive and social development in Romanian orphans. *Journal of Child Psychology and Psychiatry,* 35(4), 769–781.

KAWASHIMA, R., SUGIURA, M., KATO, T., NAKAMURA, A., HATANO, K., ITO, K. et al. (1999). The human amygdala plays an important role in gaze monitoring: A PET study. *Brain,* 122(4), 779.

KAY, R. (2003). „The Chameleon Chronicles: From Background to Foreground", Natura Artis Magistra: (Un)conscious Animals as Teachers of STDP. Proceedings of the Conference (S. 6–18). Amsterdam: VkDP.

KHAN, R. M. & SOBEL, N. (2004). Neural processing at the speed of smell. *Neuron,* 44(5), 744–747.

KLEIN, M. (1955). On identification. In M. Klein, P. Heimann & R. E. Money-Kyrle (Hg.), *New Directions in Psycho-analysis* (S. 309–345). London, UK: Tavistock.

KOCHANSKA, G. & COY, K. C. (2002). Child emotionality and maternal responsiveness as predictors of reunion behaviors in the strange situation: Links mediated and unmediated by separation distress. *Child Development,* 73(1), 228–240.

KOHUT, H. (1984). *How does analysis cure?* Chicago: University of Chicago Press. (Dt. *Wie heilt die Psychoanalyse?* Frankfurt/M.: Suhrkamp, 1987.)

KOHUT, H. (1971). *The analysis of the self: A systematic approach to the psychoanalytic treatment of narcissistic personality disorders.* New York: International Universities Press. (Dt. *Narzissmus: Eine Theorie der psychoanalytischen Behandlung narzisstischer Persönlichkeitsstörungen.* Frankfurt/M.: Suhrkamp, 1976.)

KOHUT, H. (1977). *The restoration of the self.* New York: International Universities Press. (Dt. *Die Heilung des Selbst.* Frankfurt/M.: Suhrkamp, 1977.)

KORNFIELD, J. (2009). *Wise heart: A guide to the universal teachings of Buddhist psychology.* New York: Hyperion. (Dt. *Das weise Herz.* München: Goldmann, 2008.)

KROLAK-SALMON, P., HÉNAFF, M.-A., ISNARD, J., TALLON-BAUDRY, C., GUÉNOT, M., VIGHETTO, A. et al. (2003). An attention modulated response to disgust in human ventral anterior insula. *Annals of Neurology,* 53(4), 446–453.

KUNERT, H. J., DRUECKE, H. W., SASS, H. & HERPERTZ, S. C. (2003). Frontal lobe dysfunctions in borderline personality disorder? Neuropsychological findings. *Journal of Personality Disorders,* 17(6), 497–509.

LARSEN, J. K., BRAND, N., BERMOND, B. & HIJMAN, R. (2003). Cognitive and emotional characteristics of alexithymia: A review of neurobiological studies. *Journal of Psychosomatic Research,* 54(6), 533–541.

LASCH, C. (1977). *Haven in a heartless world.* New York: Basic Books. (Dt. *Geborgenheit. Die Bedrohung der Familie in der modernen Welt.* München: Steinhausen, 1981.)

LASCH, C. (1979). *Culture of narcissism.* New York: W. W. Norton & Company. (Dt. *Das Zeitalter des Narzissmus.* München: Steinhausen, 1980.)

LEDOUX, J. E. (1998). *The emotional brain: The mysterious underpinnings of emotional life.* New York: Simon & Schuster. (Dt. *Das Netz der Gefühle: Wie Emotionen entstehen.* München: dtv, 2001.)

LICHTENBERG, J. D. (1991). What is a selfobject? *Psychoanalytic Dialogues,* 1(4), 455–479.

LYONS-RUTH, K. (2003). The two-person construction of defenses: Disorganized attachment strategies, unintegrated mental states, and hostile/helpless relational processes. *Journal of Infant, Child, and Adolescent Psychotherapy,* 2, 105.

LYONS-RUTH, K. & SPIELMAN, E. (2004). Disorganized infant attachment strategies and helpless-fearful profiles of parenting: Integrating attachment research with clinical intervention. *Infant Mental Health Journal,* 25(4), 318–335.

MAGUIRE, E. A., FRACKOWIAK, R. S. J. & FRITH, C. D. (1997). Recalling routes around London: Activation of the right hippocampus in taxi drivers. *The Journal of Neuroscience,* 17(18), 7103–7110.

MAHLER, M. S. (1968). *On human symbiosis and the vicissitudes of individuation.* New York: International Universities Press. (Dt. *Symbiose und Individuation.* Stuttgart: Klett-Cotta, 1972.)

MAHLER, M. S. (1974). Symbiosis and individuation: The psychological birth of the human infant. *Psychoanalytic Study of the Child,* 29, 89–106.

MAHLER, M. S. (1979). *Separation-individuation.* New York: Aronson.

MAHLER, M. S., BERGMAN, A. & PINE, F. (1975). *The psychological birth of the human infant: Symbiosis and individuation.* New York: Basic Books. (Dt. *Die psychische Geburt des Menschen.* Frankfurt/M.: Fischer, 1978.)

MAHLER, M. S., PINE, F. & BERGMAN, A. (2000). *The psychological birth of the human infant: Symbiosis and individuation.* New York: Basic Books.

MAIN, M. (2000). The organized categories of infant, child, and adult attachment. *Journal of the American Psychoanalytic Association,* 48, 1055–1096.

MAIN, M. (2002). „Attachment: From early childhood through the lifespan." University of California, Los Angeles, First Annual Attachment Conference.

MAIN, M., GOLDWYN, R. & HESSE, E. (2003). Adult attachment scoring and classification systems (Version no. 7.2) (Unveröffentlichtes Manuskript). Department of Psychology, University of California, Berkeley, CA.

MAIN, M., HESSE, E. & GOLDWYN, R. (2008). Individual differences in language usage in recounting attachment history. In H. Steele und M. Steele (Hg.), *Clinical Applications of the Adult Attachment Interview* (2008). New York: The Guilford Press.

MAIN, M. & HESSE, E. (1990). Parent's unresolved traumatic experiences are related to infant disorganized attachment status: Is frightened and/or frightening parent behavior the linking mechanism? In M. Greenberg, D. Cicchetti & E. Cummings (Hg.), *Attachment during the preschool years: Theory, research, and intervention* (S. 161–182). Chicago: University of Chicago Press.

MAIN, M., KAPLAN, N. & CASSIDY, J. (1985). Security in infancy, childhood, and adulthood: A move to the level of representation. *Monographs of the Society for Research in Child Development,* 50(1/2), 66–104.

MAIN, M. & SOLOMON, J. (1986). Discovery of a new, insecure-disorganized/disoriented attachment pattern. In T. Brazelton & M. Yogman (Hg.), *Affective development in infancy* (S. 95–124). Norwood, NJ: Ablex.

MAIN, M. & SOLOMON, J. (1993). Procedures for identifying infants as disorganized/disoriented during the Ainsworth strange situation. In D. L. Greenberg, D. Cicchetti & E. Cummings (Hg.), *Attachment in the preschool years: Theory, research, and intervention* (S. 121–160). Chicago, Il: University of Chicago Press.

MAIN, M. & WESTON, D. (1981). The quality of the toddler's relationship to mother and to father: Related to conflict behavior and the readiness to establish new relationships. *Child Development,* 52(3), 932–940.

MAKINEN, J. & JOHNSON, S. M. (2006). Resolving attachment injuries in couples using EFT: Steps towards forgiveness and reconciliation. *Journal of Consulting and Clinical Psychology,* 74, 1055–1064.

MANNING, J. T., TRIVERS, R. L., THORHILL, R., SINGH, D., DENMAN, J., EKLO, M. H. et al. (1997). Ear asymmetry and left-side cradling. *Evolution and Human Behavior,* 18(5), 327–340.

MASTERSON, J. F. (1981). *The narcissistic and borderline disorders: An integrated developmental approach.* Larchmont, NY: Brunner/Mazel.

MAVILLE, J., BOWEN, J. & BENHAM, G. (2008). Effect of healing touch on stress perception and biological correlates. *Holistic Nursing Practice,* 22(2), 103.

McCANN, I L. & PEARLMAN, L. A. (1990). *Psychological trauma and the adult survivor: Theory, therapy and transformation.* New York, NY: Brunner/Mazel.

McCULLOUGH VAILLANT, L. (1997). *Changing character.* New York: Basic Books.

McEWEN, B. (2003). Mood disorders and allostatic load. *Biological Psychiatry,* 54(3), 200–207.

McEWEN, B. S. (2000). The neurobiology of stress: From serendipity to clinical relevance. *Brain Research,* 886(1–2), 172–189.

McEWEN, B. S. (2001). Plasticity of the hippocampus: Adaptation to chronic stress and allostatic load. *Annual New York Academy of Sciences,* 933, 265–277.

McGoldrick, M., Gerson, R. & Petry, S. (1999). *Genograms: Assessment and intervention* (3. Auflage). New York: Norton. (Dt. *Genogramme in der Familienberatung.* Bern: Huber, 2009.)

MINZENBERG, M., POOLE, J. & VINOGRADOV, S. (2008). A neurocognitive model of borderline personality disorder: Effects of childhood sexual abuse and relationship to adult social attachment disturbance. *Development and Psychopathology,* 20(1), 341–368.

MONTIROSSO, R., BORGATTI, R., PREMOLI, B., COZZI, P. & TRONICK, E. Z. (2007). Emotional regulation in early infancy: Evidence from expressive gestures during the still-face procedure. *Giornale italiano di psicologia,* 1(1), 193–222.

MONTIROSSO, R., PREMOLI, B., COZZI, P., BORGATTI, R. & TRONICK, E. (2007). Regolazione emozionale in bambini tra i 3 ei 6 mesi: Applicazione del paradigma still-face. *Giornale italiano di psicologia,* 1(1), 193–222.

MORIGUCHI, Y., OHNISHI, T., LANE, R., MAEDA, M., MORI, T., NEMOTO, K. et al. (2006). Impaired self-awareness and theory of mind: An fmri study of mentalizing in alexithymia. *Neuroimage,* 32(3), 1472–1482.

MORRIS, J. S., ÖHMAN, A. & DOLAN, R. J. (1998). Conscious and unconscious emotional learning in the human amygdala. *Nature,* 393(6684), 467–470.

MORRIS, J. S., ÖHMAN, A. & DOLAN, R. J. (1999). A subcortical pathway to the right amygdala mediating „unseen" fear. *PNAS,* 96(4), 1680–1685.

MÜLLER, E. E. & NISTICÒ, G. (1989). *Brain messengers and the pituitary.* San Diego, CA: Academic Press.

NARVAEZ, D. (2008). Triune ethics: The neurobiological roots of our multiple moralities. *New Ideas in Psychology,* 26(1), 95–119.

NEBORSKY, R. & SOLOMON, M. F. (2001). Attachment bonds and intimacy: Can the primary imprint of love change? In M. F. Solomon, R. J. Neborsky & L. McCullough (Hg.), *Short-term therapy for long-term change* (S. 155–185). New York: Norton.

NELSON, E. E. & PANKSEPP, J. (1998). Brain substrates of infant-mother attachment: Contributions of opioids, oxytocin, and norepinephrine. *Neuroscience and Biobehavioral Reviews,* 22(3), 437–452.

NICHOLLS, M., CLODE, D., WOOD, S. & WOOD, A. (1999). Laterality of expression in portraiture: Putting your best cheek forward. *Proceedings of the Royal Society of London-B-Biological Sciences,* 266(1428), 1517–1522.

NYBERG, L., HABIB, R. & HERLITZ, A. (2000). Brain activation during episodic memory retrieval: Sex differences. *Acta Psychologica,* 105(2–3), 181–194.

OBERNDORF, C. P. (1938). Psychoanalysis of married couples. *Psychoanalytic Review,* 25, 435–475.

OGDEN, P. & MINTON, K. (2000). Sensorimotor psychotherapy: One method for processing traumatic memory. *Traumatology,* 6(3), 149–173.

OGDEN, P., MINTON, K. & PAIN, C. (2006). *Trauma and the body: A sensorimotor approach to psychotherapy*. New York: W. W. Norton & Company. (Dt. *Trauma und Körper: Ein sensomotorisch orientierter psychotherapeutischer Ansatz*. Paderborn: Junfermann, 2009.)

OITZL, M., CHAMPAGNE, D., VAN DER VEEN, R. & DE KLOET, E. (2010). Brain development under stress: Hypotheses of glucocorticoid actions revisited. *Neuroscience and Biobehavioral Reviews*, vol. 34, no. 6, pp. 853–866.

OLIVER, M. (1998). *West wind: Poems and prose poems*. New York: Mariner Books.

PANKSEPP, J. (2005). *Affective Neuroscience: The Foundations of Human and Animal Emotions*. Oxford: Oxford University Press.

PARDON, M. & MARSDEN, C. (2008). The long-term impact of stress on brain function: From adaptation to mental diseases. *Neuroscience and Biobehavioral Reviews*, 32(6), 1071–1072.

PERRY, B. D. (2001). Violence and childhood: How persisting fear can alter the developing child's brain. In D. Schetky & E. Benedek (Hg.), *Textbook of child and adolescent forensic psychiatry* (S. 221–238). Washington DC: American Psychiatric Press.

PERRY, B. D., POLLARD, R. A., BLAKLEY, T. L., BAKER, W. L. & VIGILANTE, D. (1995). Childhood trauma, the neurobiology of adaptation and use-dependent development of the brain: How states become traits. *Infant Mental Health Journal*, 16 (4), 271–291.

PERRY, C. T., OUM, P. & GRAY, S. H. (2007). The body remembers: Somatic symptoms in traumatized Khmer. *Journal of the American Academy of Psychoanalysis and Dynamic Psychiatry*, 35(1), 77–84.

PERUGINI, M. (2005). Predictive models of implicit and explicit attitudes. *British Journal of Social Psychology*, 44(1), 29–45.

PESCE, M. (2006). Stress and autoimmune thyroid diseases. *Neuroimmunomodulation*, 13, 309–317.

PIAGET, J. (1932). *Le jugement moral chez l'enfant*. Paris: Alcan. (Dt. *Das moralische Urteil beim Kinde*. Zürich: Rascher, 1954.)

PIAGET, J. (1947). *La psychologie de l'intelligence*. Paris: Colin. (Dt. *Psychologie der Intelligenz*. Zürich: Rascher, 1948.)

PORGES, S. W. (1995). Orienting in a defensive world – Mammalian modifications of our evolutionary heritage – A polyvagal theory. *Psychophysiology*, 32(4), 301–318.

PORGES, S. W. (1998). Love: An emergent property of the mammalian autonomic nervous system. *Psychoneuroendocrinology*, 23(8), 837–861.

PORGES, S. W. (2001). The polyvagal theory: Phylogenetic substrates of a social nervous system. *International Journal of Psychophysiology*, 42(2), 123–146.

PORGES, S. W. (2003). The polyvagal theory: Phylogenetic contributions to social behavior. *Physiology and Behavior*, 79(3), 503–513.

PRESCOTT, J. W. (1975). Body pleasure and the origins of violence. *The Futurist*, 9(2), 64–74.

ROISMAN, G. I., MADSEN, S. D., HENNINGHAUSEN, K. H., STROUFE, L. A. & COLLINS, W. A. (2001). The coherence of dyadic behavior across parent-child and romantic relationships as mediated by the internalized representation of experience. *Attachment and Human Development*, 3, 156–172.

ROLLS, E. T., MCCABE, C. & REDOUTE, J. (2007). Expected value, reward outcome, and temporal difference error representations in a probabilistic decision task. *Cerebral Cortex*, 18(3), 652–663.

ROTHSCHILD, B. (2003). *The body remembers casebook: Unifying methods and models in the treatment of trauma and PTSD*. New York: Norton. (Dt. *Der Körper erinnert sich: Die Psychophysiologie des Traumas und der Traumabehandlung*. Essen: Synthesis, 2002.)

Rufener, R. (Hg.) (2000). *Platon: Der Staat. Politeia.* Düsseldorf: Artemis & Winkler.

Sala, M., Perez, J., Soloff, P., Ucelli di Nemi, S., Caverzasi, E., Soares, J. C. et al. (2004). Stress and hippocampal abnormalities in psychiatric disorders. *European Neuropsychopharmacology,* 14(5), 393–405.

Saxena, S., Brody, A. L., Maidment, K. M., Smith, E. C., Zohrabi, N., Katz, E., et al. (2004). Cerebral glucose metabolism in obsessive-compulsive hoarding. *American Journal of Psychiatry,* 161(6), 1038–1048.

Scaer, R. C. (2001). The neurophysiology of dissociation and chronic disease. *Applied Psychophysiology and Biofeedback,* 26(1), 73–91.

Schacter, D. L. (2000). *Memory, brain, and belief.* Cambridge, MA.: Harvard University Press.

Schoenbaum, G. (2004). Affect, action, and ambiguity and the amygdala-orbitofrontal circuit. Focus on „combined unilateral lesions of the amygdala and orbital prefrontal cortex impair affective processing in rhesus monkeys". *Journal of Neurophysiology,* 91(5), 1938–1939.

Schore, A. N. (1994). *Affect regulation and the origin of the self: The neurobiology of emotional development.* Hillsdale, NJ: Erlbaum.

Schore, A. N. (1997). Early organization of the nonlinear right brain and development of a predisposition to psychiatric disorders. *Development and Psychopathology,* 9, 595–631.

Schore, A. N. (2000). Attachment and the regulation of the right brain. *Attachment and Human Development,* 1(2), 23–47.

Schore, A. N. (2001a). Effects of a secure attachment relationship on right brain development, affect regulation, and infant mental health. *Infant Mental Health Journal,* 22(1–2), 7–66.

Schore, A. N. (2001b). The effects of early relational trauma on right brain development, affect regulation, and infant mental health. *Infant Mental Health Journal,* 22(1–2), 201–269.

Schore, A. N. (2001c). Minds in the making: Attachment, the self-organizing brain, and developmentally-oriented psychoanalytic psychotherapy. *British Journal of Psychotherapy,* 17(3), 299–328.

Schore, A. N. (2002a). Advances in neuropsychoanalysis, attachment theory, and trauma research: Implications for self-psychology [Forschungsartikel]. *Psychoanalytic Inquiry,* 22(3), 433–484.

Schore, A. N. (2002b). *Affect dysregulation and disorders of the self.* New York: Norton.

Schore, A. N. (2002c). *Affect regulation and repair of the self.* New York: Norton. (Dt. *Affektregulation und die Reorganisation des Selbst.* Stuttgart: Klett-Cotta, 2007.)

Schore, A. N. (2002d). Dysregulation of the right brain: A fundamental mechanism of traumatic attachment and the psychopathogenesis of posttraumatic stress disorder. *Australian and New Zealand Journal of Psychiatry,* 36(1), 9–30.

Schore, A. N. (2005). Attachment trauma and the developing right brain: Origins of pathological dissociation. In A. N. Schore (Hg.), *Attachment trauma and the developing right brain* (S. 1–36). New York: Norton.

Schott, B. H., Henson, R. N., Richardson-Klavehn, A., Becker, C., Thoma, V., Heinze, H. J. et al. (2005). Redefining implicit and explicit memory: The functional neuroanatomy of priming, remembering, and control of retrieval. *Proceedings of the National Academy of Sciences,* 102(4), 1257.

Schutz, L. E. (2005). Broad-perspective perceptual disorder of the right hemisphere. *Neuropsychology Review,* 15(1), 11–27.

Shaver, P. R., Belsky, J. & Brennan, K. A. (2000). The Adult Attachment interview and self-reports of romantic attachment: Associations across domains and methods. *Personal Relationships,* 7(1), 25–43.

SHIBATA, K., YAMAGISHI, N., GODA, N., YOSHIOKA, T., YAMASHITA, O., SATO, M.-A. et al. (2008). The effects of feature attention on prestimulus cortical activity in the human visual system. *Cerebral Cortex,* 18(7), 1664–1675.

SIEGAL, M. & VARLEY, R. (2002). Neural systems involved in „theory of mind". *Nature Reviews Neuroscience,* 3(6), 463–471.

SIEGEL, D. J. (1999). *The developing mind: Toward a neurobiology of interpersonal experience.* New York: Guilford Press. (Dt. *Wie wir werden, die wir sind.* Paderborn: Junfermann, 2006.)

SIEGEL, D. J. (2006). An interpersonal neurobiology approach to psychotherapy: Awareness, mirror neurons, and neural plasticity in the development of well-being. *Psychiatric Annals,* 36(4), 248.

SIEGEL, D. J. (2010a). *Mindsight: The new science of personal transformation.* New York: Bantam. (Dt. *Die Alchemie der Gefühle. Wie die moderne Hirnforschung unser Seelenleben entschlüsselt – das Navigationssystem zu emotionaler Klarheit.* München: Kailash, 2010.)

SIEGEL, D. J. (2010b). *The mindful therapist: A clinician's guide to mindsight and neural integration.* New York: W. W. Norton.

SIEGEL, D. J. & HARTZELL, M. (2003). *Parenting from the inside out: How a deeper self-understanding can help you raise children who thrive.* New York: Tarcher/Putnam. (Dt. *Gemeinsam leben, gemeinsam wachsen: Wie wir uns selbst besser verstehen und unsere Kinder einfühlsam ins Leben begleiten können.* Freiburg: Arbor, 2009.)

SIERATZKI, J. S. & WOLL, B. (1996). Why do mothers cradle babies on their left? *Lancet,* 347(9017), 1746–1748.

SLADE, A. (2000). The development and organization of attachment: Implications for psychoanalysis. *Journal of the American Psychoanalytic Association,* 48(4), 1147–1174.

SOLOFF, P. H., MELTZER, C. C., BECKER, C., GREER, P. J., KELLY, T. M. & CONSTANTINE, D. (2003). Impulsivity and prefrontal hypometabolism in borderline personality disorder. *Psychiatry Research,* 123(3), 153–163.

SOLOMON, M. F. (1989). *Narcissism and intimacy: Love and marriage in an age of confusion.* New York: Norton.

SOLOMON, M. F. (1994). *Lean on Me: The power of positive dependency in intimate relationships.* New York: Simon & Schuster.

SOLOMON, M. F. (2009). Emotion in romantic partners: Intimacy found, intimacy lost, intimacy reclaimed. In D. Fosha, D. J. Siegel und M. F. Solomon (Hg.), *The healing power of emotion: Affective neuroscience, development, and clinical practice.* New York: Norton.

SPIERING, M., EVERAERD, W. & JANSSEN, E. (2003). Priming the sexual system: Implicit versus explicit activation. *The Journal of Sex Research,* 40(2), 134–146.

SROUFE, L. A. (1985). Attachment classification from the perspective of infant-caregiver relationships and infant temperament. *Child Development,* 56(1), 1–14.

SROUFE, L. A. (2003). Attachment categories as reflections of multiple dimensions: Comment on Fraley and Spieker (2003). *Developmental Psychology,* 39(3), 413–416; Diskussion 423–419.

STAHL, B. & GOLDSTEIN, E. (2010). *A mindfulness-based stress reduction workbook.* Oakland, CA: New Harbinger Publications. (Dt. *Stressbewältigung durch Achtsamkeit: Das MBSR-Praxisbuch.* Freiburg i. Br.: Arbor, 2010.)

STEELE, M., HODGES, J., KANIUK, J., STEELE, H., HILLMAN, S. & ASQUITH, K. (2008). Forecasting outcomes in previously maltreated children: The use of the AAI in a longitudinal adoption study. In H. Steele und M. Steele (Hg.), *Clinical applications of the adult attachment interview* (2008).

STEELE, H., STEELE, M., CROFT, C. & FONAGY, P. (1999). Infant-mother attachment at one year predicts children's understanding of mixed emotions at six years. *Social Development, 8*(2), 161–178.

STEELE, H. & STEELE, M. (2008a). *Clinical applications of the adult attachment interview.* New York: The Guilford Press.

STEELE, H. & STEELE, M. (2008b). On the origins of reflective functioning. In F. Busch (Hg.), *Mentalization: Theoretical considerations, research findings, and clinical implications* (S. 133–156). New York: Analytic Press.

STERN, D. N. (1985). *The interpersonal world of the infant: A view from psychoanalysis and developmental psychology.* New York: Basic Books. (Dt. *Die Lebenserfahrung des Säuglings.* Stuttgart: Klett-Cotta, 1992.)

SULLIVAN, H. S. (1953). *The interpersonal theory of psychiatry.* New York: W. W. Norton & Company. (Dt. *Die interpersonale Theorie der Psychiatrie.* Frankfurt/M.: S. Fischer, 1980.)

TATKIN, S. (2003a). Marital therapy and the psychobiology of turning toward and turning away: Part 1. *The Therapist, 75*(5), 75–78.

TATKIN, S. (2003b). Marriage and the mother-infant dyad: Relational trauma and its effects on the success and failure of both. Vortrag bei der Konferenz *From Neurons to neighborhoods: The neurobiology of emotional trauma; Innovative methods for healing children and adults,* 17. Mai, Los Angeles, CA.

TATKIN, S. (2004). A developmental psychobiological approach to therapy. *Psychologist–Psychoanalyst, 23*(4), 20–22.

TATKIN, S. (2006a). *Partner Attachment Inventory.* Unveröffentlichtes Manuskript, University of California at Los Angeles, Department of Family Medicine.

TATKIN, S. (2006b). A synopsis of my approach to couples therapy. *The Therapist, 17*(5), 50–57.

TATKIN, S. (2007). Pseudo-secure couples. *The Therapist, 19*(1).

TATKIN, S. (2009a). Addiction to „alone time": Avoidant attachment, narcissism, and a one-person psychology within a two-person psychological system. *The Therapist, 57*(00), 37–45.

TATKIN, S. (2009b). A psychobiological approach to couple therapy: Integrating attachment and personality theory as interchangeable structural components. *Psychologist–Psychoanalyst: Division 39 of the American Psychological Association, 29*(3), 7–15.

TATKIN, S. (2009c). I want you in the house, just not in my room ... unless I ask you: The plight of the avoidantly attached partner in couples therapy. *New Therapist Magazine, 62,* 37–45.

TEBARTZ VAN ELST, L., HESSLINGER, B., THIEL, T., GEIGER, E., HAEGELE, K., LEMIEUX, L. et al. (2003). Frontolimbic brain abnormalities in patients with borderline personality disorder: A volumetric magnetic resonance imaging study. *Biol Psychiatry, 54*(2), 163–171.

TEBARTZ VAN ELST, L., WOERMANN, F., LEMIEUX, L. & TRIMBLE, M. (2000). Increased amygdala volumes in female and depressed humans. A quantitative magnetic resonance imaging study. *Neuroscience Letters, 281*(2–3), 103–106.

TEICHER, M. H., ANDERSEN, S. L., POLCARI, A., ANDERSON, C. M. & NAVALTA, C. P. (2002). Developmental neurobiology of childhood stress and trauma. *Psychiatric Clinics of North America, 25*(2), 397–426, vii–viii.

Törk, I., Tracey, D. J., Paxinos, G. & Stone, J. (1995). *Neurotransmitters in the human brain.* New York: Plenum Press.

TREVARTHEN, C. (2001). Intrinsic motives for companionship in understanding: Their origin, development, and significance for infant mental health. *Infant Mental Health Journal, 22*(1–2), 95–131.

Trevarthen, C. & Aitken, K. J. (2001). Infant intersubjectivity: Research, theory, and clinical applications. *Journal of Child Psychology and Psychiatry and Allied Disciplines,* 42(1), 3–48.

Tronick, E. Z. (2003a). „Of course all relationships are unique": How cocreative processes generate unique mother-infant and patient-therapist relationships and change other relationships. *Psychoanalytic Inquiry,* 23(3), 473–491.

Tronick, E. Z. (2003b). Things still to be done on the still-face effect. *Infancy,* 4(4), 475–482.

Troxel, W., Robles, T., Hall, M. & Buysse, D. (2007). Marital quality and the marital bed: Examining the covariation between relationship quality and sleep. *Sleep Medicine Reviews,* 11(5), 389–404.

Tulving, E. (2001). The origin of autonoesis in episodic memory. In H. Roediger, J. Nairne, I. Neath & A. Surprenant (Hg.), *The nature of remembering: Essays in honor of Robert G. Crowder* (S. 17–34). Washington, DC: American Psychological Association.

Tulving, E. (2005). Episodic memory and autonoesis: Uniquely human. In H. Terrace & J. Metcalfe (Hg.), *The missing link in cognition: Origins of self-reflective consciousness* (S. 3–56). New York: Oxford University Press.

Turk-Browne, N. B., Yi, D. J. & Chun, M. M. (2006). Linking implicit and explicit memory: Common encoding factors and shared representations. *Neuron,* 49(6), 917–927.

van der kolk, B. A., Pelcovitz, D., Roth, S. & Mandel, F. S. (1996). Dissociation, somatization, and affect dysregulation: The complexity of adaption to trauma. *American Journal of Psychiatry,* 153, 83–93.

van der Kolk, B. A., Weisaeth, L. & McFarlane, A. (Hg.) (2006). *Traumatic stress: The effects of overwhelming experience on mind, body, and society.* New York: Guilford Press. (Dt. Übersetzung der gebundenen Ausgabe von 1996: *Traumatic Stress: Grundlagen und Behandlungsansätze; Theorie, Praxis und Forschungen zu posttraumatischem Streß sowie Traumatherapie.* Paderborn: Junfermann, 2000.)

van Ijzendoorn, M. H. (1995). Adult attachment representations, parental responsiveness, and infant attachment: A meta-analysis on the predictive validity of the adult attachment interview. *Psychological Bulletin,* 117(3), 387–403.

Volling, B. L., McElwain, N. L., Notaro, P. C. & Herrera, C. (2002). Parents' emotional availability and infant emotional competence: Predictors of parent-infant attachment and emerging self-regulation. *Journal of Family Psychology,* 16(4), 447–465.

von Grünau, M. & Anston, C. (1995). The detection of gaze direction: A stare-in-the-crowd effect. *Perception,* 24(11), 1297.

Vyas, A., Bernal, S. & Chattarji, S. (2003). Effects of chronic stress on dendritic arborization in the central and extended amygdala. *Brain Research,* 965(1–2), 290–294.

Vyas, A., Jadhav, S. & Chattarji, S. (2006). Prolonged behavioral stress enhances synaptic connectivity in the basolateral amygdala. *Neuroscience,* 143(2), 387–393.

Vyas, A., Mitra, R., Shankaranarayana Rao, B. & Chattarji, S. (2002). Chronic stress induces contrasting patterns of dendritic remodeling in hippocampal and amygdaloid neurons. *Journal of Neuroscience,* 22(15), 6810.

Waters, E. & Cummings, E. M. (2000). A secure base from which to explore close relationships. *Child Development,* 71(1), 164–172.

Waters, E., Merrick, S., Treboux, D., Crowell, J. & Albersheim, L. (2000). Attachment security in infancy and early adulthood: A twenty-year longitudinal study. *Child Development,* 71(3), 684–689.

West, R. & Travers, S. (2008). Tracking the temporal dynamics of updating cognitive control: An examination of error processing. *Cerebral Cortex,* 18(5), 1112–1124.

WICKER, B., PERRETT, D. I., BARON-COHEN, S. & DECETY, J. (2003). Being the target of another's emotion: a PET study. *Neuropsychologia,* 41(2), 139–146.

WILKINS, W. & WAKEFIELD, J. (1995). Brain evolution and neurolinguistic preconditions. *Behavioral and Brain Sciences,* 18(1), 161–181.

WINNICOTT, D. W. (1957). *The child and the outside world: Studies in developing relationships.* London: Tavistock. (Dt. Teilausgabe von *The child and the family* und *The child and the outside world: Kind, Familie und Umwelt.* München: Reinhardt, 1969.)

WINNICOTT, D. W. (1965). *The maturational process and the facilitating environment: Studies in the theory of emotional development.* New York: International University Press. (Dt. *Reifungsprozesse und fördernde Umwelt.* München: Kindler, 1974.)

WINNICOTT, D. W. (1969). The use of an object. *International Journal of Psycho-Analysis,* 50, 711–716.

WINNICOTT, D. W. (1993). *Talking to parents.* Reading, Mass.: Addison Wesley. (Dt. *Kinder. Gespräche mit Eltern.* Stuttgart: Klett-Cotta, 1994.)

WINSTON, J. S., STRANGE, B. A., O'DOHERTY, J. & DOLAN, R. J. (2002). Automatic and intentional brain responses during evaluation of trustworthiness of faces. *Nature Neuroscience,* 5(3), 277–283.

ZIMMERMANN, P. (1999). Structure and functions of internal working models of attachment and their role for emotion regulation. *Attachment and Human Development,* 1(3), 291–306.

# Index

Notizen

Notizen

# Notizen

**Notizen**

# Beziehungen neu beleben

320 Seiten, kart. • € (D) 32,50 • ISBN 978-3-87387-714-6

REIHE   FACHBUCH • Paartherapie

SUSAN M. JOHNSON

## »Praxis der Emotionsfokussierten Paartherapie«

Verbindungen herstellen

Kein Paartherapeut muss sich damit abfinden, dass das Bemühen um die Neubelebung einer Liebesbeziehung ein nebulöser Prozess mit ungewissem Ausgang ist. Mittlerweile gibt es empirisch validierte Muster von Eheproblemen und Beschreibungen darüber, wie Bindungen zwischen Erwachsenen beschaffen sind. Einer der am besten dokumentierten, plausibelsten und am besten erforschten paartherapeutischen Ansätze ist die Emotionsfokussierte Paartherapie (EFPT), eine äußerst wirksame Beziehungstherapie. Das Buch eignet sich sowohl für Ausbildungskandidaten als auch für praktizierende Therapeuten. Es bietet einen Werkzeugkasten von Interventionen und einen Leitfaden für den Prozess der Veränderung in der Paartherapie.

**Susan M. Johnson** ist Professorin für Psychologie an der Ottawa University und Leiterin des Ottawa Couple and Family Institute. Sie ist international für ihre Workshops und Vorträge zur Paartherapie bekannt.

# »Konflikte lösen durch Mediation«

272 Seiten, kart. • € (D) 24,90 • ISBN 978-3-87387-724-5

REIHE KOMMUNIKATION • Mediation

## LIV LARSSON

## »Begegnung fördern«

Mit Gewaltfreier Kommunikation vermitteln.

Mediation in Theorie und Praxis

Hatten Sie schon häufiger den Wunsch, in Konflikten dazu beitragen zu können, dass Menschen wieder miteinander in Verbindung kommen? Egal ob Sie es mit streitenden Kindern oder Erwachsenen, mit Auseinandersetzungen am Arbeitsplatz oder in Familien zu tun haben: Dieses Buch hilft Ihnen, Begegnung und Verbindung zwischen Menschen zu fördern. Es enthält sowohl Gedanken zu Themen wie Rache, Vergebung und Versöhnung als auch praktische Übungen, um sich auf eine Mediation zwischen Individuen oder in Gruppen vorzubereiten.

Liv Larsson beleuchtet Strukturen, die auf die Beherrschung anderer abzielen und gibt dem Leser Werkzeuge an die Hand, um lebensdienliche Systeme zu erschaffen. Hierfür sind ganz praktische und vor allem erlernbare Fertigkeiten vonnöten, die der Leser sich mithilfe der im Buch vorgestellten Übungen aneignen kann.

**Liv Larsson**, bildet in vielen Ländern der Welt GFK-Trainer und Mediatoren aus. Ihr besonderes Anliegen ist, Mediation im Kontext eines gesellschaftlichen Wandels, hin zu lebensdienlicheren Strukturen, zu sehen.

# Destruktive Beziehungsmuster erkennen

224 Seiten, kart. • € (D) 19,90 • ISBN 978-3-87387-789-4
REIHE AKTIVE LEBENSGESTALTUNG • Beziehung

RANDI GUNTHER

## »Beziehungssaboteure«

Verhaltensweisen erkennen und
bewältigen, die Liebe zerstören

Bei dem Wort »Beziehungssaboteure« denken Sie vielleicht an berechnende Menschen, die nur auf ihren persönlichen Vorteil auf Kosten eines Partners bedacht sind. Doch um dieses offensichtlich destruktive Verhalten soll es in diesem Buch nicht gehen. Vielmehr geht es um ganz subtile Verhaltensweisen, die über einen längeren Zeitraum einer Beziehung enorm zusetzen können. Dieses Buch hilft Ihnen, die zehn gängigsten Beziehungskiller zu identifizieren. Wenn Sie die Muster erkennen, die Ihre Beziehung untergraben und mit ihnen umgehen können, steht auch einer glücklichen Partnerschaft nichts mehr im Wege.

Dr. **Randi Gunther** arbeitet als klinische Psychologin und Eheberaterin in Lomita, Kalifornien. In zahlreichen Seminaren und Vorträgen hat sie Paare dazu ermutigt, an ihrer Beziehung zu arbeiten.